La Relance de l'Afrique

Collection « Études africaines »

dirigée par Denis Pryen et son équipe

Forte de plus de mille titres publiés à ce jour, la collection « Études africaines » fait peau neuve. Elle présentera toujours les essais généraux qui ont fait son succès, mais se déclinera désormais également par séries thématiques : droit, économie, politique, sociologie, etc.

Dernières parutions

Guy Noël KOUARATA, *Manuel de phonologie des langues bantoues du Congo*, 2017.
Abdourahamane OUMAROU LY, *Partis politiques, démocratie et État de droit en Afrique : l'exemple du Niger*, 2017.
Désiré BALABALA, *Le mariage coutumier chez les Budu en République Démocratique du Congo*, 2017.
Ibrahima TRAORÉ, *L'État de droit dans les Républiques du Mali et du Sénégal*, 2017.
Nathalie VUMILIA NAKABANDA, *La protection de la veuve en République Démocratique du Congo, Quelle effectivité ?*, 2017.
Zoumana DIARRA, *Les mutations de la haute fonction publique au Mali, Une contribution à l'étude de la réforme de l'Etat, 2017.*
Issa Makan KEITA, *La responsabilité pénale des personnes morales en droit malien à la lumière du droit comparé*, 2017.
Mahamat Nasser HASSANE, *Dispositions et normes environnementales des lois pétrolières en Afrique centrale. Projets d'exportation du brut tchadien et du pipeline Tchad-Cameroun*, 2017.
Romaric Franck QUENTIN DE MONGARYAS, *L'école secondaire au Gabon, Analyse sociologique des jugements professoraux*, 2017.
Minette TOMEDI EYANGO TABI, *Bassin versant du Nkam-Wouri. Prototype de la biodiversité des zones humides du Cameroun*, 2017.
Herman Blaise NGAMENI, *La diffusion du droit international pénal dans les ordres juridiques africains,* 2017.
San Simon COULIBALY, *Interroger les défunts, orienter les vivants. Analyse ethnolinguistique des causes de la mort en pays toussian*, 2017.
Auguy MAKEY, *Misère de la philosophie négro-africaine*, 2017.
Edwige KOUADIO, *Du fosterage à l'adoption plénière. L'adoption des enfants de la pouponnière d'Adjamé (Abidjan, Côte d'Ivoire),* 2017.
Patrice MOUNDZA, *Le quotidien des artères urbaines du Congo*, 2017.
Jean-Emery ETOUGHÉ-EFÉ, *Les bars populaires de Libreville. Des construits de sociabilités*, 2017.
Guy MVELLE et Laurent ZANG (Dir.), *L'Union africaine quinze ans après, Tome 2*, 2017.
Guy MVELLE et Laurent ZANG (Dir.), *L'Union africaine quinze ans après, Tome 1*, 2017.

Emmanuel Nkunzumwami

La Relance de l'Afrique

L'Harmattan

DU MÊME AUTEUR ET CHEZ LE MÊME EDITEUR :

La Tragédie rwandaise–Historique et Perspectives, 1996

La Nouvelle dynamique politique en France, 2007

La Montée de l'extrême droite en France, 2012

Le Partenariat Europe-Afrique dans la mondialisation, 2013

La Conquête de l'extrême droite en France, 2014

La France inquiète face à son avenir, 2016

Le Nord face au danger populiste, 2016

La Diversité des électeurs de l'Ile-de-France, 2016

Les Enjeux électoraux de Paris et la Grande couronne, 2017

5-7, rue de l'École-Polytechnique, 75005 Paris

http://www.editions-harmattan.fr

ISBN : 978-2-343-13508-3
EAN : 9782343135083

Introduction

L'Afrique est tantôt perçue avec commisération pour celles et ceux qui en attendaient un décollage économique, avec de réels progrès sociaux et une place de ses pays au milieu des grandes nations, tantôt avec une grande espérance pour celles et ceux qui croient que ses mauvais jours sont derrière nous. Les premiers sont habités par un fort sentiment de frustration, une colère amère portée par des espoirs déçus pour certains pays, dont les dirigeants peinent à trouver le chemin du développement et de la bonne gouvernance. Alors, les cadres et les experts fuient leurs pays, les jeunes inquiets tentent l'aventure de l'Europe à travers les eaux de la Mer Méditerranée, les plus courageux se rebellent et prennent le maquis. La misère, plus que la pauvreté, s'étale dans les villages et dans de gigantesques faubourgs de la survie et de la débrouillardise. Les pays se partitionnent entre les profiteurs des échecs de la gouvernance, acteurs du système, les résignés, qui croient encore au rêve de l'hypothétique sauvetage, les frustrés prêts à tout casser aux premiers coups de sifflets des 'journées mortes', et les bâtisseurs qui, contre vents et marées, soutiennent encore les colonnes pour que les pays ne s'écroulent pas définitivement. C'est le côté *pire* de l'Afrique. Les seconds ont fait la révolution mentale, souvent après des tragédies et des horreurs des guerres civiles atroces ou la totale désorganisation des Etats. Ils ont déjà touché le fond, et pensent que le pire est désormais derrière. L'Afrique devient alors un nouvel ensemble d'opportunités à saisir et à transformer. Des entrepreneurs se lèvent, des cabinets d'experts s'installent, des investisseurs extérieurs accourent, des projets avancent. Les luttes contre les corruptions et les détournements de fonds publics, entrent dans le concret. C'est le côté *espoir* de l'Afrique. Aussi, les deux profils de l'Afrique cohabitent sur le continent. Le présent ouvrage vise à réconcilier ces deux profils, à travers des analyses objectives, fondées sur les comparaisons internationales dans la catégorie des champions de l'émergence. Nul ne serait bien avisé dans une comparaison entre la République démocratique du Congo et la Belgique, le Ghana et le Royaume-Uni ou la Guinée et la France. L'on est conscient que les anciennes puissances coloniales se sont construites sur les ressources de leurs colonies pendant des décennies. Ce livre n'est donc pas un réquisitoire contre les profiteurs de la période de la traite négrière, ni celle de la colonisation. On ne peut pas ressusciter les morts des horreurs du passé et recommencer à zéro. L'Afrique doit alors avancer avec les moyens à sa disposition, avec la contribution de ses propres ressources humaines actuelles, en ne se comparant pas aux anciennes métropoles coloniales, mais aux autres pays qui ont réussi à s'installer sur les rampes du développement. L'avenir de l'Afrique est d'abord du devoir des Africains eux-mêmes. Nul ne se substituera valablement à leur vie, pour construire les projets d'avenir à leur place. Mais, de nombreux partenaires pourront les accompagner, partager leurs ambitions, participer aux budgets de leurs projets, coopérer sur des réalisations, participer aux audits techniques des ouvrages et des installations industrielles.

Ce livre vise alors deux objectifs majeurs. Le premier est la prise de conscience que le développement économique et social est soutenu par des piliers, qu'il faut connaître et consolider. De même que l'on ne construit pas un immeuble sans se soucier de sa fondation, en fonction de l'objectif et de l'usage visés pour cette construction, le développement économique et son impact sur le progrès social, doit être pensé et organisé. C'est dans ce cadre que nous proposons des chantiers. Nous concevons que les pays africains sont plongés dans le vrai monde, avec ses luttes, ses trahisons, ses principes et ses cruautés. La construction des stratégies de développement en tient compte, tout en gardant le cap. Les chantiers nous alertent sur les priorités pour bâtir des économies solides et durables. La paix et la sécurité durables, les infrastructures pour relier les territoires et les peuples, la sécurité alimentaire, sanitaire, énergétique et environnementale, la grande maîtrise des process de transformation des ressources agricoles, forestières, minières et énergétiques pour sécuriser l'économie et préserver les redistributions des revenus du pays, l'éducation, les formations professionnelles et les centres de recherche sur les questions en rapport avec les conditions de vie des Africains, sont des piliers que tous les pays doivent intégrer pour avancer. Il faudra expliquer et répéter que la croissance économique, telle que de nombreux africains la vivent en direct, ne signifie nullement le progrès économique et social. Par ailleurs, en détruisant les forêts ou en construisant de façon anarchique dans les bidonvilles, sans eau potable et sans assainissement, l'on crée de l'activité, et donc l'on contribue tout à fait au produit intérieur brut. Mais, on détruit l'écosystème si l'on ne plante pas de nouvelles essences d'arbres pour reconstituer les forêts dévastées ou aménager les terres libérées, et on ne se développe pas en empirant l'état de l'hygiène publique. La croissance mesurée par les agences des organisations internationales, souvent poussée fortement par des exportations des matières premières brutes au profit des compagnies internationales, des spéculateurs, des fonds d'investissements, ainsi que divers intermédiaires qui en font des paris de gains sur les bourses mondiales, ne signifie donc pas le progrès économique et social en Afrique.

Cet ouvrage indique la part des raffineries de pétrole en Afrique par rapport à celles des pays émergents en Asie et en Amérique latine. Aussi, le Nigeria, l'Angola, l'Algérie et quelques autres pays, font partie des grands producteurs de cette énergie dans le monde. Mais, leurs quantités raffinées demeurent symboliques par rapport à la Chine, l'Inde, la Corée du Sud et quelques autres pays. Il en est de même pour les minerais, ou encore pour des terres fertiles restées en friche, alors que certains Africains souffrent des insuffisances alimentaires, de la famine, de la malnutrition. Les Africains devraient se poser des questions sur la valorisation de leurs propres ressources.

Le deuxième objectif majeur est la prise de conscience sur les données concrètes des situations de chacun des cinquante-quatre pays de l'Afrique. L'on entend souvent des expressions de fierté nationale de quelques instruits africains en Europe, en Amérique et en Afrique. Elles vantent les réussites de quelques individus passés par des universités et des écoles occidentales. Et même, elles mettent en exergue quelques élus dans les parlements des anciens colonisateurs, en France et au Royaume-Uni, en oubliant que les combats se déroulent à plusieurs milliers de kilomètres, en Afrique. Lorsque plus de 50% des adultes d'un pays émargent dans les pages des analphabètes, que plus de 30% des enfants ne connaissent pas encore le chemin qui mène à l'école, et que la mortalité infantile emporte encore plus de 5% des naissances, les fiertés devraient être mesurées. Rarement, les Africains ont été élus sur leurs incontournables compétences en Occident. Soit, ils ont été inscrits sur des listes de candidats aux élections des collectivités territoriales, avec une tête d'affiche européenne, ou alors, ils ont eu le flair de s'aligner derrière une étoile montante, comme cela fut le cas aux élections législatives de juin 2017 en France. Il n'est nullement question d'invalider les combats politiques des uns et des autres, mais de relativiser les efforts pour réussir dans la politique en Occident, dès lors que le chef de file a détecté une forte dose de docilité ou de contrôlabilité de l'impétrant. La prise de conscience visée par cet ouvrage est d'indiquer que les défis restent entiers sur le continent africain.

Les indicateurs retenus montrent les difficultés de nombreux pays à relever la tête, après quarante années de traversée du désert politique et économique. Les gros besoins de progrès, d'instruction, de santé publique, de lutte contre les épidémies et la mortalité, souvent pour des raisons de misère, de manque de structure de santé ou de défaut criant d'hygiène publique, la forte malnutrition, interpellent. Il est encore courant, en Occident, de rencontrer des militants associatifs qui se battent de toutes leurs forces pour arracher quelques financements pour la construction d'une école en Afrique occidentale ou en Afrique centrale. Une question se pose aussitôt : à quoi sert l'Etat. Dans d'autres cas, ce sont des entreprises occidentales qui installent des stations solaires ou des groupes électrogènes, pour apporter leur aide dans la production et la distribution d'électricité aux habitants des bassins de vie, et ainsi se substituer aux carences de l'État. A l'époque où l'ordinateur et le téléphone portable sont devenus des outils quotidiens de travail, de transactions financières, et de développement des services numériques ou de l'enseignement, il est primordial que tous les jeunes accèdent à l'école et à tous les outils pédagogiques modernes. Il faut donc accéder à l'électricité pour tous les jeunes scolarisés, pour toutes les structures de santé et de conservation alimentaire. Des objectifs de 90% des familles accédant à l'électricité répondent à ces besoins. Pour progresser, nous avons proposé des référentiels pour la décennie 2015-2025. Dans la mortalité infantile et la mortalité globale, le référentiel requiert des taux respectifs de 1% et 0,5%. L'écart entre les taux de croissance économique et la progression démographique est attendu au-delà de deux points, afin d'accélérer le progrès social. Mais, pour installer un cercle vertueux, la règle de stricte gestion et de bonne gouvernance doit s'accompagner d'un contrôle de bonne redistribution des revenus dans le pays.

Dans le domaine de l'éducation et de la culture, les référentiels proposent un taux d'alphabétisation de 98% dans le pays, un taux de scolarisation dans le primaire de 99%. Et dans le second degré, retenons 90% dans le premier cycle et 85% dans le second cycle. Si tous les progrès sont réalisés, avec la qualité requise dans leurs réalisations, l'indice de développement humain (*IDH*) devrait se situer au-delà de la moyenne de 0,500/1 dans tous les pays. En 2015, cinq pays ont atteint un IDH de plus 0,700/1. Ce sont les îles Seychelles (0,782), l'Île Maurice (0,781), l'Algérie (0,745), la Tunisie (0,725) et la Libye (0,716). Trois pays se sont installés à la moyenne de 0,500/1. Ce sont le Lesotho, les îles Comores et le Rwanda. Mais, vingt-quatre sur les cinquante-quatre pays du continent africain vivent toujours loin au-dessous de la moyenne, dont trois encore sous le seuil de

0,400/1. Ce sont le Tchad (0,396), le Niger (0,353) et la Centrafrique (0,353). Les vingt-et-un pays se situant entre 0,400/1 et 0,497/1 sont : Djibouti, le Soudan du Sud, l'Érythrée, l'Éthiopie, l'Ouganda et le Burundi, en Afrique orientale ; le Mozambique et le Malawi, en Afrique australe ; la République démocratique du Congo en Afrique centrale ; la Côte d'Ivoire, le Sénégal, le Mali, le Bénin, le Togo, le Burkina Faso, la Guinée-Bissau, la Guinée, la Sierra Leone, la Gambie et le Liberia, en Afrique de l'Ouest ; et enfin le Soudan, en Afrique du Nord. L'on voit ainsi que deux sur treize pays de l'Afrique australe se situent sous la moyenne, soit 15% des pays de cette région ; mais, que douze sur quinze pays de l'Afrique occidentale sont dans la même situation, soit une part de 80% dans cette région. L'objectif de 2025 serait que tous les neuf pays au-dessus de 0,450/1 basculent au-dessus de 0,550/1, et que ceux qui se situent au-dessus de 0,400/1 montent au-dessus de 0,500/1. De même, certains pays restent en retard dans la combinaison de la faible scolarisation primaire et le faible taux d'alphabétisation, tels que le Soudan (54,8% et 75,9%), Djibouti (57,4% et 67,9%), l'Érythrée (39,6% et 73,8%), le Tchad (79,1% et 35,4%) ou encore la Centrafrique (70,8% et 56,6%). Quelques cas attirent particulièrement l'attention au Nigeria, la première économie africaine par le produit intérieur brut nominal et le niveau du taux d'alphabétisation de 66,7%, au Mali où le niveau de scolarisation de 61% côtoie le taux d'alphabétisation de 31%, ou encore au Niger, où le taux de scolarisation de 63,3% ne sera pas seul suffisant pour relever le taux d'alphabétisation de 26,6%.

Tous les acteurs politiques, économiques et sociaux des pays concernés, en Afrique et dans les pays partenaires, devraient se mobiliser pour améliorer les situations que nous décrivons dans cet ouvrage. Les experts, les étudiants de tous les domaines, les chercheurs et les militants associatifs trouveront dans ce livre, des éléments de travail. L'état des lieux est présenté pour donner des pistes d'actions. Mais, il appartient d'abord aux Africains de s'engager fortement pour faire progresser leurs pays.

1. Les grands chantiers de la refondation africaine

Nous analysons les évolutions des pays depuis la période des indépendances. Tous les pays n'ont pas accédé à l'indépendance le même jour, ni la même année, ni même dans les conditions tout à fait comparables. Certains ont même engagé les guerres meurtrières et dévastatrices pour leurs peuples contre l'ancienne puissance coloniale pour accéder à l'indépendance. C'est le cas de l'Algérie. D'autres ont organisé des révoltes contre les colons pour revendiquer leur liberté, comme le Kenya, avec le slogan Mau Mau (*Muzungu arudi Ulaya, Muafrika apate uhuru*), soit littéralement : 'le Blanc retourne en Europe, et l'Africain accède à l'indépendance'. Mais dans la grande majorité, ce sont souvent des représentants des groupes politiques, ethniques, tribaux ou même régionaux autoproclamés qui ont mené des guerres, avec l'appui de certaines puissances extérieures.

L'Afrique a eu la très mauvaise opportunité d'engager les mouvements de libération au début des années 1960, alors même que le monde entrait dans une époque glaciale des relations tendues entre l'Est et l'Ouest. A la même époque se construisait le mur de Berlin, séparant Berlin-Est situé dans le camp soviétique, et Berlin-Ouest, très jalousement gardé par le camp occidental, mené par les États-Unis d'Amérique. La France, la République Fédérale d'Allemagne, l'Italie, la Belgique, les Pays-Bas, le Luxembourg, les pays fondateurs de la Communauté économique européenne (*CEE*) se retrouvent dans le camp des Etats-Unis et du Royaume-Uni. C'est le cœur du bloc occidental. Mais, c'est également dans ce bloc occidental que se retrouvent les anciennes puissances coloniales de l'Afrique. La France a occupé l'Afrique du Nord arabo-musulmane, sauf l'Égypte et le Soudan occupés par le Royaume-Uni, et la Libye qui était parvenue à échapper à la main mise de l'Italie, mais à laquelle elle restait étroitement liée. En Afrique occidentale, la France a occupé huit des quinze pays actuels de cette région, à savoir : le Sénégal, le Mali, la Guinée, le Niger, la Côte d'Ivoire, la Guinée, le Togo et le Bénin. Le Royaume-Uni s'était installé au Nigeria, au Ghana, en Gambie et en Sierra Leone. Les Portugais avaient hérité des îles du Cap-Vert et de la Guinée-Bissau. Seul le Liberia restait indépendant, mais très lié aux Etats-Unis et au Royaume-Uni pour son évolution politique. En Afrique centrale, la France régnait en maître sur les terres de la République du Congo, au Cameroun (partageant ce pays avec les Britanniques occupant l'ouest de ce pays à la frontière avec le Nigeria), la République centrafricaine, le Gabon et le Tchad. Pour les trois restants des huit pays, ce fut les parts de la Belgique sur la domination de la République démocratique du Congo, et du Portugal sur la Guinée Équatoriale et les îles de Sao Tomé et Principe. Si le Royaume-Uni semble peu présent dans les régions du nord, de l'ouest et du centre de l'Afrique, à l'exception des pays indiqués, une grande partie de l'Afrique orientale et australe lui revenait. Aussi, il avait pris possession des terres du Soudan du Sud, de l'Ouganda, du Kenya et de la Tanzanie. La Belgique s'était contentée des petits pays de la région, le Rwanda et le Burundi, hérités par le hasard de la Première guerre mondiale, à l'issue de laquelle l'Allemagne perdant cette guerre, avait été priée de sortir du club des pays colonisateurs par le Congrès de Versailles après la création de la Société des Nations (SDN). Ainsi, les anciennes colonies allemandes avaient été confiées à cette nouvelle organisation pour la tutelle, en attendant les jours meilleurs pour elles. Le Togo, le Cameroun, le Tanganyika (le plus grand Etat de la fédération avec le Zanzibar pour former la Tanzanie) et la Namibie subissaient le même sort. Mais, le Royaume-Uni avait tout de suite marqué son intérêt pour les richesses minières du Tanganyika et le pétrole de l'ouest du Cameroun, alors que l'Afrique du Sud, anglo-hollandaise par la démographie de ses occupants occidentaux, a profité du désordre mondial de l'époque de l'après-guerre pour se rattacher la possession de la Namibie. En Afrique orientale, l'Éthiopie a pu échapper à la colonisation formelle, tout en gardant des liens étroits avec l'Italie. Les Britanniques avaient occupé la Somalie voisine. Aussi, ils pouvaient relier les territoires du Soudan, de la Somalie, à ceux du Kenya, de l'Ouganda et de la Tanzanie. Les îles Seychelles restant des territoires de détente et de villégiature pour les familles françaises aisées.

En Afrique australe, le Royaume-Uni est parvenu à créer un véritable couloir colonial de l'Égypte à l'Afrique du Sud. Aussi, la Zambie (Rhodésie du nord), le Zimbabwe (Rhodésie du sud), le Malawi et le Botswana, étaient des possessions britanniques. La France était alors repoussée vers les îles de l'Océan indien, Madagascar, Maurice (alternativement britannique et française) et les Comores, à côté de ses terres de conquête dans la Réunion. L'on a souvent tendance à oublier que, si la France et le Royaume-Uni ont dominé l'Afrique pendant plusieurs décennies, le Portugal s'était aussi taillé sa part au Mozambique et en Angola, aux côtés de la Guinée équatoriale, de la Guinée-Bissau, et des îles du Cap-Vert, et de Sao Tomé et Principe.

Après la Deuxième guerre mondiale, les leaders Africains commencent à revendiquer l'indépendance. Les mouvements s'organisent et se structurent entre 1950 et 1960, dans tous les pays sous la colonisation. Mais, en même temps que naissent les organisations politiques pour les indépendances, les tropismes ethniques et tribaux prennent en otage les anciens opprimés. L'Afrique devient un nouveau terrain de jeu des démonstrations de force entre les deux blocs idéologiques. L'Union des républiques socialistes et soviétiques (URSS), qui avait déjà constitué son camp en Europe de l'Est, entre dans le jeu. Parmi les différents groupes qui revendiquent l'accès au pouvoir après l'indépendance, l'un se place sous la protection des puissances du bloc occidental. Il est alors généralement financé ou entraîné par l'ancienne métropole. Un autre tourne les regards vers le bloc de l'Est, l'Union soviétique, qui intervient souvent en Afrique par le Cuba interposé, et la Chine. Les « Mouvements populaires », d'obédience marxiste-léniniste ou socialiste au sens communiste, se multiplient et s'opposent radicalement aux offres des anciens colons. C'est le début des guerres civiles meurtrières de libération. L'Algérie, l'Angola, le Mozambique, le Zimbabwe ou même la récente abolition de l'apartheid en Afrique du Sud, pour ne citer que ces cas parmi tant d'autres, sont passés par ces conflits violents. Les années 1960 à 2000, sont les quarante ans de la traversée du désert politique, économique et social africain. Les pouvoirs se font et se défont, les coups d'État à répétition deviennent des modes de gouvernement dans de nombreux pays, des dictatures sanglantes s'installent, des peuples africains sont déboussolés. C'est donc le temps du très long apprentissage pour l'exercice du pouvoir. Les pays se cherchent des issues de sortie.

Après les quarante années de combats pour la souveraineté, la dignité humaine, et l'autonomie de gestion des États africains, quels résultats sur le progrès obtenus pour les populations ? Cet ouvrage n'analyse pas les modes de gouvernance et les parcours de chacun des cinquante-quatre pays de l'Afrique, mais il dresse les bilans évalués sur la période de 2000 à 2015. Ce sera alors les données sociodémographiques et les poids économiques atteints entre les années 2014 et 2016, présentés dans une perspective comparative des pays, au sein de chacune des cinq régions du continent. Au préalable, nous présentons les principaux chantiers qui vont s'imposer pour structurer la progression, afin d'atteindre un véritable développement économique et social durable.

1°- *La paix dans le pays, la sécurité intérieure sur l'ensemble du territoire national, et la bonne gouvernance qui sécurise les institutions du pays, figurent parmi les socles du développement.* En 2017, dans chacune des régions africaines, il y a encore des poches de guerre, d'insécurité et piètre niveau de gouvernance. En Afrique du Nord, les corruptions et le népotisme ont miné la Tunisie pendant la présidence de Ben Ali et l'Égypte pendant la présidence de Hosni Moubarak. Cela s'est réglé par des révoltes de 2011 et 2012. Mais l'insécurité a pris place immédiatement, à travers les revendications identitaires d'un Islam politique. Les islamistes radicaux se sont engouffrés dans les manifestations des rues. L'Algérie a dû imposer un pouvoir civil sous contrôle de l'armée pour venir à bout du terrorisme islamique des années 1990, instauré par le Front islamique du salut (*FIS*) après sa victoire aux élections législatives. Ecarté de l'accès au pouvoir par l'armée, il s'est constitué un groupe identitaire islamique armé, violemment combattant, le Groupe salafiste de prédication et de combat (GSPC), ancêtre d'Al Qeida au Maghreb islamique (Aqmi). C'est la source de l'insécurité dans la région du Sahel. La même aventure des islamistes a été bloquée en Tunisie, et par le retour de l'armée en Égypte. Mais, la Libye décomposée par les interventions armées occidentales en 2011, reste le sanctuaire des groupes armés islamistes. Le Soudan n'en a pas terminé avec des massacres de masses sur les populations du Darfour. Dans le même temps, le Soudan du Sud a mené la guerre contre celui du Nord pour accéder à la sécession et à son indépendance. Enfin, le terrorisme des islamistes radicaux continue de sévir dans cette région de l'Afrique du Nord, et s'exporte en Afrique de l'Ouest. Il ne pourra donc s'inscrire un développement durable et soutenu dans des contextes d'insécurité permanente. C'est ainsi que la production intérieure brute nominale de la Libye a chuté de 24% en 2015, malgré la reprise des exportations du pétrole après la dévastation de ce pays par la guerre en 2011. Deux camps et des groupes armés se partageant les territoires depuis la guerre.

En Afrique orientale, la paix est revenue en Éthiopie après des troubles ayant suivi la destitution du dernier empereur Haïlé Sélassié et la guerre d'indépendance de l'Érythrée. Mais, c'est la dictature, la pauvreté, la mauvaise gouvernance, les exactions qui se sont installées en mode d'exercice sommaire de la justice, qui font fuir les Érythréens. En Somalie, le pays fait face aux conflits armés engagés par les groupes islamistes radicaux Ahlu Sunna Waljama'a, groupe islamique soufi, et Al-Shabbaab. Il doit également affronter les indépendantistes du Somaliland. Les terroristes somaliens mènent également leurs attaques au Kenya. L'indépendance du Soudan du Sud a aiguisé l'appétit du pouvoir à quelques leaders «ethnistes » et l'appropriation des revenus du pétrole. Et la guerre se poursuit entre les combattants loyalistes derrière le président Salva Kiir Mayardit, et ceux qui soutiennent le dissident et ancien vice-président Riek Machar. La jeune et dernière république en Afrique, le Soudan du Sud, n'aura pas connu un répit entre la longue guerre civile de sécession ayant conduit à l'indépendance le 9 juillet 2011, et l'entrée en guerre de lutte de pouvoir dès 2013. Le pays ne peut donc pas se doter des institutions solides et une bonne gouvernance en pleine guerre civile entraînant les famines, les migrations de population et l'insécurité permanente. Le progrès économique et social dans le pays est donc repoussé à des jours meilleurs. Les années 1980 à 1994 ont connu la guerre civile de pouvoir en Ouganda, jusqu'à la prise du pouvoir par Yoweri Museveni en 1985 ; puis la guerre civile au Rwanda, de 1990 à 1994, qui s'est achevée dans les horreurs du dernier génocide du XXe siècle. Le pays a réussi à se reconstruire dans les douleurs, mais son avenir reste accroché aux épaules du président Paul Kagame, et à la réussite de la réconciliation totale au sein du peuple rwandais. Le pays jumeau du Burundi, après des guerres civiles à répétition et une forte insécurité intérieure, avait réussi une transition apaisée de 2000 à 2005, avec deux demi-mandats pour Domitien Ndayizeye et Pierre Buyoya. Après le référendum ayant entériné la nouvelle constitution en 2005, de nouvelles institutions se sont mises en route. Mais, le démon qui secoue les activistes burundais a refait son apparition dès l'annonce de la candidature du président Pierre Nkurunziza en avril 2015, pour un dernier mandat que les experts et des juristes considèrent comme un dernier mandat au terme de la constitution burundaise, et que certains opposants ont considéré comme un troisième mandat, donc inconstitutionnel.

En Afrique australe, le problème de gouvernance continue de s'inviter dans les débats au Zimbabwe, avec le plus âgé des chefs d'État africains, âgé de 93 ans en février 2017. Les conflits armés se sont tus dans cette région. C'est en Afrique centrale que la déflagration continue en République démocratique du Congo.

Après la dictature du président Mobutu Sese Seko Kuku Ngendu wa Zabanga, alias Joseph-Désiré Mobutu, la guerre a pris le relai dès la fin de 1996, et s'est soldée par la création de la nouvelle République démocratique du Congo, remplaçant le Zaïre. Mais, depuis lors, la guerre continue dans l'est du Congo, et les révoltes voient le jour par-ci et par-là, et récemment encore dans la province du Kasaï. Le voisin, en République du Congo, le département du Poul vit dans le cauchemar des attaques régulières des soldats de l'armée loyaliste du président Sassou Nguesso. Le département a même été privé d'élection comme sanction, à la dernière présidentielle. Les corruptions, le népotisme, et une dictature sanglante se sont installés au sein des institutions de ce pays. Le progrès social et le développement économique sont freinés par une mauvaise gestion des finances publiques. Aussi, l'un des grands producteurs et exportateurs de pétrole en Afrique, est surendetté entre 120% et 200%, comme la Grèce en Europe, selon le FMI. La République centrafricaine n'est pas encore sortie d'affaire, depuis l'intervention française à la fin de 2013 pour rétablir la légalité constitutionnelle et la paix dans ce pays déchiré par les coups d'État à répétition depuis le départ de fantasque empereur Bokassa en 1979. L'État n'est pas seulement défaillant, il est inexistant. Le Cameroun et le Tchad voisins sont des champions des corruptions. Non seulement les dirigeants de ces pays, Paul Biya et Idris Deby Itno, font partie des plus anciens présidents au pouvoir en Afrique, totalisant 35 ans en novembre 2017 pour le premier, et 27 ans en décembre 2017 pour le second, mais la mauvaise gouvernance politique, le népotisme et les détournements de fonds publics de leurs agents ont affaibli les pays qu'ils dirigent.

En Afrique occidentale, le Nigeria demeure sous les feux de l'actualité en raison des attaques répétées de la secte islamique, Boko Haram, qui aurait fait plus 13.000 morts depuis sa création en 2002. Cette secte continue de commettre des actes terroristes meurtriers au Nigeria, dans le nord du Cameroun et dans le sud-ouest du Tchad. Cette insécurité permanente liée au terrorisme islamique se retrouve au Mali où, malgré la présence des forces internationales au sein de l'opération française Barkhane, des actes terroristes se poursuivent dans le pays et au Burkina Faso. Ces pays, avec le Niger, étant les plus exposés dans la région aux actes terroristes, les populations ne peuvent pas participer avec toute la sérénité, à la construction du développement. Derrière les guerres, il y a toujours l'insécurité dans les pays. Et derrière cette insécurité, les mafias se développent, les institutions sont fragilisées, les contrôles sur la gestion publique disparaissent, les dirigeants pillent leurs propres pays et le peuple s'appauvrit au fur et à mesure du temps qui passe. Il n'y a donc pas de progrès économique et social sans la paix, la sécurité et la bonne gestion publique des ressources du pays. C'est le chantier du continent.

2°- *Les infrastructures des transports et des communications sont indispensables pour désenclaver des territoires éloignés des centres urbains, et relier les différents bassins de vie du pays.* Ces infrastructures comprennent les voies terrestres (voies de navigation maritime, ports, routes, autoroutes et chemin de fer), les équipements de transports et de distribution des ressources des télécommunications (câbles terrestres, antennes des mobiles, équipements des réseaux et services associés), et les moyens aériens (aéroports, flotte des aéronefs). L'on observe que de nombreuses quantités des productions agricoles dans des régions éloignées ne peuvent pas être acheminées vers les centres pour les consommateurs urbains, en raison du manque des routes ou de chemins de fer pour le transporter. Dans d'autres cas, ce sont les moyens de transport qui font défaut (les camions, les trains, les avions ou même les bateaux). Enfin, quand la route existe et que les moyens de transports sont disponibles, ce sont les aléas climatiques qui bloquent le transport sur des routes peu propices à l'acheminement ou simplement impraticables pendant les saisons de pluies. Des fossés qui se forment sur les routes, les effondrements des ponts, des inondations sur les voies, les routes et les abords des agglomérations, rendent les échanges entre les pays ou entre les différents territoires du pays impossibles. Dans les infrastructures des transports et des communications, il n'y a pas de place aux résignations, aux fatalités des calamités, à la faute à pas de chance. Ce sont les humains qui aménagent leurs territoires, qui créent et entretiennent des infrastructures, et ce sont les habitants des pays concernés qui doivent être intégrés dans les circuits économiques nationaux. Il ne sera pas possible de développer les « *pôles économiques régionaux* », sans investir dans les infrastructures des transports et des communications.

Quand on compare les situations en Afrique avec les autres pays du monde, le lecteur est surpris du manque de progrès très significatif dans de nombreux pays, et dans toutes les régions du continent. Pour mener cette comparaison, nous avons établi un indicateur qui « neutralise » les effets d'immenses étendues avec des populations réduites, pour les routes et les chemins de fer. L'indicateur produit est appliqué aux pays les plus riches, qui ont accueilli des Africains, mais aussi quelques pays émergents qui pourraient servir de modèle pour la relève économique des pays africains. Le premier tableau indique les situations dans les pays de plus de 60 millions d'habitants, parmi les pays représentatifs. Nous couvrons aussi toutes les densités de peuplement des pays.

Pays	Superficie (*milliers de km²*)	Population 2016 (*millions*)	Routes 2013 (*milliers de km*)	Indicateur routier *(pour 1000 habitants)*	Chemin de fer [CdF] *(milliers de km)*	Indicateur des CdF *(pour 1million habitants)*
France	643,80	66,990	1028,5	24,524	29,64	20,370
Allemagne	357,39	82,176	645,0	14,166	41,98	60,010
Etats-Unis	9 629,05	325,026	6586,6	13,862	224,79	16,146
Italie	302,07	60,579	487,7	12,998	20,26	22,420
Royaume-Uni	242,55	65,648	394,4	9,771	16,45	17,003
Inde	3 287,26	1295,237	4689,8	5,166	63,97	0,961
Turquie	783,56	79,815	385,7	2,379	12,01	2,306
Brésil	8 547,88	207,097	1581,0	1,412	28,54	0,460
Chine	9 596,96	1374,620	4106,4	1,278	86,00	0,561
Russie	17 125,40	146,845	1283,4	0,655	87,16	3,021

Dix pays représentatifs parmi les plus industrialisés du monde et des pays émergents

Dans les comparaisons des pays représentatifs des plus industrialisés du monde et des pays émergents, nous avons les densités de moins de 10 habitants au km² (la Russie, avec 8,6 habitants), de 10 habitants à 50 habitants au km² (le Brésil, avec 24,2 habitants et les Etats-Unis d'Amérique, avec 33,7 habitants) parmi les grands pays, de 50 habitants à 120 habitants au km² (la Turquie, avec 101,9 habitants et la France, avec 104 habitants), de 120 habitants à 250 habitants au km² (la Chine, avec 143,2 habitants ; l'Italie, avec 200,6 habitants et l'Allemagne, avec 229,9 habitants), et enfin les pays de plus de 250 habitants au km² (le Royaume-Uni, avec 270,7 habitants et l'Inde, avec 394,0 habitants). Notre indicateur des routes place, sans surprise, la France en tête avec 24,52 pour 1000 habitants, puis l'Allemagne avec 14,17 pour 1000 habitants et les Etats-Unis d'Amérique avec 13,86 pour 1000 habitants. Les derniers sont alors les pays émergents : le Brésil avec 1,41 pour 1000, la Chine avec 1,28 pour 1000 et la Russie avec 0,66 pour 1000 habitants.

L'indicateur est calculé en considérant que les routes constituent une superficie à l'intérieur de celle du pays, et que les habitants sont d'autant mieux servis qu'ils occupent une plus grande part à raison de la répartition de mille habitants par pays. Cela signifie que, à superficie et longueur de route équivalente, le pays le plus peuplé est défavorisé. Pour progresser sur la valeur de cet indicateur, les pays doivent construire des routes au fur et à mesure que les populations augmentent. Cela rejoint les impératifs d'aménagement des territoires, afin de répartir les habitants sur l'ensemble de superficies habitables, déconcentrer les agglomérations et créer des infrastructures de transports pour relier les différents bassins de vie du pays. Il en résulte que :

$$\text{Indicateur routier (pour 1.000 habitants)} = \frac{1000 \times (\text{longueur de routes})^2}{\text{superficie} \times \text{population}}$$

Dans le cas des chemins de fer, l'indicateur est rapporté à une population d'un million d'habitants, en considérant que les pays ont construit mille fois moins de chemins de fer que de routes. La formule reste alors comparable à celle des routes. Enfin, les pays construisent des infrastructures pour répondre aux besoins quotidiens de tous les habitants. Ceux-ci peuvent emprunter des routes, des chemins de fer pour se déplacer. Les voies navigables comme des voies aériennes n'entrent donc pas dans la vie pratique quotidienne de tous les habitants. Par ailleurs, tous les pays ne disposent pas de voies navigables. L'usage des airs dans des aéroports, souvent en nombre très réduit dans de nombreux pays en Afrique, concerne les déplacements sur de longues distances, soit à l'intérieur des pays très étendus, soit hors du pays. Nous recommandons alors des investissements plus accrus dans des équipements pour des routes, des autoroutes et des chemins de fer, qui constituent moyens du quotidien pour tous.

$$\text{Indicateur ferroviaire (pour 1.000.000 habitants)} = \frac{1000000\text{x(longueur des voies ferrées)}^2}{\text{superficie x population}}$$

Le classement des pays dans notre échantillon représentatif des pays les plus industrialisés et des pays émergents dans le monde, devient alors l'Allemagne (60,01), Italie (22,42), France (20,37), Royaume-Uni (17,00), Etats-Unis (16,15), Russie (3,02), Turquie (2,31), Inde (0,96), Chine (0,56) et Brésil (0,46).

Les pays indiqués parmi les plus représentatifs du monde sont des sources de comparaison selon les densités de peuplement et selon le même calcul de l'indicateur. Nous considérons que les pays africains doivent être analysés dans le contexte mondial, sans sentimentalisme du passé colonial, de victimes des atrocités humaines subies. Les compétitions internationales et de légitimes ambitions de développement se construisent sur une ferme volonté de réussir. Dès lors, les pays s'organisent pour y parvenir avec les investissements et les ressources techniques, financières et humaines correspondant à l'objectif et au résultat à atteindre. Aussi, pour un pays africain donné, comparé à un autre de la densité proche de peuplement, la longueur des routes ou des chemins de fer, devrait être possible, à la condition de l'inscrire dans des ambitions nationales. Le développement économique et social en Afrique impliquera également des mouvements des populations, soit à l'intérieur du pays, soit au sein de la région géographique, soit dans le cadre des échanges inter-régionaux. C'est dans ce cadre que les investissements dans les équipements des transports doivent être pensés plus largement et menés dans une perspective des échanges entre plusieurs États.

Pour l'Afrique orientale, la situation n'est pas très brillante en raison d'un sous-équipement en routes et en chemins de fer. L'état des lieux en 2013 révèle que quatre pays ne possèdent pas encore de chemins de fer : Seychelles (trop petit pays pour ces équipements), le Rwanda, le Burundi et la Somalie. Des données n'étaient pas disponibles pour le Soudan du Sud.

Pays	Superficie (*milliers de km²*)	Population (*millions*)	Routes 2013 (*en km*)	Indicateur routier *(pour 1000 habitants)*	Chemin de fer [CdF] *(en km)*	Indicateur des CdF *(pour 1million habitants)*
Seychelles	0,46	0,098	508	5,763	---	---
Kenya	610, 00	46,050	160 878	0,921	2 066	0,152
Burundi	27,83	10,401	12 322	0,524	---	---
Djibouti	23,20	0,938	3 065	0,435	100	0,463
Tanzanie	945,09	50,143	86 472	0,158	3 689	0,287
Rwanda	26,34	11,809	4 700	0,071	---	---
Somalie	637,66	13,276	22 100	0,058	---	---
Ouganda	241,55	37,873	20 000	0,044	1 244	0,169
Éthiopie	1132,31	92,206	44 359	0,019	681	0,004
Érythrée	121,32	7,167	4 010	0,018	306	0,108
Soudan du Sud	644,33	11,892	---	---	---	---

Tableau des performances dans les infrastructures routières et ferroviaires en Afrique Orientale. Les trois premiers : les Seychelles, le Kenya et, surprise, le Burundi, le plus pauvre de la région. Mais, comparés aux pays émergents, les résultats sont encore faibles. Six pays disposent des chemins de fer.

D'immenses pays, tels que l'Éthiopie, la Tanzanie ou encore la somalie, ne sont pas équipés de routes en proportion à la fois de leurs étendues et de leurs populations. Pour projeter leurs ambitions des niveaux d'équipements en routes et en chemins de fer, nous les avons comparés aux pays émergents de densité de population proche. Dans les pays dont la densité est inférieure à 10 habitants au km², nous les comparons à la Russie. Pour les autres situations, nous les avons comparés au pays émergent le moins équipé et dont la densité est la plus proche. Le concept vise les capacités à aménager les territoires, développer les pôles économiques régionaux, et permettre les déconcentrations et la distribution des habitants sur tous les territoires habitables.

S'agissant des pays continentaux, à l'exception des îles, les pays retenus comparables, selon la densité de la population, sont également continentaux : l'Inde, la Turquie, le Brésil, la Chine et la Russie. Aussi, le Brésil devient le pays de référence pour le Kenya, Djibouti, la Tanzanie, la Somalie, l'Érythrée et le Soudan du Sud. L'Inde devient le repère pour le Rwanda et le Burundi, les plus densément peuplés de l'Afrique orientale. La Chine le devient pour l'Ouganda. La Turquie présente la densité la plus proche de celle de l'Éthiopie. Ces comparaisons permettent de projeter les efforts des pays concernés sur la décennie 2015-2025 afin de rattraper le retard par rapport à la situation en 2013.

Pays	Superficie (*milliers de km²*)	Popula-tion (*millions*)	Routes en 2013 (*en km*)	Routes en 2015-2025 (*en km*)	Chemin de fer 2013 (*en km*)	Chemin de fer 2015-2025 (*en km*)
Seychelles	0,46	0,098	508	*763*	---	*10*
Kenya	610, 00	46,050	160 878	*199 158*	2 066	*3 595*
Burundi	27,83	10,401	12 322	*38 672*	---	*528*
Djibouti	23,20	0,938	3 065	*5 523*	100	*100*
Tanzanie	945,09	50,143	86 472	*258 677*	3 689	*4 669*
Rwanda	26,34	11,809	4 700	*40 085*	---	*547*
Somalie	637,66	13,276	22 100	*109 330*	---	*1 973*
Ouganda	241,55	37,873	20 000	*108 127*	1 244	*2 265*
Éthiopie	1132,31	92,206	44 359	*498 378*	681	*15 516*
Érythrée	121,32	7,167	4 010	*35 039*	306	*632*
Soudan du Sud	644,33	11,892	---	*104 015*	---	*1 878*

Tableau des projections des routes et des chemins de fer à l'horizon 2025 afin d'atteindre le niveau affiché des pays émergents comparables en 2013.

Le tableau précédent nous instruit sur les écarts entre la situation en 2013 et la cible proposée pour 2025. Le Kenya est le pays qui a progressé plus que les autres pays de la région. Le lecteur peut ainsi apprécier la situation actuelle de chaque pays par rapport à la cible proposée pour 2025 dans la région de l'Afrique orientale. Parallèlement à la paix, la sécurité intérieure et la bonne gestion publique, les pays doivent également intensifier les efforts dans les infrastructures routières, autoroutières et ferroviaires. Cela constituera des chantiers du développement économique.

En Afrique australe, les situations sont disparates selon le passé de chaque pays. L'indicateur routier de Maurice est de 1,821. Il se rapproche alors de celui de l'Inde (5,655) et au-dessus de tous les autres pays des *BRIC* (Brésil, Russie, Inde, Chine), parmi les pays émergents continentaux proches. Il en est de même pour l'Afrique du Sud, alors que la densité de sa population rapproche ce pays du Brésil. Néanmoins, l'Afrique du Sud devient proportionnellement mieux équipée que le Brésil, soit 1,953 pour 1000 habitants contre 1,412 pour 1000 habitants au Brésil. Pour l'Afrique du Sud, nous recourons à la référence de l'Inde pour son équipement routier. En revanche, pour le cas des chemins de fer, l'Afrique du Sud est mieux équipée que tous les pays des BRIC, avec un indicateur de 6,005 pour un million d'habitants. Nous rapprochons alors l'Afrique du Sud des Etats-Unis d'Amérique (16,146 pour un million d'habitants), dont elle partage le niveau de densité de population. Aussi, après avoir présenté l'état des lieux par pays, nous proposons des ambitions pour les infrastructures routières et ferroviaires pour la décennie de 2015 à 2025. Les indicateurs de référence sont ceux des pays émergents continentaux dont les densités de population sont les plus proches par pays, ou le meilleur indicateur de ces pays des BRIC avec la Turquie, comme nous l'avons déjà indiqué pour l'Afrique du Sud. Cependant, si les niveaux de ces pays sont encore plus faibles que pour un pays africain, nous le référons à l'une des grandes puissances industrielles de son environnement économique et culturel, dont la densité de population est la plus proche. C'est encore le cas de l'Afrique du Sud, pour le niveau des chemins de fer, par rapport aux Etats-Unis d'Amérique. En effet, la densité de population de l'Afrique du Sud est d'environ 45 habitants au km² contre 33 au km² habitants aux Etats-Unis. Les autres puissances occidentales de plus de 60 millions d'habitants en sont éloignées : la France (104), l'Italie (201), le Royaume-Uni (271) et l'Allemagne (230 habitants au km²).

En 2013, les données des pays de l'Afrique australe sur les équipements routiers et ferroviaires sont présentées ci-dessous :

Pays	Superficie (*milliers de km²*)	Popula-tion (*millions*)	Routes 2013 (*en km*)	Indicateur routier *(pour 1000 habitants)*	Chemin de fer [CdF] *(en km)*	Indicateur des CdF *(pour 1million habitants)*
Maurice	2,01	1,263	2 149	1,821	---	0,000
Afrique du Sud	1 219,91	55,654	364131	1,953	20 192	6,005
Botswana	581,73	2,284	17 916	0,242	888	0,593
Namibie	824,12	2,317	44 138	1,020	2 626	3,612
Angola	1 281,43	27,951	51 429	0,074	2 764	0,213
Swaziland	17,36	1,428	3 594	0,521	301	3,655
Zambie	770,24	15,934	91 440	0,681	2 157	0,379
Lesotho	30,36	1,924	5 940	0,604	---	0,000
Zimbabwe	390,76	13,061	97 267	1,854	3 427	2,301
Comores	1,86	0,806	880	0,516	---	0,000
Mozam-bique	782,57	27,129	30 331	0,043	4 787	1,079
Madagas-car	587,30	24,313	34 476	0,083	854	0,051
Malawi	118,48	17,366	15 450	0,116	---	0,000

Les petits pays de la région (Maurice, Lesotho, Comores) et le plus pauvre de la région (Malawi) ne possèdent pas de chemins de fer. L'indicateur routier de l'Afrique du Sud (1,953) est supérieur à celui de la Chine, du Brésil et de la Russie. Mais, il est inférieur à celui de l'Inde (5,166). Alors que cet indicateur est de 24,524 en France, de 14,166 en Allemagne, de 13,862 aux Etats-Unis, de 12,998 en Italie ou encore de 9,771 au Royaume-Uni. Le pays de la région proportionnellement moins équipé de routes reste le Mozambique. Et les mieux équipés sont l'Afrique du Sud et l'Île Maurice.

Après l'état des lieux, nous observons que les pays africains sont peu équipés en routes et en chemins de fer, en comparaison avec les pays émergents. L'ambition affichée est que certains des pays africains puissent rejoindre les rangs des pays émergents. Le cahier des charges pour les équipements peut alors être établi selon les indications que nous avons proposées. C'est le niveau que ces pays africains auraient dû avoir en 2013, s'ils avaient atteint le taux d'équipements des autres pays émergents. Aussi, il est proposé d'atteindre ce niveau dans la décennie 2015-2025. Il a été retenu un indicateur de référence de l'Inde (5,166) pour l'Afrique du Sud, ainsi que pour le Swaziland et Lesotho qui sont dans sa continuité territoriale intérieure. L'Île Maurice, la Namibie, le Zimbabwe et les Comores se réfèrent à la Turquie. Ensuite, c'est l'indicateur du Brésil (1,412) qui a été retenu pour le Botswana, l'Angola, Mozambique, Madagascar et la Zambie.

Pays	Superficie (*milliers de km²*)	Population (*millions*)	Routes 2013 (*en km*)	Routes 2025 (*en km*)	Chemin de fer 2013 (*en km*)	Chemin de fer 2025 (*en km*)
Maurice	2,01	1,263	2 149	*2 456*	---	*49*
Afrique du Sud	1 219,91	55,654	364 131	*592 212*	20 192	*33 109*
Botswana	581,73	2,284	17 916	*43 318*	888	*2 004*
Namibie	824,12	2,317	44 138	*67 395*	2 626	*5 552*
Angola	1 281,43	27,951	51 429	*224 887*	2 764	*4 059*
Swaziland	17,36	1,428	3 594	*11 316*	301	*633*
Zambie	770,24	15,934	91 440	*131 641*	2 157	*2 376*
Lesotho	30,36	1,924	5 940	*17 371*	---	*971*
Zimbabwe	390,76	13,061	97 267	*110 190*	3 427	*3 926*
Comores	1,86	0,806	880	*1 890*	---	*38*
Mozambique	782,57	27,129	30 331	*173 138*	4 787	*8 008*
Madagascar	587,30	24,313	34 476	*141 993*	854	*2 563*
Malawi	118,48	17,366	15 450	*51 279*	---	*1 074*

Ambitions de réalisations des routes, autoroutes et chemins de fer en Afrique australe pour la décennie 2015-2025. Ce sont les projections de réalisations correspondant à la mise à niveau pour atteindre les indicateurs routiers des pays émergents : Brésil, Chine, Inde et Turquie. L'effort est donc variable.

Les efforts proposés selon les pays restent dans la limite des niveaux déjà par les pays émergents, à l'exception des chemins de fer pour l'Afrique du Sud qui a dépassé proportionnellement le niveau des pays émergents de notre panel. Néanmoins, pour celui des routes, nous nous référons à l'indicateur de l'Inde en 2013. Il est remarqué que, plus le pays a pris beaucoup du retard de progrès dans son passé, plus les efforts deviennent importants. L'essentiel pour atteindre une ambition, c'est de se fixer des objectifs, des délais et un rythme d'exécution des plans d'action.

Pour l'Afrique centrale, huit pays constituant cette région sont concernés. C'est la région la moins équipée en infrastructures de communications et de transports terrestres (routes et chemins de fer). Mais, c'est également la région la plus humide, située en pleine forêt équatoriale, et nécessitant des ouvrages adaptés à la pluviosité abondante et aux sols fragiles. L'entretien de tous les ouvrages s'inscrit alors dans les priorités du cahier des charges pour chaque pays. Pour ces pays, en retard sur les indicateurs des routes et des chemins de fer, nous avons proposé des références aux pays émergents présentant les densités de populations les plus proches. Aussi, nous retenons l'indicateur de la Russie pour le Gabon, le Tchad et la République centrafricaine. Celui de la Turquie sert pour la Guinée Équatoriale et le Cameroun. Celui du Brésil s'impose sur la République démocratique du Congo et la République du Congo. Et enfin, le petit pays de Sao Tomé et Principe se rapproche de la Chine.

Les résultats de 2013 donnent les longueurs des routes et des chemins de fer construits dans le pays. Nous avons indiqué que pour neutraliser les effets d'étendue des pays et de population dans l'établissement d'indice ordinaires de kilomètre par nombre d'habitants, nous avons combiné les deux données. L'indicateur dépend alors à la fois de l'étendue du pays et de sa population. Il exprime un niveau d'équipement pour une infrastructure donnée en faveur des habitants de ce pays. Il est supérieur à zéro pour 1000 habitants dans les infrastructures routières, et également supérieur à zéro pour un million d'habitants dans l'appréciation des infrastructures ferroviaires. Dans des situations variées, mais très proches, des pays de l'Afrique centrale, les valeurs de ces indicateurs sont très faibles, pour indiquer l'insuffisance des routes et des chemins de fer dans cette région.

Pays	Superficie (*milliers de km²*)	Popula-tion (*millions*)	Routes 2013 (*en km*)	Indicateur routier *(pour 1000 habitants)*	Chemin de fer [CdF] *(en km)*	Indicateur des CdF *(pour 1 million habitants)*
Gabon	267,67	1,920	9 170	0,164	649	0,820
Guinée Equatoriale	28,05	1,963	2 880	0,151	---	0,000
Congo	341,82	5,092	17 289	0,172	886	0,451
Sao Tome et Principe	1,00	0,200	320	0,512	---	0,000
Cameroun	475,65	23,248	51 350	0,238	1 245	0,140
Tchad	1 284,20	14,152	40 000	0,088	---	0,000
R.D. du Congo	2 345,09	86,895	153497	0,116	4 007	0,079
Rép. Centrafri-caine	622,98	5,391	20 278	0,122	---	0,000

Tableau comparatif des indicateurs routiers et ferroviaires des pays de la région d'Afrique centrale. Le niveau d'équipements est très insuffisant.

Pays	Superficie (*milliers de km²*)	Popula-tion (*millions*)	Routes 2013 (*en km*)	Routes 2025 (*en km*)	Chemin de fer 2013 *(en km)*	Chemin de fer 2025 *(en km)*
Gabon	267,67	1,920	9 170	*18 345*	649	*1 246*
Guinée Equatoriale	28,05	1,963	2 880	*11 446*	---	*356*
Congo	341,82	5,092	17 289	*49 574*	886	*895*
Sao Tome et Principe	1,00	0,200	320	*506*	---	*11*
Cameroun	475,65	23,248	51 350	*162 204*	1 245	*5 049*
Tchad	1 284,20	14,152	40 000	*109 103*		*7 409*
R.D. Congo	2 345,09	86,895	153 497	*536 394*	4 007	*9 682*
Rép. Centrafricaine	622,98	5,391	20 278	*46 903*	---	*3 185*

Nous observons un écart important entre la situation en 2013 et le niveau qui aurait dû être atteint par chacun des pays pour se rapprocher des pays émergents, dont nous avons utilisé les valeurs des indicateurs routiers et ferroviaires. Les pays africains ne pourront donc pas « émerger » en négligeant les routes et les chemins de fer pour des échanges économiques entre divers bassins de vie des habitants, et la circulation des personnes et des biens entre les différents pôles de développement économique du pays, ou encore au sein des cinq espaces géographiques des « communautés économiques régionales » (*CER*). Aussi, si nous considérons que le Cameroun devrait atteindre l'indicateur des routes de la Turquie, il lui faudrait disposer de 162.204 km de routes, compte tenu de son étendue et de sa population, sachant que la Turquie dispose de 385.748 km. Cependant, le Cameroun ne déclarait que 51.350 km en 2013. De même ce pays devrait gérer 5.049 km de chemin de fer, au lieu de 1.245 km actuels. Le pays devrait alors déconcentrer ses fortes agglomérations, pour distribuer les habitants dans d'autres « pôles de développement économiques », reliés par ces routes et ces chemins de fer. Pour la République démocratique du Congo (*RDC*), le plus grand pays de l'Afrique centrale, sa densité de population se rapproche de celle du Brésil, parmi les pays émergents. Soit 37,1 habitants au km^2 en RDC contre 24,2 habitants au Brésil. Mais pour atteindre l'indicateur routier du Brésil en 2013, le pays aurait dû disposer de 536.394 km de routes, contre 153.497 km. L'ambition, pour émerger et atteindre un niveau comparable à celui du Brésil dans ce domaine, la RDC devrait investir massivement à cet effet. Il en est de même pour les chemins de fer, où ce pays devrait gérer 9.682 km au lieu de 4.007 km actuellement.

Les efforts proposés sont accessibles, d'autant que les besoins sont réels et des attentes sont très fortes. Tous les pays de cette région d'Afrique centrale étant sous équipés en routes et chemins de fer, des projets globaux, conçus au niveau régional, financés avec des fonds mutualisés entre les pays, devraient être menés. Il serait urgent que ces infrastructures deviennent prioritaires.

En Afrique occidentale, nous observons que tous les pays sont sous équipés en comparaison avec les pays émergents retenus, proportionnellement à leurs populations et à leurs superficies. Un seul pays, le Ghana*, est mieux équipé pour les routes que la Chine, dont la densité démographique est proche. Aussi, nous avons alors retenu une comparaison par rapport à un autre pays émergent continental plus performant, et de plus de 60 millions d'habitants, l'Inde, comme pour le Nigeria. L'Inde fait partie du sous-groupe connu sous l'acronyme *BRICS* (Brésil, Russie, Inde, Chine et Afrique du Sud). Ce sous-groupe est associé à un autre sous-groupe *AMACITA* (Arabie Saoudite, Mexique, Argentine, Corée du Sud, Indonésie, Turquie et Australie), pour former l'ensemble des douze nouveaux pays industrialisés, et ayant reçu le nom de « *pays émergents* ». Ce sont des pays qui ont obtenu un visa pour rejoindre les sept pays industrialisés historiques du monde occidental, le *G7* (Etats-Unis, Japon, Allemagne, France, Royaume-Uni, Canada et Italie) et l'entité Union européenne, pour former le *G20*. C'est enfin ce G20 qui pilote les destinées de l'économie mondiale et des régulations internationales.

Dans les propositions pour l'Afrique, nous avons retenu ces pays récemment industrialisés, et qui peuvent servir de repères dans les efforts de développement des infrastructures. Chaque pays africain est alors rapproché à un grand pays qui présente une densité démographique comparable. Pour les quinze pays de l'Afrique occidentale, et dans le cadre des infrastructures des routes, le Nigeria et le Ghana sont comparés à l'Inde. La Côte-d'Ivoire, le Sénégal, le Bénin, le Burkina Faso et la Sierra Leone se rapprochent de la Turquie. Le Mali, la Guinée-Bissau, la Guinée, le Liberia et le Niger sont comparés au Brésil. Et enfin, le Cap-Vert, le Togo et la Gambie sont comparés à la Chine. Les données de 2013 pour chaque pays nous permettent d'observer le sous-équipement des pays africains par rapport aux pays repères, puisque nous considérons que chacun de ces pays se positionne légitimement comme un « futur pays émergent ». Il nous revient alors d'analyser son positionnement actuel par rapport à ceux qui ont déjà reçu le visa pour entrer dans le club des pays émergents reconnus dans le monde. Ensuite, nous proposons, sur la base de ces comparaisons, le réseau routier susceptible de remonter le niveau, afin de se comparer aux autres pays reconnus émergents.

Pays	Superficie (*milliers de km²*)	Popula-tion (*millions*)	Routes 2013 (*en km*)	Indicateur routier *(pour 1000 habitants)*	Chemin de fer [CdF] *(en km)*	Indicateur des CdF *(pour 1million habitants)*
Cap-Vert	4,03	0,538	1 350	0,840	---	0,000
Nigeria	923,77	193,074	193 200	0,209	3 505	0,069
Côte d'Ivoire	322,46	23,866	81 996	0,874	660	0,057
Ghana (*)	238,55	28,959	109 515	1,736	947	0,130
Sénégal	196,71	15,256	14 008	0,065	906	0,274
Bénin	114,76	11,187	16 000	0,199	438	0,149
Mali	1 246,81	18,957	22 474	0,021	593	0,015
Togo	56,79	6,734	11 652	0,355	568	0,844
Burkina Faso	270,76	19,034	15 272	0,045	622	0,075
Guinée-Bissau	36,13	1,726	3 455	0,191	---	0,000
Guinée	245,86	10,910	44 348	0,733	1 185	0,524
Sierra Leone	71,74	7,553	11 300	0,236	84	0,013
Gambie	10,69	2,009	3 740	0,651	---	0,000
Liberia	111,37	4,890	10 600	0,206	429	0,338
Niger	1 267,00	20,752	18 949	0,014	---	0,000

Tableau comparatif des indicateurs routiers et ferroviaires pour les pays de l'Afrique occidentale. Seul le Ghana(*) est le mieux équipé, au-delà du pays émergent comparable. Son indicateur de 1,736 est le plus élevé de la région. Il est suivi de la Côte d'Ivoire, du Cap-Vert, de la Guinée et de la Gambie au-delà de la valeur de 0,500 pour l'indicateur. Cependant, à l'exception du Ghana, les autres pays sont peu performants par rapport aux pays émergents comparables. Le retard est au Nigeria, en Côte d'Ivoire, au Bénin, au Mali, au Burkina Faso et en Sierra Leone, la longueur des chemins de fer devrait être multipliée par plus de trois fois. Enfin, le Niger, le Cap-Vert et la Guinée-Bissau ne possèdent pas de chemin de fer. Pour les routes, le Ghana est plus performant que la Russie, la Chine et le Brésil. Le Cap-Vert, la Côte d'Ivoire et la Guinée sont également plus performant que la Russie.

Le tableau suivant suggère quelques efforts d'investissements de rattrapage sur les constructions des routes et des chemins de fer pour chaque pays. Les chantiers de la décennie de 2015-2025 devraient ainsi intégrer ces ambitions. Il est clair que cet horizon proposé sera également mis à profit par les actuels grands pays émergents pour poursuivre leur propre développement. Mais, les pays africains devraient au moins rattraper le retard, et atteindre en 2025 le niveau déjà atteint par des pays émergents en 2013.

Pays	Superficie (*milliers de km²*)	Population (*millions*)	Routes 2013 (*en km*)	Routes 2025 (*en km*)	Chemin de fer 2013 (*en km*)	Chemin de fer 2025 (*en km*)
Cap-Vert	4,03	0,538	1 350	*1 665*		*35*
Nigeria	923,77	193,074	193 200	*959 888*	3 505	*13 093*
Côte d'Ivoire	322,46	23,866	81 996	*135 308*	660	*4 212*
Ghana	238,55	28,959	109 515	*188 914*	947	*2 577*
Sénégal	196,71	15,256	14 008	*84 496*	906	*2 630*
Bénin	114,76	11,187	16 000	*55 265*	438	*1 720*
Mali	1 246,81	18,957	22 474	*182 681*	593	*3 298*
Togo (**)	56,79	6,734	11 652	*22 106*	568	*939*
Burkina Faso	270,76	19,034	15 272	*110 729*	622	*3 447*
Guinée-Bissau	36,13	1,726	3 455	*9 383*	---	*169*
Guinée (**)	245,86	10,910	44 348	*61 540*	1 185	*2 487*
Sierra Leone	71,74	7,553	11 300	*35 904*	84	*1 118*
Gambie	10,69	2,009	3 740	*5 238*	---	*110*
Liberia	111,37	4,890	10 600	*27 730*	429	*501*
Niger	1 267,00	20,752	18 949	*192 673*	---	*3 478*

Tableau des propositions de la distribution des efforts d'équipements dans les routes et les chemins de fer, à l'horizon 2025, selon les pays. Seuls le Togo (**) et la Guinée (**) ont dépassé le niveau de l'indicateur du pays émergent comparable au regard de la densité démographique, la Chine. Nous leur avons affecté un autre pays, la Turquie, mieux équipée que la Chine, pour les objectifs de réalisation des chemins de fer. Tous les pays de l'Afrique occidentale accusent un retard sur les infrastructures ferroviaires.

Les efforts proposés pour le Nigeria, de 193.200 km de routes en 2013 à 959.888 km à l'horizon 2025 tiennent compte, dans le calcul, de son importante population, de sa superficie et de sa densité démographique. Ce sont des paramètres d'évaluation comme pour l'ensemble de tous les autres pays africains. C'est le retard à combler qui est très important. Il en est de même pour le Sénégal (de 14.008 km en 2013 à 84.496 km en 2025), du Mali (de 22.474 km à 182.681 km), du Burkina Faso (de 15.272 à 110.729 km) ou encore du Niger (de 18.949 km à 192.673 km). Ces propositions pourraient être revues à la baisse dans les pays du Sahel, où le pays n'est peuplé qu'une une très faible part du territoire. Aussi, le calcul de l'indicateur pourrait tenir compte de la seule superficie habitable (avec [*] signifiant 'multiplication') :

S : étant cette superficie contenant les bassins de vie
P : étant la population de l'ensemble du pays
L_r : étant la longueur totale des routes sur l'ensemble du pays
L_{cf} : étant la longueur totale des chemins de fer du pays
I_r : étant l'indicateur routier de référence des pays émergents
I_{cf} : étant l'indicateur de référence des chemins de fer

$$Lr = RACINE(P*S*I_r/1000)$$
$$Lcf = RACINE(P*S*I_{cf}/1000000)$$

Les infrastructures des communications par les routes et les chemins de fer structurent les territoires, permettent au plus grand nombre de personnes et d'importantes quantités de biens, de circuler entre les pôles économiques régionaux, les bassins de vie et des emplois, et entre les pays. L'on constate fréquemment que les famines sur des territoires ou dans certains pays, sont liées au manque de moyens des transports pour acheminer les vivres vers les populations concernées. Il conviendra alors que les pays conçoivent le développement de ces infrastructures au niveau régional, et mutualisent certaines ressources pour les créer, les développer et les entretenir. En Afrique, l'usage des airs, des fleuves et des aéroports est complémentaire, par rapport aux autres moyens de transport terrestre. Aussi, peu d'aéroports sont développés et l'avion reste cher. Enfin, les ports, souvent créés par les anciens colons pour leur commerce international, restent encore affecté prioritairement à cet usage.

L'Afrique du Nord se détache du reste des autres régions du continent par son niveau d'industrialisation plus avancé. Les échanges intra-régionaux, le tourisme, de fréquents mouvements des personnes entre ces pays et l'Europe, ont pu contribuer au besoin d'amélioration du niveau et du développement dans des équipements en infrastructures routières et ferroviaires. Mais, le réveil tardif, sous la dynamique de l'exploitation du pétrole et du gaz, n'a pas encore comblé le retard par rapport au niveau des pays émergents. Néanmoins, les pays de l'Afrique du Nord se positionnent dans la course vers l'émergence. Alors, on compare.

En Libye, la densité rapproche ce pays de la Russie, mais elle est, proportionnellement à sa superficie et à sa population, mieux équipée dans les routes que la Russie. Aussi, on peut lui appliquer la comparaison avec le Brésil. Mais, le pays n'a pas de chemin de fer. Pour le Maroc, nous comparons ses performances à celles de la Turquie, dont la densité est proche, et qui pourrait servir de repère pour accéder au niveau émergent. La Tunisie reste comparable à la Turquie pour les routes, mais elle est proportionnellement mieux équipée que la Turquie pour les chemins de fer. Elle rejoint la comparaison avec la Russie dans ce domaine. L'Égypte reste dans la comparaison complète avec la Turquie pour les routes et les chemins de fer. L'Algérie est comparable au Brésil, du point de vue des densités de leurs populations. On propose alors également les comparaisons pour les routes et les chemins de fer avec ce pays. La Mauritanie gère une densité démographique comparable à celle de la Russie. Elle est alors comparable à elle pour les routes et les chemins de fer, même si la Mauritanie ne possède de chemin de fer, en dehors de la ligne d'une seule voie dédiée au seul transport des minerais de fer. Les chemins de fer considérés doivent transporter tous les biens (fret) et les personnes, dans le cadre de l'aménagement des territoires dans tous les pays. Enfin, le Soudan se présente en comparaison avec le Brésil pour les routes, en raison des densités de leurs populations, mais il est à peine mieux équipé que ce pays pour les chemins de fer. Il est alors comparé à la Chine. Les résultats obtenus, autant pour les valeurs des indicateurs routiers et des chemins de fer, sont présentés dans le tableau qui suit. On observe les écarts des valeurs entre les pays industrialisés, les émergents, pris en référence, et les pays de l'Afrique du Nord.

Pays	Superficie (*milliers de km²*)	Popula-tion (*millions*)	Routes 2013 (*en km*)	Indicateur routier (*/1000 habitants*)	Chemin de fer [CdF] (*en km*)	Indicateur des CdF (*/1 million habitants*)
Libye(*)	1 759,54	6,435	100 024	*0,884*	---	*0,000*
Maroc	446,55	34,700	58 395	*0,220*	2067	*0,276*
Tunisie	162,16	11,439	19 418	*0,203*	2165	*2,527*
Égypte	1 010,41	92,105	137 430	*0,203*	5083	*0,278*
Algérie	2 381,74	41,267	113 655	*0,131*	3973	*0,161*
Mauri-tanie	1 030,70	3,894	10 628	*0,028*	---	*0,000*
Soudan	1 886,07	40,235	11 900	*0,002*	5978	*0,471*
Inde	3 287,26	1 295,237	4 689 842	*5,166*	63 974	*0,961*
Turquie	783,56	79,815	385 748	*2,379*	12 008	*2,306*
Brésil	8 547,88	207,097	1 580 964	*1,412*	28 538	*0,460*
Chine	9 596,96	1 374,620	4 106 387	*1,278*	86 000	*0,561*
Russie	17 125,40	146,845	1 283 387	*0,655*	87 157	*3,021*

Le tableau ci-dessus montre les écarts entre les pays de l'Afrique du Nord et les pays émergents. Les valeurs de l'indicateur routier varient de 0,002 au Soudan à 0,884 pour la Libye(*). Seule la Russie est moins performante et se situe sous le niveau de la Libye. La Tunisie est mieux placée que la Turquie.

Pays	Super-ficie (*milliers de km²*)	Popula-tion (*millions*)	Routes 2013 (*en km*)	Indicateur routier (*pour1000 habitants*)	Chemin de fer [CdF] (*en km*)	Indicateur des CdF (*1million habitants*)
France	643,80	66,991	1 028 446	*24,524*	29 640	*20,370*
Allemagne	357,39	82,176	645 000	*14,166*	41 981	*60,010*
Etats-Unis	9 629,05	325,026	6 586 610	*13,862*	224792	*16,146*
Italie	302,07	60,579	487 700	*12,998*	20 255	*22,420*
Royaume-Uni	242,55	65,648	394 428	*9,771*	16 454	*17,003*

Le tableau montre les grands écarts entre les pays industrialisés et les autres.

Les pays de l'Afrique du Nord présentent quelques résultats plus performants que certains pays émergents. La Libye est proportionnellement mieux équipée que la Russie pour les routes. La Tunisie est mieux équipée que la Turquie, pourtant l'un des pays les mieux équipés en chemins de fer parmi les pays émergents. En ramenant la comparaison de la Libye au Brésil, celle de la Tunisie (**) à la Russie pour les chemins de fer, et enfin celle du Soudan (**) à la Chine pour les chemins de fer, nous les ramenons à des indicateurs immédiatement supérieurs des pays émergents du panel, situés au-dessus de ceux qui correspondent à leur classe de densité démographique. Nous restons donc dans des comparaisons entre les pays africains et les pays émergents. Les résultats nous indiquent les efforts des pays de l'Afrique du Nord, pour la décennie 2015-2025.

Pays	Superficie (*milliers de km²*)	Popula-tion (*millions*)	Routes 2013 (*en km*)	Routes 2025 (*en km*)	Chemin de fer 2013 (*en km*)	Chemin de fer 2025 (*en km*)
Libye	1 759,54	6,435	100 024	*126 437*	---	*2 282*
Maroc	446,55	34,700	58 395	*192 010*	2 067	*5 977*
Tunisie (**)	162,16	11,439	19 418	*66 432*	2 165	*2 367*
Égypte	1 010,41	92,105	137 430	*470 561*	5 083	*14 648*
Algérie	2 381,74	41,267	113 655	*372 524*	3 973	*6 724*
Mauritanie	1 030,70	3,894	10 628	*51 270*	---	*3 482*
Soudan (**)	1 886,07	40,235	11 900	*327 330*	5 978	*6 525*

Tableau comparatif des efforts par pays pour les routes et les chemins de fer pour se comparer aux résultats des pays émergents de 2013. Les efforts sont importants pour le Maroc et l'Égypte par rapport à la Turquie, dans les routes et les chemins de fer. Il en est de même pour l'Algérie par rapport au Brésil, proportionnellement pour les routes et les chemins de fer de ce pays.

Dans le domaine des infrastructures routières et ferroviaires, nous avons rencontré les performances africaines en Afrique australe. Les résultats de l'Île Maurice (indicateur routier : 1,82), du Zimbabwe (1,85) et de l'Afrique du Sud (1,95), sont meilleurs que ceux de la Russie (0,65), de la Chine (1,28) et du Brésil (1,41). La Namibie est également plus performante que la

Russie pour son indicateur routier. Par ailleurs, la valeur de l'indicateur ferroviaire de l'Afrique du Sud (6,01) se situe bien au-dessus de ceux des autres pays du BRICS et de la Turquie. C'est la meilleure performance de l'Afrique. Néanmoins, elle reste loin derrière les performances des pays occidentaux. La Namibie et le Swaziland suivent, dans le sillage de l'Afrique du Sud. Les valeurs de leurs indicateurs ferroviaires se situent au-dessus de celles des pays du BRIC et la Turquie. Le Zimbabwe atteint la performance de la Turquie pour les chemins de fer, au-dessus de la Chine, de l'Inde et du Brésil. Il en est de même pour le Mozambique, dont la valeur de l'indicateur ferroviaire équivaut à celle de l'Inde, au-dessus de la Chine et du Brésil. Il en résulte que la nouvelle Afrique se relève en Afrique australe dans les infrastructures, et pour sept des treize pays de la région (Île Maurice, Afrique du Sud, Namibie, Swaziland, Botswana, Zimbabwe et Mozambique). En Afrique orientale, l'indicateur routier du Kenya (0,92) est meilleur que celui de la Russie (0,65), alors que les Îles Seychelles (5,76) sont performantes par rapport à tous les pays des BRICS sur les routes. En Afrique centrale, l'indicateur ferroviaire du Gabon (0,82) est meilleur qu'au Brésil et en Chine. De même, en Afrique occidentale, le Ghana est plus performant sur les routes que la Russie, la Chine et le Brésil. Le Cap-Vert, la Côte d'Ivoire et la Guinée sont également plus performant que la Russie. Dans les chemins de fer, c'est le Togo (0,84) qui se positionne devant la Chine et le Brésil, proportionnellement à sa population et à sa superficie.

Cependant, pour le reste des pays de l'Afrique, une écrasante majorité des pays dans toutes les régions, accusent un important retard. Des efforts très significatifs seront requis pour rattraper le niveau, progresser dans la construction, améliorer la qualité des ouvrages et entretenir ces infrastructures. Elles constituent le cœur des chantiers des réalisations physiques majeures, afin de promouvoir les échanges économiques, la circulation des biens et des personnes à l'intérieur de leurs pays, de leur région, et de développer largement les mobilités à l'intérieur du continent.

3°- *La sécurité alimentaire, sanitaire, environnementale et énergétique dans tous les pays africains, est indispensable pour améliorer les conditions de vie.* La mortalité infantile très élevée dans plusieurs pays, la malnutrition et les pénuries alimentaires, les conditions d'hygiène publique sommaire provoquant diverses épidémies liées aux défaillances dans l'assainissement public, le défaut du maillage des infrastructures médicales et sanitaires à travers le pays, sont parmi les causes principales du fort taux de mortalité dans plusieurs pays. Dans les chapitres consacrés à chaque région, ce livre présentera des éléments comparatifs de chaque pays au sein de sa région. L'Afrique est le continent de tous les climats équatoriaux et tropicaux, de tous les reliefs de la planète terre, des variations du désert aride du Sahara aux forêts denses l'Afrique centrale, et des grands fleuves parmi les plus importants du monde. Sur cent-quatre-vingt-huit fleuves de plus de 1000 km, vingt-deux se trouvent en Afrique.

Classement mondial	Nom	Longueur totale *(en km)*	Bassin versant *(en km²)*	Débit moyen *(en m³/s)*
1	Nil - Nil Blanc - Kagera	6 700	3 400 000	2 830
8	Congo - Luapula - Chambeshi	4 700	3 680 000	41 800
15	Niger	4 184	2 262 000	5 589
35	Zambèze	2 69 312	1 330 000	3 500
54	Oubangui - Uélé	2 300	754 830	5 936
65	Kasaï	2 153	881 890	9 873
70	Orange	2 092	973 000	370
82	Limpopo	1 800	413 000	265
88	Sénégal	1 641	337 000	640
91	Nil Bleu	1 600	325 000	1 513
94	Okavango	1 600	721 258	475
95	Volta	1 600	407 903	1 217
99	Jubba	1 58012	497 626	187
104	Lomami	1 500	95 830	837

Classement mondial	Nom	Longueur totale (*en km*)	Bassin versant (*en km²*)	Débit moyen (*en m³/s*)
116	Bénoué	1 400	335 035	3 400
144	Vaal	1 210	196 438	33
146	Shire	1 200	149 500	486
148	Sankuru	1 200	156 000	2 500
158	Chébéli	1 130	336 627	73
169	Drâa	1 100	29 500	
171	Kwango	1 100	263 400	2 700
172	Gambie	1 094	60 000	149

Les vingt-deux fleuves africains dans le classement mondial. Il existe de très nombreux autres fleuves <1000 km sur l'ensemble des régions.

Ces fleuves parcourent et arrosent trente-six des cinquante-quatre pays recensés sur le continent africain : l'Afrique du Sud, l'Angola, le Bénin, le Botswana, le Burkina Faso, le Burundi, le Cameroun, la Côte d'Ivoire, l'Égypte, l'Érythrée, l'Éthiopie, la Gambie, le Ghana, la Guinée, le Kenya, le Lesotho, le Malawi, le Mali, le Maroc, la Mauritanie, le Mozambique, la Namibie, le Niger, le Nigeria, l'Ouganda, la République centrafricaine, la République démocratique du Congo, la République du Congo, le Rwanda, le Sénégal, la Somalie, le Soudan, le Soudan du Sud, la Tanzanie, la Zambie et le Zimbabwe. Il s'ajoute d'autres pays traversés par des fleuves de moins de 1000 km. Il apparaît alors incompréhensible que chaque année l'on déplore des famines les plus atroces sur le continent africain. Elles peuvent s'expliquer par des guerres civiles et des violences armées généralisées qui entraînent les migrations des habitants dans le pays ou vers les pays voisins. Cependant, les famines souvent signalées au Niger, en Somalie, au Soudan et même au Nigeria, par suite de trop mauvaises récoltes en raison de grandes sécheresses, font honte au continent. C'est souvent le manque d'infrastructures pour le transport des vivres et les défauts de coopération entre les Etats à l'intérieur d'une Communauté économique régionale (*CER*), ou entre les régions connaissant d'abondantes récoltes et celles qui sont frappées par la sécheresse, par des caprices du climat ou des intempéries inattendues. Les chantiers sur la paix, la sécurité des territoires et la gouvernance sur le continent, ceux qui concernent le développement des infrastructures des communications et des transports se rejoignent. L'Afrique ne manque ni de terres, ni de fleuves pour les arroser, ni de bras pour les exploiter. Dès lors, il n'existe pas de réponse rationnelle pour expliquer les famines en Afrique équatoriale, plongée en pleines forêts luxuriantes, et des carences alimentaires dans d'autres pays pour défaut de transport des produits alimentaires. Dans le livre : *Le Partenariat Europe-Afrique dans la mondialisation*, publié chez L'Harmattan, 2013, toutes les ressources ont été recensées par région africaines et par pays. Toutes les ressources disponibles : agricoles, énergétiques et minières. Comment un continent, le mieux doté au monde, peut-il encore se contenter des aides alimentaires de *l'OXFAM*, du *PAM* (Programme alimentaire mondial), de la FAO (Food and agriculture organization), de *l'AIF* (Association internationale contre la faim), du *CCFD* (Comité catholique contre la faim et pour le développement), de *l'USAID* (organisation américaine contre la faim), et de bien d'autres organisations occidentales pour nourrir les Africains, assis sur leurs terres les plus fertiles du monde. C'est une honte qui devrait secouer tous les dirigeants africains. Faire mourir de faim le peuple est un crime.

Nos grands-parents possédaient des greniers à céréales. Les autres possédaient des troupeaux d'animaux, caprins, ovins, volailles, porcins, etc. Les repas saturés de protéines animales et végétales, gras avec du beurre et du lait cru, diversifiés avec tous les légumes frais cueillis directement des champs vers la cuisine, nourrissaient les peuples. Mais, les travaux des champs, la course derrière les bêtes pour les faire paître, les travaux d'artisanat dans des ateliers de campagne, et même la course des enfants qui dévalaient jusqu'à trente kilomètres par jour pour se rendre à la modeste école, brûlaient tous les éventuels excédents nuisibles dans le corps. Il pouvait y avoir une malnutrition, mais jamais de sous-alimentation. Aujourd'hui, les Africains urbains ont été rattrapés par le mal occidental des suralimentations par l'effet de sédentarité et de l'usage des transports en commun, où l'on ne dépense pas des excédents de calories et de graisses. L'Afrique peut s'auto-suffire dans la production agricole et alimentaire. Il suffit de se poser de bonnes questions pour apporter des réponses appropriées. Quelles sont les terres fertiles à valoriser ? Quelles sont les variétés de cultures à promouvoir ? Où va-t-on produire et comment acheminer les produits alimentaires vers les marchés intérieurs, régionaux et africains ? Après des réponses adéquates à ces questions de base, les pays recensent toutes les ressources disponibles. Ils édictent ensuite des ambitions alimentaires. Nous ne pouvons nullement soutenir les dirigeants qui dissimulent les vérités sur les souffrances alimentaires dans leurs pays, sous de multiples prétextes de gouvernance pour la communication auprès des soutiens extérieurs. Les problèmes doivent être dits et assumés, afin de leur trouver des solutions durables. L'objectif à assigner à tous les pays, ce sera zéro famine dans le pays et dans la Communauté économique régionale (*CER*). Les coopérations et les solidarités intra régionales sont faites pour cela. Améliorer les productions avec des engrais naturels abondants en Afrique, irriguer les terres avec tous les cours d'eau disponibles, ou alors utiliser les pompages de l'eau des nappes phréatiques, qui sont à de faibles profondeurs sur tout le continent, diversifier partout des cultures pour ne pas user les sols. C'est l'obligation de tous les dirigeants africains, pour lutter contre d'indignes fréquentes famines endémiques, et contre l'insuffisance alimentaire.

Ensuite, les débits d'eau des fleuves indiqués dans le tableau, ainsi ceux de nombreux autres fleuves intérieurs dans les pays, sont susceptibles d'alimenter les barrages hydroélectriques pour produire de l'électricité. A cette source d'énergie facile et non polluante, peut s'agréger une autre énergie d'origine solaire. Si l'on excepte les zones des forêts où l'hydroélectricité serait la source la mieux adaptée, en raison d'innombrables chutes d'eau, les zones tropicales, steppiques et désertiques, sont favorables au développement de l'énergie solaire. L'Afrique reste le dernier espace mondial où la production, le transport, la distribution et la consommation de l'électricité sont les plus faibles, alors qu'elle détient les plus importantes sources potentielles de sa production et une population en forte croissance, avec d'immenses besoins, pour la consommer. Electrifier l'Afrique n'est plus une option à soumettre aux interminables projets défaillants des Etats. C'est la nécessité pour faire fonctionner les infrastructures de santé et le système médical dignes, et auxquels les Africains ont droit. Les industries, le traitement de l'eau et son approvisionnement en eau potable pour les habitants par le pompage, l'assainissement et le traitement des déchets de plus en plus encombrants dans les agglomérations, le développement numérique pour l'économie, l'enseignement et la recherche, et dans la quasi-totalité des actes quotidiens, requièrent aujourd'hui l'usage de l'électricité. Tous les pays sont concernés. L'énergie solaire est une bonne piste en Afrique du Nord et en Afrique australe, ainsi que sur des grandes étendues des pays, où le transport et l'optimisation de stockage peuvent poser quelques soucis techniques d'acheminement. Elle est facile à produire et disponible en abondance. Les barrages de production de l'énergie hydroélectrique exigent la maîtrise de la construction et de l'entretien des ouvrages de rétention de l'eau. Mais, les partenariats avec les pays qui possèdent les techniques sont disponibles. Sans se disperser dans les délires suggérés par des lobbies occidentaux pour leurs expérimentations, les sources actuelles hydroélectriques et solaires viennent vite compléter les installations de production par la combustion des hydrocarbures.

La production de l'énergie dans de meilleures conditions environnementales en profitant des progrès technologiques, le transport et la distribution de l'électricité ; la mise en place de tous les moyens pour la production agricole et la sécurité alimentaire des habitants, y compris à travers le recours à des coopérations intra régionales et aux échanges avec toutes les régions du continent africain ; le développement des structures médicales et de prévention sanitaire dans tous les bassins de vie au sein de tous les pays africains ; tous ces défis relèvent des volontés politiques affirmées et de la détermination des acteurs économiques, politiques et sociaux en vue de les réussir. Pour les financer, les ressources ne manquent pas en Afrique. L'objectif de tous les dirigeants du continent est d'atteindre un taux de 90% des ménages accédant à l'électricité, avec une fourniture de base de 9-12 KWh, pour les besoins courants, à l'horizon 2025. Pour le financement de la construction des centrales électriques et des stations solaires, les ressources engrangées depuis des décennies dans l'exportation du pétrole, du gaz ou des matières premières auraient dû suffire. Dans le cas contraire et au lieu de se contenter des exportations des matières premières brutes, les pays devraient s'engager dans des partenariats productifs, en vue d'accroître des revenus par la transformation directe des matières premières en produits finis ou semi-finis en Afrique.

4- *La valorisation des productions des ressources naturelles minières, agricoles, forestières et énergétiques en Afrique, est la base d'une économie à valeur indispensable au développement.* Tous les pays africains produisent du pétrole ou du gaz. Mais, vingt pays possèdent les quarante-cinq raffineries de pétroles. Les capacités par pays varient de 14.400 barils par jour en Érythrée, jusqu'à plus de 450.000 barils par jour en Afrique du Sud, en Algérie ou en Égypte. Il est donc important de réfléchir à la rentabilisation des investissements par la création des unités de grandes capacités et de les alimenter par des importations à partir de pays producteurs de pétrole en Afrique. Juxtaposer des petites raffineries au prétexte des indépendances nationales, alors que l'on sait que les tailles critiques de rendement ne sont pas atteintes relève du suicide économique. C'est donc au niveau des Communautés économiques régionales que les investissements devraient être pensés et exécutés. Il en est ainsi pour les moyens de transport du pétrole vers les raffineries et de leurs produits divers vers les centres de stockage et de distribution. En 2012, les techniques d'exploration, d'exploitation, d'extraction, de transport, de traitement dans les raffineries, ont très largement montré leurs preuves. Les Africains devraient se les approprier et valoriser davantage leurs ressources, par l'intégration de toute la chaîne de valeur de l'extraction du pétrole ou du gaz, jusqu'à leur distribution en Afrique. Cela comprend les installations des raffineries propres et de grandes capacités, des oléoducs et des gazoducs pour le transport, et des dépôts des hydrocarbures, pour la distribution auprès des consommateurs et des exportations. La production africaine des raffineries de pétrole n'est nullement en rapport avec les capacités réelles de chacun des pays d'Afrique. Le Nigeria, l'Algérie, l'Angola, la Libye, l'Égypte, sont de grands pays producteurs de pétrole dans le monde. Mais, si l'on compare les productions sorties des raffineries de ces pays, en comparaison avec les pays émergents connus et quelques autres producteurs de pétrole, l'on est amené à s'interroger sur les stratégies des dirigeants de l'Afrique subsaharienne. L'Angola ne produit que 55.000 barils par jour, le 6e exportateur mondial du pétrole, le Nigeria, réunit 505.000 barils par jour, alors que la Chine, importateur de pétrole brut, produit 7.682.000 barils par jour. Même la Corée du Sud produit 3.005.000 barils par jour.

Pays	Nom de la Raffinerie (*données de 2012 à 2017*)	Production (*barils/jour*)	Total du Pays (*b/j*)
Afrique du Sud	Raffinerie de Durban SAPREF	172 000	496 500
	Raffinerie de Durban ENGEN	125 000	
	Raffinerie du Cap	112 000	
	Raffinerie de Sasolburg Cap	87 500	
Algérie	Raffinerie de Skikda	323 000	475 500
	Raffinerie d'Alger	59 000	
	Raffinerie d'Arzew	54 000	
	Raffinerie d'Hassi Messaoud	27 000	
	Raffinerie d'Adrar	12 500	
Angola	Raffinerie de Luanda	55 000	55 000
Cameroun	Raffinerie de Limbe	42 000	42 000
République du Congo	Raffinerie de Pointe Noire	21 000	21 000
Côte d'Ivoire	Société Ivoirienne de Raffinage	70 000	70 000
Érythrée	Raffinerie d'Assab	14 500	14 500
Gabon	Raffinerie de la SOGARA	21 000	21 000

Pays	Nom de la Raffinerie (*données de 2012 à 2017*)	Production (*barils/jour*)	Total du Pays (*b/j*)
Égypte	Raffinerie de Mostorod	165 000	675 050
	Alexandrie APC (El Mex)	105 000	
	Raffinerie d'Alexandrie Midor	105 000	
	Raffinerie d'Amerya	100 000	
	Raffinerie de Suez	70 000	
	Raffinerie d'Assiout	52 000	
	Raffinerie du Caire (Tanta)	35 000	
	Raffinerie d'Alexandrie AMOC	26 000	
	Raffinerie de Wadi Feran	8 550	
	Raffinerie d'Alexandrie ANRPC	8 500	
Ghana	Raffinerie d'Accra	45 000	45 000
Kenya	Raffinerie de Mombasa	90 000	90 000
Libye	Raffinerie de Ras Lanouf	220 000	380 000
	Raffinerie de Zawia	120 000	
	Raffinerie de Tobrouk	20 000	
	Raffinerie de Marsa El Brega	10 000	
	Raffinerie de Sarir	10 000	
Maroc	Raffinerie de Mohammédia	160 000	160 000
Niger	Raffinerie de Zinder	20 000	20 000
Nigeria	Raffinerie de Port Harcourt PHRC	210 000	505 000
	Raffinerie de Warri	125 000	
	Raffinerie de Kaduna	110 000	
	Port Harcourt Alesa Eleme	60 000	
Sénégal	Raffinerie de la SAR	27 000	27 000
Soudan	Raffinerie de Khartoum	100 000	104 500
	Raffinerie de Port Soudan	3 000	
	Raffinerie d'El Obeid	1 500	
Tchad	Raffinerie de N'Djaména	20 000	20 000
Tunisie	Raffinerie de la STIR	34 000	34 000
Zambie	Raffinerie de Ndola	23 750	23 750

Le tableau indique que les productions des raffineries sont très faibles par rapport aux quantités du pétrole brut extrait. Le Tchad, la Zambie, le Gabon, la Tunisie, le Sénégal, le Cameroun, le Niger, l'Érythrée, le Ghana, la République du Congo, n'atteignent même pas encore 50.000 barils par jour. Le Nigeria et l'Égypte sont seuls à franchir le seuil de 500.000 barils/jour. Ces valeurs africaines sont inférieures aux productions des pays émergents.

Les Africains clament souvent la malédiction des ressources naturelles, parlant du pétrole, du gaz ou des gisements miniers. Il est vrai que depuis la guerre du pétrole entre le Nigeria et le Biafra, à la fin des années 1960 et ayant entrainé une perte de plus d'un million de vies, les lendemains des indépendances des pays africains ont très vite déchanté. De nombreux coups d'État ont été orchestrés sur les luttes des concessions des gisements miniers ou des puits de pétrole. C'était les épidémies des années 1960 jusqu'au début des années 2000. Ce sont des années que nous avons qualifiées de « *temps du désert politique* », où trop d'errance a conduit les pays à s'enfoncer dans une profonde nuit de misère et de pauvreté pour les habitants. Des corruptions se sont installées comme mode de gouvernance, des détournements de fonds publics ont constitué un modèle de gestion publique. Le développement économique et social est rapidement sorti des ambitions des dirigeants dans de nombreux pays. Au constat des dégâts, la Banque mondiale, les agences de l'ONU (PNUD), le Fonds monétaire international (FMI) se sont succédé au chevet du malade africain. Certaines thérapies ont achevé le malade, tels que les Programmes d'ajustement structurel (PAS). Ces derniers étaient censés redresser la gestion publique, à travers les cessions d'actifs publics non stratégiques, et instaurer la rigueur dans la gestion budgétaire des États. En conséquence, les dirigeants et les anciens prédateurs nationaux, aidés par des compagnies étrangères, se sont partagé le butin des privatisations. Mais, les pillages des ressources publiques se sont poursuivis. Les États se sont délestés de leurs fonctionnaires pour alléger les budgets, mais de nouveaux emplois n'étaient pas créés pour les recevoir.

Aux désordres politiques et économiques, se sont superposés les misères, le chômage de masse, le népotisme, et toujours les pillages des ressources naturelles et des détournements de fonds des caisses publiques. Le pétrole est donc entré dans les circuits de ces gabegies. Les stratégies de développement à long terme, à partir des ressources améliorées par les transformations de ces ressources naturelles (minerais, pétrole, gaz, bois), n'ont pas vu le jour. Les objectifs décennaux et les plans quinquennaux pour sortir de la pauvreté ont disparu des radars, dans de nombreux pays. Les regards se tournaient vers le compteur des recettes des exportations du pétrole ou des minerais bruts. Ainsi, le résultat apparaît dans un bilan général issu des sites *europétrole* et *ENI.* Le lecteur pourra utilement consulter l'*Oil and Gas Journal,* qui publie chaque année une liste des raffineries dans le monde. Aussi, selon les données de 2012 à 2017, vingt pays africains ont construit quarante-cinq raffineries de pétrole. Ces installations produisent une quantité totale de 3.279.800 barils de pétrole par jour. Sur ces vingt pays, quatorze pays n'exploitent qu'une seule raffinerie, pour des capacités évoluant de 14.500 barils par jour en Érythrée jusqu'à 90.000 barils par jour, soit l'équivalent de la plus petite des quatre raffineries de l'Afrique du Sud (87.500 barils par jour). Pour les quatre grands pays africains du pétrole, le Soudan produit par jour 1.500 barils dans la plus petite des trois raffineries et 100.000 barils dans la plus grandes. L'Afrique du Sud produit par jour 172.000 barils dans sa plus grande raffinerie. On rencontre la plus grande capacité de raffinerie en Algérie, avec 323.000 barils par jour, dans l'un de ses cinq sites de raffinage du pétrole. La Libye produit 220.000 barils dans sa plus grande raffinerie, suivie du Nigeria avec 210.000 barils par jour. Enfin, aucun pays africain ne totalise 700.000 barils par jour, soit environ l'équivalent de la production de l'Australie.

Mais, pendant que les puits africains de pétrole crachent du brut, principalement pour les exportations, les compagnies des pays européens et asiatiques ont accru leurs capacités installées de raffinage, en capitalisant sur une partie de ces ressources importées d'Afrique. Nous observons que la quantité issue des raffineries de tout le continent africain est à peine supérieure à celle de la Corée du Sud, avec cinq raffineries pour 3.005.000 barils par jour, et un peu moins que la production totale de l'Inde, avec vingt-et-une raffineries pour 4.436.400 barils par jour. Puisque les pays africains s'inscrivent fièrement dans la course vers l'émergence, alors, nous comparons leurs situations à celles de pays reconnus comme émergents. Ce sont les douze pays membres du G20. Nous présentons un tableau comparatif de ces douze pays émergents, dont fait partie l'Afrique du Sud comme représentant unique du continent dans le club.

Pays émergents	Nombre de raffineries par pays	Productions raffineries par jour *La plus grande / La plus petite*	Production totale du pays (*barils par jour*)
Afrique du Sud	4	172 000	496 500
		87 500	
Australie	6	146 000	707 000
		94 000	
Argentine	8	189 000	618 500
		29 000	
Brésil	13	396 000	1 622 000
		8 000	
Mexique	6	275 000	1 540 000
		185 000	
Chine	47	460 000	7 682 000
		6 000	
Corée du Sud	5	850 000	3 005 000
		320 000	
Arabie saoudite	9	550 000	2 813 000
		30 000	
Inde	21	1 240 000	4 436 400
		13 000	
Indonésie	8	348 000	1 050 800
		3 800	
Turquie	5	220 000	762 000
		22 000	
Russie	34	440 000	5 814 000
		2 000	

Tableau des capacités de production journalière du pétrole raffiné dans chacun des douze pays émergents du BRICS AMACITA. L'Afrique du Sud est le plus petit producteur, après l'Argentine (618.500 b/j), l'Australie (avec 707.000 b/j) et la Turquie (762.000 b/j). Même en y associant les deux plus grands pays du raffinage en Afrique, l'Égypte (675.050 b/j) et le Nigeria (505.000 b /j), l'Égypte reste derrière l'Australie, et loin derrière la Chine.

Il apparaît, dans ce tableau comparatif, que les pays africains ont accusé un important retard dans la construction des raffineries pour valoriser leurs propres productions du pétrole brut. En considérant les productions totales journalières, la Chine produit 7.682.000 barils. La Russie suit derrière avec 5.814.000 barils. L'Inde a beaucoup progressé pour produire 4.436.400 barils. La Corée du Sud atteint une capacité de 3.005.000 barils. L'Arabie saoudite est restée encore à 2.813.000 barils. Le Brésil se distingue avec 1.622.000 barils. Le Mexique contribue avec 1.540.000 barils et l'Indonésie, avec 1.050.800 barils, clôture le groupe des pays émergents produisant plus d'un million de barils par jour. Ils sont donc très loin devant le premier raffineur africain, l'Égypte, avec seulement 675.050 barils par jour. Cette capacité totale nationale de ce pays est plus faible que celle de la plus grande des vingt-et-une raffineries de l'Inde (1.240.000 barils par jour) et de la plus grande des cinq raffineries de la Corée du Sud (850.000 barils par jour).

Le tableau montre que les pays africains, qui comptent parmi les grands producteurs du pétrole dans le monde, ne parviennent pas à s'imposer avec des capacités des raffineries correspondant à leur potentiel de production. Il est clair que, ayant choisi une économie de rente, il apparaît plus facile d'exporter les produits bruts et percevoir les rémunérations insuffisantes, sujettes aux aléas de la bourse, mais plus rapides. Les stratégies industrielles sont conçues sur le long terme, en capitalisant sur les produits dérivés dans le process de raffinage et l'apprentissage sur le savoir-faire technologique. Ces comparaisons montrent les écarts importants entre les politiques industrielles menées par les pays émergents, même s'ils ne produisent pas le pétrole sur leur sol, dans la maîtrise des sources d'approvisionnement. Il revient aux pays africains d'engager les chantiers des transformations. Ils ont les matières premières sur le continent. Soit, ils choisissent de remonter les capacités des productions sur les sites existants, soit ils s'orientent vers de nouveaux investissements mutualisés, au sein des Communautés économiques régionales déjà indiquées, pour construire de grandes unités. Les pays émergents ont montré le chemin. Les Africains peuvent également construire une raffinerie de plus de 400.000 barils par jour, pour être compétitifs sur les coûts de revient, comme en Chine (460.000), en Corée du Sud (850.000), en Russie (440.000) ou en Arabie Saoudite (550.000). C'est une question d'ambition politique.

L'Afrique est la terre de tous les minerais, des métaux et des non métaux, ordinaires ou précieux. Il serait fastidieux d'en dresser des listes, et le lecteur pourra se reporter à l'ouvrage déjà cité, « *Le Partenariat Europe-Afrique dans la mondialisation* », paru aux éditions L'Harmattan, en 2013, pour les découvrir pays par pays. Soit l'or, le diamant, le fer, le cobalt, le manganèse, le cuivre, le colombo tantalite (coltan), l'étain, etc. Selon diverses sources d'information, et pour ne citer que quelques pays et quelques productions ou réserves potentielles, la *République démocratique du Congo* détient 34% du diamant, 13% du cuivre et elle est le premier producteur du colombo tantalite (coltan). *L'Afrique du Sud* est le premier producteur mondial du chrome, du manganèse, du platine, du vanadium. Elle occupe également le deuxième rang mondial dans la production d'ilménite, du rutile, du palladium ou encore du zirconium. *La Tanzanie* est le 4e producteur africain de l'or. Elle produit également du fer, du nickel, du cuivre, du cobalt, de l'argent, du diamant, et divers autres produits miniers. La *Namibie* détient une production de 46% de l'uranium en Afrique. Le *Mozambique*, en plus du gaz et du charbon, fournit 32% d'aluminium de toute l'Afrique. La *Zambie* fournit jusqu'à 75% du cuivre produit en Afrique. C'est de loin le 1er producteur de ce minerai. L'on sait son importance dans le câblage électrique, et dans des alliages précieux quand il est associé avec le fer et d'autres minerais. Le *Botswana* occupe toujours le 1er rang mondial dans la production du diamant, avec 35% de la production africaine, devant la R.D. du Congo qui en produit 34%. Il produit également le cuivre, l'or et le nickel. Le *Zimbabwe* est le deuxième producteur de platine dans le monde. Mais, ce pays produit également le nickel, le plomb, le cuivre, le zinc. Ce sont les quelques grands pays producteurs de l'Afrique orientale, australe et centrale. D'autres pays sont actifs dans la production des minerais de diamant, de cuivre, de bauxite, de nickel, de cobalt ou de manganèse, tels que l'Angola, le Gabon, le Tchad, la République centrafricaine. Cependant, à l'exception de l'Afrique du Sud, pays le plus industrialisé du continent, les pays n'ont pas développé des installations de transformation et de valorisation des minerais. Ils se sont contentés des économies de rente par des exportations des minerais bruts.

En Afrique occidentale, le *Ghana* est le 2e producteur de l'or avec 15% de la production africaine, derrière l'Afrique du Sud. Il produit également le manganèse, le diamant, la bauxite de laquelle on extrait l'aluminium. La *Guinée* produit 95% de la bauxite extraite en Afrique. Le *Niger* fournit 44% de la quantité d'uranium produit en Afrique, derrière la Namibie (46%). Enfin, en Afrique du nord, la *Mauritanie* est toujours championne de la production du fer, la *Tunisie* et le *Maroc* restent toujours en tête dans la production des phosphates. L'on voit bien que l'Afrique est très riche en productions minières actuelles, mais aussi dans des réserves d'immenses gisements de tous les minerais, de gaz et de pétrole convoités dans le monde. Néanmoins, plus de 80% des productions minières sont exportés à l'état brut. Les pays se sont arrêtés aux revenus des exportations des matières premières, pouvant couvrir jusqu'à 90% du maigre budget des États, mais aussi jusqu'à 80% de la formation du produit intérieur brut. Cette situation est totalement anormale, puisque les recettes dépendent des cours mondiaux, décidés sur les marchés occidentaux, sans aucune concertation avec les pays producteurs.

Il est alors temps que les Africains construisent des unités de transformations, et des installations industrielles diverses. Les usines agroalimentaires, en commençant par des silos pour les céréales et des minoteries pour la production et la distribution des farines alimentaires. Produire en agriculture, c'est aussi penser à toutes les chaînes de transformation, de valorisation, de conservation et de distribution des aliments. Des produits oléagineux sont directement consommés, mais ils produisent aussi des huiles. Des fruits sont également consommés directement, mais ils sont aussi à la base de la production des jus, des confitures, des produits d'hygiène corporelle. Des minerais devraient rejoindre des fonderies et d'autres complexes sidérurgiques pour produire des aciers. Les Africains ont d'immenses besoins de construction des immeubles, des ponts et autres ouvrages d'art sur les routes, des rails des chemins de fer, des câbles électriques, et même des automobiles et des trains, et plus tard des composants électroniques et métalliques des pièces d'avions et des bateaux. Les minerais sont le socle de l'industrie électromécanique et de la métallurgie. L'Afrique détient les plus importants gisements dans le monde, mais elle ne valorise pas ces ressources en raison des défauts des politiques industrielles.

Il convient désormais de réunir des compétences nationales et régionales, de bâtir des stratégies volontaristes de construction des industries de transformation. Selon l'importance des secteurs industriels et des productions nationales des matières premières, les unités de production peuvent être nationales ou régionales. De même que les raffineries de pétrole, les pays des plus fortes productions nationales deviennent des territoires des installations industrielles de transformation. Il serait contreproductif de tenter de construire des unités indépendantes, et concurrentes dans les différents pays producteurs, y compris ceux qui détiennent des productions symboliques. Au niveau régional, les pays engagent des unités industrielles de taille critique concurrentielle par rapport au reste du monde, avec des productions de haute qualité, et des coûts de revient de production faibles par rapport aux coûts de revient des produits équivalents importés. Les moyens de transport, et donc des infrastructures de communication, sont indispensables. Mais, c'est encore l'histoire de la poule et de l'œuf. Il est admis que les infrastructures ne sont pas construites, car elles ne répondent pas à des besoins stratégiques identifiés dans le pays, ou entre des pays. Mais, l'on ne construit pas des unités de production, car il n'existe pas des infrastructures de transport pour acheminer les matières premières vers les usines, et pour transporter dans de bonnes conditions les produits finis vers les marchés, les ports ou des centres de stockage pour les exportations. Cependant, les pays ne peuvent pas se plaindre de façon indéfinie des maigres budgets, financés en partie par des fonds des nationaux expatriés pour tenter leur vie sous d'autres cieux plus cléments, et des mauvaises rémunérations perçues dans des exportations des matières premières, sans envisager des solutions durables de l'économie industrielle. Quant à la maîtrise des technologies, l'Afrique dispose d'un large tissu d'écoles et d'universités de bon niveau, pour enseigner les technologies de l'industrie. Tout s'apprend, avec la volonté politique des États. Des techniciens peuvent être formés en trois ou quatre ans. Des ingénieurs sortent des écoles au bout de six années, avec un bon niveau de spécialisation dans les techniques de la métallurgie, en électrotechnique, en mécanique des structures, etc. Ils sont aussi disponibles pour les ouvrages des travaux publics des routes, des chemins de fer, des constructions de bâtiments, des constructions des centrales électriques, des raffineries de pétrole, ou encore des process de l'industrie agroalimentaire. Quand on veut, on peut. La Chine en a montré l'exemple. Le guide communiste Mao Tse Toung est mort en 1976, laissant un pays ruiné derrière lui. Mais, les nouvelles autorités, sous la direction de Deng Xiao Ping, ont pris les affaires en mains avec une volonté ferme affichée de hisser la Chine à la première puissance économique mondiale avant 2030. Elle y sera avant cette date, et elle a déjà conquis la deuxième place depuis 2014. Deux des ambitions de la Chine peuvent être partagées : doter les régions africaines d'une forte capacité des productions industrielles, et élever le niveau des compétences technologiques par un investissement massif dans l'éducation. Il faut des universités de niveau international.

Les transformations industrielles des minerais et de toutes les matières premières en Afrique offrent trois avantages aux pays et aux peuples africains. 1- *La perception des recettes beaucoup plus élevées*, issues de la commercialisation des produits finis dans le pays, dans la région ou issues des exportations. Les pays continuent de vendre des matières premières brutes, car toutes les productions minières abondantes sur le continent ne seront pas immédiatement transformées en Afrique. 2- *Les emplois des jeunes* sont plus durables, plus nombreux et retiendront les forces vives sur le continent. Il est un constat de désolation : des rêves de jeunes Africains qui s'échouent au fond de la Méditerranée, lors des tentatives de traversée de cette mer par des migrants de la misère et de la désespérance. L'Afrique est jeune, et elle doit trouver des activités économiques pour ces jeunes générations. Il appartient aux dirigeants de l'entendre et d'agir. 3- *La maîtrise des technologies industrielles* pour préparer l'avenir. Pour peser dans une économie mondialisée, il faut maîtriser les chaînes des productions industrielles afin d'atteindre un niveau d'autonomie. Les Africains restent dépendants du reste du monde, alors qu'ils détiennent les clés de l'avenir de ce monde. C'est un paradoxe.

5- *L'éducation de la jeunesse, l'alphabétisation des adultes, la formation professionnelle et technologique, l'enseignement supérieur et la recherche de qualité, sont les piliers de l'avenir des nations*. Le monde est entré dans une rude compétition. La mondialisation des économies s'est accompagnée de la diffusion des savoirs et des savoir-faire à travers tous les outils d'échanges et de communication. Internet et les réseaux sociaux sont entrés dans la vie quotidienne des familles et des activités. Tout est donc devenu numérique. L'arbre technologique s'est banalisé, et tout est devenu accessible pour tous. La différenciation s'opère sur la maîtrise de la chaîne industrielle de fabrication, et sur la valeur ajoutée de la matière grise. Un pays, où le taux de scolarisation est encore faible, avec moins de 50% des enfants à l'école, devient un candidat à des guerres aveugles, un pays de jeunes désespérés repérables par les entreprises criminelles pour leur offrir un sens à leur vie. Un pays où plus de 70% des adultes sont analphabètes, devient une proie à des manipulations des extrémistes radicaux obscurantistes, soucieux de répandre la peur et le terrorisme pour accéder au pouvoir, et s'y maintenir par la dictature et la terreur. Enfin, un pays d'analphabètes et d'illettrés ne produit pas de valeur ajoutée sur la chaîne économique. C'est un pays dépendant d'un monde qu'il ne comprend pas, et dans lequel il ne détient qu'une part mineure que les autres pays éclairés veulent bien lui laisser. C'est un pays où les acteurs politiques et économiques sont restés sur la vente des matières premières brutes élémentaires pour la survie de son peuple. C'est le savoir qui libère, qui brise les chaînes de la dépendance, qui redonne la fierté aux peuples, et qui permet de se faire respecter au milieu des autres nations. Le savoir est une immense richesse.

Pour les pays africains, c'est l'accès aux savoirs et surtout aux savoir-faire qui libérera les énergies créatives pour réussir les chantiers que nous avons indiqués. Promouvoir la paix partout et dans tous les pays, suppose offrir une alternative à la guerre. C'est le développement économique qui offrira à des jeunes, manipulés par les assoiffés du pouvoir, d'autres choix pour leur vie, d'autres opportunités pour gagner leur vie sans supprimer celle des concurrents. Les conflits armés dans de très nombreux pays africains, sont d'abord des conséquences des crises du développement. La République centrafricaine, la R.D du Congo, le Burundi, le Mali, la Somalie, tous connaissent les conflits armés comme conséquence de la pauvreté et de la peur de la misère, par manque de perspective de développement. Ce ne sont pas des guerres idéologiques, sur des bases politiques claires installées sur des modèles de développement. Ce sont des logiques des conflits du « pousse-toi que je m'y mette ». Mais, au Nigeria, avec Boko Haram, les mobiles se mélangent. Entre les partisans de l'Islam radical comme base idéologique, et les frustrés écartés des revenus du pétrole et qui en veulent au pouvoir fédéral, les alliances objectives se sont nouées. Aussi, les tueries deviennent des démonstrations clandestines de force contre le pouvoir central et son armée. N'en déplaise à Boko Haram, il faut éduquer les jeunes à l'école, à travers des savoirs véhiculés dans des livres. Industrialiser l'Afrique, construire des centrales électriques et distribuer l'électricité à 90% des familles, maîtriser les techniques agricoles pour améliorer le rendement et lutter contre les famines et la malnutrition, construire des usines métallurgiques, des routes, des chemins de fer, et des industries de transformation agroalimentaire, cela s'apprend à l'école, auprès des experts et des praticiens industriels. Les centres de prévention sanitaire, les hôpitaux au plus près des principaux bassins de vie des habitants, les écoles au plus près des villages pour des enfants, participent à l'aménagement de territoire, et au progrès social sur l'ensemble du pays et de la région. Il faut donc éduquer la jeunesse aujourd'hui, pour former les dirigeants et les acteurs économiques et sociaux éclairés de demain. Aussi, nous préconisons que l'école aille auprès des enfants et non l'inverse. Que les pays atteignent au moins 99% de taux de scolarisation dans l'éducation primaire, ensuite au moins 90% au premier cycle du second degré et 85% dans le second cycle du second degré. Ce sont des cibles indispensables, afin de réaliser tous les chantiers proposés pour l'horizon de 2025. Ensuite, tous les pays devraient s'engager à un taux d'alphabétisation minimal de 98%. Ce n'est pas un luxe, puisque la lutte contre les épidémies et la forte mortalité infantile qui frappent le continent, la promotion de l'hygiène publique, le développement du planning familial, le soutien scolaire aux enfants, la participation à la création de la valeur ajoutée pour valoriser les productions nationales agricoles ou industrielles, intellectuelles ou artisanales, passent par le savoir et la compréhension des consignes. Il faut donc investir dans l'éducation pour les jeunes enfants et l'alphabétisation pour celles et ceux qui n'ont pas eu la chance d'aller à l'école.

Quant à l'enseignement supérieur et la recherche, les pays devraient penser global et agir régional. Chaque région devrait se doter d'une « *université africaine* », ayant pour mission de former des élites économiques, médicales, scientifiques, et même administratives pour le continent. Cette université devient un vrai carrefour des savoirs, un temple d'enseignement supérieur et de la recherche de très haut niveau international. Derrière, cette université viennent alors des universités nationales, répondant aux priorités locales d'enseignement et de recherche, travaillant étroitement avec des milieux économiques nationaux et avec des unités de production industrielle. L'économie industrielle de ce continent doit donc être pensée au niveau régional, et construite avec la participation active de chaque État de la région. De petits pays de moins de dix millions d'habitants, soit l'équivalent de quelques agglomérations des grandes villes du monde, n'auront pas de viabilité à long terme. Ils ne pèsent pas suffisamment dans les négociations économiques internationales, et ils sont perçus comme des « petites et moyennes entreprises » (*PME*) par des grands groupes industriels internationaux. Ils ne pèsent que dans le cadre des Communautés économiques régionales (*CER*). La taille optimale pour constituer une force crédible de rétorsion économique est de cent millions d'habitants. Tous les acteurs économiques du monde courent derrière « *le client* ». C'est une ressource rare pour écouler les produits. Or les Africains pensent que « faire des affaires », c'est devenir le représentant des ventes des produits occidentaux, dans un kiosque ou un petit magasin dans un coin de rue d'une capitale africaine. Sans rien produire, sans aucune valeur ajoutée industrielle, la vente en l'état ne peut donner qu'un statut de commerçant. Mais, les pays occidentaux en sont saturés. Et l'Afrique devient une immense juxtaposition des supermarchés, au lieu de valoriser ses propres ressources de son riche sous-sol. L'Afrique doit désormais former ses propres ressources humaines, et leur assigner des résultats sur les projets de développement des pays. Ce n'est plus un choix.

Les différents chantiers que nous avons proposés, participent à la sortie des magasins de produits finis issus des matières premières africaines, fabriqués en Chine, en Occident ou dans d'autres pays émergents concurrents. Au sein des Communautés économiques régionales, les pays doivent lancer des usines de transformation de leurs matières premières. Et des Etats doivent investir dans des infrastructures ferroviaires, dans des routes, des hôpitaux, des écoles, des centrales électriques, des universités. Chaque région africaine doit se fixer des objectifs pour 2025. Il sera effectué un bilan d'étape en 2020 pour évaluer les efforts déjà fournis et des résultats atteints. Il est donc vital que chaque région se dote des ambitions à partir de sa situation actuelle.

Dans les chapitres suivants, nous avons présenté l'état des lieux de chaque pays, au sein de sa région géographique, à partir des résultats enregistrés sur le parcours du développement au cours de la période de 2000 à 2015. Malgré des appartenances parfois multiples, entre différentes organisations régionales, nous préconisons des choix d'arrimage pour chaque pays, afin de mutualiser des efforts, dans le cas où les ressources nationales ne permettraient pas de réussir seul le pari de la paix, de la sécurité et du développement. L'Union africaine est un creuset politique pour se définir et échanger de bonnes pratiques, entre les États. Ce n'est pas un cadre de mise en œuvre des stratégies du développement. Celles-ci relèvent des États, et de leurs capacités de coopération au sein des *Communautés économiques régionales (CER).* Il en est ainsi également pour le maintien de la sécurité intérieure des États et de la paix dans la région. Les attentats meurtriers, au nom d'une idéologie tout à fait étrangère à l'histoire, à la culture et à l'intérêt des Africains, doivent être combattus par la coopération entre les États dans la région, avec l'aide de coordination au sein de l'Union africaine. Que ce soit en Afrique de l'Ouest, où agissent des groupuscules djihadistes Boko Haram, Al Qaeda, Mujao (*Mali, Burkina Faso, Nigeria*), ou en Afrique centrale (*Tchad, Cameroun*), ou encore en Afrique orientale où le groupe Al-Shabab, avec l'aide des complicités extérieures, vient de commettre l'attentat du 14 octobre 2017, le plus horrible des atrocités commises en Somalie. Il a emporté la vie de plus de trois cents personnes. Il est le plus meurtrier dans cette région d'Afrique orientale, depuis celui de Nairobi et Dar-es-Salaam en 1998 (224 morts), ou celui commis en 2015 dans l'université de Garisa au Kenya (148 morts). Il ne peut pas y avoir de développement sans sécurité. Aussi, nous analysons des situations de chacun des pays africains, au sein de chaque région géographique du continent.

2. Les conflits de territoires en Afrique orientale

L'ensemble de l'Afrique orientale réunit une population de 281,85 millions d'habitants sur une superficie de 4,41 millions de km², depuis l'Érythrée, l'Éthiopie, Djibouti, la Somalie, le Soudan du sud, le Kenya, l'Ouganda, le Rwanda, le Burundi, la Tanzanie, jusqu'aux îles Seychelles. Cet ensemble comprend l'une des organisations régionales africaines les plus avancées dans l'intégration, *East African Community* (Burundi, Kenya, Ouganda, Rwanda et Tanzanie), les pays qui pourraient rejoindre cette communauté à moyen terme (Soudan du Sud et Éthiopie) et les pays qui en sont très éloignés, soit pour des motifs géostratégiques en raison des installations étrangères pour la surveillance et la sécurité de la péninsule arabique, de la Mer Rouge et le golfe d'Aden, c'est le cas de Djibouti ; ou pour des problèmes de sécurité intérieure, de lente évolution politique et de partition du pays, c'est le cas de la Somalie et de l'Érythrée. Les îles Seychelles sont un prolongement géographique naturel de la région. Le cas du Soudan du Sud tient de la jeunesse de ce pays, né de la sécession entre le Soudan du Nord (arabo-musulman) et le Soudan du sud (noir-chrétien avec la pratique des cultes traditionnels africains). Fédération tactique de 28 États, pour décentraliser les pouvoir et responsabiliser les gouverneurs des États plus petits et plus facilement contrôlables, le pays se cherche une voie pour se mettre sur la route du développement. La capitale de ce nouveau pays, Juba, est une bourgade qui tente de s'organiser et de se constituer en une véritable ville moderne et en croissance. Elle rassemblerait aujourd'hui entre 400.000 et 450.000 habitants, dont une partie est constituée de réfugiés fuyant les combats entre les factions qui se battent pour le pouvoir. L'économie du Soudan du Sud est tournée principalement vers les pays voisins de l'Afrique de l'Est, notamment le Kenya et l'Ouganda. Pays pauvre, un seul pont permet de franchir le Nil Blanc. Un effort important devra être déployé pour construire des infrastructures routières et ferroviaires. De même, l'aéroport de Juba relie le pays au Kenya, l'Ouganda et son rival du Soudan du Nord. Son ancrage en Afrique de l'Est est donc une réalité actuelle et historique, et il est en cours de développement.

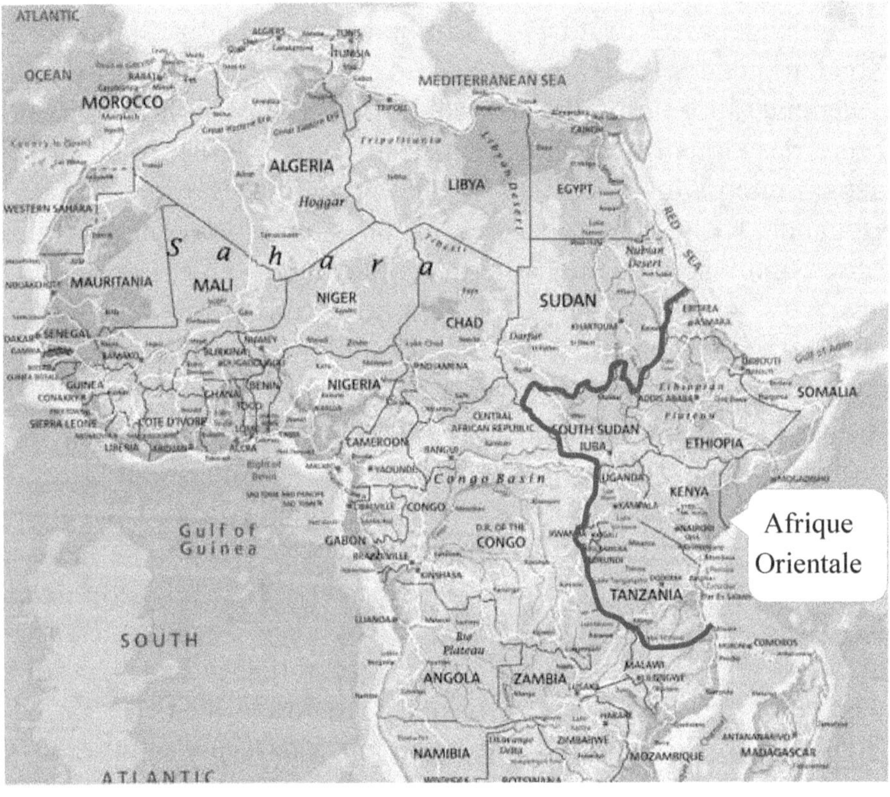

Carte présentant la position relative de l'Afrique orientale en Afrique

Les pays de l'Afrique orientale méritent une attention individualisée, tant les situations sont disparates entre ces pays. Deux petits pays se détachent par le produit intérieur par habitants, mais le calcul s'appliquant aux populations de moins d'un million d'habitants, il est peu significatif. Entre les îles des Seychelles vivant principalement du tourisme exotique des

Occidentaux au sein de l'Océan indien et Djibouti qui garde un très fort lien économique avec la France, les produits intérieurs bruts ne relèvent pas des efforts économiques et industriels de ces petits pays, mais des apports extérieurs par le soutien particulier des puissances ou par le tourisme. Proches d'un modèle occidental, ces pays en dépendent et ils présentent des indicateurs sociodémographiques proches de l'Europe. Aux îles Seychelles, avec environ 100.000 habitants, le revenu brut par habitant était de 14.673 dollars contre 1.855 dollars à Djibouti. L'économie était en pleine croissance en 2015, avec une progression de 3,5% aux Seychelles contre 5,5% à Djibouti. De plus, les deux évolutions sont d'autant favorables que les populations progressent peu, avec respectivement 1% et 2%. L'indice de fécondité leur est favorable, avec 2,4 enfants par femme aux Seychelles contre 2,5 enfants à Djibouti. Cependant, des éléments culturels s'introduisent fortement à Djibouti, dès que l'on analyse les évolutions de la société. Alors que le taux de mortalité infantile n'est que de 1,07 enfant sur cent naissances aux Seychelles, il monte à environ 5,0 à Djibouti. Le taux d'alphabétisation des adultes s'établit à 99% aux Seychelles, alors qu'il n'est que de 67,9% à Djibouti. Et lorsque l'on descend dans des classes d'âges pour voir comment ce taux d'alphabétisation s'améliore avec le temps, on recherche les performances des pays dans l'éducation de leur jeunesse.

Nous avons comparé les évolutions de la scolarisation des jeunes, entre la fréquentation de la scolarité à l'école primaire et celle concernant les deux cycles de l'enseignement secondaire, d'une part, et les évolutions au cours de la période de 2000 à 2016, d'autre part. Il en ressort que la fréquentation a évolué entre 99,9% et 99,4% des enfants en âge de scolarisation à l'école primaire aux Seychelles. De même, nous relevons que le taux d'alphabétisation est le plus élevé de toute l'Afrique orientale avec 99% en 2015, et que le taux de scolarisation à l'école secondaire est largement supérieur à celui de Djibouti. Dans ce dernier pays, des progrès sensibles ont été réalisés dans la scolarisation au niveau primaire. Parti de 25,9% des enfants scolarisés parmi tous ceux qui étaient en âge d'être à l'école primaire au début des années 2000, ce taux est monté à 57,4% en 2015. Les insuffisances restent néanmoins fortes, concernant 43,6% des enfants qui n'ont pas connu le chemin de l'école primaire. C'est une population importante et exposée à des risques sociaux divers liés à l'analphabétisme. Les meilleurs taux d'alphabétisation sont liés aux taux de scolarisation primaire. Plus massivement la scolarisation est réussie dans le pays, moins ce dernier sera appelé à des efforts pour alphabétiser des adultes.

Les pouvoirs publics ont le devoir de recenser ces jeunes afin de leur proposer des formations de base : lire, écrire et compter. Par ailleurs, après le franchissement de l'école primaire, vient le temps de l'enseignement du second degré. L'ensemble des jeunes des classes d'âges de l'enseignement secondaire est divisé en deux parties : le premier cycle du second degré s'étend sur 3 ou 4 ans selon les régimes scolaires des pays, et le second cycle de 3 ou 4 ans conduit à un certificat de fin d'études secondaires. Il va de soi que pour passer au premier cycle du second degré, l'élève devra d'abord terminer avec succès l'école primaire. De même, ne sont admis au second cycle du second degré que ceux qui ont déjà validé la fin du premier cycle. Aussi, à Djibouti, la situation se dégrade au fur et à mesure que les élèves gravissent l'échelle. Entre 26% et 54% ayant accompli la scolarité primaire, il n'en restait plus que 68% qui ont fréquenté le premier cycle du second degré, puis seulement 46% ayant franchi le seuil du second cycle du second degré. Aussi, dans le meilleur des cas, environ 17% des jeunes ont atteint le niveau du second cycle du second degré. C'est un résultat très faible qui ne permet pas à une majorité de jeunes d'accéder à des formations conduisant aux métiers. Si le pays reste à ce très bas niveau de scolarisation de sa jeunesse, il lui faudra un triple effort : rappeler la très écrasante majorité des jeunes à l'alphabétisation pour former des adultes autonomes dans le monde numérique que nous traversons, accroître davantage les efforts de scolarisation au niveau primaire pour atteindre au moins 90% (minimum de base acceptable dans la société moderne), et rattraper ceux qui sortent du second degré sans qualification vers les formations aux métiers. De ce triple effort d'éducation de la jeunesse découleront l'amélioration du niveau d'alphabétisation de la population des adultes lorsque les jeunes sont sortis des classes d'âge de l'enseignement primaire et secondaire, l'amélioration des connaissances sur l'hygiène et la santé publiques, l'alimentation et les luttes contre les causes de la mortalité infantile qui atteint encore environ 5% des naissances. Dans un pays dont la population avoisine un million d'habitants, l'équivalent d'un département moyen en France, un tel niveau d'éducation ne répond pas aux exigences requises pour préparer l'avenir des jeunes. Le pays devrait rapidement accélérer.

Pour Djibouti, nous ne pouvons que clairement préconiser une obligation de passer de 57,4% de taux de scolarisation à l'école primaire à 99%. Avec un indice de fécondité de 2,5 enfants par femme en 2014, cela devrait être possible ; sinon alors baisser l'indice à 2 enfants maximum. Ensuite, la scolarisation dans le second degré devrait atteindre 90%, ce qui pourrait améliorer au moins le taux d'alphabétisation de 67,9% à plus de 90%. Par voie de conséquence, une population bien éduquée et disposant de plus de moyens pour l'hygiène publique et les conditions améliorées de santé publique, le taux de mortalité infantile pourrait significativement baisser de 5,0% à 1,0%. C'est l'objectif que devraient s'assigner les dirigeants de Djibouti à moyen terme. Et c'est possible. Aussi, si les familles connaissent 2 ou 3 naissances, avec une assurance sur la viabilité des enfants, le pays s'en portera nettement mieux et les différents indicateurs suivront. C'est le chemin du cercle vertueux.

Dans le reste des pays de l'Afrique orientale de plus de cinq millions d'habitants, et ayant réalisé plus de dix milliards de dollars de produit intérieur brut, le Kenya occupe la place de deuxième puissance économique avec 70,53 milliards de dollars en 2016 (soit 1.532 $/habitant), derrière l'Éthiopie avec 72,37 milliards (785 $/habitant), devant la Tanzanie avec 47,4 milliards (945 $/habitant), l'Ouganda qui atteint 27,5 milliards de dollars (et 727 $/ habitant) et enfin le Soudan du sud, avec 13,8 milliards en 2015 et 1.162 $/habitant. Cependant ces pays présentent des visages sociodémographiques très différents. Compte tenu de la présence des hautes montagnes et d'immenses territoires arides en Éthiopie et au Kenya, les densités respectives de 81 et 76 habitants au kilomètre carré peuvent être considérées comme optimales. Aussi, les indices de fécondité de 5,3 enfants par femme en Éthiopie et 4,3 enfants par femme au Kenya devraient poursuivre leur baisse vers une moyenne de moins de 4 enfants par femme à horizon 2025. Avec la Tanzanie, les trois plus grandes puissances économiques et démographiques de l'Afrique orientale se rapprochent dans la scolarisation au niveau primaire. L'Éthiopie a accompli des efforts au cours de quinze années de 2000 à 2015, passant de 40% à 87% dans la réalisation de la scolarisation des enfants à l'école primaire. Le Kenya, déjà un peu plus avancé, a également réalisé un saut de 66% à 86% au cours de la même période. La Tanzanie se retrouve globalement au même niveau, bien au-dessus de 80% aujourd'hui. Mais la situation se dégrade dans l'encadrement au second degré. Malgré les efforts de scolarisation au niveau primaire avec plus de 80% dans les trois pays, le filtre de passage au second degré n'en retient que 78% à 80% au second cycle au Kenya, dans les variations sur la période de quinze années. Et c'est le meilleur score des trois grandes puissances de la région. L'Éthiopie n'a pu scolariser que de 41% à 71% de la classe des enfants éligibles au premier cycle de l'école secondaire, et il n'en restait plus que de 32% à 53% dans le second cycle du second degré, en comparaison avec le Kenya sur la même période. Les pertes en ligne sont donc importantes, et les deux pays sont en devoir de s'interroger sur les moyens d'améliorer la scolarisation, tant au niveau primaire où environ 14% des enfants n'y mettent pas les pieds, alimentant ainsi le potentiel d'analphabètes dans le futur des deux pays, que dans le second degré où environ 80% fréquentent le second cycle contre seulement 53% en Éthiopie.

Mais, les mêmes indicateurs sont encore plus dégradés en Tanzanie, où le taux de fréquentation au premier cycle du second degré aurait baissé de 49% à 41% au cours de la période 2000 à 2015, pendant que la filtre en rejette très significativement au second cycle, où 13% à 15% de jeunes ont pu traverser les handicaps jusqu'à la fin des études secondaires. C'est nettement très insuffisant pour un si grand pays. L'on peut alors affirmer que les populations considérées comme alphabétisées sont principalement celles des 80% qui ont accompli au moins le séjour à l'école primaire, auxquels s'ajoutent celles issues des campagnes d'alphabétisation des adultes, pour atteindre un taux moyen de 87% en 2015 en Tanzanie. Cependant, pour construire de fortes ambitions de développement et la participation du plus grand nombre d'habitants aux efforts dans le progrès socioéconomique, le pays devra investir beaucoup de ressources dans l'éducation à l'école primaire et secondaire. Les formations professionnelles des Jeunes pour le développement des métiers, de l'industrie, des services, et même du commerce, devront s'appuyer sur un effort dans l'éducation de la jeunesse. Aussi, pour ce pays, l'école primaire devrait s'améliorer avec une intégration de 99% des enfants. Ce n'est pas un choix, c'est une contrainte nationale pour l'éducation des citoyens à l'autonomie et au progrès social. Ensuite, l'école secondaire, sur les deux cycles, devrait se doter d'une ambition nationale de scolariser au moins 90% des jeunes dans le premier cycle et 85% dans le second cycle, toutes formations confondues (générales, techniques, technologiques et professionnelles). L'éducation de la jeunesse n'est pas un luxe, mais une nécessité pour la nation en vue de faire participer tous ses habitants aux efforts de développement. Cela est d'autant plus vital que le pays dispose d'importantes ressources naturelles et des terres agricoles immenses à valoriser. C'est le plus étendu de la région, avec superficie de 945.088 km² et une faible densité de peuplement de 53 habitants au kilomètre carré. Le pays peut donc recevoir, dans le cadre de la solidarité et de l'intégration régionale de l'East African Community, une partie des populations des pays voisins surpeuplés du Rwanda (488 habitants / km²) et le Burundi (374 habitants / km²). Si le frein à la scolarisation est constitué par l'indice de fécondité d'environ 5 enfants par femme, il faudra le réduire rapidement à moins de 4 enfants par femme, afin de mieux s'en occuper tant au niveau des familles que des services publics de l'éducation (à travers de très importants efforts sur tous les cycles de l'éducation primaire, secondaire et supérieur), et de la protection de l'enfance (en baissant le taux de mortalité infantile autour de 1,0% au lieu des 4,1% actuels, à l'horizon 2025. Pour y parvenir, le pays pourra miser sur les transformations industrielles qui apportent une importante valeur ajoutée dans l'économie nationale et une forte mobilisation de ses ressources humaines. Le taux de croissance du produit intérieur brut a atteint 7,0% en 2015, soit le deuxième rang dans la région après l'Éthiopie avec 9,6% la même année, mais sa structure indique une forte composante des exportations de produits bruts qui pourraient être valorisés dans le pays. C'est donc toute une stratégie industrielle à construire pour améliorer les équilibres sectoriels dans le PIB, créer de l'intelligence industrielle, développer le savoir-faire dans le pays, et produire des emplois économiquement durables sur les territoires.

Dans le même groupe des trois premières puissances économiques de l'Afrique orientale, l'Éthiopie a fait progresser l'éducation de sa jeunesse, réalisant une forte évolution de 41% à 71% dans le premier degré au cours de la période de 2000 à 2015, et de 32% à 53% des jeunes scolarisables dans le second cycle du second degré. Cependant, ces efforts restent nettement insuffisants. Pour accroître le taux d'alphabétisation des adultes dans le pays au-delà du minimum de 98%, il faudra atteindre au moins 99% au niveau du primaire et entretenir au moins 90% dans le premier cycle du second degré. C'est alors le complémentaire de la population du primaire non scolarisée qui serait prioritairement et facilement alphabétisé pour accroître l'accès aux bagages du savoir de base à toute la population des adultes, capable de comprendre l'importance de l'hygiène et de la santé publiques, générer des revenus autonomes et durables, et améliorer les conditions de vie dans les familles. Aussi, les efforts devront être conjugués comme conséquences naturelles, entre la réduction de l'indice de fécondité passant de 5,3 enfants à une moyenne de moins de 4 enfants par femme, accompagnant l'ambition des parents vers une meilleure éducation pour leurs enfants, la baisse de la mortalité infantile de 5,8% à 1,0% résultant du progrès sanitaire, alimentaire et médical dans le pays, et l'amélioration de la qualité d'encadrement scolaire dans l'éducation primaire, secondaire et supérieure. A cet important effort national doivent s'ajouter les contributions des Éthiopiens de la diaspora, notamment les cadres installés au Royaume-Uni, dans le reste de l'Union européenne, au Canada et aux États-Unis. Ils constituent une richesse de premier ordre pour ce pays dont les déchirements, les guerres civiles et notamment de l'ancien bourbier dans la guerre de sécession avec l'Érythrée, et les famines qui en découlaient au cours des années 1970-1980, sont derrière nous dans l'oubli des mémoires et de l'histoire.

Quant au Kenya, une importante partie du chemin a été parcouru au cours des vingt dernières années. Cependant, tout en restant encore très inférieur à 99% pour scolariser la quasi-totalité des enfants, un effort d'homogénéisation des politiques publiques est indispensable : le taux moyen de scolarisation de 86% au niveau primaire cache encore d'importantes disparités entre les agglomérations urbaines peu nombreuses, mais où l'éducation est développée, et une forte population rurale. Aussi, les deux cycles du second degré devraient contenir plus de 90%, desquels sortiront les qualifications professionnelles dans différents corps de métiers et des diplômés d'enseignement général. Par ailleurs, un taux d'alphabétisation de 78% en 2015 est nettement faible et insuffisant. C'est donc en poussant l'éducation primaire et le premier cycle du second degré à plus de 90%, et en maintenant une ambition de produire entre 80% et 85% de jeunes ayant fréquenté le second cycle du second degré, que le pays pourra atteindre plus de 90% des adultes dotés d'une éducation minimum des temps modernes du numérique et de la profusion des informations, pour améliorer les conditions de vie de la population. Un indice de fécondité de 4,3 enfants par femme en 2014 n'est pas véritablement un handicap, le pays n'étant pas surchargé avec 76 habitants au kilomètre carré. Néanmoins, pour les scolariser et les former à de futurs métiers, les pouvoirs publics devraient dégager une importante part des ressources de la richesse nationale consacrée au renforcement de la quantité et de la qualité de l'offre scolaire. Le Kenya a adopté le kiswahili et l'anglais (*article 7.2 de la Constitution de 2010*) comme seules langues officielles. La langue nationale est le kiswahili (*article 7.1 de la Constitution*), enseigné dans toutes les écoles, en charge d'homgénéiser la formation de base de la population nationale, auquel s'ajoutent 51 autres langues protégées et promues par les articles 7.3 a et b de la Constitution, mais qui cèdent progressivement le terrain au kiswahili. C'est la base pour promouvoir les informations publiques de l'éducation populaire. Déjà, en décembre 2011, la commission des communications du Kenya (*Communications Commission of Kenya*) estimait que 36,3 % de la population utilisait un ordinateur muni d'un accès internet. Une raison de plus pour accroître le niveau et la qualité de l'éducation de la jeunesse, afin de lui permettre de contribuer au progrès social et à la production économique. Aussi, une population bien éduquée, fera elle-même son propre chemin vers l'amélioration de sa qualité de vie, la baisse de la mortalité infantile de 3,6% en 2015 vers 1,0% et le renforcement de l'éducation de ses enfants. De même, la forte rotation politique liée à l'exercice de la démocratie, à l'exemple de la première invalidation de l'élection présidentielle intervenue le 31 août 2017, prononcée par la Cour Suprême, et à laquelle le président élu pour son second mandat s'est plié pour respecter les institutions de son pays, exige le savoir autonome des citoyens pour lire et comprendre les évolutions dans leur pays. En sa qualité de première puissance économique de l'Afrique orientale, le Kenya devra répondre également aux performances de l'éducation de toute sa jeunesse, à l'alphabétisation de tous les adultes en capacité d'acquérir de nouveaux savoirs, et n'ayant pas eu la chance de fréquenter l'école, et d'améliorer les indicateurs sociodémographiques de la natalité et de la mortalité.

L'Ouganda et le Soudan du Sud ferment le groupe des pays de plus de 10 milliards de dollars de produit intérieur brut en 2015 en Afrique orientale, même si celui de l'Ouganda (27,5 milliards) représente le double de celui du Soudan du Sud (13,8 milliards). Cependant, la population de l'Ouganda (soit 37,9 millions d'habitants) est de plus de trois fois supérieure à celle du Soudan du Sud (11,9 millions). Aussi, la richesse par habitant devient arithmétiquement plus élevé dans le second pays (1.162 $/habitant) par rapport au premier (727 $ seulement). Le Soudan du Sud est une jeune république, issue de la scission avec le Soudan du Nord. En effet, à la suite du référendum d'autodétermination organisé du 9 au 15 janvier 2011, le Soudan du Sud a fait sécession de la République du Soudan le 9 juillet 2011. Cependant, dès 2013, le nouveau pays à peine reconnu par l'ONU et l'Union africaine, s'enlise dans une guerre civile de lutte de pouvoir, particulièrement sanglante et meurtrière, entre les combattants du président Salva Kiir et ceux du vice-président Riek Machar. Aussi, le nouveau pays n'a pas eu le temps de se construire. L'éducation au Soudan du Sud présente les plus bas ratios de l'Afrique de l'Est. L'éducation primaire n'a accueilli que 33% des enfants scolarisables depuis son indépendance. Ce taux pourrait atteindre 40% selon toute vraisemblance, mais les statistiques se heurtent à des difficultés de collecte d'information en raison de la guerre civile. La guerre a même réduit le taux de scolarisation dans le second degré, qui n'a pas encore dépassé 33%. Le pays est parti de zéro avec une discrimination dans l'éducation faite sur les populations de ses provinces, et le taux d'alphabétisation était estimé à 39% en 2009. Il n'a pas progressé, puisque même l'éducation primaire et secondaire n'a pas significativement progressé entre 2010 et 2015. Le pays ayant enregistré un produit intérieur brut de 13,8 milliards en 2015 et certainement plus de 14,1 milliards en 2016, une grande part consacrée à l'armement pour la guerre civile, devrait être réorientée vers les infrastructures scolaires et d'alphabétisation. Le réel potentiel économique du pays pourrait permettre une progression très rapide de ce socle du développement. En effet, la forte croissance de la richesse nationale est garantie par la présence du fleuve Nil Blanc et de ses nombreux affluents, ainsi que par le climat tropical, permettant une agriculture abondante. Aussi, le pays produit du coton, des arachides, du sorgho, du millet, du blé, du maïs, de la gomme arabique, de la canne à sucre, du manioc, des mangues, des papayes, des bananes, des patates douces et du sésame. Il est donc tout à fait à l'abri de la famine, et aucune raison autre que la guerre ne peut justifier les déficits alimentaires au Soudan du Sud. Par ailleurs, le Nil Blanc et ses affluents permettent aussi la production de l'énergie hydroélectrique. Enfin, le sous-sol de ce pays contient du pétrole en abondance, des minerais de fer, du cuivre, du chrome, du zinc, du tungstène, du mica, de l'argent et de l'or. Le Soudan du Sud dispose des ressources naturelles dont la valorisation par l'exploitation et la transformation dans le pays ou en coopération avec les pays voisins de l'Afrique de l'Est permettront d'accéder rapidement au développement économique et social pour ses habitants peu nombreux (12 à 13 millions), avec son immense étendue (644.329 km^2) plus importante que celle de la France entière (métropole et outre-mer réunies). A ce jour, la principale ressource exploitée est le pétrole. Avant l'indépendance, le Soudan du Sud assurait environ 85% des 470.000 barils de pétrole brut produits par jour pour l'ensemble des deux Soudan. Toutefois, les équipements et l'industrie pétrolière se trouvent essentiellement dans le Soudan du Nord, dont il dépend. Les oléoducs en provenance du Soudan du Sud mènent au nord, vers Port-Soudan, sur les bords de la Mer Rouge. La principale raffinerie se trouve alors à 70 kilomètres environ au nord de Khartoum, la capitale du Soudan du Nord. En raison de la sécession entre les deux pays, le pays est amené à diversifier la destination de son pétrole pour la raffinerie, afin de renforcer son indépendance. Aussi, le pays travaille sur un projet d'oléoduc le reliant à la raffinerie de Lamu à 240 kilomètres au nord du port de Mombassa, au Kenya voisin. Par le choix de l'anglais comme langue nationale et officielle pour mieux développer l'éducation, la culture et l'économie, et en tournant l'essentiel de ses infrastructures économiques comme le cœur de ses relations extérieures vers l'Ouganda, le Kenya et l'Éthiopie, il organise ainsi son intégration future et indispensable au sein de l'East African Community. Cependant, le Soudan du Sud doit mettre en route plusieurs projets en parallèle pour rattraper son retard structurel. Il doit parvenir à assurer la paix et la sécurité pour l'ensemble du territoire et l'ensemble de ses habitants. C'est de cette paix retrouvée que dépendront les exploitations agricoles pour combattre la famine, qui est une véritable honte pour un pays doté d'immenses terres fertiles avec diverses productions. Développer et maintenir les infrastructures de communication est un impératif pour dynamiser l'économie. En raison de son étendue, les voies ferrées et les aménagements aéroportuaires seront indispensables pour interconnecter les pôles économiques régionaux inexistants. Ensuite, produire, transporter et distribuer l'énergie électrique, en y intégrant des productions de toutes les technologies actuelles disponibles et des consommations locales. Les ressources sont nombreuses, et elles peuvent être complétées par les stations solaires à travers le pays. Ces prérequis permettront le développement rapide des projets industriels, sur la base des ressources minières et agricoles abondantes.

Depuis le début du XXe siècle, l'énergie électrique est le cœur du moteur de l'économie industrielle, seul socle du progrès dans le monde. Le Soudan du Sud dispose des capacités d'en produire et d'en distribuer pour développer les transformations agricoles et minières sur ses territoires ou en coopération avec les pays de l'East African Community dans le cadre de la mutualisation des ressources et des moyens. Enfin, pour consolider durablement ses projets, le pays doit développer son offre éducative. L'on peut considérer que les ratios actuels des indicateurs sociodémographiques ne doivent pas descendre plus bas, au risque de détruire l'espérance de développement pour une population emprisonnée dans d'inhumaines souffrances. Le pays doit travailler très rapidement sur la structure familiale. Un indice de fécondité de 5,3 enfants par femme, qui conduit à un déséquilibre entre la croissance démographique de 4% contre la croissance économique de 2% ne peut pas aider le pays à remonter et se projeter dans le progrès social. Pendant que l'économie prend de plus en plus corps, le pays doit parvenir à ramener la croissance démographique à 3% au maximum, afin de pouvoir développer l'éducation primaire et secondaire. L'objectif devrait situer le Soudan du Sud à au moins 90% des enfants à l'école primaire en 2020, au lieu de 40% en 2016. Ensuite, il doit constamment poursuivre cet effort et maintenir ce ratio à l'école secondaire, pendant que le niveau primaire vise la scolarisation à 98% à horizon 2025. Le pays en a les capacités, et le décollage de son éducation peut bénéficier des apports des pays de l'East African Community, et des pays de l'Afrique australe, en partage du patrimoine commun de l'usage de l'anglais. Parmi les infrastructures de développement, la construction des écoles dans toutes les zones habitées est une nécessité incontournable. Le peuple éduqué saura faire face à un autre indicateur très dégradé : la mortalité infantile de 6,6%. L'hygiène et la santé publiques améliorées, l'alimentation riche et équilibrée issue des productions agricoles locales abondantes et diversifiées, et les informations médico-sanitaires pour l'éducation et la protection maternelle et infantile dispensées aux populations instruites, ajusteront l'indice de fécondité pour adapter le pays à ses capacités, accompagneront les projets éducatifs entre les parents et les pouvoirs publics, et contribueront à baisser la mortalité infantile. Ce sont des objectifs décentralisés, mais que le gouvernement devrait confier à chaque gouverneur des vingt-huit États, gérant des populations dispersées sur les territoires plus réduits pour mieux suivre les indicateurs de développement. En effet, répartir environ 12 à 13 millions sur 28 États découpés par la loi du 24 décembre 2015, revient à gérer une population moyenne d'environ 450.000

habitants par État, soit la taille de la population des communes dans les pays occidentaux. Néanmoins, pour un jeune pays qui ajuste encore son organisation territoriale et la connaissance de ses ressources pour mieux optimiser leur exploitation, une telle organisation aurait l'intérêt à rapprocher les élus et les dirigeants des populations à servir. Les 28 États ont été créés dans trois régions naturelles du pays : le Bahr el Ghazal (10 États), l'Equatoria (8 États) et le Nil Supérieur (10 États). Les objectifs clairs, quantifiés et mesurables devraient ensuite être assignés à chaque État, et permettre d'évaluer les progrès réalisés par région du pays. Il n'y a pas d'autre choix pour bâtir ce pays, et le porter à l'indispensable développement économique et social.

L'Ouganda, voisin au sud du Soudan du Sud, est le plus petit des cinq principales puissances économiques de l'Afrique de l'Est. Il comptait environ 37,9 millions d'habitants sur 241.551 kilomètres carrés. Aussi, la densité de 157 habitants / km^2 peut trouver une solution d'expansion au Soudan du Sud pour contribuer à son exploitation et son développement. Après une période difficile de 1971 à 1978, pendant laquelle la dictature du sergent Idi Amin Dada a ruiné le pays, l'Ouganda a ensuite connu une série de guerres civiles pour la destitution du dictateur jusqu'à l'installation de Yoweri Museveni au pouvoir en 1986. Détruits pendant ces guerres, l'économie et l'État ougandais se sont relevés très difficilement. Les indicateurs économiques et sociodémographiques actuels sont donc le résultat de la stabilité de l'État depuis 1986. Le pays a déployé des efforts importants pour l'éducation primaire jusqu'à 94% d'enfants scolarisés en 2015. Cependant, au cours de la période 2000 à 2015, le ratio a légèrement chuté au premier cycle du second degré, passant de 85% à 83% de taux de scolarisation. A ce stade, l'on devrait préconiser une scolarisation primaire minimum de 98% dans tout le pays, et assurer 95% des enfants pour le premier cycle du second degré. Ce sera grâce à cet effort que pays pourra relever très significativement le taux d'alphabétisation, qui était encore évalué à 72% des adultes en 2014. De fait, peu d'enfants, qui n'auraient pas connu l'école, pourraient rejoindre les centres d'alphabétisation pour améliorer l'accès aux savoirs de base pour tous. L'éducation primaire et secondaire abaissera le taux d'illettrisme dans le pays, d'une part, alors que l'éducation populaire et l'alphabétisation dans les villages accroîtront le taux d'alphabétisation, d'autre part. La corrélation entre les deux concepts est évidente dans tous les pays : la hausse du taux, de la qualité et du niveau l'éducation réduit les investissements et les efforts d'alphabétisation pour rattraper celles et ceux qui n'ont pas eu la chance de fréquenter l'école. Ensuite, l'encadrement au second cycle du second degré marque un important recul, qui devrait interroger les autorités de l'Ouganda. Au cours de la période de 2000 à 2015, le taux de scolarisation dans le second cycle aurait baissé de 50% à 41% des jeunes scolarisables à ce niveau. La baisse de ces efforts dans l'éducation s'est répercutée dans la dégradation de l'indice de fécondité, qui se maintient à une valeur parmi les plus élevées de la région avec 5,8 enfants par femme. Or, si le niveau et l'offre de l'éducation ne remonte pas, tout accroissement significatif des naissances alimente l'inefficacité de la scolarisation dans l'enseignement primaire et secondaire. Selon les données de 2015, l'Ouganda doit déployer les efforts principalement dans le second degré pour assurer un taux élevé de jeunes lettrés, qui agiront ensuite sur la baisse de la fécondité à environ 4 enfants par femme en moyenne, et à réduire le taux de mortalité infantile insupportable de 5,3% en 2014. Celui-ci devrait être ramené à 1%, parallèlement à l'amélioration des conditions de vie des habitants (nutrition, électricité, amélioration de l'offre médico-sanitaire sur tout le territoire national, et éducation des enfants des deux sexes jusqu'à 80% minimum des classes d'âge dans le second degré). Scolariser davantage, c'est réduire les efforts d'alphabétisation. Le niveau de 72% du taux d'alphabétisation en 2014 est tout à fait insuffisant pour agir sur tous les indicateurs sociaux du pays.

Dans le groupe des quatre faibles puissances économiques de moins de 10 milliards de produit intérieur brut en 2015/2016, parmi les pays de plus d'un million d'habitants, on retrouve le Rwanda (8,0 milliards en 2016), la Somalie (5,9 milliards en 2015), l'Érythrée (4,7 milliards en 2015) et le Burundi (3,0 milliards en 2016). La richesse de ces pays par habitant est tributaire de leurs densités de population respectives, alors que les ressources économiques sont limitées. Aussi, le Rwanda qui présente la plus forte densité de population de la région avec 448 habitants / km², doit se contenter d'un produit intérieur brut de 679 \$/habitant, alors que l'Érythrée émarge à 651 \$/habitant malgré ses 5,4 milliards de dollars pour le PIB, grâce une population plus réduite de 7,17 millions d'habitants contre 11,81 millions au Rwanda, et une densité de 59 habitants/km². Quant à la Somalie, en dépit de sa lente décomposition dans les luttes de pouvoir et de son interminable guerre civile depuis plusieurs décennies, le pays parvient à produire pour 5,9 milliards de dollars en 2015, et à aligner une production de 448 \$/habitant. Il découle des guerres sans fin en Somalie, comme au Soudan du Sud, une mortalité infantile hors de tout entendement, qui atteint 8,5% des naissances, et une mortalité globale la plus élevée de la région, avec 1,2% contre la plus faible au Rwanda avec 0,7%.

La situation particulière de la Somalie en fait un pays au très haut niveau de la désespérance. Malgré un indice de fécondité le plus élevé de l'Afrique orientale de 6,5 enfants par femme, la très forte mortalité infantile et celle de la population en général ne lui laissait qu'une croissance naturelle de 2,5% en 2014. Les guerres incessantes ont fait chuter l'espérance de vie au niveau le plus faible de la région avec 55,4 ans, contre le Soudan du Sud qui entame également la situation analogue, avec une espérance de vie de 55,7 ans. L'espérance de vie est de 66,6 ans Rwanda, la plus forte de la région après les îles Seychelles, malgré le plus horrible génocide de 1994. En conséquence de ces guerres incessantes en Somalie, l'éducation est très dégradée à tous les niveaux, et la population en état de migration permanente ne peut pas être alphabétisée. Aussi, moins de 40% des Somaliens étaient alphabétisés en 2001, à défaut des données plus récentes.

Depuis lors, la situation ne s'est pas améliorée. Ce pays aura besoin d'une prise en mains par les pays voisins de la région, et d'importants moyens pour ramener tous les belligérants à la raison, en vue d'instaurer un mieux-être de ses 13,3 millions d'habitants. En l'état, la Somalie a besoin d'exister en tant que nation unitaire et viable pour intégrer la communauté régionale.

Le Burundi a été marqué par les crises politiques qui ont paralysé une grande partie des investissements extérieurs et ralenti son économie. Celle-ci a connu une contraction de -0,6% entre 2015 et 2016, alors que la population poursuit une croissance de 2,4% par an, en raison notamment du fort taux de fécondité de 5,5 enfants par femme, contre son voisin du nord, le Rwanda, dont cet indice est passé à 4,2 enfants par femme. Dans les cas comparables des deux pays, la surpopulation est un frein au développement en raison de faibles ressources économiques naturelles. La densité de la population est de 448 habitants/km^2 au Rwanda et de 374 habitants/km^2 au Burundi. Ces deux pays devraient, soit parvenir à moins de 3 enfants par femme à horizon 2020-2025, ou bénéficier de la solidarité des pays de l'East African Community pour y déployer une partie de leurs populations, ou même les deux mouvements à la fois. Il y a aussi les territoires de l'est de la République démocratique du Congo, où les populations partagent le même héritage culturel et la même langue, pour accueillir une partie des populations du Rwanda et du Burundi, et soulager leur pression démographique. Aujourd'hui, le Burundi doit spécifiquement faire face à plusieurs enjeux en même temps. L'éducation au niveau primaire est l'une des plus performantes de la région, après les îles Seychelles (99,4%) et le Rwanda (95,1%). Le pays a fourni les efforts considérables dans le second degré. Au cours de la période de 2000 à 2015, le Burundi a fait progresser la fréquentation dans le premier cycle du second degré de 37,7% à 74,7% des enfants de la classe d'âge de ce niveau scolaire. Dans le second cycle, les efforts sont également remarquables, car le taux est passé de 21,5% à 38,6%. Bien entendu, la crise politique nourrie par les opposants au pouvoir du président Pierre Nkurunziza au cours des années 2014-2016, accompagnée de violences meurtrières, n'ont pas facilité la poursuite sereine des efforts de scolarisation dans le second degré. Certains enfants ont donc dû fuir le pays avec leurs parents. Aussi, malgré les maigres ressources économiques dont la contraction de 2015 à 2016 est très remarquée, avec une chute de -0,6% alors que les autres plus faibles progressions économiques dans le reste de la région, également inférieures à la croissance démographique, sont observées dans le Soudan du Sud (2,0% contre une démographie galopante à +4,0%) et l'Érythrée (2,2% contre la hausse démographique de 3,3%). Le Burundi doit parvenir à inverser la courbe de la croissance économique. Le résultat dépendra du soutien des pays voisins, des interventions financières des organisations internationales et du retour massif des investisseurs dans le pays. Il a donc besoin de la paix stable et de la sécurité intérieure pour restaurer la confiance. Après des périodes de troubles graves depuis les années 1972 et 1988, puis des violences accompagnées de massacres massifs au cours des années 1990, et notamment après l'assassinat du président Melchior Ndadaye le 21 octobre 1993, le Burundi ne connaît l'accalmie réelle que depuis l'accord d'Arusha de 2000, suivi de la période de transition. Trois phases de transition s'en sont suivies, assurées par les anciens présidents Pierre Buyoya, Domitien Ndayizeye qui a promulgué l'actuelle constitution du pays intégrant l'accord de paix d'Arusha le 18 mars 2005, et la dernière phase de transition de 2005 à 2010 assurée par Pierre Nkurunziza, après son installation par le parlement burundais (Assemblée nationale et Sénat) en 2005. Juridiquement et techniquement, le premier mandat constitutionnel du président Pierre Nkurunziza court de 2010 à 2015, et le second court de 2015 à 2020. En effet, l'article 96 de ladite Constitution dispose que « *Le Président de la République est élu au suffrage universel direct pour un mandat de cinq ans renouvelable une fois* ». Cette « élection au suffrage universel directe » n'a donc eu lieu qu'en août 2010, après une période de transition de 2005 à 2010. Mais le débat sur la qualification du mandat entamé depuis 2015, que les opposants ont opportunément brandi en chiffon rouge en le considérant comme un troisième mandat, aura provoqué des conséquences catastrophiques sur l'économie burundaise. Restaurer un climat apaisé durable dans tout le pays et retrouver la confiance des investisseurs nationaux et internationaux, constitue un pari sur la relance de l'économie burundaise. Le deuxième défi concerne la scolarisation dans le second degré. Les ratios de 74,7% dans le premier cycle et de 38,6% sont certes supérieurs à ceux de la Tanzanie voisine, mais sont comparables à ceux du Rwanda et de l'Ouganda. Confronté au même défi que ces deux derniers voisins du nord, le taux de scolarisation dans le second cycle du second degré devrait atteindre celui du premier cycle à 80% minimum, alors que celui du premier cycle devrait être relevé à 90% à l'horizon de 2020. Cette prescription est également valable pour le Rwanda et l'Ouganda. Une bonne scolarisation dans le premier cycle, en qualité et en taux élevé pour la formation des citoyens capables d'analyser les situations de fragilité de leur pays, permet la suite dans de meilleures orientations et en nombre important pour l'accroissement de l'autonomie. La diversité des formations professionnelles, techniques et technologiques, est une source d'assurance pour les élèves qui ne seraient pas éligibles pour poursuivre dans des orientations générales du second cycle. Dans le même esprit, la scolarisation dans le primaire et le premier cycle du secondaire participe à la réduction du taux d'illettrisme. Cet acquis socioculturel permet aux populations d'accéder aux messages utiles dans des informations médico-sociales, nutritionnelles, de l'hygiène et la santé publique, et de l'éveil à la démocratie vers l'autonomie de pensée et de compréhension.

Dans un pays aussi politisé, et dont les habitants sont sujets à des manipulations diverses, d'origines intérieures et extérieures, l'accès autonome à l'information et à l'analyse intelligente des discours, libère des chaînes de la terreur et de l'ignorance. Le taux d'alphabétisation de 88% en 2016 est un acquis important qui ne doit pas baisser pour un pays miné par ces interrogations, souvent malveillantes pour des intérêts particuliers ou de groupes restreints. En améliorant la scolarisation primaire à 98% et dans le premier cycle du second degré à 90% minimum, on garantit un meilleur taux d'alphabétisation pour la petite part de Burundais qui n'auraient pas eu la chance de fréquenter l'école. L'objectif est d'atteindre un minimum de 95% de taux d'alphabétisation à l'horizon de 2025, compte tenu des difficultés économiques actuelles du pays. Le troisième défi du Burundi est lié à ses données sociodémographiques. Soumis à une densité de 374 habitants/km² sur un petit territoire de 27.834 km², et un modeste ratio de richesse de 289 $ par habitant, et compte tenu des difficultés dans le développement économique, un indice de fécondité de 5,5 enfants par femme est un facteur de suicide collectif national. Grâce aux efforts déjà accomplis dans la scolarisation et dans l'alphabétisation parmi les meilleurs de la région de l'Afrique orientale, le Burundi devrait s'attaquer à l'information et à la formation des familles, dans le cadre du planning familial, pour réduire le ratio de fécondité à environ trois enfants par femme à l'horizon 2022-2025. Une croissance démographique de 2,4% par an, pour un pays englué dans des difficultés économiques, étouffe les maigres retombées des ressources de survie de sa population. Aussi, le pays doit parallèlement réduire très significativement son ratio de fécondité et abaisser drastiquement son taux de mortalité infantile de 5,6% à 1,0% à l'horizon de 2022-2025.

Enfin, le Burundi est confronté à une dégradation de son image à l'extérieur. Doté de l'une des meilleures armées opérationnelles du continent africain, le pays est présent sur différents théâtres d'opérations de maintien de la paix : Somalie, Soudan du Sud, Mali, Centrafrique. L'efficacité de ses militaires, policiers et gendarmes, tant à l'intérieur qu'à l'extérieur de ses frontières n'est plus à démontrer, car ils ont fait pleinement leurs preuves. Cependant, confronté à une intense campagne de déstabilisation, le pays doit développer une diplomatie offensive et rassurante. Il doit reconnaître ses alliés stratégiques et tactiques pour faire face à toutes les attaques dont il fait régulièrement et constamment l'objet. L'axe horizontal de Kinshasa (République démocratique du Congo) à Dar-es-Salaam (Tanzanie), et l'axe médian d'Alger, Le Caire, Addis-Abeba (Algérie, Égypte, Éthiopie) à Harare et Pretoria (Zimbabwe et Afrique du Sud) doivent servir d'épine dorsale pour faire face à ses enjeux diplomatiques vers le reste du monde. Dans tous les pays africains, les coopérations et les partenariats internationaux au développement, impliquant les puissances industrialisées historiques et les nouveaux pays industrialisés émergents, ne pourront que s'appuyer sur les efforts intérieurs des États, et venir compléter les apports des pays africains eux-mêmes. Les quatre enjeux présentés pour le Burundi, valables pour les autres petites puissances économiques de la région, constituent les clés pour relancer durablement le pays, et bâtir des stratégies solides de développement économique et social. Au-delà des dirigeants de ce très pauvre pays de la région, c'est l'avenir des dix millions de Burundais qui est en jeu.

L'Érythrée, en comparaison avec la Somalie, est un des pays qui ont été détruits par des guerres civiles longues au cours des décennies des années 1980-2000. Comparativement à leurs superficies respectives, ce sont des pays quasi-vides avec 59 et 21 habitants au kilomètre carré en moyenne, avec des populations respectives de 7,2 et 13,3 millions d'habitants. Les niveaux économiques restent très faibles, avec un produit intérieur brut de 4,7 milliards de dollars en Érythrée et 5,9 milliards en Somalie, pour l'année 2015. Ces données n'ont pas significativement progressé en 2016. Consciente de ses blocages économiques et de son enfermement politique international, l'Érythrée a entrepris de baisser son ratio de natalité à 4,1 enfants par femme en 2016, alors que les conflits d'influence et de partition de la Somalie ne lui permettent pas des politiques sociales et éducatives efficaces, au-delà de la couche du pouvoir aux mains des islamistes radicaux shebabs. Aussi, l'indice de fécondité le plus élevé de la région, avec 6,5 enfants par femme, est attribuable à une situation de guerre durable et d'éloignement des populations de toute source d'éducation et d'information sociale ou médico-sanitaire, et de l'ignorance de la population. Nous avons déjà montré que le taux d'alphabétisation est très ridiculement bas à environ 40%, le plus bas de la région de l'Afrique orientale avant le Soudan du Sud, contre 74% en Érythrée où l'on compte 4,1 enfants par femme en 2016. La croissance démographique naturelle modérée de la Somalie, environ +2,5% par an en 2015, cache la plus forte mortalité infantile de toute l'Afrique orientale avec 8,5% en 2015 alors qu'elle a baissé à 4,6% en Érythrée. La forte fécondité de 6,5 enfants par femme en Somalie apparaît ainsi comme une prévention naturelle contre la chute de la démographie au regard de la mortalité infantile la plus élevée de la région. Enfin, la situation de déliquescence de l'État somalien ne permet pas des statistiques viables sur l'éducation de la jeunesse.

Quant à l'Érythrée, le pays détient l'un des plus faibles records de taux de scolarisation au niveau primaire, avec le Soudan du Sud. Cependant, l'on peut noter une légère progression au cours de la période de 2000 à 2015, passant de 36% à 40% des enfants scolarisés. C'est un très faible résultat, car 60% des enfants restent privés d'école. Il est donc facile de manipuler ces populations devenues adolescentes ou adultes, et de les enrôler dans les guerres civiles de soutien d'un régime politique défaillant. Cependant, il semblerait que des efforts parallèles se sont manifestés dans l'alphabétisation des adultes jusqu'à 74% de cette population en 2015. L'on peut néanmoins faire foi à ces données, au regard des efforts atteints dans l'indice de fécondité de 4,1 enfants par femme, un taux de mortalité infantile parmi les plus faibles de la région, avec 4,6% derrière le meilleur élève des îles Seychelles (1,1%) ; le Rwanda (3,2%) ; le Kenya (3,6%) et la Tanzanie (4,1% en 2016). Par ailleurs, l'espérance de vie de 64,9 ans en 2016 arrive en troisième position derrière les îles Seychelles (74,2 ans en 2015) et le

Rwanda (66,6 ans en 2017). L'Érythrée arrive devant l'Ouganda (63,3 ans en 2014), la Tanzanie (62,2 en 2016) et le Kenya (61,6 ans en 2014). Si l'éveil de l'éducation populaire et les informations nutritionnelles, médicales et sanitaires passent pour produire ce résultat, cela est corrélé avec un accroissement du niveau d'alphabétisation, à défaut d'un important effort de scolarisation, qui constitue l'un des maillons faibles de ce pays.

Le Rwanda est un cas bien particulier, puisque le pays avait été profondément détruit par la guerre civile de 1990 à 1994, suivie d'un violent génocide en 1994 ayant emporté plus d'un million de vies humaines en quelques mois. Les indicateurs sociodémographiques actuels décrivent donc la situation de ce pays après cette tragédie. La population d'environ 11,81 millions a fortement augmenté depuis le recensement de 1990 qui rapportait environ huit millions d'habitants. La croissance démographique de 2,4% en 2017 augmente la pression de la densité, déjà la plus élevée de l'Afrique orientale (448 habitants/km^2). Les ressources économiques naturelles limitées ne permettent pas une expansion économique pour produire une richesse élevée par habitant. Le produit intérieur brut arrive au sixième rang des onze pays de l'Afrique orientale ; mais ramené à l'habitant, il recule au huitième rang, avant l'Éthiopie (le pays le plus peuplé de la région), la Somalie (le plus décomposé et en guerre civile permanente durable) et le Burundi (le plus pauvre de la région et le plus densément peuplé après le Rwanda). Pour faire face au défi démographique, le pays a engagé des politiques de contrôle de la gestion publique par la lutte contre les poches des inefficacités et les corruptions. Il a mis en place d'importants moyens de sécurité intérieure pour assurer la confiance des investisseurs nationaux et internationaux, et fourni d'importants efforts dans la scolarisation à tous les échelons de l'enseignement primaire, secondaire et supérieur, afin de faire contribuer le maximum de ses habitants au développement économique par les services à valeur ajoutée. En effet, le pays ne peut pas miser sur l'agriculture à long terme, en raison d'une forte pression démographique sur un petit territoire de 26.338 km^2. Il ne peut pas miser non plus sur les exploitations minières, forestières ou énergétiques en raison de la pauvreté relative du sous-sol et de faibles quantités de gaz (et sans pétrole) pour satisfaire d'abord les besoins domestiques. Décidés à se concentrer dans leur petit pays, et à le faire progresser par leurs moyens principalement, les Rwandais ont retenu le choix du développement économique et social par les services à forte valeur ajoutée. Aussi, l'éducation de la jeunesse n'est pas un choix, mais une contrainte pour armer les habitants en vue de faire face ensemble à ce défi. Le pays doit alors lutter efficacement contre l'illettrisme par l'éducation scolaire et contre l'analphabétisme en mobilisant les adultes dans des centres de formation. Pour y répondre, le taux de scolarisation primaire a progressé de 78,7% à 95,1% au cours de la période de 2000 à 2015. Le Rwanda a atteint le deuxième niveau de scolarisation après les petites îles Seychelles (99,4%), alors que celles-ci gèrent une population moindre de 98 mille habitants contre 12 millions pour le Rwanda. C'est cette performance qui est saluée par les instituts et les organisations internationales.

Dans le second degré, les données n'ont pas autant progressé. Il reste encore d'importants efforts à déployer. En effet, le score est resté stable à 74% des jeunes éligibles dans le premier cycle, au cours de la même période. Il faudrait élever ce ratio à 95% minimum à horizon 2022-2025. Combiné avec la scolarisation primaire, cet effort garantit des adultes lettrés à plus de 95%. Le reliquat des 5% d'enfants n'ayant pas eu la chance de fréquenter l'école primaire, serait facilement pris en charge ultérieurement par l'État pour l'alphabétisation, afin d'atteindre 99% de population adulte alphabétisée. Ensuite, le second cycle du second degré, résultant de l'effort sur le premier cycle, pourrait être poussé à 85% minimum, au lieu des 39% actuels en 2016. C'est un triple effort important, comprenant l'intensification de la construction des infrastructures scolaires de qualité avec des équipements pédagogiques modernes, et d'importants moyens numériques pour accompagner l'enseignement, un encadrement avec un personnel compétent, bien formé et créatif sur les contenus pédagogiques toujours améliorés, ainsi que des offres d'orientations scolaires variées en rapport avec les capacités des jeunes et des besoins du pays. Pour couvrir les différents corps de métiers au cours du second cycle d'enseignement secondaire, il faut un premier cycle de plus en plus performant, et réunir toutes les populations éligibles. Nous avons préconisé 95% des jeunes scolarisables dans le premier cycle du second degré. Enfin, les élèves sortant des filières générales, technologiques et techniques, et souhaitant poursuivre les enseignements supérieurs, devraient recevoir des offres conduisant à des finalités professionnelles supérieures pour plus de 85% d'entre eux. Il est entendu que tous les diplômés du second degré n'ont nullement vocation à poursuivre des études conduisant à la recherche et développement ou à l'enseignement supérieur. Toutefois, ils ont tous vocation à contribuer à la production industrielle, des services ou du commerce pour participer à la richesse nationale. Le chemin est encore long pour parvenir à un produit intérieur brut supérieur à 25 milliards de dollars, afin d'atteindre un PIB supérieur à 2.000 $ par habitant. Après les efforts indiqués de l'éducation, et l'accroissement du taux d'alphabétisation au-delà de 95%, le pays devra travailler encore sur la réduction de la mortalité infantile de 3,2% à 1,0% (même si le taux actuel est le plus bas de la région après les îles Seychelles). Et compte tenu de la pression démographique et des progrès médico-sanitaires, qui améliorent la santé maternelle et infantile, le pays devra poursuivre un dernier effort de réduction de la fécondité à moins de 3 enfants par femme. C'est possible lorsque la garantie médicale, l'éducation nutritionnelle, l'hygiène publique et la lutte efficace contre la famine, et la diversification alimentaire permettront une baisse de la mortalité infantile sous la barre de 1% des naissances. C'est une forte contrainte spécifique pesant sur le Rwanda et le Burundi, qui connaissent une forte pression démographique sur de petits territoires. Mais, une autre solution est possible : l'expansion des populations vers les pays voisins moins peuplés, tels que la Tanzanie et la République démocratique du Congo, ou encore jusqu'au Soudan du Sud dès lors que ce pays a vocation à intégrer la communauté de destin de l'East African Community. Les situations globales de tous les pays sont synthétisées ci-dessous :

Indicateurs	Seychelles	Djibouti	Kenya	Soudan du Sud
Population	97 558	931 179	46 050 302	11 891 748
Superficie (Km²)	459	23 200	610 000	644 329
Densité (Habitants/Km²)	212,5	40,1	75,5	18,5
PIB (Milliards $USD)	1,438 (2015)	1,727 (2015)	70,529 (2016)	13,825 (2015)
PIB/Habitant ($USD)	14 673 (2015)	1 855 (2015)	1 532 (2016)	1 162 (2015)
Croissance du PIB	3,50 % / an (2015)	5,50 % / an (2014)	5,85 % / an (2016)	2,00 % / an (2015)
Croissance démographique	0,96 % / an	2,18 % / an	2,61 % / an	4,01 % / an
Espérance de vie	74,20 ans (2015)	60,73 ans (2010)	61,58 ans (2014)	55,70 ans (2014)
Indice de fécondité	2,4 enfants / femme (2015)	2,5 enfants / femme (2014)	4,3 enfants / femme (2014)	5,3 enfants / femme (2015)
Taux de mortalité infantile (‰)	10,70 ‰ (2015)	50,20 ‰ (2014)	35,50 ‰ (2015)	66,39 ‰ (2015)
Taux de mortalité globale (‰)	7,50 ‰ (2015)	7,57 ‰ (2015)	8,26 ‰ (2014)	8,18 ‰ (2015)
Taux d'Alphabétisation	99,1 % (2015)	67,9 % (2003)	78,0 % (2015)	29,0 % (2009)
Taux (en %) de Scolarisation au 2e cycle du Second Degré (2015/2000)		-- / 46,3	79,7 / 77,9	-- / 39,1
Taux (en %) de Scolarisation au 1er cycle du Second Degré (2015/2000)		-- / 68,3		-- / 36,2
Taux (en %) de Scolarisation primaire (2015/2000)	99,4 / 97,9	57,4 / 25,9	86,2 / 66,0	33,1 / --

Indicateurs	Seychelles	Djibouti	Kenya	Soudan du Sud
Langues nationales et langues officielles	Créole seychellois, Anglais et Français	Arabe, Français	Kiswahili, Anglais	Anglais
Monnaie nationale	Roupie seychelloise (SCR)	Franc djiboutien (DJF)	Shilling kenyan (KES)	Livre sud-soudanaise (SSP)
IDH	0,782 (2015)	0,470 (2014)	0,555 (2015)	0,418 (2015)
Forme de pouvoir	République	République	République	République fédérale
Chef de l'État	Danny Faure	Ismail Omar Guelleh	Uhuru Kenyatta (17)	Salva Kiir

L'ensemble des situations étudiées sur chacun des pays de l'Afrique orientale est synthétisé dans ces tableaux. Les onze pays sont classés par ordre décroissant du Produit intérieur brut (PIB) par habitant.

Indicateurs	Tanzanie	Érythrée	Ouganda	Rwanda
Population	50 142 938	7 166 803	37 873 253	11 809 295
Superficie (Km²)	945 088	121 320	241 551	26 338
Densité (Habitants/Km²)	53,1	59,1	156,8	448,4
PIB (Milliards $USD)	47,410 (2016)	4,666 (2015)	27,529 (2015)	8,019 (2016)
PIB/Habitant ($USD)	945 (2016)	651 (2015)	727 (2015)	679 (2016)
Croissance du PIB	7,00 % / an (2015)	2,20 % / an (2015)	5,14 % / an (2015)	5,90 % / an (2016)
Croissance démographique	2,77 % / an	3,30 % / an	3,00 % / an	2,39% / an
Espérance de vie	62,20 ans (2016)	64,90 ans (2016)	63,30 ans (2014)	66,60 ans (2017)
Indice de fécondité	4,8 enfants / femme (2016)	4,1 enfants / femme (2016)	5,8 enfants / femme (2014)	4,2 enfants / femme (2015)
Taux de mortalité infantile (‰)	41,20 ‰ (2016)	45,60 ‰ (2016)	53,00 ‰ (2014)	32,00 ‰ (2015)
Taux de mortalité globale (‰)	7,80 ‰ (2016)	7,30 ‰ (2016)	11,26 ‰ (2013)	7,05 ‰ (2014)
Taux d'Alphabétisation	87,31 % (2015)	73,77 % (2015)	72,20 % (2014)	85,03 % (2015)

Indicateurs	Tanzanie	Érythrée	Ouganda	Rwanda
Taux (en %) de Scolarisation au 2e cycle du Second Degré (2015/2000)	15,3 / 13,3		41,1 / 49,8	39,1 / 36,6
Taux (en %) de Scolarisation au 1er cycle du Second Degré (2015/2000)	41,5 / 49,1		82,5 / 84,8	74,1 / 74
Taux (en %) de Scolarisation primaire (2015/2000)	80,1 / --	39,6 / 36,4	93,8 / --	95,1 / 78,7
Langues nationales et langues officielles	Kiswahili, Anglais	Tigrigna, Arabe, Anglais	Kiswahili, Anglais	Kinyarwanda, Anglais, Français,
Monnaie nationale	Shilling tanzanien (TZS)	Nakfa (ERN)	Shilling ougandais (UGX)	Franc rwandais (RWF)
IDH (2015)	0,531	0,420	0,493	0,498
Forme de pouvoir	République fédérale	République à parti unique	République	République
Chef de l'État	John Magufuli	Issayas Afewerki	Yoweri Museveni	Paul Kagame

Trois pays utilisent le Shilling comme monnaie nationale au sein de l'East African Community. Ces shillings, les francs rwandais et burundais, ainsi que les monnaies des autres pays ayant vocation à intégrer cette Communauté économique régionale dans le futur, pourraient s'articuler autour des cours de change fixes dans le cadre d'une monnaie commune régionale, pour créer une économie forte. Il convient de remarquer que l'IDH de la Tanzanie a franchi 0,500/1.

Les trois derniers pays du tableau affichent un produit intérieur brut par habitant inférieur à 650 dollars. Ce sont des pays qui ont été minés par des guerres civiles longues de plusieurs années (Éthiopie contre Érythrée, et Somalie) ou à répétition comme au Burundi. Ils partagent des indicateurs sociodémographiques très dégradés, tels que l'indice de fécondité supérieur à 5 enfants par femme et un taux de mortalité infantile supérieur à 5% des naissances.

Quant à la performance dans l'alphabétisation et la lutte contre l'illettrisme, le Burundi est nettement mieux placé que la Somalie et l'Éthiopie, avec un taux d'alphabétisation de 87,6% en 2015, et un encadrement dans l'éducation primaire de 94,7% des enfants, comme cela apparaît ci-dessous :

Indicateurs	Éthiopie	Somalie	Burundi
Population	92 206 005	13 275 598	10 400 938
Superficie (Km²)	1 132 308	637 657	27 834
Densité (Habit/Km²)	81,43	20,82	373,68
PIB (Mds $USD)	72,370 (2016)	5,953 (2015)	3,007 (2016)
PIB/Habitant ($USD)	785 $USD (2016)	448 $USD (2015)	289 $USD (2016)
Croissance du PIB	9,61 % / an (2015)	4,31 % / an (2015)	-0,59 % / an (2016)
Croissance démographique	2,36 % / an	2,53 % / an	2,40 % / an
Espérance de vie	60,00 ans (2013)	55,35 ans (2014)	56,70 ans (2014)
Indice de fécondité	5,3 enfants / femme (2013)	6,5 enfants / femme (2014)	5,5 enfants / femme (2016)
Taux de mortalité infantile (‰)	58,28 ‰ (2013)	85,00 ‰ (2015)	54,10 ‰ (2015)
Taux de mortalité globale (‰)	8,87 ‰ (2013)	12,03 ‰ (2014)	11,31‰ (2014)
Taux d'Alphabétisation	39,0 % (2007)	37,8 % (2001)	87,6 % (2015)
Taux (en %) de Scolarisation au 2e cycle du Second Degré (2015/2000)	52,7 / 31,1		38,6 / 21,5
Taux (en %) de Scolarisation au 1er cycle du Second Degré (2015/2000)	70,6 / 40,8		74,7 / 37,7
Taux (en %) de Scolarisation primaire (2015/2000)	86,6 / 40,2		94,7 / --
Langues nationales et langues officielles	Amharique	Somali, Arabe	Kirundi, Français

Indicateurs	Éthiopie	Somalie	Burundi
Monnaie nationale	Birr (ETB)	Shilling somali (SOS)	Franc burundais (BIF)
IDH	0,448 (2015)	0,000 (2011)	0,404 (2015)
Forme de pouvoir	République fédérale	République fédérale	République unitaire, laïque et démocratique
Chef de l'État	Mulatu Teshome	Mohamed Abdullahi Mohamed	Pierre Nkurunziza

Tableau de synthèse comparée entre l'Éthiopie, la Somalie et le Burundi.

Tous les pays de l'Afrique orientale sont des républiques. Hors les Îles Seychelles, ils sont encore pauvres, avec un produit intérieur brut de moins de 2.000$/habitant (entre 289$ au Burundi et 1855$ à Djibouti). Calculé comme combinaison entre les indicateurs économiques, sociodémographiques et de l'éducation, l'IDH varie entre 0,56/1 pour le Kenya et 0,40/1 pour le Burundi. L'indice de fécondité varie de 2,4 enfants par femme aux Seychelles et à Djibouti, à 6,5 enfants par femme en Somalie. L'éducation doit encore progresser partout.

Au terme de cette présentation sur les onze pays de l'Afrique orientale, les deux petits pays les moins habités présentent un profil particulier. Les îles Seychelles constituent un paradis touristique exotique pour les grandes fortunes occidentales, les zones de vacances des pays industrialisés et des personnes aisées venant des nouveaux pays émergents. Djibouti est un territoire stratégique pour le contrôle de la sécurité en Mer rouge pour l'Europe, et la France veille au dispositif pour l'Union européenne et le reste du monde. Aussi, le produit intérieur brut comprend une forte composante externe aux efforts industriels propres de ces pays. Peu habités, le PIB par habitant y est le plus élevé de la région (14.673 $ aux Îles Seychelles et 1.855 $ à Djibouti). Les Seychelles établissent même un standard pour la croissance démographique avec 1%, l'espérance de vie avec 74,2 ans (en 2015), un taux de fécondité de 2,4 enfants par femme en âge de procréer, le taux de mortalité infantile de 1,1% (en 2015), un taux d'alphabétisation de 99% avec une garantie de son maintien grâce un taux de scolarisation au niveau primaire de

99,4% en 2015. La combinaison de ces indicateurs économiques, culturelles, sociodémographiques et de l'éducation, produit un « Indice de développement humain » (IDH) caractérisant une échelle relative de développement la plus élevée de la région avec 0,782/1. Les Seychelles présentent les meilleurs indicateurs sur l'ensemble des onze pays de la région. Les éléments de gouvernance politique et de prospective sur le développement (ressources, structure et potentiel) ne sont pas directement mesurés dans ces indicateurs. L'objet de cette étude est d'analyser les bases indispensables pour bâtir un développement sur des socles solides et durables des pays africains, chacun étant considéré dans son environnement régional. Une croissance de la richesse nationale de 3,5%, qui couvre très largement celle de la population (1,0%), assure que le pays dégage des ressources pour améliorer les conditions de vie de sa population. C'est l'écart positif des deux taux de croissance, largement positif en faveur de la croissance économique, qui accélère le progrès.

Avec près de dix fois plus d'habitants, Djibouti a dégagé le même niveau du produit intérieur brut, et marque ainsi un point de faiblesse et de potentiel à apporter autant de moyens à ses habitants que dans les Îles Seychelles. L'indice de fécondité de 2,4 enfants par femme aux Seychelles s'est stabilisé depuis plusieurs années. Combiné à une mortalité infantile la plus faible (1,1%) et la mortalité globale (0,75%) parmi les plus faibles de la région, avec le Rwanda (0,71%) et l'Érythrée (0,73%), le pays a ramené la croissance démographique au plus faible niveau. Djibouti, qui poursuit un effort de décélération avec 2,5 enfants par femme, n'a pas encore réuni les facteurs de la combinaison vertueuse des Seychelles ; la croissance démographique annuelle reste alors élevée, s'établissant à 2,2%. Cependant, elle pourrait encore baisser en suivant la forte mortalité dans le pays, si celle-ci reste encore longtemps élevée. La mortalité infantile, très élevée de 5% dans ce pays, est liée aux conditions de vie des familles, aux conditions alimentaires et médico-sanitaires de leur environnement. Ces situations sont également corrélées avec le taux d'analphabétisme d'environ 30% des adultes. Ce taux figure parmi les plus élevés de la région, à côté du Soudan du Sud (70%), longtemps ignoré par la partie nord arabo-musulmane du Soudan, de la Somalie et l'Éthiopie (environ 60% d'analphabètes dans la population des adultes). Contrairement aux Seychelles ayant établi le référentiel dans la région de l'Afrique orientale, l'un des moyens de combattre l'analphabétisme des adultes, c'est de s'attaquer à la racine des causes par la scolarisation massive dans le primaire et le secondaire. Mais, dans ce domaine, Djibouti n'a réussi à progresser que de 25,9% à 54,7% d'enfants scolarisés dans le primaire, sur la période entre 2000 et 2015. C'est très faible, car le pays doit déployer des efforts pour mener des campagnes d'alphabétisation pour rattraper le retard, en vue de permettre à chaque adulte d'accéder à l'autonomie de la lecture, l'écriture et le calcul de base. La démocratie ne peut pas valablement s'installer dans un pays frappé par l'analphabétisme élevé. Le développement économique et le progrès social empruntent les voies des savoirs, dont l'école reste le principal pilier et le vecteur des temps modernes. Environ 50% des jeunes parviennent à fréquenter l'enseignement secondaire. C'est notoirement insuffisant. Le pays doit accélérer sur l'éducation.

Parmi les pays de plus de cinq millions d'habitants, l'Éthiopie occupe désormais et incontestablement la première place de puissance économique de l'Afrique orientale. Avec 72,37 milliards de dollars courants de produit intérieur brut en 2016, le pays gère le 1er rang de population (92,21 millions d'habitants), devant le Kenya (46,05 millions) et la Tanzanie (50,14 millions). Mais, sa richesse par habitant s'établit à 785 dollars. Au Kenya, en comparaison avec d'autres grands pays de l'Afrique subsaharienne, le produit intérieur brut par habitant est plus faible que celui de l'Afrique du Sud (6.800$ en 2015), de l'Angola (4.102$ en 2015) et du Nigeria (2.178$ en 2015). Les ressources du pays étant encore limitées, l'un des leviers pour distribuer le progrès social est la réduction de l'indice de fécondité sous la barre de 3,5 enfants par femme en moyenne, afin d'améliorer la scolarisation primaire au-delà de 99% (au lieu des 86% actuels) et viser au moins 85% dans le secondaire, pour mieux préparer les jeunes générations à l'économie numérique qui restera le moteur de l'avenir de l'économie kenyane. Cet effort de scolarisation se répercutera sur le taux d'alphabétisation supérieur à 99% à horizon 2025. Largement en avance sur l'éducation primaire et secondaire, le Kenya est suivi par les autres pays qui ont bien intégré l'éducation de base comme un relai de développement futur. Il s'agit notamment de l'Ouganda (93% de scolarisation dans le primaire ; 83% dans le premier cycle du second degré et 41% dans le 2e cycle du second degré, en forte progression au cours de la période de 2000 à 2015). Viennent ensuite le Rwanda (*respectivement 95% ; 74% et 39%, avec une forte progression notable dans l'enseignement primaire de 79% à 95% au cours des quinze dernières années*) et le Burundi (*95% ; 75% et 39%, avec des efforts considérables dans le second degré, passant de 38% à 75% dans le premier cycle et de 22% à 39% dans le 2e cycle*). Cependant, contrairement à l'Ouganda, le Rwanda et le Burundi gèrent un avantage d'actif social préalable, qui facilite leur progrès social : le taux d'alphabétisation était de 85% au Rwanda et de 88% au Burundi en 2015, contre 72% en Ouganda.

Quant à l'Éthiopie, elle reste confrontée à un triple défi sociodémographique par rapport à ses voisins. Elle doit accroître les efforts d'alphabétisation des adultes dans une population de 92,2 millions d'habitants avec des revenus nationaux très limités, poursuivre des efforts de scolarisation sur les trois marches de l'éducation primaire et secondaire pour atteindre 99% dans le primaire et 85% dans le second degré, et réduire le nombre d'enfants par femme vers un objectif de 3 enfants par femme (au lieu de 5,3 enfants au dernier recensement de 2013). Quatre autres pays doivent fournir les mêmes efforts : soit pour combattre la pauvreté et réduire la pression démographique comme au Burundi (5,5 enfants par femme), soit pour relancer une économie en lambeaux et bâtir un progrès social digne, après des décennies de guerre civile interminable comme en Somalie (6,5 enfants par femme), soit pour améliorer les conditions de vie économique et sociale dans les familles et répondre à la demande de l'éducation des jeunes comme en Ouganda (5,8 enfants par femme). Ce n'est donc pas un hasard si c'est encore dans ces pays où l'on relève un déséquilibre sociodémographique entre les capacités économiques mobilisables et les déficits médico-sociaux importants. Aussi, les taux de mortalité infantile restent trop élevés, avec 8,5% en Somalie ; 5,8% en Éthiopie ; 5,4% au Burundi et 5,3% en Ouganda. Résultant de la situation de pauvreté relative, l'IDH s'établit à 0,49/1 en Ouganda ; 0,45/1 en Éthiopie et 0,40/1 au Burundi, alors que la valeur moyenne devrait se situer à 0,50/1. Seuls trois pays, sur les onze qui constituent l'Afrique orientale, dépassent cette moyenne : les îles Seychelles (0,78/1), le Kenya (0,56/1) et la Tanzanie (0,53/1). Après le génocide ayant frappé le Rwanda en 1994, celui-ci s'est attaqué aux conditions d'éducation des jeunes et l'assainissement de l'environnement alimentaire, sanitaire et médico-social pour réduire la mortalité, parmi les priorités pour sa reconstruction. Vingt ans plus tard, son IDH se situait à 0,50/1 en 2015. En comparant le Rwanda au Kenya, première puissance économique régionale d'EAC, les spectaculaires progrès réalisés ont ramené la mortalité infantile à 3,2% au Rwanda contre 3,6% au Kenya ; une mortalité globale de 0,71% contre 0,83% ; et une croissance naturelle de 2,4% contre 2,6% au Kenya. L'alphabétisation et l'éducation primaire ont été relevées respectivement à 85,0% et 95,1% au Rwanda, contre 78,0% et 86,2% au Kenya. De même, l'espérance de vie des Rwandais de 66,6 ans arrive derrière celle des Seychelles (74,2 ans) et loin devant les autres pays de l'Afrique orientale. Néanmoins, les efforts importants demeurent dans l'éducation du second degré, où dans le second cycle, le taux de 39,1% des jeunes de la classe d'âge est inférieur à celui de l'Ouganda (41,1%), de l'Éthiopie (52,7%) et encore du Kenya (80,0%). Les efforts du Rwanda sont donc limités par le produit intérieur brut encore faible (8 milliards de dollars courants), pour une importante population et une forte pression démographique.

Le graphique suivant compare les données sociodémographiques de chacun des onze pays de l'Afrique orientale.

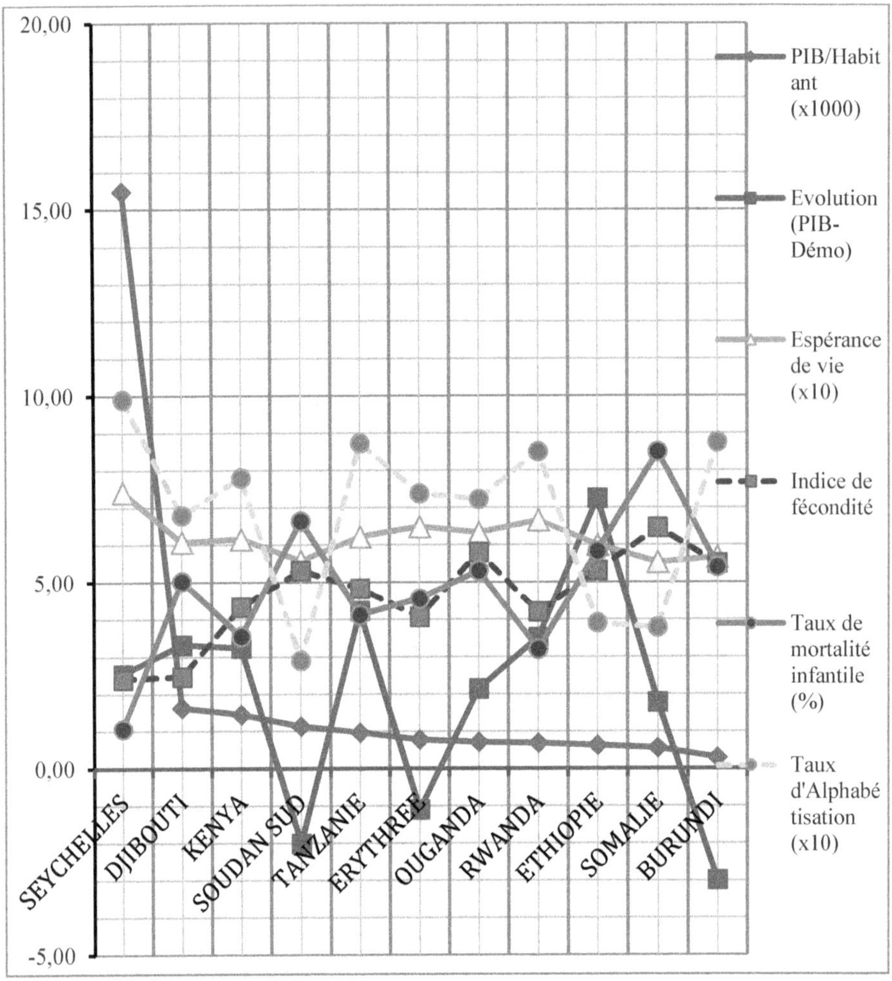

Les comparaisons entre les pays portent sur le PIB/habitant (en $), l'écart entre les taux de croissance économique et démographique, l'espérance de vie, l'indice de fécondité, le taux de mortalité infantile et le taux d'alphabétisation. Trois pays présentent un écart négatif entre les taux de croissance économique et démographique : le Soudan du Sud, l'Érythrée et le Burundi. Ces pays ont connu la plus faible croissance économique de moins de 2,5%. Les indicateurs des Seychelles se détachent nettement.

Les résultats que nous avons analysés dans ces différents pays de l'Afrique orientale, pris et comparés au sein de leur espace régional, montrent que les progrès économiques et sociaux sont un aboutissement des volontés politiques et de la mobilisation des ressources financières et humaines pour réussir. La construction d'une communauté économique régionale intégrée et dynamique participe à ces efforts collectifs. L'avenir d'une région de paix, de sécurité intérieure sur tous les territoires, et de prospérité économique dépendra des ambitions communes au sein de l'East African Community élargie. Les États consolident et approfondissent la base comprenant le Burundi, le Kenya, l'Ouganda, le Rwanda et la Tanzanie dans les domaines de la sécurité, des convergences économiques, administratives, et à moyen terme, une stabilité monétaire, et des harmonisations sociales. Les libertés des mouvements et d'installation des populations, et l'interdiction des déstabilisations politiques au sein de la communauté font partie de cet approfondissement. Les étapes suivantes devraient consister à de nouvelles intégrations concernant l'Éthiopie et le Soudan du Sud. Soit une population totale de 260,4 millions d'habitants aujourd'hui pouvant partager une Communauté de destin. L'Éthiopie lui apporterait ses ressources humaines pour peser dans la mondialisation, et le Soudan du Sud complèterait l'apport en ressources énergétiques, minières et agricoles de la communauté économique régionale de l'Afrique orientale. Il appartient aux dirigeants d'en décider.

La relance des économies africaines ne pourra s'organiser qu'au sein des différentes communautés économiques régionales du continent. Les nouvelles puissances économiques émergeant en Amérique latine et en Asie, bâties sur l'économie industrielle, n'ont pas attendu les autorisations des puissances historiques pour se développer, ni des intégrations à l'échelle continentale. Il en sera de même pour le continent africain. Les pays connaissent l'étendue de toutes leurs diverses ressources. Le livre « *Le Partenariat Europe-Afrique dans la mondialisation* », paru chez L'Harmattan en 2013, en a largement exposé le recensement, pays par pays. Il revient alors aux dirigeants africains de porter les ambitions claires de l'optimisation de leur exploitation, afin de répondre aux besoins de développement pour leurs peuples.

Les analyses sociodémographiques et économiques que nous menons dans une démarche comparative s'opposent résolument au jeu condescendant et au misérabilisme compatissant, souvent portés sur les pays africains par des puissances économiques développées. Les Africains ne sont ni des grabataires enfoncés dans la maladie, la pauvreté et la misère les condamnant à la mort à coup sûr, ni des impotents convalescents à vie qu'il faut bien regarder avec pitié. Ils n'ont pas besoin des aidants, mais des partenaires pour réussir leurs stratégies de développement. Ils ont voulu accéder à l'indépendance pour s'assumer en adultes responsables, ils doivent alors être traités en tant que tels. Au début des années 1960, l'ère revendiquée des indépendances africaines, nombre de pays du Sud-Est asiatique, de l'Amérique latine, la Chine ou encore le sous-continent indien, étaient aussi pauvres que l'écrasante majorité des pays africains. Aujourd'hui, la Chine s'est confortablement installée au deuxième rang des puissances économiques et industrielles mondiales, derrière les Etats-Unis d'Amérique, et largement devant les anciennes puissances historiques, et dans l'ordre décroissant actuel : Japon, Allemagne, Royaume-Uni, France, Italie. L'Inde, la Turquie, la Corée du Sud, l'Indonésie, le Mexique, l'Argentine ont évolué et intégré le club des puissances émergentes du G20. L'Afrique est restée dans les compassions internationales, entre les échecs, les corruptions, les guerres civiles, les famines pour des populations installées au milieu des savanes boisées aux confins des forêts équatoriales ou tropicales. Le VIH du sida, l'Ebola, et toutes les communautés des bactéries et des virus épidémiques ont élu leurs domiciles dans des pays où le manque d'hygiène publique, la faillite de la santé publique, les défaillances dans l'éducation et les corruptions à tous les étages, les faillites d'États ont intégré les mœurs des dirigeants.

Nous traitons alors les pays en tant que nations indépendantes, capables de s'améliorer de façon autonome sans s'accrocher à une puissance tutélaire extérieure. Nous les exhortons à bâtir de véritables stratégies de développement économique et social pour l'ensemble de leurs habitants, de se fixer des objectifs clairs et assumés, et de s'approprier des ressources des pays pour les exploiter et les valoriser au profit de leurs peuples. Tous les pays africains sont dotés des ressources naturelles immenses. Tous les peuples africains ont droit aux solidarités nationales de leurs pays respectifs. Mais, tous les pays africains, notamment les petites nations et les plus pauvres d'entre elles, n'ont pas assez de capacités de négociation face au poids, aux exigences et à la course des grandes puissances industrielles, et aux imposantes compagnies industrielles mondiales. Aussi, pour peser dans les grandes négociations internationales et pour défendre les intérêts de leurs peuples, nous continuons de préconiser l'intégration des pays en Communauté économiques régionales (CER). Celles-ci se constituent par proximités géographiques pour faciliter les échanges intracommunautaires et la libre circulation des biens, des services, des personnes, et pour assurer la sécurité intérieure.

Les indicateurs sociodémographiques et économiques ont été comparés à notre référentiel établi à partir des pays performants de ce continent. C'est donc l'Afrique comparée à l'Afrique. Pour la production intérieure brute par habitant, le référentiel est baissé à 2000 dollars par habitant entre 2014 et 2016. En Afrique orientale, seules les îles Seychelles ont atteint cette référence, à 14.673$. Djibouti (1.855$) et le Kenya (1.532$) ont bien dépassé 1.500$, mais sans atteindre 2000$ au cours de cette période. Le taux de mortalité infantile de référence de 1,0% est approché par les îles Seychelles (1,1%). Le Rwanda arrive derrière avec 3,2%, suivi du Kenya (3,5%) et de la Tanzanie (4,1%). Pour les autres pays, les politiques publiques sont insuffisantes pour réduire ce fléau. Pour la mortalité globale, un effort de 0,5% est requis. Le Rwanda s'en approche avec 0,71%, suivi de l'Érythrée (0,73%), les Seychelles (0,75%) et Djibouti (0,76%). Le progrès social se mesure également dans le taux d'alphabétisation du pays. Notre référentiel retient un minimum de 98%. Les Seychelles ont déjà dépassé cette valeur, avec 99,1%. Viennent ensuite dans l'ordre : le Burundi (87,3%), la Tanzanie (87,3%) et le Rwanda (85,0%).

Le développement économique et social s'inscrit dans le temps et dans les efforts constants des nations. La préparation des générations futures passe par l'éducation. Aussi, le niveau de la scolarisation primaire doit inclure tous les enfants, soit un taux de référence supérieur à 99%. Les Seychelles affichent le record de 99,4%. Suivent ensuite derrière le Rwanda (95,1%), le Burundi (94,7%) et l'Ouganda (93,8%). Cependant, au sein des grands pays de cette région, une importante chute est observée dans le deuxième cycle du second degré, celui qui prépare aux métiers indispensables pour le développement. Seul le Kenya se détache et parvient à 80% de la classe d'âge éligible à ce niveau où la préconisation retient 85%. L'Éthiopie affiche un taux de 53%, l'Ouganda est à 41%, alors que le Rwanda et le Burundi sont à égalité avec 39%. Ce sont des niveaux encore faibles, là où les nations doivent atteindre l'offre plus élevée et la qualité de formation, pour préparer les futurs professionnels au service du développement de ces nations. L'éducation est également un fort moyen de lutte pour le développement social, de maîtrise de la connaissance des moyens de prévention contre les épidémies et contre l'insécurité alimentaire, de l'amélioration des conditions de vie des habitants. Aussi, l'espérance de vie devrait être accrue par le progrès social, médical et de l'hygiène publique. Le niveau du référentiel place l'objectif à 75 ans. Seules les Seychelles se sont approchées de ce niveau dans la région, avec 74,2 ans. Ensuite, le Rwanda a marqué un spectaculaire progrès au cours des années 2000 à 2015, et l'espérance de vie atteint 66,6 ans. L'Érythrée et l'Ouganda viennent derrière, avec respectivement 64,9 ans et 63,3 ans.

Enfin, l'IDH synthétise les données économiques et des performances sociodémographiques, dans lesquelles s'agrègent des informations culturelles. La moyenne minimale requise des de 0,50/1. Les Seychelles ont largement dépassé cette moyenne pour atteindre 0,78/1 en 2015. Le Kenya arrive bien loin derrière avec 0,56/1 ; la Tanzanie atteint 0,53/1 et le Rwanda se situe à la moyenne avec 0,50/1. Il apparaît que quelques pays apparaissent souvent en tête dans de nombreux indicateurs retenus, alors que d'autres n'apparaissent nulle part. Dans tous les cas, seules les îles Seychelles se rapprochent souvent ou dépassent les référentiels proposés (scolarisation dans le primaire, IDH) ou s'en approchent (taux de mortalité infantile, espérance de vie). D'autres se situent au-dessous des valeurs des indicateurs, mais ils ont marqué les progrès sur la période des années 2000 à 2015 (le Rwanda, le Burundi, le Kenya, Djibouti, la Tanzanie, Érythrée). Mais, tous les pays doivent fournir des efforts dans les ambitions de développement économique, social, médical, sanitaire, éducationnel, alimentaire, de l'hygiène des espaces publics, de l'amélioration des services au public et de la gestion des ressources publiques, en vue de devenir davantage plus performants dans les conditions de vie des populations.

Dans tous les pays, les taux de mortalité infantile et globale restent très élevés, pour différentes raisons que nous avons évoquées selon les pays. Aucun pays de l'Afrique orientale n'est encore parvenu à une espérance de vie moyenne cible de 75 ans. L'éducation primaire a atteint 99% aux Seychelles, mais le taux de scolarisation est encore bien inférieur dans tous les autres pays. Dans le second degré, la situation de tous les pays est très au-dessous du référentiel d'un taux de 85% de fréquentation. Il s'ensuit que les efforts déployés par différents pays de cette région ne couvrent pas les besoins des formations tant au niveau primaire et secondaire, que dans des centres d'alphabétisation pour rattraper celles et ceux qui n'ont pas eu la chance de fréquenter l'école primaire. Or, les messages de sensibilisation en vue de l'amélioration des conditions de vie de la population passent par l'information, qui échappe à une partie très significative des adultes non alphabétisés, et par les formations professionnelles échappant à une partie de la jeunesse qui n'a pas atteint le niveau du second degré. Cependant, tous les pays de cette région se projettent dans une économie numérique, et dans l'usage intensif des nouvelles technologies de l'information et de la communication (*NTIC*), utilisant notamment les terminaux mobiles, tel que le M-Pesa au Kenya (*Mobile Money Transfer Service*), dont le Kenya est pionnier en Afrique orientale. Il en est de même au Rwanda, où le pays mise sur les plateformes des services à valeur ajoutée, utilisant l'économie digitale. Ailleurs, les services des communications mobiles et de transfert de fonds, ou l'utilisation des mobiles comme moyens de paiement, se développent rapidement. Ils sont souvent adossés aux banques en lignes elles-mêmes ou à des opérateurs des télécommunications (Airtel, MTN, Orange, etc.). L'éducation est donc le socle de base pour apprendre, maîtriser et développer les services pour les jeunes générations. Nous proposons alors que chaque pays se fixe des ambitions claires sur tous les indicateurs indiqués, avec des objectifs précis et des engagements sur des plans d'actions pour y parvenir au cours de la décennie de 2015 à 2025. C'est d'abord une question de volonté politique, de stratégie des États, de choix des dirigeants engagés et compétents, de défense de la dignité des Africains, et d'appropriation des outils indispensables au développement pour chacun des pays de la région. Enfin, une mise en commun des ressources et des compétences, dans le cadre des projets structurants lourds (infrastructures, production et transport d'énergie, centres de recherches avancées, etc.), sera requise pour consolider le développement dans la région.

3. La stabilité et la paix en Afrique australe

L'Afrique australe est souvent réduite à la puissante nation de République Sud-Africaine (RSA), entourée des pays de sa sphère d'influence économique et politique, ou alors à différents parcs nationaux et des régions désertiques ou arides pour le tourisme exotique des riches curieux occidentaux.

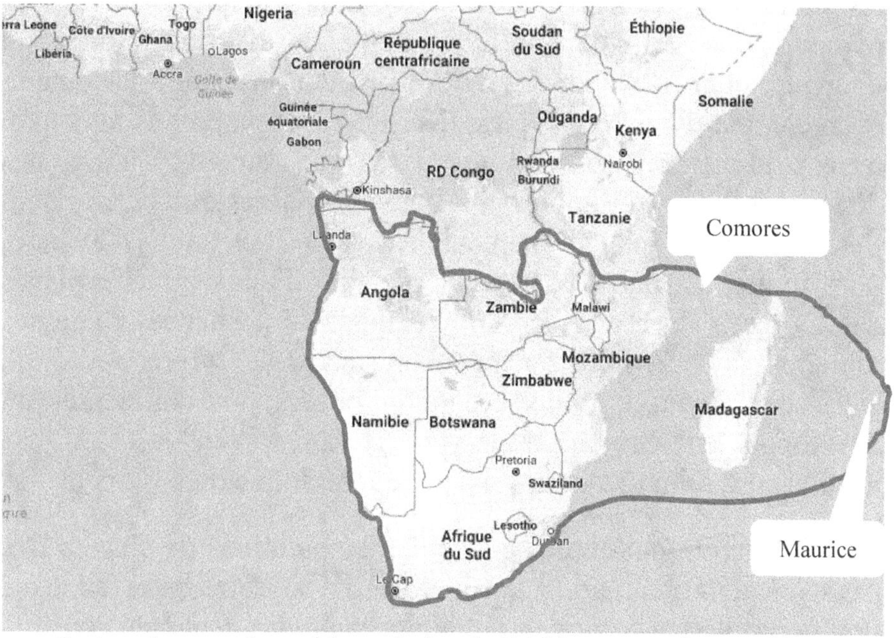

Carte présentant la position relative de l'Afrique australe en Afrique

Nous avons regroupé dans l'espace de l'Afrique australe treize pays. Aux dix pays de l'Afrique continentale, nous associons trois pays indépendants de l'hémisphère sud, au sein de l'Océan indien, rattachés à l'Afrique. Ce sont les îles de l'Archipel des Comores, l'Île Maurice et Madagascar. Aussi, treize pays de cet espace régional totalisent une population de

191,431 millions d'habitants sur une superficie de 6,608 millions de km². Soit une densité moyenne de 29 habitants/km². En comparaison avec l'Afrique orientale, et ses onze pays totalisant 281,846 millions d'habitants sur une superficie plus réduite de 4,410 millions de km² ; la densité moyenne y est alors plus élevée, avec 64 habitants/km². Il convient d'indiquer que la plus grande partie de l'Afrique australe est couverte par le désert ou par des steppes arides, alors que l'Afrique orientale se caractérise par des hautes montagnes avec des volcans (Rwanda, Tanzanie, Kenya, Éthiopie) et des grands lacs (Victoria, Tanganyika, Kivu, Edouard, Albert, George, Kyoga, Kojweri, Tana, parmi les plus connus), en plus de la fierté de détenir les sources du Nil, dont les sources se partagent entre le Rwanda et Burundi, avant de parcourir une partie de l'Afrique orientale, traverser le Soudan et l'Égypte, et se déverser dans la Mer Méditerranée. Pour autant, et en comparaison avec l'Afrique orientale et malgré d'immenses terres désertiques ou arides, l'Afrique australe n'est pas dépourvue d'eau. D'importants fleuves, rivières et lacs tapissent l'espace. Citons les lacs Malawi et Kariba, le delta d'Okavango, ou d'immenses parcs et des réserves d'animaux pour le plaisir des touristes du monde entier. Enfin, la diversité des richesses minières de l'Afrique australe (or, diamant, cuivre, uranium, etc.) sont autant d'atouts et de ressources pour alimenter un développement économique et social au service des 191,431 millions d'habitants de cet espace géographique du continent.

Pour la commodité des analyses comparatives de chacun des pays de la région, nous avons réparti les treize pays en trois groupes selon l'importance démographique, entendu que la finalité des préconisations intéresse les humains qui habitent ces pays. Les petits pays contiennent moins de deux millions d'habitants. Il s'agit de l'Archipel des Comores (0,806 million), Maurice (1,26 million), le Swaziland (1,43 million) et le Lesotho (1,92 million). Les deux pays de taille intermédiaire pèsent entre deux millions et dix millions d'habitants. Il s'agit du Botswana (2,28 millions) et de la Namibie (2,32 millions). Et enfin, les grands pays, à l'échelle du continent africain, représentent plus de dix millions d'habitants. Ce sont les sept autres pays de cette région. Dans l'ordre : le Zimbabwe (13,06 millions), la Zambie (15,93 millions), le Malawi (17,37 millions), le Madagascar (24,31 millions), le Mozambique (27,13 millions), l'Angola (27,95 millions) et l'Afrique du Sud (55,65 millions d'habitants).

Dans les analyses sociodémographiques et économiques comparatives, nous retenons quelques référentiels communs avec les autres pays africains : le produit intérieur brut par habitant supérieur à 2000$; le taux de mortalité infantile inférieur à 1% ; le taux de mortalité globale inférieur à 0,5% ; le taux d'alphabétisation supérieur à 98% de la population ; le taux de scolarisation primaire supérieur à 99%, le taux de scolarisation dans le second degré supérieur à 90% dans le premier cycle et supérieur à 80% dans le second cycle ; l'espérance de vie supérieure à 75 ans et l'Indice de développement humain supérieur à 0,50/1. Nous exhortons alors les pays en retard à se rapprocher de ces valeurs, et à ceux qui les ont déjà dépassées de maintenir cet effort, et de les conforter par une meilleure redistribution économique. Tout au long de cet ouvrage, nous insistons sur l'appropriation de la maîtrise des ressources naturelles et l'optimisation de leur exploitation pour l'intérêt du développement économique et social des peuples africains. La gouvernance, comme les alternances démocratiques pour accéder aux plus hautes fonctions dans le pays, devrait avoir pour ambition première de créer de la valeur pour les ressources du pays et de produire du développement économique et social pour les Africains en Afrique. Les peuples devraient alors évaluer leurs diriger sur les critères des capacités à atteindre ces objectifs pour leurs pays respectifs. Une population globale de 191,43 millions d'habitants constitue un ensemble optimal pour peser confortablement dans les négociations internationales devant les grandes nations en 2017 et ultérieurement, et face aux grands pays des économies industrielles émergentes telles que la Chine (1.382,49 millions), l'Inde (1.266,88 millions), l'Indonésie

(264,00 millions), le Brésil (207,10 millions), la Russie (146,80 millions) ou le Mexique (122,90 millions). Bien entendu, cette population totale de l'Afrique australe reste très inférieure à celle de l'Union européenne (511,81 millions) ou encore face aux États-Unis avec 325,46 millions d'habitants. Pour exister et faire valoir ses droits dans une compétition mondiale, la puissance économique et démographique est un atout considérable.

Le groupe régional des quatre petits pays de moins de deux millions d'habitants présente des disparités internes ; ils disposent néanmoins des avantages de gérer des populations en nombre réduit pour en satisfaire plus largement les besoins, et à réagir plus facilement sur des indicateurs qui se dégradent. L'Île Maurice apparaît mieux placée dans ce groupe, et dans l'ensemble de l'Afrique australe sur de nombreux indicateurs sociodémographiques et économiques. Le pays comptait 1,26 million d'habitants en 2016, sur un petit territoire de 2007 km². Ce qui en fait l'un des pays les plus densément peuplés en Afrique, avec 630 habitants/km². Cependant, en dépit de cette population réduite, elle a enregistré un produit intérieur brut de 11,68 milliards de dollars courants en 2015, soit un PIB de 9.252$ par habitant, le plus haut de toute l'Afrique australe. Il fait partie des six pays sur treize dont la production intérieure brute par habitant est supérieure à 2000$, avant l'Afrique du Sud (6.800$), le Botswana (6.361$), la Namibie (4.674$), l'Angola (4.102$) et le Swaziland (2.821$). La croissance économique a atteint 3,5% en 2015, et elle est très supérieure à celle de la population qui n'affiche que 0,08% pour répondre à la contrainte de la forte pression démographique. Aussi, cette faible évolution démographique est réussie grâce à la baisse de l'indice de fécondité (1,4 enfant par femme en âge de procréer). Mais, dans ce cas de baisse de fécondité et pour rester vertueux, il faut parvenir à réduire la mortalité infantile ; elle est de 1,2% des naissances, mais devrait baisser davantage sous le seuil référentiel de 1% pour l'Afrique. De même, la mortalité globale de 0,8% devrait descendre sous le seuil de 0,5%. Ces résultats seront atteints si le pays poursuit son effort d'éducation : celui-ci a fluctué de 99,8% à 98,9% entre 2000 et 2015, pour la scolarisation dans le primaire. Cependant, cet effort permet de maintenir un taux d'alphabétisation de 98,7%, l'un des plus hauts du continent africain, après l'Afrique du Sud qui affiche un taux de 99%, supérieur au référentiel. Aussi, l'amélioration des indicateurs sociodémographiques, même si nombre d'entre eux méritent d'être encore poussés vers le haut, élève l'indice de développement humain (IDH) à 0,78/1 et une espérance de vie de 74,6 ans ; soit le niveau d'IDH le plus élevé de l'Afrique, en concurrence avec les îles Seychelles, pour le même niveau de l'IDH et une espérance de vie de 74,2 ans. Selon notre référentiel, l'Île Maurice n'aurait que des progrès à accomplir sur la baisse de la mortalité infantile et de la mortalité globale.

Les deux pays enclavés dans l'Afrique du Sud se ressemblent à certains égards. Mieux loti économiquement que son homologue, le Swaziland compte environ 1,43 million d'habitants sur 17.360 km² contre le Lesotho avec 1,92 million sur 30.355 km². Mais, le premier a réalisé 4,0 milliards de dollars (soit 2.821 $/habitant et une croissance de 2,5% en 2015) contre 2,03 milliards pour le second (soit 1.056 $/habitant et une croissance moindre de 2,0%). Si les indices de fécondité sont comparables en 2015, avec 3,3 enfants par femme au Swaziland et 3,2 enfants par femme au Lesotho, la mortalité très élevée dans chacun de ces pays a réduit la croissance démographique. Les taux de mortalité infantile de ces deux pays : 7,3% au Lesotho et 7,0% au Swaziland, ne sont battus que par la République centrafricaine (9,5% des naissances), la République démocratique du Congo (8,9%), le Tchad (8,8%), la Somalie (8,5%) et l'Angola (7,6% des naissances). Mais, la mortalité globale est la plus élevée de toute l'Afrique, avec 3,1% au Swaziland et 2,0% au Lesotho, chaque année. Il en a résulté la plus faible espérance de vie moyenne du continent africain, de 32,0 ans seulement en 2008 au Swaziland et de 44,5 ans en 2015 au Lesotho. A tous ces pays, nous insistons que l'objectif est d'atteindre moins de 1% de mortalité infantile et moins de 0,5% de mortalité globale. Ils en sont encore très loin. Nous indiquons également que ces deux pays constituent les seules monarchies en Afrique australe, et dans toute l'Afrique subsaharienne : le roi Mswati III du Swaziland et le roi Letsie III du Lesotho devraient revoir leur politique médico-sanitaire et sociale, exiger une prise en charge déterminée, efficace, pour relever ces situations inacceptables, et un vigoureux réveil contre cet état d'hécatombe permanente dans leurs pays respectifs. Il convient de remarquer, cependant, que la relève passera par l'éducation massive des populations. Ces deux monarchies pourraient prendre le mal par la racine, à travers des taux de scolarisation parmi les plus élevés du continent. Le Swaziland a porté l'effort de la scolarisation primaire de 79,7% à 93,7% au cours de la période de 2000 à 2015. Dans le premier cycle du second degré, il maintient ces 93,7% à l'école, et même dans le second cycle, les efforts sont remarquables, puisque le pays est passé de 63,6% à 80,9% en 2015. L'exigence d'un niveau des savoirs, de la qualité des enseignements et de la sensibilisation sur les réalités du pays permettront à ces jeunes générations de sortir du cercle vicieux des épidémies conduisant à une si forte mortalité insupportable. Ce sont ces données récentes qui relèvent l'IDH à 0,54/1 en 2015, mais le chemin à parcourir reste encore long, et les efforts encore très importants pour les Swazilandais. Quant au Lesotho, le taux de scolarisation primaire reste encore faible à 83,6%, avec un léger effort de 3 points sur quinze ans. Le second degré n'est pas plus performant, car le pays enregistre de très légères évolutions sur la même période, de 79,3% à 82,6% dans le premier cycle et de 37,4% à 49,5% dans le second cycle. Lorsque 16% des enfants n'accèdent pas à l'éducation primaire de base, le pays doit fournir d'énormes efforts pour les prendre en charge dans l'alphabétisation. Mais, les moyens et les ressources étant limités, le taux d'alphabétisation reste bas, avec 89,1% pour le Swaziland et 87,4% pour le Lesotho. Les informations médico-sanitaires ne passent pas correctement, l'encadrement social est lâche et la situation globale reste dégradée dans ces pays à taux de mortalité excessif. Les indicateurs économiques et sociodémographiques encore faibles conduisent à un indice de développement humain (IDH) de 0,50/1 en 2015. Ces deux royaumes se situent très largement au-dessous des seuils proposés sur l'ensemble des éléments du socle de développement économique et social. C'est donc sur tous les indicateurs que les pays doivent agir, car leurs conséquences sont liées à travers leurs interactions. Enfin, l'Archipel des Comores contient la plus faible population de l'espace géographique austral, avec environ 810 mille habitants, sur un total de 1.862 km². La production intérieure brute est également faible, et s'est élevée à 570 millions de dollars en 2015. Sa progression trop faible (+1,0% en 2015) ne parvient pas à assurer la couverture de celle de la population (+2,4%) due à une fécondité de 3,6 enfants en moyenne par femme. Il s'ajoute ainsi aux Comores une autre contrainte de parvenir à redresser sa croissance économique structurellement au-dessus de la progression démographique pour faire face aux demandes sociales. Ces ressources limitées n'assurent pas correctement la scolarisation des enfants, malgré un effort très remarqué de 66,9% à 85,1% au cours des années 2000 à 2015. De même, la faible scolarisation et le faible niveau d'alphabétisation (77,8%) conduisent à des insuffisances de formation et d'information sociales. Aussi, le taux de mortalité infantile reste très élevé à 6,3%, de même que la mortalité globale de 0,8%. Le pays devrait trouver les voies et moyens pour les réduire respectivement à 1% et 0,5% à moyen terme. Cela devrait constituer l'un des objectifs majeurs des dirigeants. Même si l'espérance de vie moyenne de 63,9 ans est meilleure que celle du Lesotho et du Swaziland, elle reste très inférieure à celle de l'Île Maurice avec 74,2 ans. L'IDH des trois pays plus pauvres, et des indicateurs sociodémographiques dégradés, reste comparable autour de la valeur moyenne de 0,5/1, contre l'Île Maurice qui devance tous les pays de la région avec 0,78/1 en 2015. Cette dernière a dépassé nos référentiels préconisés pour l'Afrique dans l'éducation et l'alphabétisation, l'IDH et l'espérance de vie, ainsi que l'indice de fécondité pour faire face à sa très forte pression démographique. Cependant, le pays reste au-dessous des valeurs cibles dans les taux de mortalité infantile et globale, où il doit déployer des moyens plus importants. Les deux petites monarchies enclavées dans l'Afrique du Sud, ainsi que les Comores doivent travailler sur tous les indicateurs du référentiel, même si le Swaziland a nettement amélioré ses données dans l'éducation, les efforts restent requis dans tous les domaines, et plus particulièrement pour combattre la mortalité.

Les deux pays de taille intermédiaire, le Botswana et la Namibie, apparaissent comme des jumeaux. Le Botswana pèse 2,28 millions d'habitants sur une superficie de 581.726 km², alors que la Namibie en compte 2,32 millions sur une étendue de 824.116 km². Dans les deux cas, une grande partie des territoires est désertique ou très aride. Les pays doivent rentabiliser les parcs touristiques et exploiter les ressources minières abondantes pour couvrir les besoins de leur développement. Le Botswana a connu une contraction de sa production intérieure brute de -0,3% en 2015, alors que la progression démographique s'établit à +1,78% grâce à une fécondité de 2,7 enfants par femme. Malgré son niveau relativement élevé, avec 14,39 milliards de dollars et un relatif confort de 6.361$ par habitant, pour un indice de fécondité correspondant à notre référentiel de moins de 3 enfants, le taux de mortalité infantile reste très élevé à 2,1% des naissances. Celui de la mortalité globale est également élevé à 0,6%, alors que les deux devraient être ramenés respectivement à 1,0% et 0,5% au maximum. La dégradation à travers la mortalité élevée conduit à une espérance de vie de 54,2 ans. Certaines des réponses pour corriger ces situations à la source, consistent en des orientations des ressources vers la formation solide et l'information permanente des populations sur des risques épidémiques, les contrôles médico-sanitaires, la lutte contre la malnutrition et l'accroissement de l'offre de santé et de l'hygiène publique. Aussi, l'éducation primaire, qui a légèrement progressé de 81,9% à 92,0% entre 2000 et 2015, doit être renforcée pour atteindre 99% à horizon 2025. Le taux d'alphabétisation de

88,5% est insuffisant pour un pays frappé par une forte mortalité infantile. La prise en charge de la protection maternelle et infantile passe par l'information aux familles, donc par l'appropriation des messages pour les intéressés eux-mêmes à travers les connaissances de base. Le taux d'alphabétisation devrait donc être porté à 98% selon notre référentiel. C'est un effort utile que le pays devrait rapidement consentir. Les ressources financières dégagées de la richesse économique du pays et de la bonne gestion publique, devraient permettre d'atteindre rapidement des résultats. L'IDH de 0,70/1 atteste de ce potentiel à redresser les indicateurs sociodémographiques, dès lors que le pays retrouvera une solide et durable croissance économique. La Namibie a réalisé une production intérieure brute plus faible que celle du Botswana, soit 11,49 milliards de dollars en 2015 et 4.774 $/habitant. Mais la croissance y est soutenue avec un taux de 5,3%, contre celle de l'évolution démographique de 1,6%, malgré une fécondité de 3,5 enfants par femme. La baisse de l'indice de fécondité pour adapter les familles aux ambitions d'éducation et de progrès social se heurte à un taux de mortalité encore très élevé, avec 3,3% de mortalité infantile et 0,7% de mortalité globale. Il y aurait alors un double effort de baisse de cette mortalité, respectivement à 1,0% et 0,5% parallèlement à celle de l'indice de fécondité à moins de 3 enfants par femme. La Namibie a déjà réalisé des progrès sensible dans les prérequis de fond : la scolarisation dans l'éducation primaire a progressé de 89,2% à 91,2%, alors que celle du second degré s'est améliorée de 81% à 86% dans le premier cycle, et surtout de 50% à 59% dans le second cycle. Quant au niveau de l'alphabétisation des adultes, le taux atteint 94,9%. Les progrès sont remarquables, mais les indicateurs restent tous encore sous le niveau du référentiel. Avec des ressources économiques en forte progression, le pays devrait réaliser l'atteinte de ces objectifs à moyen terme (2022-2025). En comparaison avec le Botswana, l'DH est de 0,64/1 en Namibie contre 0,70/1 ; mais l'espérance de vie y est supéricure, avec 64,7 ans contre 54,2 ans au Botswana. Les deux pays disposent de potentiel de ressources économiques pour améliorer les conditions de vie sociale, médicale et éducationnelle de leurs habitants. En maintenant leur indice de fécondité sous la barre de trois enfants par femme, et en déployant des efforts dans l'éducation, l'alphabétisation, l'information médico-sanitaire, l'hygiène publique et l'appropriation des connaissances sur les conditions d'amélioration des conditions de vie moderne des peuples, le Botswana et la Namibie pourraient combattre efficacement la mortalité, et offrir de très bonnes situations du développement économique et social de leurs peuples.

Le dernier groupe de pays de l'Afrique australe rassemble sept nations, de 13,06 millions d'habitants pour le Zimbabwe à 55,65 millions pour la République Sud-Africaine (RSA). Tous ces grands pays de l'Afrique australe affichent des indicateurs sociodémographiques globalement dégradés, avec une croissance démographique qui écrase quelques tentatives de croissance économique dans certains pays, et de très forts taux de mortalité dans la quasi-totalité de ces pays. La locomotive de cet espace régional reste l'Afrique du Sud, avec 55,65 millions d'habitants sur une étendue de 1,220 million de km^2. Néanmoins, la croissance économique est au ralenti depuis plusieurs années successives, et le produit intérieur brut de 349,82 milliards de dollars en 2015 est passé derrière celui de Nigeria (405,08 milliards en 2016), devenu la première richesse économique du continent africain, et à peine devant l'Égypte qui affiche 336,30 milliards de dollars en 2016. Avec une production de 6800 $ par habitant, l'Afrique du Sud enregistre néanmoins la deuxième performance après l'Île Maurice, mais celle-ci ne compte que 1,26 millions d'habitants en 2016, et elle n'a réalisé que 11,68 milliards en 2015. Avec une croissance atone de 1,3%, alors que la population progresse au même rythme, l'Afrique du Sud doit trouver des ressorts pour relancer l'économie, au risque d'étouffer ses ressources et marquer des régressions sous la pression de la demande sociale croissante. Pourtant, la fécondité de 2,5 enfants par femme se situe dans la plage basse du continent africain, sous le seuil de notre référentiel de 3 enfants par femme. Mais la mortalité reste trop élevée : 3,4% pour la mortalité infantile, puis 1,0% pour la mortalité globale (au lieu de 1,0% et 0,5%), le pays a le devoir de se ressaisir. L'épidémie du VIH, qui s'est répandue dans tous les pays de cet espace austral, ne peut pas justifier que les États croisent les bras devant l'hécatombe entraînant cette trop forte mortalité. Aussi, malgré les ressources économiques encore importantes à l'échelle du continent, la mortalité globale de 1,0% (soit le double de notre référentiel de 0,5%) ramène l'espérance de vie moyenne à 62,5 ans. C'est un indicateur trop faible pour un si grand pays, qui doit améliorer les conditions de vie de ses habitants pour approcher le référentiel de 75 ans. Tous les efforts doivent se concentrer sur l'hygiène publique, l'intensification des moyens médicaux, des infrastructures sociales, l'information médico-sanitaire, l'attaque des problèmes par la racine. Certaines de ces racines se cachent dans l'éducation solide et la formation du peuple par des campagnes de sensibilisation médico-sanitaires, pour permettre à tous les adultes d'accéder au savoir. Malgré les avancées des centres d'enseignement et la performance des universités sud-africaines, la scolarisation n'atteint que 95,1%, après un très léger progrès d'un point au cours de la période de 2000 à 2015. Il reste alors 5% des enfants qui ne peuvent pas encore accéder à l'éducation primaire dans ce puissant pays. A l'autre bout des âges, le taux d'alphabétisation a beaucoup progressé, et il atteint 99% des adultes. L'effort doit alors se concentrer sur l'éducation de toute la jeunesse sud-africaine, qui sera le vecteur principal de la lutte contre la forte mortalité actuelle, et qui participera à la relance de l'économie qui marque un relatif essoufflement. L'Afrique du Sud est donc un géant très fragile. Mais, moins de trente ans après l'abolition de l'apartheid, l'on peut comprendre que les harmonisations économiques et sociales sur l'ensemble des composantes démographiques, géographiques et ethniques puissent prendre beaucoup de temps à s'installer. Il appartient désormais aux politiques de fixer le cap et des objectifs, avec des plans d'actions et des résultats.

L'Angola est la deuxième puissance démographique et économique de l'Afrique australe. Il pèse actuellement 27,95 millions d'habitants sur 1,281 millions de km², un peu plus étendu que l'Afrique du Sud. Ses richesses naturelles et la fertilité de ses sols le prédisposent à une population plus accrue, pour autant qu'il s'occupe convenablement de ses habitants actuels et qu'il gère une meilleure redistribution des revenus du pays. En 2015, l'Angola a réalisé une production intérieure brute de 102,63 milliards de dollars, s'affichant ainsi au 5e rang dans la région, après Maurice, l'Afrique du Sud, le Botswana et la Namibie. Malgré une croissance soutenue avec 3,0% de son PIB, la progression démographique de 2,7% pourrait freiner les efforts encore nettement insuffisants vers le développement. Les mentalités restent encore assises sur les conceptions de produire beaucoup d'enfants, jusqu'à 5,3 enfants par femme, pour compenser une violente mortalité infantile qui emporte 7,7% des naissances. Le pays est beaucoup trop loin de notre référentiel de 1,0% de mortalité infantile, alors qu'il aurait théoriquement les moyens matériels de s'en approcher. Les dépenses d'armement et les corruptions massives à tous les niveaux captent une grande part des revenus du pétrole, au détriment du développement économique et social. Aussi, la mortalité infantile de 7,7% est indigne d'un si grand pays. De même, la mortalité globale de 1,1% représente plus du double des efforts attendus à 0,5%. Les dirigeants de l'Angola ont donc le devoir de la saine gestion de leur pays, et des ambitions du développement sur l'ensemble de leur population. Les bases sociodémographiques ne sont pas encore solides. La scolarisation au niveau primaire ne reçoit que 87,9% des enfants. Mais, que deviennent les 12% qui ne mettent pas les pieds à l'école ! C'est le vivier des futurs enfants soldats dans des conflits régionaux pour survivre. A l'autre bout de la chaîne, seulement 72,9% des adultes répondent au niveau des alphabétisés. C'est nettement insuffisant. Une population mal ou non éduquée est une population fragile, démunie, sujette à toutes les calamités, et ne peut pas bénéficier des connaissances pour améliorer son mieux-être alimentaire, médico-sanitaire, de l'hygiène publique et de meilleures conditions de vie des familles. En conséquence, elle se réfugie dans la forte natalité et dans des activités de survie. Aussi, l'espérance de vie, suite à la forte mortalité globale de 1,1%, conduit à une faible espérance de vie de 60,3 ans, très loin des 75 ans du référentiel, pendant que la croissance démographique de 2,7% est tirée par les survivants de l'indice de fécondité de 5,3 enfants par femme, après une trop forte mortalité de 7,7% d'entre eux. Cependant, 12% de ces enfants ne connaissent pas encore le chemin de l'éducation scolaire et le pays n'en a alphabétisés que 72,9%. A tous les niveaux, les indicateurs sociodémographiques de l'Angola sont très dégradés. Les efforts sont donc requis dans tous les domaines. L'IDH de 0,53/1, soit au niveau de la moyenne, n'est tiré que par les composantes économiques de sa composition. Le pays devrait donc vite ralentir sa croissance démographique, travailler sur la transformation intérieure de ses ressources naturelles et agricoles, produire plus de valeur ajoutée dans le pays, et consacrer une part beaucoup plus importante de cette valeur ajoutée à l'éducation, l'amélioration des conditions médico-sanitaires, l'assainissement, à des infrastructures de santé et de formation, et bâtir des politiques économiques de bonne gestion publique sur l'ensemble du territoire. Ce sera les conditions de base, incontournables, d'un réel développement économique et social, solide et durable, de ce pays.

Le Mozambique, qui a longtemps partagé la même puissance coloniale portugaise dont il s'est débarrassé par la guerre civile d'indépendance comme l'Angola, émarge à la troisième place de puissance démographique régionale. Sa population est estimée à 27,13 millions d'habitants. Néanmoins, sa production intérieure de 14,81 milliards de dollars en 2015 le classe parmi les pays pauvres de l'Afrique, avec un revenu brut de 601 $/habitant. Mais, la découverte des ressources énergétiques et minières sur son sol et les efforts que déploie le pays pour la bonne gestion publique, conduisent à une croissance soutenue de 6,6% bien supérieure à la progression démographique de 2,7% comme en

Angola. Le Mozambique partage également avec l'Angola un indice de fécondité de 5,2 enfants par femme, mais le taux de mortalité infantile baisse à 6,4% contre 7,7% pour l'Angola. Cependant, la mortalité globale les rapproche à nouveau, avec un taux de 1,2% pour le Mozambique contre 1,1% pour son alter ego d'infortune coloniale. De même que l'Angola, le Mozambique ne peut que s'imposer d'importants efforts de progression sur tous les indicateurs sociodémographiques. Le niveau de scolarisation primaire a nettement évolué de 55,2% à 89,1% des enfants, au cours de la période de 2000 à 2015. Le pays est encore très loin de notre référentiel de 99%, mais il a marqué des progrès. Ensuite, il doit parvenir à maintenir ces enfants dans la scolarité du second degré où le taux tend à la baisse de 69% à 67% dans le premier cycle, et de 47,3% à 45,9% dans le second cycle. Nous sommes encore très loin des 90% dans le premier cycle et de 85% dans le second cycle. L'on ne peut exhorter le Mozambique qu'à s'assigner ces objectifs comme des cibles pour le triennal 2022-2025, compte tenu de ses ressources actuelles et potentielles, et des moyens à mettre en œuvre pour faire baisser rapidement la mortalité dans le pays. Faible dans l'éducation primaire, des niveaux encore faibles dans le second degré, alors que le taux d'alphabétisation n'affiche que 76,8% de la population adulte, conjugués avec une mortalité trop importante pour les enfants et dans le reste de la population, cela conduit le Mozambique à une espérance de vie de 53,5 ans. Tous les indicateurs sont donc dégradés et se traduisent par un IDH très faible de 0,42/1, parmi les plus faibles des pays pauvres. Il est urgent de réduire le nombre d'enfants à trois par femme, et de s'attaquer avec détermination à la lutte contre la mortalité et à la dynamisation de l'éducation. Le réel potentiel économique, lié à l'exploitation et la valorisation des ressources du pays, devrait faciliter le décollage du Mozambique et l'amélioration très significative des conditions de vie de ses habitants.

Le Madagascar arrive au quatrième rang dans la puissance démographique de l'espace géographique austral de l'Afrique.

Sa population est estimée à 24,31 millions d'habitants en 2017, mais sa production intérieure brute était très faible en 2015, proportionnellement à sa population et en comparaison avec son voisin géographique, le Mozambique. Avec 10,0 milliards de dollars, la distribution de 412 dollars par habitant figure parmi les plus faibles du continent africain, et cette production est nettement insuffisante pour apporter le mieux-être à une aussi importante population. De plus, une croissance économique de 3,0%, face à une progression démographique de 2,7%, ne suffit pas à couvrir les besoins croissants d'un pays appauvri. Ce dernier devrait se fixer un double objectif d'accroître davantage sa production intérieure et de réduire rapidement son évolution démographique à travers une baisse significative de l'indice de fécondité de 4,4 enfants par femme vers notre référentiel à 3,0 enfants. Ce n'est pas une option, c'est une contrainte pour éviter de violentes explosions sociales. Ensuite, une mortalité infantile de 4,6% dans la région est certes inférieure à celle de l'Angola, du Mozambique ou encore de la Zambie parmi les proches pays voisins, mais elle reste très élevée, en comparaison avec notre référentiel de 1,0%. La mortalité globale, incluant celle des nouvelles naissances, se situe à 0,7%, et elle reste légèrement supérieure au référentiel de 0,5%. L'on a indiqué que les solutions à long terme sont portées dans les efforts de l'éducation des jeunes générations. Mais, le Madagascar a fait progresser légèrement la scolarisation de 65,6% à 77,5% des enfants scolarisables, au cours de la période de 2000 à 2015. Nous sommes encore très loin des conditions requises de 99% des enfants dans l'éducation primaire. En effet, que deviennent plus de 22% des enfants qui n'ont pas eu accès à l'école, sachant que les femmes continuent d'en produire à un rythme élevé de 4 à 5 enfants par femme. Si le pays ne peut pas s'occuper efficacement des enfants actuels, pourquoi accepte-t-il d'en laisser produire d'autres à ce rythme. L'enseignement secondaire accueille 44,2%, desquels le pays doit former les jeunes à tous les métiers pour son développement, et ainsi les rendre participants éclairés et actifs aux efforts du progrès social indispensable, en vue de relever les indicateurs sociodémographiques pour le bien-être des Malgaches. Avec un taux d'alphabétisation de 64,7% des adultes, le pays rencontre des freins aux deux bouts des classes d'âge de la population. Les conditions de vie des Malgaches limitent l'espérance de vie moyenne à 64,9 ans en 2015. La combinaison de ces différents éléments conduit à un indice de développement humain de 0,51/1. Les dirigeants du Madagascar devraient retrouver le chemin des choix vertueux, à travers l'éducation solide et massive de la jeunesse, la mobilisation à l'alphabétisation pour doter les adultes des capacités d'analyse et de compréhension de leur environnement en passant de 64,7% à 98% du taux d'alphabétisation, puisque l'éducation primaire ignore encore 22% des enfants. Enfin, une mortalité infantile de 4,3% des naissances, que les habitants essaient de compenser par une fécondité de 4 à 5 enfants par femme, est devenue insupportable au regard des efforts nécessaires par ailleurs. La santé publique, l'hygiène collective, la sécurité alimentaire et l'éducation populaire sont participantes à l'effort du progrès social. Les objectifs de la décennie 2015-2025 sont ainsi assignés à ce pays. Il appartient aux Malgaches d'exiger des résultats.

Le Malawi est la cinquième puissance démographique de l'Afrique australe, mais il constitue, avec le Madagascar, les deux pays les plus pauvres de la région, avec moins de 420$ de production intérieure brute par habitant. Malgré une importante population actuelle estimée à 17,37 millions d'habitants, le Malawi n'a produit que 5,44 milliards de dollars en 2016, soit une très faible production brute de 313 $/habitant. De plus, la croissance de la richesse du pays, soit 2,5%, est très inférieure à l'explosion démographique de 3,2% par an. C'est un déséquilibre qui assomme et freine le progrès social de ce pays déjà très pauvre. L'une des solutions rapides consisterait à réduire les naissances à une moyenne de 3 enfants par femme au lieu des 5,0 enfants actuellement, et adapter les naissances des enfants à ses capacités. Mais, parallèlement à cette baisse, le pays doit également déployer une partie de ses ressources à la réduction de la mortalité infantile, qui frappait 5,3% des naissances aux dernières statistiques de 2014, pour la ramener à notre référentiel d'un taux maximal de 1,0%. De même, la baisse de la fécondité devrait s'accompagner de la lutte déterminée avec énergie contre la mortalité qui pèse lourdement avec 1,2% contre un objectif décennal de 0,5%. C'est cette mortalité élevée qui limitait l'espérance de vie à 55,2 ans en 2014, et sans doute pas beaucoup mieux en 2017. Pour y faire face, le Malawi devrait renforcer ses investissements dans l'avenir à travers l'éducation de sa jeunesse, et la formation soutenue de ses adultes qui n'ont pas eu l'avantage de connaître le chemin de l'école. Les efforts fournis au cours de la période 2000 à 2015 devraient être encouragés et maintenus. Ils ont permis de passer de 96,7% à 98,1% du taux de scolarisation primaire. Il est encore inférieur à 99%, mais la tendance est convenable. L'on observe que dans le second degré, des progrès réels ont été accomplis, passant de 81,1% à 84,2% dans le premier cycle, et de 49,7% à 56,1% dans le second cycle. Notre référentiel propose un taux minimum de 90% dans le premier cycle et de 85% dans le second cycle. En effet, les immenses besoins de développement économique et social du Malawi, passeront par une solide et très large formation de sa jeunesse. Plus le pays est pauvre, plus l'éducation de sa population devient un impératif incontournable pour sa survie dans un monde en pleine compétition. Ces efforts dans l'éducation devraient s'accompagner d'une mobilisation vers l'alphabétisation de ceux qui ont échappé à l'école. Une part de 68,2% de la population alphabétisée est très faible. Ce taux devrait être porté à 98%. Ces différentes insuffisances, liées à l'histoire et aux capacités limitées du Malawi se traduisent également dans son IDH de 0,48/1, mais en légère progression. L'agenda décennal des progrès attendu au Malawi est donc indiqué pour améliorer les conditions de vie de ses habitants.

La Zambie occupe le sixième rang dans la puissance démographique régionale. Sa population est estimée à 15,93 millions d'habitants, soit environ de 1,4 million de moins que le

Malawi, mais avec une production de 4,0 fois supérieure, soit 21,89 milliards de dollars. Alors que la production intérieure revenait à 313 $/habitant en 2016, celle de la Zambie avait atteint 1.310 $/habitant en 2015. Ce sont donc deux pays voisins aux situations très éloignées l'une de l'autre. Néanmoins, les deux pays se rejoignent dans les déséquilibres sociodémographiques : la progression de la population atteint 3,2%. En Zambie, malgré une remarquable croissance économique de 3,2% contre 2,5% au Malawi, elle ne serait pas structurellement suffisante pour faire face à l'explosion démographique. Aussi, le pays devrait revoir sa politique de la natalité, où une femme supporte encore 5,7 enfants en moyenne, et la réduire à 3 enfants par femme au cours de la décennie 2015-2025. De même, les efforts économiques ne se traduisent pas dans les infrastructures médico-sanitaires et dans la protection maternelle et infantile, puisque le pays détient l'une des mortalités infantiles les plus élevées du continent, avec 6,5% des naissances, en comparaison avec notre référentiel de 1,0% maximum. Mais aussi, la mortalité globale atteint 1,3% de la population, au lieu d'un maximum de 0,5% préconisé. Le pays devrait revoir ses politiques publiques, et investir dans les efforts par l'éducation de sa jeunesse. Or, au cours de la période 2000-2015, la scolarisation a progressé de 64,9% à 80,0%, mais ces résultats restent encore insuffisants, autant dans l'éducation primaire que dans le second degré. Par ailleurs, le taux d'alphabétisation reste très faible, au niveau de 70,1% en 2015. Le développement économique et social passe par la croissance économique couvrant les besoins essentiels du pays et un revenu confortable pour les habitants, certes, mais aussi il est soutenu par l'éducation solide de toute la jeunesse du pays pour préparer l'avenir, et une large formation des adultes aux savoirs actuels pour lutter contre les difficultés liées à l'ignorance. En Zambie, c'est la composante économique qui tire l'IDH vers la leur élevée de 0,58/1, alors que les indicateurs sociodémographiques et culturels sont dégradés. La mortalité actuelle conduit à une faible espérance de vie de 52,2 ans, alors que le pays dispose des ressources potentielles pour atteindre de bien meilleurs résultats.

Aussi, dans les objectifs de 2020 et de 2025, la Zambie devrait s'assigner les résultats de notre référentiel dans l'éducation des enfants, l'alphabétisation de sa population des adultes, la baisse de la mortalité (infrastructure médico-sanitaires dans tout le pays, l'alimentation et la lutte contre la malnutrition, l'accès à l'électricité pour améliorer les conditions de vie dans toutes les familles, l'hygiène publique partout pour prévenir contre les épidémies…). L'État devrait indiquer à chaque équipe dirigeante de province les objectifs, et contrôler des résultats annuellement. Il n'y a pas de développement sans volonté politique, et sans implication de toutes les ressources humaines du pays. Pour ce faire, il faut solidement les former et les informer régulièrement, et continuellement.

Enfin, le Zimbabwe, pays du légendaire président Robert Mugabe, constitue la septième puissance démographique de la région, et s'installe au-dessus des dix millions d'âmes, avec une population estimée à 13,06 millions d'habitants. Cette ancienne colonie britannique de la Rhodésie du Sud, pendant que la Zambie était dénommée la Rhodésie du Nord, est dirigée par le président le plus âgé du continent africain, Robert Mugabe, 93 ans et 30 ans au pouvoir depuis 1987. Son pays a réalisé une production intérieure brute de 14,27 milliards de dollars en 2015, soit une part de 1.092 $/habitant, contre 1.310 $/habitant en Zambie. Et comme son voisin du nord, la croissance de la production atteint 3,2%, avec un avantage d'une progression démographique plus faible de 1,1%. Cette maîtrise se retrouve également dans l'indice de fécondité de 3,6 enfants par femme et une relative baisse de la mortalité infantile de 2,7%, très loin des 6,5% chez sa voisine et ancienne camarade d'infortune coloniale, la Zambie. Mais, la mortalité globale reste aussi élevée, avec 1,1% de la population. C'est elle qui, combinée à une fécondité plus faible que celle des pays voisins du Malawi et de la Zambie, entraîne une moindre évolution de la population au Zimbabwe. De même, comme nombre de ses voisins, l'espérance de vie est comparable, avec 53,9 ans, contre 53,5 ans au Mozambique ;

55,2 ans au Malawi et 52,2 ans en Zambie. Ce sont des valeurs d'indicateurs nettement très faibles. L'indice de développement humain (IDH) est de 0,52/1, soit à peine plus que la moyenne. Le Zimbabwe présente toutes les caractéristiques d'un pays pauvre. L'éducation primaire a légèrement progressé de 84,5% à 90,8% entre 2000 et 2015, mais elle est encore loin d'intégrer 99% des enfants du pays. Dans le second degré, les progressions ont également été faibles, entre 80,3% et 83,4% dans le premier cycle au lieu d'un minimum de 90%, et entre 42,5% et 50,7% dans le second degré au lieu d'un minimum de 85% de notre référentiel. A l'autre bout des adultes, le compteur affiche 83,6% au lieu d'un taux d'alphabétisation requis de 98%. Le Zimbabwe devrait inscrire l'amélioration des conditions de vie de ses habitants dans son programme, avec des objectifs ambitieux d'atteindre la cible des indicateurs sociodémographiques.

Nous présentons ci-après les tableaux comparatifs de synthèse pour l'ensemble des pays de l'Afrique australe. Sur quelques indicateurs, l'Île Maurice est le pays le plus avancé (*Espérance de vie, PIB/habitant, indice de fécondité, IDH*). L'Afrique du Sud, le Botswana, l'Angola gèrent un déséquilibre de croissance.

Indicateurs	Afrique du Sud	Botswana	Namibie	Angola
Population	55 653 654	2 284 420	2 316 683	27 951 166
Superficie (Km²)	1 219 912	581 726	824 116	1 281 432
Densité (Habitants/Km²)	45,6	3,9	2,8	21,8
PIB (Milliards $USD)	349,817 (2015)	14,391 (2015)	11,492 (2015)	102,627 (2015)
PIB/Habitant	6 800 $USD	6 361 $USD	4 674 $USD	4 102 $USD
Croissance du PIB	1,30 % / an (2015)	-0,26 % / an (2015)	5,30 % / an (2015)	3,00 % / an (2015)
Croissance démographique	1,27 % / an	1,78 % / an	1,55 % / an	2,72 % / an
Espérance de vie	62,50 ans (2015)	54,18 ans (2015)	64,68 ans (2014)	60,29 ans (2014)
Indice de fécondité	2,6 enfants / femme (2015)	2,7 enfants / femme (2016)	3,5 enfants / femme (2014)	5,3 enfants / femme (2016)

Indicateurs	Afrique du Sud	Botswana	Namibie	Angola
Taux de mortalité infantile (‰)	34,40 ‰ (2015)	20,80 ‰ (2014)	32,80 ‰ (2015)	76,50 ‰ (2016)
Taux de mortalité globale (‰)	9,60 ‰ (2015)	5,67 ‰ (2014)	7,10 ‰ (2014)	11,30 ‰ (2016)
Taux d'Alphabétisation	99,03 % (2015)	88,46 % (2015)	94,88 % (2015)	72,93 % (2015)
Taux (en %) de Scolarisation au 2e cycle du Second Degré (2015/2000)			58,8 / 49,9	
Taux (en %) de Scolarisation au 1er cycle du Second Degré (2015/2000)	88,2 / --		86,1 / 81	
Taux (en %) de Scolarisation primaire (2015/2000)	95,1 / 94,2	92 / 81,9	91,2 / 89,2	87,9 / --
Langues nationales et langues officielles	Zoulou, Afrikaans, Anglais. (11 langues)	Tswana, Anglais	Anglais	Portugais
Monnaie nationale	Rand (ZAR)	Pula (BWP)	Dollar namibien ($ NAD)	Kwanza (AOA)
IDH (2015)	0,666	0,698	0,640	0,533
Forme de pouvoir	République unitaire parlementaire, régime présidentiel	République	République	République à régime présidentiel
Chef de l'État	Jacob Zuma	Seretse Ian Khama	Hage Geingob	José Eduardo Dos Santos (1979-2017)

Tableau comparatif des pays dont le PIB/habitant est supérieur à 4000 $ (incluant l'Île Maurice). Mais, l'espérance de vie évolue de 54,2 ans au Botswana, jusqu'à 74,6 ans à Maurice. L'Angola présente des indicateurs plus dégradés que les autres (mortalité, éducation, alphabétisation, fécondité) et ce pays également le plus étendu de l'Afrique australe (1.281.432 km²).

Le tableau suivant compare les pays dont le PIB par habitant est compris entre 1000 $ et 4000 $. Les deux États monarchiques de l'Afrique noire y figurent : Swaziland et Lesotho, à côté des deux anciennes Rhodésie du Nord (Zambie) et Rhodésie du Sud (Zimbabwe). Le déséquilibre de croissance est en Zambie. Mais, les plus faibles espérances de vie sont aux Lesotho et Swaziland.

Indicateurs	Swaziland	Zambie	Lesotho	Zimbabwe
Population	1 427 884	15 933 883	1 924 381	13 061 239
Superficie (Km²)	17 360	770 243	30 355	390 757
Densité (Habitants/Km²)	82,3	20,7	63,4	33,4
PIB (Milliards $USD)	4,028 (2015)	21,889 (2015)	2,032 (2015)	14,269 (2015)
PIB/Habitant	2 821 $USD	1 310 $USD	1 056 $USD	1 092 $USD
Croissance du PIB	2,50 % / an (2014)	3,22 % / an (2015)	2,00 % / an (2014)	3,20 % / an (2014)
Croissance démographique	1,47 % / an	3,24 % / an	0,41 % / an	1,10 % / an
Espérance de vie	31,99 ans (2008)	52,15 ans (2015)	44,52 ans (2015)	53,86 ans (2013)
Indice de fécondité	3,3 enfants / femme (2008)	5,7 enfants / femme (2015)	3,2 enfants / femme (2015)	3,6 enfants / femme (2013)
Taux de mortalité infantile (‰)	69,59 ‰ (2008)	64,72 ‰ (2015)	73,36 ‰ (2015)	27,25 ‰ (2013)
Taux de mortalité globale (‰)	30,70 ‰ (2008)	12,67 ‰ (2015)	19,85 ‰ (2015)	11,40 ‰ (2013)
Taux d'Alphabétisation	89,10 % (2011)	70,07 % (2015)	87,40 % (2011)	83,60 % (2011)
Taux (en %) de Scolarisation au 2e cycle du Second Degré (2015/2000)	80,9 / 63,6	49,5 / 37,4	58,9 / 53,4	50,7 / 42,5
Taux (en %) de Scolarisation au 1er cycle du Second Degré (2015/2000)	93,7 / 85,7	79,2/ 64,7	82,6 / 79,3	83,4 / 80,3
Taux (en %) de Scolarisation primaire (2015/2000)	93,7 / 79,7	80 / 64,9	83,6 / 80,4	90,8/ 84,5

Indicateurs	Swaziland	Zambie	Lesotho	Zimbabwe
Langues nationales et langues officielles	Swati, Anglais	Anglais, 8 autres langues plus répandues	Sesotho, Anglais	Anglais. Shona et Sindebele parlés
Monnaie nationale	Lilangeni (SZL)	Kwacha zambien (ZMK)	Loti (LSL)	Dollars du Zimbabwe (1 $ ZWD = 100 cents)
IDH (2015)	0,541	0,579	0,497	0,516
Forme de pouvoir	Monarchie absolue	République	Monarchie constitution-nelle	République parlementaire, régime présidentiel
Chef de l'État	Roi Mswati III	Edgar Lungu	Roi Letsie III	Robert Mugabe

Tableau comparatif des pays dont le PIB par habitant est compris entre 1.000$ et 4.000$. Ce sont tous des pays anglophones, mais les habitants parlent d'autres langues africaines, nombreuses et très variées. La Zambie se distingue par la fécondité de 5,7 enfants par femme et le Lesotho se détache par son taux de mortalité infantile élevé de 7,3%. Ce sont des pays pauvres.

Le dernier tableau comparatif rassemble les quatre pays les plus pauvres de l'Afrique australe, eu égard à leurs produits intérieurs bruts par habitant les plus faibles (Les Comores, le Mozambique, le Madagascar et le Malawi). Cependant, le niveau d'éducation primaire est parfois plus élevé que dans les autres pays. Aussi, ce taux est de 98,1% au Malawi, le plus élevé après Maurice, qui affiche 98,9%. Mais, leurs taux d'alphabétisation inférieurs à 80% sont les plus faibles, sauf la Zambie et l'Angola.

Indicateurs	Comores	Mozambique	Madagascar	Malawi
Population	806 153	27 128 530	24 313 180	17 365 817
Superficie (Km²)	1 862	782 574	587 295	118 484
Densité (Habitants/Km²)	432,9	34,7	41,4	146,6
PIB (Milliards $USD)	0,566 (2015)	14,807 (2015)	9,981 (2015)	5,442 (2016)
PIB/Habitant	717 $USD	601 $USD	412 $USD	313 $USD
Croissance du PIB	1,02 % / an (2015)	6,61 % / an (2015)	3,00 % / an (2015)	2,50 % / an (2016)

Indicateurs	Comores	Mozambique	Madagascar	Malawi
Croissance démographique	2,41 % / an	2,67 % / an	2,72 % / an	3,18 % / an
Espérance de vie	63,85 ans (2015)	53,46 ans (2014)	64,85 ans (2013)	55,15 ans (2014)
Indice de fécondité	3,6 enfants / femme (2015)	5,2 enfants / femme (2016)	4,4 enfants / femme (2013)	5,0 enfants / femme (2014)
Taux de mortalité infantile (‰)	63,55 ‰ (2015)	64,00 ‰ (2011)	46,13 ‰ (2013)	53,00 ‰ (2014)
Taux de mortalité globale (‰)	7,57 ‰ (2015)	11,90 ‰ (2016)	7,10 ‰ (2013)	11,80 ‰ (2014)
Taux d'Alphabétisation	77,76 % (2015)	76,75 % (2015)	64,66 % (2015)	68,20 % (2014)
Taux (en %) de Scolarisation au 2e cycle du Second Degré (2015/2000)		45,9 / 47,3	-- / 44,2	56,1 / 49,7
Taux (en %) de Scolarisation au 1er cycle du Second Degré (2015/2000)		66,7 / 69	-- / 76,1	84,2 / 81,1
Taux (en %) de Scolarisation primaire (2015/2000)	85,1 / 66,9	89,1 / 55,2	77,5 / 65,6	98,1 / 96,7
Langues nationales et langues officielles	Swahili (Comorien), Français, Arabe	Portugais	Malgache, Français, Anglais	Chichewa, Anglais,
Monnaie nationale	Franc Comorien (KMF)	Metical (MZM)	Ariary (MGA)	Kwacha malawite (MWK)
IDH (2015)	0,497	0,418	0,512	0,476
Forme de pouvoir	République fédérale	République	République	République
Chef de l'État	Azali Assoumani	Président Filipe Nyusi	Hery Rajaonarima-mpianina	Peter Mutharika

L'éducation primaire intègre partout moins de 99% des enfants, et seul le Malawi a passé le seuil de 50% de scolarisation au 2e cycle du second degré.

Au terme de cette analyse comparative des treize pays de l'Afrique australe, nous observons des disparités importantes, mais également des similitudes, notamment dans des épidémies conduisant à une forte mortalité. Celle des enfants après leur naissance devrait être ramenée à moins de 1%. L'Île Maurice parvient à s'en approcher avec un taux de 1,2%. Les pays de l'Afrique continentale australe en sont très éloignés : 2,1% au Botswana ; 2,7% au Zimbabwe et 3,3% en Namibie. Les pays dont les efforts dans ce domaine devraient devenir de véritables priorités nationales affichent des situations extrêmement dégradées, tels que l'Angola (7,7%), le Lesotho (7,3%) ou encore le Swaziland (7,0%). Même la plus grande puissance régionale, l'Afrique du Sud, ne parvient pas à maîtriser la mortalité infantile, qui grimpe à 3,4%. La mortalité globale qui devrait descendre à 0,5%, monte à 0,6% au Botswana ; à 0,7% au Madagascar et en Namibie ; et même à 0,8% à Maurice et aux Comores. Ce sont les seuls pays de la région où la mortalité globale est inférieure à 1%. Le Lesotho (2,0%) et le Swaziland (3,1%) battent les records de la plus forte mortalité. Ils devraient concentrer une grande partie de leurs ressources à s'en attaquer les sources, comme l'un des objectifs principaux de la décennie. L'éducation des jeunes est un socle de construction de l'avenir. Dans le primaire, Maurice atteint le référentiel avec une scolarisation à 99%. Vient ensuite le Malawi avec 98,1%, puis l'Afrique du Sud avec 95,1% et le Swaziland avec 93,7%. Le plus bas niveau est enregistré au Madagascar avec 77,5%, et en Zambie qui est parvenue à atteindre 80%. De même, le niveau d'alphabétisation pour rattraper les adultes écartés de l'école, est meilleur en Afrique du Sud, où il atteint 99,0%. Il dépasse notre référentiel également à Maurice, avec 98,7% ; il s'en approche en Namibie, et passe sous le seuil de 90% dès le Swaziland. Il est le plus faible au Madagascar (64,7%) et au Malawi (68,2%). Il traduit l'important retard de ces pays dans la mise en priorité de l'éducation depuis de très nombreuses années. Or, les pays qui ont négligé l'éducation pendant plusieurs décennies, accumulent des faiblesses dans de nombreux autres domaines associés à l'éducation, à la formation professionnelle et à la culture. Aussi, les autres indicateurs sociodémographiques dégradés en découlent naturellement. L'espérance de vie est de 74,6 ans à Maurice, très proche du référentiel de 75 ans. Le Madagascar qui affiche le deuxième meilleur score de la région atteint seulement 64,9 ans, puis la Namibie avec 64,7 ans et les Comores où l'espérance de vie n'est que de 63,9 ans. La situation est plus inquiétante au Swaziland avec 32,0 ans et au Lesotho avec 44,5 ans. Dans quatre autres pays, la valeur n'atteint même pas 60 ans : le Malawi (55,2 ans), le Botswana et la Zambie (54,2 ans), le Zimbabwe (53,9 ans). A l'exception de Maurice, les autres douze pays de l'Afrique australe devraient remettre tous les indicateurs sociodémographiques et économiques sur le tableau des priorités de la décennie 2015-2015. Le graphique suivant synthétise les situations pour chacun des pays de la région.

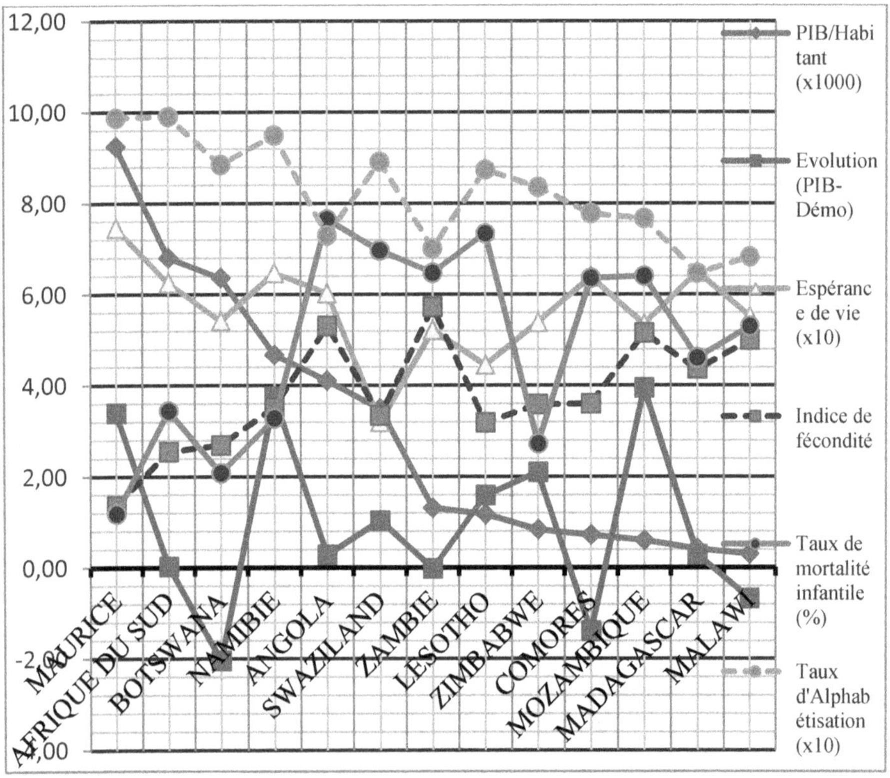

Evolution spatiale des indicateurs sociodémographiques selon les pays. La Namibie, les Comores et le Malawi sont en situation de très grande fragilité.

Nous avons observé que les pays de l'Afrique australe partagent de nombreuses difficultés. La relance de la croissance est inégale, entre les économies en déséquilibre économique et sociodémographique, et où la progression démographique aurait tendance à dépasser structurellement la progression du produit intérieur brut (La Namibie, les Comores, la Zambie, Afrique du Sud et le Malawi). Il y a les pays où la mortalité infantile s'est installée au-dessus de 6,0% des enfants, soit six fois supérieure à la valeur retenue pour le référentiel : l'Angola (7,7%), le Lesotho (7,3%), le Swaziland (7,0%), la Zambie (6,5%), les Comores et le Mozambique qui atteignent 6,4%. La région compte de nombreux pays où le taux d'alphabétisation est encore faible, au-dessous de 80%, et qui sont aussi majoritairement ceux dont la mortalité infantile est la plus élevée (l'Angola : 72,9% ; la Zambie : 70,1% ; le Malawi : 68,2% ; les Comores : 77,8% ; le Mozambique : 76,8% et le Madagascar : 64,7%). Il apparaît ainsi que les pays peuvent également partager les orientations politiques pour progresser ensemble, et échanger de bonnes pratiques entre ceux qui ont pu réussir, et ceux qui sont encore loin des progrès significatifs.

La région de l'Afrique australe a mis en place un outil en vue des convergences économiques pour le développement. C'est la SADC (*Southern African Development Community*). Elle a été créée le 17 août 1992, lors du sommet des chefs d'État et de gouvernement réuni à Windhoek en Namibie. Elle succède alors à la SADCC (*Southern African Development Coordination Conference*), fondée le 1er avril 1980. A l'origine, dix États s'organisent : l'Angola, le Botswana, le Lesotho, le Malawi, le Mozambique, la Namibie, le Swaziland, la Zambie, le Zimbabwe et la Tanzanie. De ces dix fondateurs, seule la Tanzanie n'appartient pas à l'espace régional austral. En effet, elle faisait partie de l'East African Community de l'Afrique orientale, avec le Kenya et l'Ouganda. Ruinée par le fantasque dictateur ougandais Idi Amin Dada, la Communauté s'était écroulée au début des années 1980, après une longue guerre civile meurtrière qui a sévi en Ouganda, jusqu'à la prise du pouvoir par Yoweri Museveni en 1986. Le Kenya avait ensuite volé de ses propres ailes après le partage des actifs de la Communauté. La Tanzanie s'est alors tournée vers son engagement en faveur de la lutte contre l'apartheid en Afrique du Sud, et elle a participé à la création d'une nouvelle communauté : la SADC. D'autres pays ont ensuite rejoint l'organisation : l'Afrique du Sud (le 30 août 1994, après l'abolition de l'apartheid et l'élection de Nelson Mandela à la présidence de la République Sud-Africaine le 9 mai 1994), l'Île Maurice (28 août 1995), la République démocratique du Congo (8 septembre 1997, après le départ du dictateur Mobutu Sese Seko et l'arrivée au pouvoir de Laurent-Désiré Kabila le 17 mai 1997), le Madagascar (18 août 2005, mais temporairement suspendu à la suite de la crise politique de 2009, puis réintégré le 30 janvier 2014), et les Seychelles (intégrées du 8 septembre 1997 au 1er juillet 2004, puis de nouveau réintégrées depuis 2008). La République démocratique du Congo (RDC) et les îles Seychelles n'appartiennent pas à l'Afrique australe. En contrepartie de l'adhésion à la SADC, les pays devraient porter des projets concrets de développement économique, et contribuer à la solidarité communautaire en vue du progrès social de ses membres. Nous avons indiqué les cibles pour chaque pays de la région de l'Afrique australe. En dehors des Seychelles, de la République démocratique du Congo et de la Tanzanie, tous les pays de l'Afrique australe sont aujourd'hui membres actifs de la SADC. Nous ne pouvons qu'encourager le progrès de cette CER.

Il s'ensuit qu'il est plus facile de mener ensemble les batailles pour améliorer les conditions de vie des habitants, intensifier des échanges intra-communautaires pour développer le commerce, mettre en commun des ressources pour développer les industries de transformation en Afrique, valoriser des ressources minières et énergétiques, échanger des compétences et des ressources humaines pour élever les résultats dans l'éducation, les infrastructures médico-sanitaires, l'assainissement, la lutte contre les épidémies et les causes endogènes de la forte mortalité au sein de ces pays. Les dispersions des moyens freinent les progrès et les résultats significatifs de chaque communauté économique régionale. Ainsi, les pays de l'Afrique orientale, membres de la Communauté de l'East Africa (EAC), devraient concentrer leurs efforts dans le développement économique et social de leur région, et s'assigner des objectifs dans le domaine de la sécurité, des harmonisations économiques, environnementales, sociales et fiscales pour l'intérêt des habitants de cette région. Il en est de même pour la SADC et les autres CER. Ensuite, les différentes régions pourront efficacement accroitre leurs échanges pour renforcer les dynamiques de développement. C'est aussi dans cette optique que nous avons établi un référentiel commun à tous les pays africains, et qui s'adresse à chaque pays au sein de sa propre communauté économique régionale.

Chaque Communauté économique régionale (CER) devrait conduire ses projets, ses ambitions d'abord, analyser ses résultats et ses opportunités, prévenir ses menaces et s'appuyer sur ses propres forces, mobiliser ses ressources pour la réussite de ses principaux engagements. L'East African Community est centrée sur le Burundi, le Kenya, l'Ouganda, le Rwanda et la Tanzanie. Elle a le devoir d'approfondir les liens, et consolider ses bases et son socle, avant tout nouvel élargissement vers les Seychelles, l'Éthiopie, l'Érythrée et le Soudan du Sud. La sécurité intérieure, les mises en commun des ressources pour l'industrie, le développement des infrastructures de communication, le progrès très significatif des indicateurs que nous avons retenus dans le champ sociodémographique, et qui entrent dans la constitution des éléments de base du progrès, sont indispensables à la vitalité des CER. Cela est aussi vrai pour la SADC en Afrique autrale, la CEEAC en Afrique centrale, ou encore la CEDEAO en Afrique occidentale, au terme des efforts d'harmonisation et de progrès. Chaque pays intègre l'organisation pour faire avancer toute la Communauté, et non pour profiter de ses avancées et de ses ressources sans contribuer. Ainsi, les progrès entraînent tous les pays au sein de la Communauté économique régionale (CER).

Les pays de l'Afrique australe ont déjà tous intégré la SADC. Il leur appartient de capitaliser sur les solidarités internes et concentrer leurs efforts pour atteindre des résultats améliorant significativement les conditions de vie des habitants de la région. Les autres régions concernent les pays de l'Afrique centrale, ceux de l'Afrique occidentale et, enfin, les pays de l'Afrique du Nord et dont la majorité des peuples sont des Arabo-musulmans.

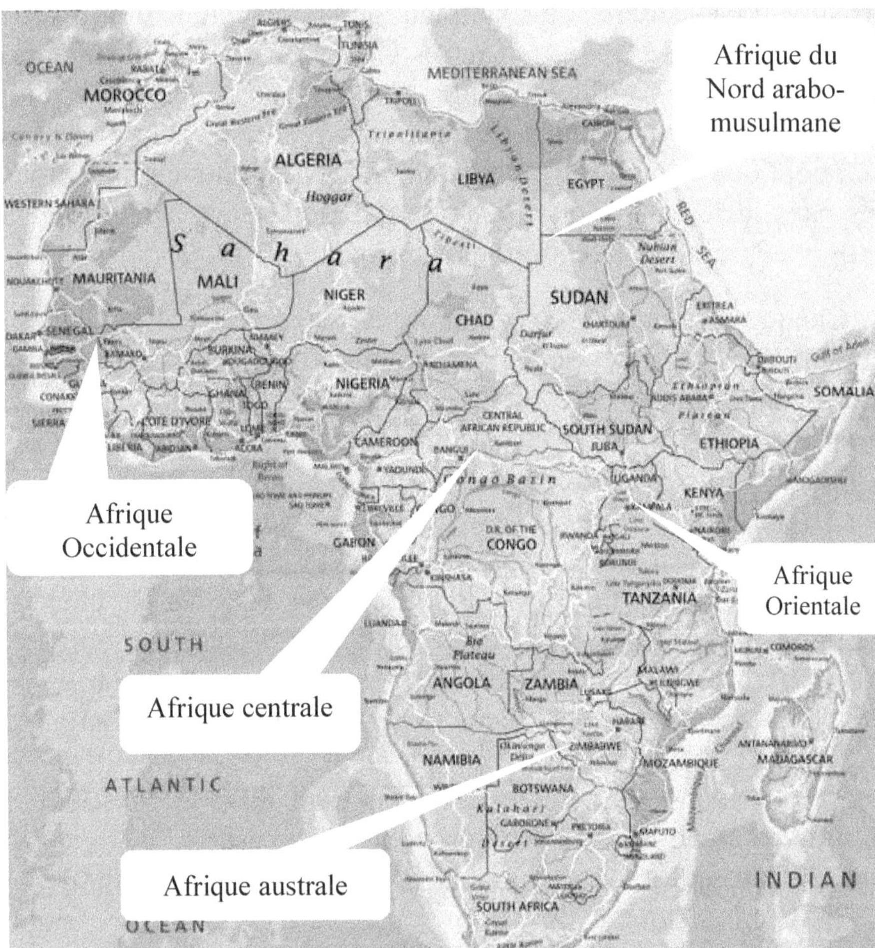

Carte présentant les positions relatives des cinq régions du continent africain. 54 pays indépendants, dont 11 en Afrique orientale, 13 en Afrique australe, 8 en Afrique centrale, 15 en Afrique occidentale et 7 en Afrique du nord. Les Communautés économiques régionales (CER) s'organisent dans chaque région : EAC (est), SADC (sud), CEEAC (centre), CEDEAO (ouest).

4. Les défis de l'Afrique centrale riche et pauvre

L'ensemble des huit pays de l'Afrique centrale représente une très large étendue de 5.366.469 km², bien supérieure aux 4.493.712 km² de l'ensemble des vingt-huit États réunis de l'Union européenne. Le seul pays de cette région, la République démocratique du Congo (que nous appellerons souvent par la R. D. Congo), s'étend sur 2.345.095 km², soit 52,2% de l'étendue de toute l'Union européenne. Cependant, la population de cette dernière, pesant 510,056 millions d'habitants en 2016, devient supérieure à celle de l'Afrique centrale de 3,67 fois. Aussi, alors que la densité moyenne de peuplement de l'Union européenne est de 113 habitants/km², elle tombe à une très modeste densité de 26 habitants/km² dans toute la région de l'Afrique centrale.

Par ailleurs, si l'on compare chacune des cinq régions de l'Afrique à l'Union européenne, l'Afrique orientale en représente 98,1% de l'étendue, mais seulement 55,3% de sa population. L'Afrique australe occupe une superficie équivalent à 147,1% celle de l'Union européenne, mais les déserts, le terres arides et les conditions de vie des populations de cette région, la réduisent à 37,5% de la population européenne. L'Afrique occidentale est un peu plus peuplée sur 113,9% de la superficie de l'Europe, avec une population qui en représente 71,6%, soit une densité moyenne de 71 habitants/km² contre 113 habitants/km² pour l'Union européenne. Enfin, l'Afrique du Nord totalise 193,1% (soit près de deux fois l'étendue) de l'Europe, mais sa population n'en pèse que 45,1%. Cependant, comme nous l'avons indiqué dans les régions étudiées, et que nous le montrerons dans la suite de cette étude, les problèmes de l'Afrique ne résident pas dans l'importance de sa population, car le continent est globalement sous peuplé, avec une population totale de 1.207,657 millions d'habitants sur une superficie de 30,179 millions de km². Soit une densité moyenne de 40 habitants/km². Mais, une partie de l'étendue de cet immense continent est occupé par le désert. Et si on répartissait la population africaine sur 20,049 km², en excluant les 9,2 millions de km² occupés par le désert du Sahara et 930 mille km² de désert du Kalahari, la densité ne monterait qu'à 60 habitants/km² aujourd'hui. Et même en excluant les parties denses et impénétrables de la forêt équatoriale, ainsi que les massifs montagneux inhospitaliers et des zones volcaniques, la densité de la population n'atteindrait pas 80 habitants/km².

Le tableau suivant synthétise les données de la répartition des cinq régions du continent africain :

Données 2016	Afrique du Nord	Afrique Occidentale	Afrique Australe	Afrique Centrale	Afrique Orientale	Afrique
Population (*en millions*)	230,074	365,445	191,431	138,862	281,846	1 207,658
Superficie (*en millions*)	8,677	5,117	6,608	5,366	4,410	30,179
Densité (*habitants/km²*)	26,5	71,4	29,0	25,9	63,9	40,0

L'Afrique du Nord est la plus étendue, mais une grande partie est désertique. L'Afrique occidentale est la plus peuplée, avec une plus grande densité de peuplement, devant l'Afrique orientale et l'Afrique du Nord. L'Afrique australe continentale est également occupée par le désert dans sa partie centrale et occidentale. L'Afrique centrale est la région la moins habitée.

Les problèmes africains se concentrent dans les indicateurs du développement économique et social, et dans les évolutions sociodémographiques au regard des conditions de vie des populations. La démocratie n'est alors qu'un instrument de gestion des pays, dont les objectifs demeurent le progrès économique, social, médico-sanitaire, alimentaire, éducationnel, et des infrastructures d'échanges et de communication. Tant que les niveaux minimums des besoins des populations ne seront pas satisfaits, les revendications continueront. Il y aura ensuite les revendications politiques des instruits, des frustrés du système politique, des déçus éloignés du pouvoir et des corrompus, qui utiliseront les demandes de démocratisation des régimes pour conserver ou atteindre les clubs des privilégiés, et des attentes toujours inassouvies des populations rurales, abandonnées, oubliées des dirigeants, qui continueront à se battre pour leur survie. Et la distance entre ces deux mondes pourrait s'élargir davantage, si les pays n'accélèrent pas le rythme du progrès social, et si les indicateurs socioéconomiques et démographiques demeurent trop longtemps dégradés.

Dans la région de l'Afrique centrale, nous avons réparti les huit pays en trois groupes. La Guinée Équatoriale et le Gabon réunissent les conditions d'un produit intérieur brut par habitant supérieur à 2000 dollars. Il est composé pour plus de 80% des exportations du pétrole brut, mais les recettes pourraient servir à améliorer significativement les conditions de vie de leurs habitants. La Guinée Équatoriale a réalisé un produit intérieur brut de 12,20 milliards de dollars pour une population de 1,912 million d'habitants en 2015. Il a donc théoriquement dégagé des ressources financières pour l'intérêt général, malgré une chute des prix du pétrole ayant entraîné une baisse de 8,3% du PIB de ce pays. Mais, même légèrement réduites, ces ressources n'agissent pas suffisamment sur les conditions de vie des habitants. Le taux de mortalité infantile figure sur le tableau des plus élevés d'Afrique, avec 6,8% des naissances, très loin du maximum de 1,0% préconisé. La mortalité globale atteint 1,1% au lieu de 0,5%. La progression démographique de 2,7% est donc due à une forte fécondité de 4,8 enfants par femme pour compenser la mortalité. L'éducation fondamentale de base n'est pas correctement assurée, puisque le taux de scolarisation primaire a baissé de 66,6% à 57,3% des enfants concernés entre 2000 et 2015. Il s'ensuit que la mortalité, les efforts insuffisants dans l'éducation et dans la diffusion de l'information médico-sanitaire, et l'hygiène publique, ne répondent pas aux besoins. Ces carences ont conduit le pays à une faible espérance de vie moyenne de 57,7 ans en 2014. Les ressources économiques auraient pu pousser le pays à un indice de développement humain plus élevé, mais il est toujours faible à 0,59/1, à peine au-dessus de la moyenne comme tous les autres pays pauvres. L'agenda de la décennie 2015-2025 devrait porter sur les ambitions de l'optimisation de la gestion publique des ressources financières, en vue du développement des secteurs vitaux.

Le Gabon présente une population comparable à celle de sa voisine de la façade atlantique, la Guinée Équatoriale, soit 1,883 million d'habitant en 2015. Le PIB étant supérieur, le revenu brut par habitant s'est élevé à 7.574 $ au Gabon contre 6.382 $ en Guinée Équatoriale. Et contrairement à sa voisine, le Gabon a enregistré une croissance de la production de 4,0% double de celle de sa population de 2,0%, alors que la Guinée Équatoriale affichait une baisse de -8,3% de sa production intérieure pendant que la population se renforçait de 2,7%. Un déséquilibre qui se répercute dans les indicateurs sociaux et le financement des infrastructures scolaires, de communication et transports, des équipements médico-sanitaires, etc. Quant au Gabon, la mortalité infantile reste très élevée à 3,6% (au lieu de 1,0%), mais bien moindre qu'en Guinée Équatoriale (6,8% à la même époque). La mortalité globale atteint 0,7% et se rapproche de notre référentiel de 0,5%. Le contrôle des naissances est indispensable pour optimiser, ajuster et assainir l'offre d'éducation et de santé aux familles. Aussi, le Gabon présente un indice de fécondité adapté à sa situation économique avec près de 4 enfants par femme. Le pays a déployé des efforts dans l'éducation, avec une scolarisation de 98,0% des enfants, soit encore au-dessous du référentiel de 99% ; mais, il pourrait l'atteindre, s'il poursuit les efforts dans le même élan. Dans le second degré, la scolarisation atteint 97,4% au premier cycle et 86,8% dans le second cycle. Ces valeurs se situent alors au-dessus de notre référentiel qui requiert des minima de 90% et 85%, respectivement dans le premier et le second cycle. Cependant, le retard accusé longtemps dans l'éducation a produit des adultes encore analphabètes dans le pays, dont le taux est d'environ 17%. Cela demeure le point faible du Gabon, qui devra accroître les capacités d'encadrement à l'école primaire pour dépasser 99%, et mobiliser des ressources de formation et d'alphabétisation pour évoluer de 83,2% à un minimum de 98% de son taux d'alphabétisation. L'espérance de vie résultant des efforts récents remonte la valeur à 64,4 ans, mais elle reste très inférieure à notre référentiel de 75 ans. Néanmoins, la combinaison des éléments positifs du progrès au Gabon engendre un indice de développement humain (IDH) de 0,70/1, l'un des plus élevés du continent africain. Au cours de la décennie 2015-2025, le pays devrait concentrer ses objectifs sur la poursuite de la diversification des ressources de son produit intérieur en optimisant l'exploitation de toutes ses ressources, en développant l'industrie de transformation pour accroître la valeur ajoutée et les compétences de ses ressources humaines dans le pays, en accroissant les efforts dans l'offre quantitative et qualitative de l'éducation à tous les niveaux des savoirs, en assainissant les mœurs des prédateurs sexuels, en luttant vigoureusement contre la mortalité infantile par des infrastructures médico-sanitaires, contre les épidémies par l'hygiène publique efficace, et en modernisant des infrastructures de communication et de transport en vue de développer des pôles économiques régionaux du pays, et des échanges économiques avec les pays des quatre régions voisines : centrale, occidentale, orientale et australe. Les pays africains ne pourront pas émerger en se passant des autres pays voisins comme partenaires naturels au développement.

Le deuxième groupe est formé de trois pays, dont le produit intérieur brut nominal par habitant est intermédiaire, entre 1000 dollars et 2000 dollars. Il s'agit du Congo, du Cameroun et des îles de Sao Tomé et Principe situées dans l'Océan Atlantique Sud, au large du Gabon. Le Cameroun est le plus grand pays de ce groupe, avec un produit intérieur brut de 28,42 milliards de dollars pour une population de 22,710 millions d'habitants, en 2015. Il en découle une production brute par habitant de 1.251 dollars. Le pays n'est donc pas très pauvre ; c'est une économie intermédiaire à l'échelle de l'Afrique. Des ressources devraient lui permettre d'améliorer les conditions de vie des populations. Mais, la mortalité infantile est de 5,9%, très loin du taux de 1,0% préconisé. La mortalité globale est également très élevée, avec un taux de 1,2% contre une valeur de référence de 0,5%. Le Cameroun enregistre un important retard sur les indicateurs sociaux. La scolarisation dans le primaire a très légèrement évolué pour atteindre 95,5% des enfants, et le pays devrait poursuivre les efforts pour dépasser 99%, afin d'intégrer le maximum d'enfants à l'école de base. Cependant, le second degré a enregistré une stagnation sur la période de 2000 à 2015, à 79,1%. C'est un effort très au-dessous du référentiel de 90% minimum pour le premier cycle du second degré. Ensuite, le second cycle affiche une modeste progression de 50,8% à 58,5% des enfants concernés de la classe d'âge. Le Cameroun est donc très loin des 85% attendus pour assurer une transmission des savoirs et des savoir-faire, à travers les formations générales et professionnelles utiles au développement du pays. De plus, il y a une déperdition anormale entre les différents cycles, du primaire au second cycle du second degré, comme dans de nombreux pays africains. A ces insuffisances, s'ajoute un retard structurel dans le défaut de scolarisation, qui a produit un fort taux d'analphabètes dans un pays doté de ressources pour y faire face avec succès. Aussi, le taux d'alphabétisation figure parmi les plus faibles du continent, avec 71,3%. C'est une honte pour les dirigeants qui se sont succédé au pouvoir depuis l'indépendance.

Baisser la mortalité dans le pays, souvent liée à l'hygiène publique insuffisante, aux défauts des centres médico-sanitaires et des infrastructures médicales adaptées dans tout le pays, au déficit d'information et de formation sanitaires aux habitants pour défaut de connaissances de base, est un impératif. Il se crée une société des classes privilégiées, mais sur une base très étroite ; le reste de la population, majoritaire, est abandonnée à elle-même, dans le dénuement, la misère et l'ignorance. Avec un indice de développement humain de 0,52/1, à la moyenne des pays pauvres, le Cameroun reste un pays pauvre. L'espérance de vie moyenne de ses habitants n'est que de 55 ans ; elle traduit les insuffisances des politiques publiques à produire de bonnes conditions de vie des habitants. Avec une croissance de la production intérieure de 5,8%, bien supérieure à la progression démographique de 2,4%, le pays se redresse et devrait dégager des ressources pour investir dans les projets visant le progrès social. Les conditions sociodémographiques seraient réunies pour atteindre des résultats à moyen terme, avec un indice de fécondité favorable de moins de quatre enfants par femme. La décennie 2015-2025 devrait permettre aux dirigeants politiques, économiques et sociaux de réaliser quelques progrès. Tous les ratios sont au-dessous des valeurs de référence ; tout est à construire dans tous les domaines, avec des objectifs précis, des plans d'action clairs et une obligation des résultats, pour relancer le pays. Les experts et les instruits du pays en sont comptables.

La République du Congo a réussi un produit intérieur brut de 1.742 $/habitant, soit une valeur nominale au-dessus de celle du Cameroun. Mais, les ressources importantes du pétrole, du bois et des minerais de ce pays devraient rapporter plus, pour une population de 4,911 millions d'habitants, comparés aux 22,710 millions pour le Cameroun. Les deux pays souffrent alors des insuffisances de gestion publique, des défauts d'ambition pour le progrès économique et social de leurs habitants, et du manque de projets cohérents pour l'avenir. En République du Congo, et pour des ressources théoriques importantes à redistribuer à une population réduite, la mortalité infantile de 5,6% est trop élevée. La mortalité globale de 1,0% est le double de notre référentiel pour l'Afrique. La conjoncture économique, liée aux revenus du pétrole qui constitue la principale ressource d'exportation du pays, n'est pas favorable en 2016. La croissance économique est donc faible à 2,7%, au regard de l'explosion démographique avec une progression de 3,7%. Face à une forte mortalité, les familles tentent de compenser par une fécondité moyenne élevée de 4,7 enfants par femme. Les dirigeants doivent alors mener des campagnes d'information et de formation pour le planning familial afin d'adapter les natalités aux réalités dégradées du pays. De plus, les ressources abondantes antérieures n'ont pas été suffisamment investies dans l'éducation. La scolarisation a certes évolué de 53,4% à 92,8% au cours de la période de 2000 à 2015, mais les efforts restent insuffisants pour atteindre 99%. Il faudra les poursuivre sur la décennie 2015-2025. Il y a ensuite une forte distorsion entre le premier cycle et le second cycle du second degré : les perditions de 90,2% à 68,7%, comme auparavant de 83,7% à 57,7% au cours de la période de 2000 à 2015. Soit, il y a une extrême mortalité scolaire inexpliquée, ou alors les statistiques nationales sont fantaisistes. Dans tous les cas, il y a manifestement une inefficacité dans la gestion de la scolarisation au Congo. Enfin, le taux d'alphabétisation de 80,9% affiché est trop faible, au regard d'un objectif de notre référentiel d'un minimum de 98% requis pour chaque pays africain. Des insuffisances dans l'éducation, dans l'encadrement médico-sanitaire conduisant à une forte mortalité infantile de 5,6% des enfants, et un taux d'alphabétisation aussi faible pour un pays ayant disposé d'importantes ressources pour répondre à la demande sociale d'une population aussi réduite, posent les questions de la gouvernance et de la projection du pays dans des projets d'avenir. L'espérance de vie moyenne reste parmi les plus basses du continent, avec 59,3 ans et un IDH faible de 0,59/1 caractéristiques des pays pauvres. Enfin, une dette publique entre 120% et 200% du PIB en 2017 reste inexpliquée. Les efforts devraient être déployés sur tous les fronts pour relever la gestion, et projeter le pays dans le progrès social.

Les îles de Sao Tomé et Principe constituent un petit territoire de 1000 km^2, et abritaient une population de 193.500 habitants en 2015. C'est une population comparable à celle d'une petite commune en France, mais le pays jouit d'une pleine souveraineté, avec un statut de république et un attribut de souveraineté traduit dans sa monnaie : le dobra. C'est une faible monnaie, à la taille du pays. La production brute a atteint 1.639 dollars par habitant en 2015, avec une hausse de 4,2% supérieure à la progression démographique de 3,3%. Cependant, avec une densité actuelle de 200 habitants au kilomètre carré, Sao Tomé et Principe devrait revoir sa politique familiale et réduire la fécondité de 4,8 enfants par femme à trois enfants en moyenne, pour adapter les naissances à ses ressources. En effet, la mortalité de 5,0% des naissances et la mortalité globale de 0,8% sont plus basses que dans les autres pays de l'Afrique centrale, mais elles restent relativement élevées. Malgré son insularité et des ressources limitées hors du tourisme, Sao Tomé et Principe affiche un meilleur taux de scolarisation en Afrique centrale derrière le Gabon. Sa valeur a fortement progressé de 82,5% à 95,7% au cours de la période de 2000 à 2015. Le taux d'alphabétisation arrive au deuxième rang avec 87,9% derrière celui de la Guinée Équatoriale de 98,3%. Les efforts de ce petit pays se répercutent dans une meilleure espérance de vie de ses habitants, qui atteint 63,9 ans contre 59,3 ans au Congo. Sao Tomé et Principe devrait programmer dans ses priorités de la décennie 2015-2025, la baisse de la mortalité, la progression de l'éducation à plus de 99% des enfants dans le primaire et 90% dans le second degré, ainsi que la mobilisation pour le planning familial face à la densité de sa population, afin de prévenir contre l'explosion démographique au-delà des capacités de ce pays.

Le groupe des pays les plus pauvres de l'Afrique centrale est formé de trois pays : le Tchad, la République démocratique du Congo et la République centrafricaine. Ce sont également les pays les plus étendus de la région. Le plus grand pays de l'Afrique centrale et le deuxième du continent africain reste la République démocratique du Congo, avec 2,345 millions de km² derrière l'Algérie, avec 2,382 millions de km². De plus, la R.D. Congo compte actuellement environ 86,895 millions d'habitants, soit le quatrième rang de la population après le Nigeria (193,074 millions, en Afrique occidentale), l'Éthiopie (92,206 millions, en Afrique orientale), et l'Égypte (92,105 millions, en Afrique du Nord), et loin devant la République Sud-Africaine (55,654 millions d'habitants, en Afrique australe). Cependant, il apparaît que la République démocratique du Congo (R.D. Congo) se distingue par la production intérieure brute par habitant la plus faible de ces cinq grands concurrents démographiques en Afrique, avec 499 dollars par rapport à celle de 785 dollars pour l'Éthiopie sans beaucoup de ressources naturelles, et loin derrière les trois autres, dont les PIB par habitant dépassent largement notre référentiel établi à 2.000 dollars. Le produit intérieur brut nominal de la République démocratique du Congo s'établit à 42,056 milliards de dollars en 2016. Il y a clairement une grande faiblesse dans la production de cet immense pays. Ce dernier a l'impérieuse urgence d'optimiser l'exploitation, la transformation et la valorisation de ses abondantes ressources minières, l'exploitation de ses ressources hydrauliques en vue de produire l'électricité pour ses habitants, et la transformation de ses ressources énergétiques pour accroître sa richesse nationale. La R.D. Congo est sans doute le pays dont les richesses sont les plus diversifiées du continent africain. Les deux-tiers de la forêt équatoriale se trouvent sur le territoire de la R.D. Congo, mais l'exploitation et la production du bois restent très insuffisantes : 80 millions de tonnes de bois en 2010. Le pays possède des variétés immenses des essences du bois et du caoutchouc. Il reste à se demander si les Congolais eux-mêmes sont intéressés par la valorisation de ces richesses pour le progrès de leur pays.

Le potentiel agricole et d'élevage disponible dans le pays est très insuffisamment exploité : le blé, le cacao, le café, le thé, la canne à sucre, le coton, le maïs, le millet, les oranges, les pommes de terre, le manioc, le riz, les bovins et les ovins, etc. Cependant, des dizaines de millions de Congolais, sédentarisés ou en déplacements intérieurs à la suite des guerres civiles interminables, vivent de l'aide alimentaire internationale, via de nombreuses organisations humanitaires, l'Union européenne, les Etats-Unis d'Amérique et des agences de l'ONU. Quant au potentiel minier de la R.D. Congo, il attise les convoitises des compagnies des pays de tous les continents. Le pays possède d'immenses gisements dans toutes les provinces : le diamant (2^e^

producteur mondial), l'étain (6e producteur mondial), l'or, le cuivre au Shaba, le colombo tantalite (Coltan), la bauxite dans le Bas-Congo, le fer, le manganèse au Shaba et dans le Bas-Congo, le charbon au Shaba, le pétrole dans plusieurs provinces, le gaz méthane dans la lac Kivu en partage avec le Rwanda, le cobalt dans le Shaba, les schistes bitumeux dans le Bas-Congo, l'argent, l'uranium, le zinc. La R.D.C. est le seul pays au monde à disposer sur son sol autant de diversité de ressources minières qui pourraient en faire une grande puissance industrielle mondiale, mais le pays ne possède pas encore de véritable industrie minière. En exportant ses matières premières brutes pour en importer ensuite les produits finis plus chers, la R.D.C. gère une balance des paiements très largement déficitaire. Sur le plan d'organisation intérieure, la R.D. Congo compte de très grandes agglomérations, parmi lesquelles les cinq premières dépassent largement 1,2 million d'habitants, dont la capitale Kinshasa qui compte parmi les plus grandes mégalopoles du monde. Néanmoins, le pays n'a pas développé le système bien géré des transports publics, efficace et qui réponde aux besoins de ces agglomérations. Les liaisons interurbaines sont défaillantes, dans un état désastreux, quand elles ne sont pas simplement inexistantes. Le pays a été ruiné par trente-deux ans de dictature. Il a donc besoin de stabilité politique, de sécurité intérieure, de paix nationale, en vue d'investir solidement dans les infrastructures de communication et de désenclavement des provinces, dans le système de santé et dans des équipements scolaires à travers tout le pays. Il faut du développement.

La R.D. Congo a connu l'une des plus fortes croissances du continent en 2016, une progression de 9,0% de la production intérieure, bien au-dessus de l'évolution démographique de 3,1%. Celle-ci est associée à une fécondité de 6,5 enfants par femme, puisque la mortalité infantile de 8,9% et la mortalité globale de 1,3% sont largement au-dessus de notre référentiel, respectivement de 1,0% et 0,5%. Le taux d'alphabétisation de 63,8% en 2015 traduit des insuffisances dans l'éducation de la jeunesse depuis plusieurs décennies. C'est l'un des plus bas de l'Afrique centrale, avant la République centrafricaine (56,6%) et le Tchad (35,4%) du même groupe des plus pauvres de cette région. Les dirigeants ont souhaité s'attaquer à ce fléau social d'analphabétisme en déployant des efforts récents, face à la taille immense du pays, dans l'éducation des enfants. Au cours de la période de 2000 à 2015, la scolarisation primaire est passée de 76,5% à 82,8%. Dans le second cycle du secondaire, cet effort intègre 73,5% de jeunes à l'école. Venant d'aussi bas, avec un taux d'alphabétisation de 63,8% traduisant de fortes carences historiques dans l'éducation, le pays a fortement progressé. Mais, il est encore loin des référentiels de 99% dans le primaire, et de 90% dans le second degré. Le pays doit mener les batailles sur plusieurs fronts. Le déficit dans des infrastructures médico-sanitaires, la malnutrition et l'insécurité alimentaire, des insuffisances dans des conditions d'hygiène publique entretenant des épidémies récurrentes, la mortalité élevée, entretiennent une espérance de vie très faible de 51,5 ans. Aussi, l'indice de développement humain reste très bas à 0,44/1. Le fond des carences dans cet immense pays se loge nettement dans le défaut de développement économique et social, une gouvernance centralisée, mais laissant une écrasante majorité de ses habitants très loin dans l'arrière-pays, et un déficit d'ambitions de travail et d'efforts pour relever le pays de la part de nombreux dirigeants. La colonisation belge a ruiné la R.D. Congo et éloigné les Congolais de leurs richesses naturelles exploitées et transformées au seul profit du colonisateur. La dictature de Mobutu, qui a sévi pendant trente-deux ans, a achevé de détruire les maigres infrastructures laissées par les Belges. Enfin, des guerres intérieures à répétition ont provoqué des millions de morts et de déplacés dans des conditions d'insalubrité extrême. Les conditions du développement équilibré sur l'ensemble du pays n'ont pas été réunies. Depuis, la renaissance du Congo avec Laurent-Désiré Kabila en 1997, le pays n'a pas encore rattrapé le retard d'un passé chaotique. Il lui faut du temps, de la stabilité et de la constance dans les efforts pour atteindre un progrès à la hauteur de ses énormes capacités et de ses immenses ressources.

Le Tchad est un autre pays de contraste, entre les ressources issues du pétrole et la pauvreté que vivent les habitants. Le pays est immense de 1,284 million de km², mais une grande partie est occupée par le désert du Sahara. La population, estimée actuellement à 14,152 millions d'habitants, se concentre dans la capitale N'Djamena, et dans le sud du pays moins aride. Le produit intérieur brut a atteint 10,89 milliards de dollars en 2015, soit une part de 797 dollars par habitant. De plus, la croissance a été forte de 7,3%. Néanmoins, étant due aux exportations de matières premières brutes, sans transformation dans le pays pour créer de la valeur ajoutée et des emplois qualifiés, cette croissance ne crée ni d'emplois, ni de développement. A moins que les dirigeants ne se servent des recettes pour les transformer en projets de progrès social pour tous les habitants. Cependant, la situation ne s'est pas améliorée dans le pays. La mortalité infantile de 8,8% s'affiche en haut du tableau en Afrique, aux côtés des autres contre-performances en Sierra Leone (10,3%), Centrafrique (9,5%), Guinée-Bissau (9,4%), R.D. Congo (8,9%) et en Somalie (8,5%). La mortalité globale de 1,4% reste très élevée, et bien au-delà de notre référentiel de 0,5%. Par ailleurs, le taux d'alphabétisation de 35,4% étant parmi les plus faibles du continent, le Tchad aura des difficultés à réguler son planning familial, avec 7,0 enfants par femme, alors qu'il n'a pas les moyens économiques et matériels d'apporter du progrès aux familles aussi nombreuses. La diffusion des informations et des connaissances passe par les documents, les formations publiques, et la capacité des habitants à s'approprier les connaissances de manière autonome, en accédant eux-mêmes aux sources. Pour ce faire, il faut un bagage minimum de connaissances acquises par l'instruction ou par la formation.

En 2011, le niveau d'alphabétisation de 35,4% est comparable à celui de la Somalie en 2001 (37,8%) ou de l'Éthiopie en 2007 (39,0%). En 2016, il se situe entre les pays les moins avancés : le

Niger (26,6%), le Mali (31,0%) et la Guinée (45,3%). Le retard accusé par ces pays pour apporter de l'instruction et du savoir au peuple peut expliquer les mortalités élevées et les tentations des familles de compenser par les forts taux de fécondité. C'est la réponse des peuples abandonnés à eux-mêmes, déconnectés des politiques publiques sociales, médico-sanitaires, d'hygiène publique et des infrastructures de santé défaillantes ou inexistantes. Aux problèmes médicaux, économiques, socio-éducatifs, de sécurité, les familles répondent par les identités culturelles, religieuses ou ethniques. L'État et les familles se déresponsabilisent en rejetant la faute au destin, ou invoquent la générosité de la providence. Ils oublient facilement qu'ils sont co-responsables de l'avenir de leurs enfants. L'éducation de base des jeunes est souvent la solution à long terme pour prévenir contre les insuffisances publiques en faveur des adultes. Au cours de la période de 2000 à 2015, la scolarisation primaire est passée de 51,8% à 79,1% des enfants éligibles. Certes, les efforts sont louables, mais le résultat est encore très éloigné des 99% d'enfant à l'école. Dans le premier cycle du second degré, il est plus modeste, passant de 42,3% à 57,8%, alors que dans le second cycle, ces valeurs passent de 30,3% à 44,2%. Nous sommes également très loin des minima de 90% dans le premier cycle et de 85% dans le second cycle. L'État aura été manifestement défaillant à l'égard de la jeunesse (faible niveau d'éducation) et des familles (faible niveau d'alphabétisation, taux de mortalité infantile très élevé). Alors, l'espérance de vie tombe à 52,9 ans et l'indice de développement humain (IDH) de 0,40/1 évolue entre le plus faible de la région en République centrafricaine (0,35/1) et celui de la République démocratique du Congo (0,44/1).

Ces trois pays constituent le groupe des pays les plus pauvres de l'Afrique centrale, alors qu'ils contiennent parmi les plus importantes ressources minières et énergétiques du monde. Le Tchad sait qu'il doit exercer des efforts dans tous les domaines socio-économiques et sociodémographiques (abaisser le taux de fécondité pour l'adapter aux capacités des familles et du pays, accroître les investissements dans l'éducation et la formation professionnelle de la jeunesse, lutter efficacement contre les épidémies et les causes récurrentes de la forte mortalité, investir dans les infrastructures de communication entre le centre du pouvoir et les pôles économiques et culturels régionaux, déployer des efforts dans des infrastructures médico-sanitaires dans tout le pays). C'est une proposition pour la décennie 2015-2025, pour améliorer significativement les conditions de vie des millions de Tchadiens dans leur pays. Il est urgent d'agir.

Le dernier et le plus pauvre des pays de l'Afrique centrale est la République centrafricaine. Elle s'étend sur 622.984 km², soit 96,8% de la superficie de toute la France métropolitaine et des outre-mer. Il convient de rappeler que la France comprend la métropole de 551.500 km², les départements d'outre-mer de 92.220 km² et les territoires d'outre-mer de 30.904 km². Le plus pauvre pays de l'Afrique centrale, ancienne colonie française comme le Tchad, le Cameroun après 1945, le Congo et le Gabon, est donc 113,0% plus grande que toute la France métropolitaine. Cependant, la population de la République centrafricaine est estimée à 5,392 millions d'habitants contre 66,90 millions d'habitants en France. A étendue comparable, la population centrafricaine devient inférieure à 10% de celle de la France. Dépourvue de ressources naturelles dans son sous-sol depuis la fermeture des mines de charbon, mais ayant misé sur les industries de transformation et de valorisation des matières premières importées, des industries agro-alimentaires et le savoir-faire technologique dans tous les domaines du savoir, la France a produit pour 2.421,56 milliards de dollars en 2015, et depuis lors, elle est devenue la 6e puissance économique mondiale, derrière les Etats-Unis d'Amérique, la Chine, le Japon, l'Allemagne et le Royaume-Uni. A l'autre bout du monde des performances économiques, la République centrafricaine n'a réussi qu'un modeste produit intérieur brut de 1,50 milliard de dollars au cours de la même année. L'équivalent d'un chiffre d'affaires d'une entreprise moyenne en France, pour un pays doté d'immenses ressources de diamant, d'uranium, de pétrole concédé aux Américains et aux Chinois, provoquant la colère de la France, et de bois des essences rares. Le produit intérieur brut français valant 37.675 dollars par habitant en 2015, celui des Centrafricains figure parmi les plus faibles du monde à 285 dollars. De plus, la modeste croissance de 1,02%, dans un pays miné par des guerres civiles à répétition depuis le départ du fantasque mégalomane pauvre empereur Jean-Bedel Bokassa en 1979, ne parvient pas à couvrir la progression démographique de 2,14% entretenue par une fécondité de 4,5 enfants par femme. La pauvreté du pays et des familles, l'hygiène publique insuffisante, les infrastructures médico-sanitaires défaillantes, l'absence des ambitions d'éducation de la jeunesse et d'encadrement culturel des adultes, les défaillances chroniques d'un État déliquescent depuis plusieurs décennies, abandonnant les populations à elles-mêmes ou entre les mains des organisations internationales, et des forces étrangères de maintien de la paix en l'absence de véritables forces de sécurité nationales, traduisent une regrettable absence d'État. En conséquence, le pays est miné par une mortalité infantile vertigineuse de 9,5% des enfants, et une mortalité globale de 1,4%. Le pays est donc bien loin des cibles des maxima de 1,0% de mortalité infantile et de 0,5% de mortalité globale. Mais pour préparer le redressement, encore faudrait-il que le pays affiche des ambitions d'éducation de sa jeunesse. Au cours de la période de 2000 à 2015, la scolarisation des enfants bloque à 70,8% dans l'éducation primaire. C'est nettement insuffisant, notamment pour un immense territoire, potentiellement riche, et de 5,39 millions d'habitants. Dans le second degré, la Centrafrique n'accueille que 55,2% des enfants au premier cycle et seulement 27,8% dans le second cycle. Notre référentiel propose des minima de 99% dans le primaire, 90% dans le premier cycle du second degré et 85% dans le second cycle. L'éducation en République centrafricaine est très loin de répondre au minimum. Lorsque près de 30% des enfants ne connaissent pas le chemin du socle de l'éducation que constitue l'école primaire, cela interroge sur l'avenir de ce pays. Lorsqu'à peine plus de la moitié des jeunes concernés peuvent fréquenter le collège, l'autre moitié est abandonnée aux bandes armées pour perpétuer les guerres civiles et les pillages. Le pays expose sa jeunesse aux prédateurs guerriers motivés par l'appât du gain, avides de sang par l'usage des enfants soldats transformés en mines anti personnelles. L'on peut s'interroger sur les actions et les rôles tenus par le pouvoir politique et les dirigeants du pays depuis son indépendance. Loin des déserts du Sahara ou du Kalahari, dans un pays très fertile de savanes et de forêts, doté d'immenses ressources et peu habité, toutes les conditions sont réunies pour créer du développement et redistribuer les richesses.

Très loin de la France et par commodité, on peut comparer la République centrafricaine au Congo Brazzaville voisin, ayant connu la même histoire coloniale avec la France, comptant une population de taille équivalente de 5,1 millions d'habitants, et appartenant à la même région d'Afrique centrale. Le PIB du Congo est de 8,56 milliards pendant que la Centrafrique ne produit que 1,50 milliards. Le PIB ramené à l'habitant pèse 1.742 dollars au Congo contre 285 dollars en Centrafrique. L'offre quantitative de l'école au Congo reste nettement insuffisante pour un pays qui dispose des moyens économiques et financiers, mais dont on peut comprendre que les corruptions en engloutissent une bonne partie. Cependant, le pays parvient à scolariser 92,8% des enfants contre 70,8% en Centrafrique, alors que la cible est d'atteindre 99%. Dans le second cycle du second degré, celui qui prépare aux métiers ou à l'enseignement supérieur, le Congo occupe 68,7% de ses jeunes concernés au lieu de 85% au moins. Et l'on ne préjuge pas de la qualité des enseignements dispensés et de l'encadrement pédagogique, en espérant qu'après l'offre quantitative, encore très faible, le pays se dotera d'une ambition claire de la qualité des contenus de l'éducation et des performances scolaires. Mais en République centrafricaine, même l'offre quantitative est très faible, avec 27,8% de la classe d'âge au second cycle du second degré, soit les élèves scolarisés dans les lycées par rapport à la classe d'âge des jeunes de ce pays. L'on peut alors y trouver des éléments explicatifs des crises récurrentes, des rébellions et des guerres civiles de survie dans ce pays. Le niveau d'alphabétisation du Congo, encore trop faible et qui redescend le Congo parmi les pays culturellement pauvres, est de 80,9% en 2015. Mais, en Centrafrique, ce niveau n'était que de 56,6% en 2011. Près de la moitié des Centrafricains étaient donc encore analphabètes, plus de cinquante ans après l'indépendance de ce pays. L'espérance de vie n'était encore que 50,9 ans en 2013, contre 59,3 ans en 2016 en République du Congo. L'actualisation des données sociodémographiques et économiques fait partie des éléments d'appréciation dans l'établissement des indicateurs de gestion des nations modernes. Tout manquement à ces obligations contribue à alourdir l'incompétence des dirigeants. L'indice de développement humain (IDH) de la République centrafricaine était de 0,35/1, alors que celui du Congo s'élevait à 0,59/1. Celui de la France s'établissait à 0,90/1. La République centrafricaine montre les défaillances dans la gestion publique, et il reste le pays relativement plus pauvre que les autres voisins de l'Afrique centrale, alors même que celle-ci est la région la plus pauvre du continent africain, au regard des valeurs des indicateurs sociodémographiques et économiques. Au cours de la décennie 2015-2025, le pays aura besoin d'une paix durable et de la stabilité politique pour organiser l'État, et concentrer toutes ses ressources en vue de la constitution du socle solide pour le développement économique et social. Nous avons établi le référentiel ; il revient à la charge des dirigeants de ce pays de se doter des ambitions, des projets structurés et des plans d'actions pour parvenir aux résultats. La paix durable est aussi à ce prix.

Au terme des analyses comparatives, nous avons classé les pays de l'Afrique centrale en trois groupes. Nous synthétisons les résultats comparés dans le tableau où tous les indicateurs ressortent clairement. Nous avons rassemblé tous les pays dans deux tableaux, organisés du Gabon (7574 $) à la République centrafricaine (285 $) par ordre décroissant du produit intérieur brut nominal par habitant.

Indicateurs	Gabon	Guinée équatoriale	Congo	Sao Tomé et Principe
Population	1 919 671	1 962 924	5 092 127	199 848
Superficie (Km²)	267 667	28 051	341 821	1 001
Densité (Habitants/Km²)	7,2	70,0	14,9	199,7
PIB (Milliards $USD)	14,262 (2015)	12,202 (2015)	8,553 (2015)	0,318 (2015)
PIB/Habitant	7 574 $USD	6 382 $USD	1 742 $USD	1 639 $USD
Croissance du PIB	4,00 % / an (2015)	-8,29 % / an (2015)	2,65 % / an (2015)	4,20 % / an (2014)
Croissance démographique	1,96 % / an	2,67 % / an	3,68 % / an	3,28 % / an
Espérance de vie	64,4 ans (2014)	57,7 ans (2014)	59,3 ans (2016)	63,9 ans (2013)
Indice de fécondité	3,9 enfants / femme (2014)	4,8 enfants / femme (2014)	4,7 enfants / femme (2015)	4,8 enfants / femme (2013)
Taux de mortalité infantile (‰)	36,10 ‰ (2015)	68,20 ‰ (2015)	56,40 ‰ (2016)	50,48 ‰ (2013)
Taux de mortalité globale (‰)	8,63 ‰ (2014)	10,76 ‰ (2014)	9,70 ‰ (2016)	7,68 ‰ (2013)
Taux d'Alphabétisation	83,18 % (2015)	98,26 % (2015)	80,91 % (2015)	87,90 % (2007)
Taux (en %) de Scolarisation au 2e cycle du Second Degré (2015/2000)	86,8 / --		68,7 / 57,7	
Taux (en %) de Scolarisation au 1er cycle du Second Degré (2015/2000)	97,4 / --		90,2 / 83,7	
Taux (en %) de Scolarisation primaire (2015/2000)	98,0 / --	57,3 / 66,6	92,8 / 53,4	95,7 / 82,5
Langues nationales et langues officielles	Français	Espagnol, Français, Portugais	Kikongo et Lingala, Français	Portugais

Indicateurs	Gabon	Guinée équatoriale	Congo	Sao Tomé et Principe
Monnaie nationale	Franc CFA (XAF)	Franc CFA (XAF)	Franc CFA (XAF)	Dobra (STD)
IDH (2015)	0,697	0,592	0,592	0,574
Forme de pouvoir	République	République, régime présidentiel fort	République, régime présidentiel fort	République
Chef de l'État	Ali Bongo Ondimba	Teodoro Obiang Nguema Mbasogo	Denis Sassou-Nguesso	Evaristo Carvalho

Trois pays, dont l'économie est principalement bâtie sur le pétrole (Gabon, Guinée Équatoriale et Congo), et le plus petit pays d'Afrique centrale, forment le quatuor de tête par le produit intérieur brut par habitant dans cette région.

Un pays intermédiaire, le Cameroun, se détache très nettement du Tchad qui le suit dans la formation du produit intérieur brut par habitant. L'Afrique centrale est la région majoritairement francophone, après l'Afrique du nord où l'Égypte est d'abord un pays anglophone et arabophone, mais comptant également quelques locuteurs qui y ajoutent l'usage de la langue française.

Indicateurs	Cameroun	Tchad	R.D.Congo	Centrafrique
Population	23 248 044	14 152 314	86 895 208	5 391 539
Superficie (Km^2)	475 650	1 284 200	2 345 095	622 984
Densité (Habitants/Km^2)	48,9	11,0	37,1	8,7
PIB (Milliards $USD)	28,416 (2015)	10,894 (2015)	42,056 (2016)	1,503 (2015)
PIB/Habitant	1 251 $USD	797 $USD	499 $USD	285 $USD
Croissance du PIB	5,77 % / an (2015)	7,30 % / an (2014)	9,00 % / an (2016)	1,02 % / an (2014)
Croissance démographique	2,37 % / an	3,53 % / an	3,07 % / an	2,14 % / an
Espérance de vie	55,02 ans (2013)	52,90 ans (2015)	51,46 ans (2015)	50,90 ans (2013)
Indice de fécondité	4,0 enfants / femme (2013)	7,0 enfants / femme (2015)	6,5 enfants / femme (2015)	4,5 enfants / femme (2013)
IDH (2015)	0,518	0,396	0,435	0,352

Indicateurs	Cameroun	Tchad	R.D.Congo	Centrafrique
Taux de mortalité infantile (‰)	58,51 ‰ (2013)	87,90 ‰ (2015)	88,62 ‰ (2015)	95,04 ‰ (2013)
Taux de mortalité globale (‰)	11,51 ‰ (2013)	13,60 ‰ (2015)	13,27 ‰ (2015)	14,42 ‰ (2013)
Taux d'Alphabétisation	71,30 % (2010)	35,40 % (2011)	63,82 % (2015)	56,60 % (2011)
Taux (en %) de Scolarisation au 2e cycle du Second Degré (2015/2000)	58,5 / 50,8	44,2 / 30,3	73,5 / 66,6	-- /27,8
Taux (en %) de Scolarisation au 1er cycle du Second Degré (2015/2000)	79,1 / 78,8	57,8 / 42,3	82,8 / 76,5	-- /55,2
Taux (en %) de Scolarisation primaire (2015/2000)	95,5 / --	79,1 / 51,8		70,8 / --
Langues nationales et langues officielles	Français, Anglais	Français, Arabe	Lingala, Kikongo, Kiswahili, Tshiluba et Français	Sango, Français
Monnaie nationale	Franc CFA (XAF)	Franc CFA (1 franc XAF = 100 centimes)	Franc congolais (CDF)	Franc CFA (XAF)
Forme de pouvoir	République parlementaire, à caractère présidentiel	République. Régime présidentiel	République, régime semi-présidentiel	République
Chef de l'État	Paul Biya	Idriss Déby Itno	Joseph K. Kabila	Faustin-Archange Touadéra

Le Tchad, la R.D. Congo et la République centrafricaine présentent des situations socio-économiques très dégradées. Les guerres civiles à répétition en Centrafrique, les conflits armés dans différentes provinces de la R.D. Congo et une gestion chaotique des ressources au Tchad, sont responsables des retards de développement dans ces pays. Le Cameroun se détache de ses voisins, mais la scolarisation reste faible, le taux de mortalité est très élevée.

Deux pays de l'Afrique centrale atteignent les valeurs des indicateurs du référentiel, alors que certains pays des autres régions ont déjà dépassé certaines valeurs. En 2015, le Gabon et la Guinée Équatoriale, portés par les exportations du pétrole, ont réalisé les plus hautes productions par habitant, respectivement de 7.574 $ et 6.382 $, soit des valeurs supérieures à 2.000 $. Ensuite, seuls le Congo, Sao Tomé et Principe et le Cameroun ont franchi le seuil de 1.000 $/habitant. La plus grande espérance de vie est au Gabon, avec 64,4 ans (environ dix ans de moins que le référentiel de 75 ans). Les habitants de Sao Tomé et Principe parviennent à 63,9 ans ; ceux du Congo et de la Guinée équatoriale suivent avec 59,3 ans et 57,6 ans. Ailleurs, les situations sont plus dégradées. Le graphique ci-dessous résume les situations relatives de chacun des pays de la région.

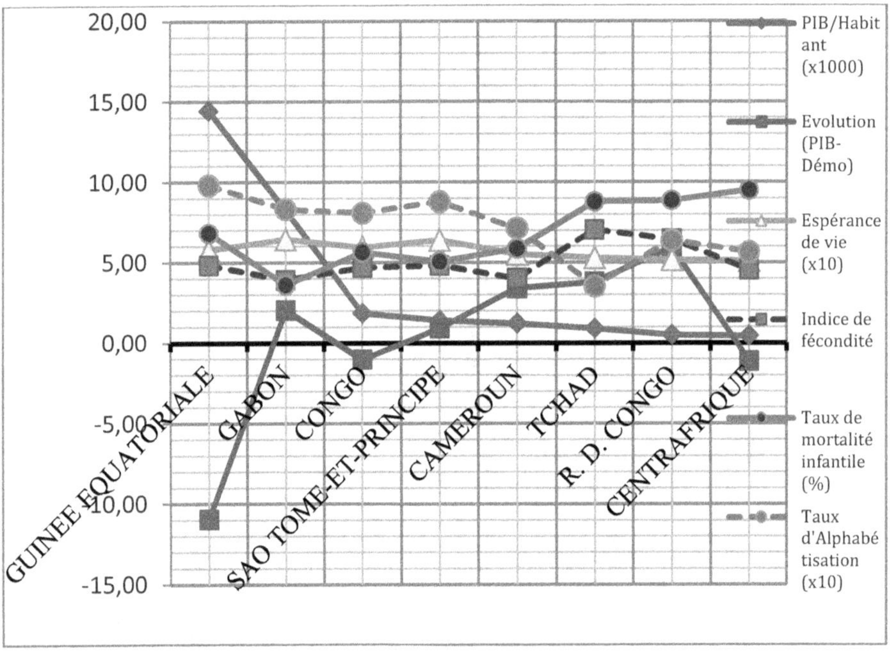

La Guinée Équatoriale, le Congo et la République centrafricaine connaissent des déséquilibres entre la croissance de la production intérieure et celle de la démographie. La R.D. Congo, le Tchad, le Cameroun et le Gabon devraient être en meilleure position pour répondre aux besoins sociaux, éducatifs, de santé et de formation pour combattre la mortalité élevée et l'analphabétisme.

Les pays de l'Afrique centrale sont tous sous-peuplés, à l'exception de Sao Tomé et Principe. Ils souffrent également des gouvernances restées longtemps passives, et minées par des mœurs des corruptions érigées en mode de gouvernement. Les discours politiques sur « l'émergence » apparaissent comme des incantations divinatoires, de la communication de charme en direction d'éventuels investisseurs occidentaux et des soutiens politiques extérieurs. La France a souvent appuyé les pouvoirs installés dans son précarré postcolonial, financé des projets fantômes ou des opérations soumises à des rétro commissions en faveurs des dirigeants. Ces soutiens ont longtemps caché des insuffisances dans la construction des projets et de véritables ambitions de développement. Néanmoins, aussi longtemps que les conditions de vie des habitants et des défaillances graves dans la gestion publique se poursuivront, il y aura des difficultés. L'indice de fécondité devrait être ramené à moins de quatre enfants par femme, afin de pouvoir concentrer les ressources disponibles dans leur éducation, leur alimentation et leur santé.

Le progrès social passe toujours par les familles, qui constituent les noyaux naturels des nations. Le Gabon et le Cameroun sont dans la cible avec quatre enfants par femme. Aussi, la lutte contre la mortalité infantile très élevée, contre l'analphabétisme et pour des infrastructures de santé publique de qualité, devrait faire partie des programmes de combat déterminé des États. Alors que la cible proposée est de 1,0%, le Gabon se maintient à 3,6% de mortalité infantile. Les autres pays de la région ont largement dépassé ce record (Sao Tomé : 5,0% ; le Congo : 5,6% ; le Cameroun : 5,8% ; la Guinée Équatoriale : 6,8% ; le Tchad : 8,8% ; la République démocratique du Congo : 8,9% et la République centrafricaine : 9,5%). Pour combattre cette forte mortalité, les pays doivent investir dans les infrastructures et des équipements de santé, d'hygiène publique, et multiplier des centres d'éducation médico-sanitaire pour la population. Ils doivent mobiliser les habitants dans la lutte contre la malnutrition, dans la diffusion des connaissances à travers des campagnes d'alphabétisation tous âges et d'éducation. La Guinée Équatoriale arriverait en tête dans le niveau d'alphabétisation, avec un taux de 98,3% ; il atteint le référentiel de 98%. Loin derrière, arrivent Sao Tomé et Principe avec 87,9%, le Gabon avec 83,2% et le Congo avec 80,9%. Ce sont les seuls pays qui ont franchi la barre de 80% en Afrique centrale. La scolarisation des enfants marque une grande faiblesse dans la région, alors qu'elle indique la fragilité ou la puissance dans l'avenir d'une nation. Quatre pays ont franchi le seuil de 90% dans la scolarisation primaire : le Gabon (98%), Sao Tomé et Principe (95,7%), le Cameroun (95,5%) et le Congo (92,8%). Néanmoins, aucun n'atteint le référentiel du minimum de 99% des enfants scolarisables. Pour les quatre restants, nous ne pouvons que requérir une peine d'investissement maximum pour relever le défi de l'éducation. La formation de tous les jeunes participe aux précieux investissements d'avenir. C'est l'un des socles solides du développement et une fierté dans la construction de toutes les nations. Quant à l'indice de développement humain, seul le Gabon atteint 0,70/1. Les autres stagnent sous la barre de 0,60/1 et les trois plus pauvres pays n'atteignent même pas la moyenne de 0,50/1. Le Tchad, la République démocratique du Congo et la République centrafricaine sont appelés à déployer des efforts massivement conséquents pour remonter significativement dans le progrès économique et social. Nous avons indiqué les points de grande fragilité selon les pays. Il appartient aux dirigeants de toutes tendances, d'apporter leurs contributions à une réelle stabilité politique, à la paix et la sécurité intérieures durables, et à la mobilisation des intelligences des ressources humaines, pour construire ensemble et partager les ambitions de leurs pays.

5. Les contrastes de l'Afrique occidentale

L'Afrique occidentale est un ensemble de trois principaux espaces monétaires (le naira du Nigéria, le cedi du Ghana et le franc CFA pour huit pays de cette région) et de deux principaux espaces linguistiques internationaux : l'anglais pour le Nigeria, le Ghana, la Gambie, le Liberia, la Sierra Leone, et le français pour le reste des pays de la région (à l'exception du Cap-Vert, dont la langue est le portugais). Elle s'étend sur 5,117 millions de km², pour une population de 365,445 millions d'habitants, dont 193,074 millions pour le seul Nigeria (52,8% de la région). Ce pays gère également la plus forte densité de la région, avec 209 habitants/km², contre 16 habitants/km² au Niger.

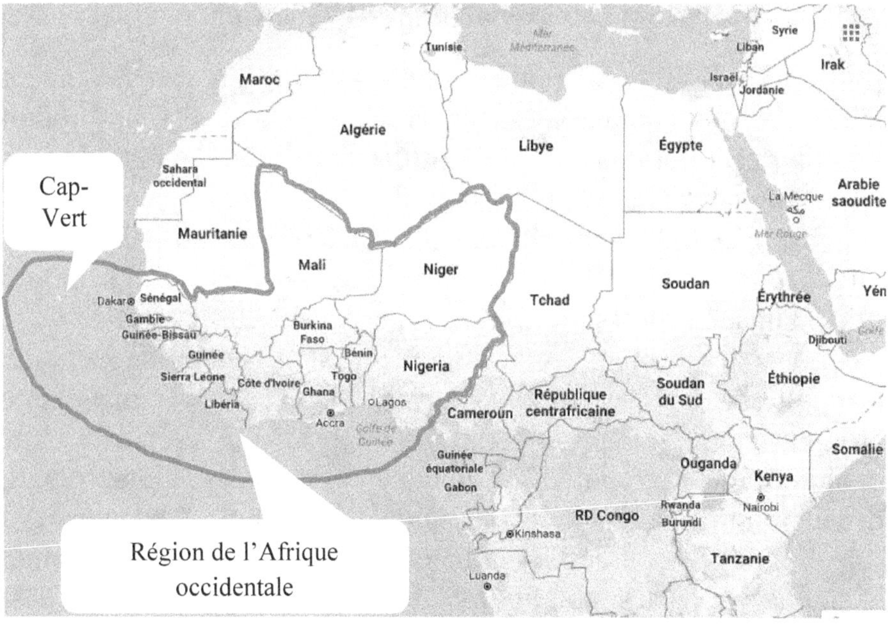

Carte présentant la position relative de l'Afrique occidentale. Le pays le plus étendu de la région est le Niger (1,267 million de km²), suivi du Mali (1,247 million de km²). Le plus peuplé est le Nigeria (193,074 millions d'habitants).

Nous avons réparti la région de l'Afrique occidentale en trois groupes de pays, à partir de leur distribution de la production intérieure brute nominale par habitant. Selon notre référentiel ajusté aux pays africains, la cible retenue est de 2.000 $/habitant. Or, même avec une valeur aussi faible, seuls deux pays sur quinze sont parvenus à l'atteindre entre 2015 et 2016. Le Cap-Vert (3.080 dollars), le plus petit pays et le moins peuplé de la région, situé en plein Océan Atlantique au large du Sénégal, et le Nigeria (2.178 dollars), le plus peuplé de l'Afrique occidentale et de toute l'Afrique et première puissance économique nominale du continent. Le Nigéria s'étend sur une superficie équivalant à 1,68 fois celle de la France métropolitaine. Deux autres pays ont réussi à franchir le seuil de la production intérieure brute de 1.000 dollars par habitant, et nous les associons à ce premier groupe. Ce sont deux voisins, économiquement concurrents, la francophone Côte d'Ivoire (1.399 dollars) et l'anglophone Ghana (1.381 dollars). Malgré l'apparence des chiffres, les incantations et les discours politiques sur l'émergence économique, les pays de l'Afrique occidentale restent tous globalement pauvres.

Le petit pays de la région, le Cap-Vert, s'en sort nettement mieux que les grands pays voisins. Le pays a réalisé un produit intérieur brut nominal de 1,603 milliard de dollars en 2015, pour une population de 0,54 million d'habitants, soit plus que la Gambie avec 0,94 milliard, mais pour 2,0 millions d'habitants, et plus que la Guinée-Bissau avec 1,057 milliard pour 1,73 million d'habitants. Le tourisme, la paix et la sécurité sur les îles du Cap-Vert sont les principaux actifs qui en soutiennent l'économie. Celle-ci a connu une progression de 1,5% en 2015, mais cette croissance est encore faible pour un pays qui enregistre une évolution démographique équivalente de 1,2%, alors que la densité augmente et atteint 133 habitants au km^2. Cependant, le Cap-Vert a réussi à baisser la fécondité à 2,3 enfants par femme. L'amélioration des conditions de vie passe par les familles. Aussi, le taux de mortalité infantile de 2,1% et celui de la mortalité globale de 0,5% sont les plus bas de l'Afrique occidentale. Il est le seul pays de la région à atteindre la valeur de notre référentiel de 0,5% pour le taux de mortalité globale dans la région. Bien entendu et en conséquence, le Cap-Vert est le seul pays de l'Afrique occidentale à dépasser notre référentiel de l'espérance de vie de 75 ans, puisque il affiche 76,2 ans pour la moyenne de l'espérance de vie de ses habitants. Il lui reste encore un effort très significatif dans l'éducation de sa jeunesse, puisqu'au cours de la période de 2000 à 2015, le taux de scolarisation dans le primaire n'a progressé que de 95,6% à 97,3% au lieu de dépasser le référentiel de 99% des enfants scolarisables. Néanmoins, les résultats capitalisés dans le passé et la mobilisation sur l'alphabétisation lui permettent d'afficher un taux d'alphabétisation de 98,3%. Mais, ce résultat pourrait être remis en cause si le niveau et la qualité de l'éducation primaire ne remontaient pas suffisamment au-delà de 98%. Il apparaît que, malgré sa position de leader dans la région sur les indicateurs sociodémographiques, le revenu brut par habitant reste faible, caractéristique des pays pauvres, avec 3.080 dollars. La mortalité infantile reste au-dessus du double de notre référentiel de 1,0% et le pays devrait multiplier des ressources à travers le pays pour combattre davantage ce fléau. L'éducation scolaire est encore au-dessous des exigences pour s'occuper de tous les enfants du pays. Aussi, son indice de développement humain (IDH), le meilleur de toute l'Afrique occidentale, reste encore faible à 0,65/1. Le pays doit améliorer sa production intérieure en vue d'améliorer les capacités de financement du progrès à travers les infrastructures médico-sociales, la santé publique, l'assainissement et de l'éducation de sa population.

Le Nigeria, pays le plus peuplé du continent africain et première puissance économique nominale en 2015-2016 après l'affaiblissement de l'économie sud-africaine, n'a produit que 2.178 dollars par habitant en 2016. C'est la deuxième performance de la région. Cependant, avec la contraction de sa production de -1,5%, alors que la population continue de croître au rythme de 2,6% par an, le pays devrait revoir sa structure d'économie diversifiée et ses données démographiques. Le pays a longtemps vécu principalement des ressources d'exportation du pétrole. La baisse des prix du brut, alors que le pays n'a pas développé la chaîne industrielle de transformation pour valoriser cette ressource énergétique, a affecté singulièrement l'économie. Or, c'est surtout grâce à ces ressources d'origine du pétrole que le Nigéria est devenu la première puissance économique du continent africain, devant l'Afrique du Sud dont l'économie est mieux structurée et plus diversifiée. Mais, le produit intérieur brut, assis sur l'exportation des matières premières brutes, n'a que peu d'effet sur les conditions de vie des habitants du Nigeria. Découvert en 1956 dans le delta du fleuve Niger, le pétrole nigérian est l'une des qualités rare, le *bonny light*, adouci par la teneur en soufre, et donc facile à raffiner pour les compagnies pétrolières. Mais, le pays n'a pas mené une politique volontariste de valorisation par l'investissement dans ses propres raffineries. Aussi, il est produit à 40% par la compagnie européenne Shell, et il représente 95% des recettes d'exportation du pays, puis 80% du PIB du Nigeria. C'est le 1er producteur de pétrole en Afrique, 5e producteur de l'OPEP (Organisation des pays exportateurs de pétrole) et occupe le 10e rang de producteur de pétrole dans le monde. Au niveau des exportations, il occupe également la 6e place dans le monde. Cependant, il ne possède pas de puissantes raffineries, eu égard à sa production. Quatre raffineries tournent à Kaduna (110.000 barils/jour), Warri (125.000 barils/jour), Port Harcourt Alesa Eleme (60.000 barils/jour), et la plus grande à Port Harcourt PHRC (210.000 barils/jour). La production ne couvre pas encore les besoins des Nigérians, et le pays doit compléter l'offre par des importations du carburant d'Europe ou des Etats-Unis d'Amérique. C'est le résultat d'un défaut de stratégie industrielle dans le pays depuis de nombreuses années.

L'économie du Nigéria, pour des 193,07 millions d'habitants, reste accrochée au pétrole brut exporté pour contribuer à la production intérieure brute nominale de 405,08 milliards de dollars en 2016. Bien géré et mieux valorisé dans le pays, ce pétrole pourrait rapporter plus à ce pays, qui se maintient encore sur le podium, dans le classement des pays où le niveau des corruptions est parmi les plus élevés dans le monde. Les ressources naturelles exploitées par les compagnies étrangères et exportées brutes en l'état, apportent des recettes à partir des cours décidés sur les bourses de New-York ou de Londres, suivis par les bourses de Tokyo, Paris et Los Angeles. L'avis des pays producteurs n'est pas requis. Sans transformation et valorisation effectuées dans les pays producteurs en Afrique, ceux-ci deviennent tributaires des aléas des cours de bourses étrangères pour la construction de leur destin. Aussi, ces pays producteurs deviennent potentiellement riches, mais demeurent réellement pauvres. L'autre base substantielle des ressources de survie des habitants du Nigeria reste le cacao. Au cours des années 2010 à 2016, la Côte d'Ivoire est restée première productrice du cacao en Afrique, devant le Ghana, son concurrent économique ; mais, le Nigeria arrive en troisième position.

En 2016, la baisse des cours du pétrole a sérieusement affecté les exportations du premier producteur régional, mais aussi des autres petits producteurs africains. Le PIB du Nigeria a alors connu une contraction de -1,5%, alors que la population continue de croître, avec la contribution de la fécondité de 5,5 enfants par femme. Or le pétrole ne retrouvera pas vite les cours historiques des 120 dollars le baril, alors qu'il est descendu sous la barre symbolique de 50 dollars. Les pays producteurs doivent alors ajuster leurs stratégies économiques et diversifier leurs politiques industrielles. Les Africains n'y échapperont pas. Le Nigeria doit donc concentrer ses efforts sur deux fronts : la diversification industrielle et la baisse de la fécondité à moins de 4 enfants par femme. Cela est d'autant urgent que le pays atteint une densité de 209 habitants au km^2, soit la plus forte densité de la région, suivi de très loin par la Gambie, avec 188 habitants au km^2. Les contrastes du Nigeria se traduisent ensuite dans les résultats sociodémographiques. La mortalité infantile est de 5,8% des naissances, au lieu d'une cible proposée de 1,0%. Elle est à peine inférieure à celle des pays plus pauvres de la région : la Sierra Leone (10,3%), la Guinée-Bissau (9,4%), le Mali (7,5%), le Bénin (6,8%), le Liberia (6,6%), la Guinée (6,1%), ou encore la Côte d'Ivoire (6,0%). La mortalité infantile du Nigeria, un colosse aux pieds fragiles d'argile, est donc supérieure à celle des sept autres pays de l'Afrique occidentale. La secte islamiste Boko Haram contribue à l'accélération de la mortalité dans le pays. Le journal *L'Opinion* du 5 mars 2015 estime à 13.000 personnes tuées en six années de terrorisme et de combats armés, et 1,5 millions de personnes déplacées dans le nord-est du Nigeria. La mortalité globale de 1,3% figure encore parmi les quatre plus élevées des quinze pays de la région, derrière les pays pauvres tels que la Sierra Leone (1,5%), la Guinée-Bissau (1,5%) et le Mali (1,3%). Il découle de cette mortalité que l'espérance de vie moyenne des Nigérians est de 54 ans, l'une des plus faibles du continent africain. Ce sont des valeurs d'un pays pauvre sans ressources, qui contrastent avec le produit intérieur brut nominal le plus élevé de l'Afrique. L'on comprend aisément par cet exemple que la richesse issue des ressources naturelles exploitées par des compagnies étrangères à leur profit, et exportées à l'état brut, ne produit pas du développement dans le pays producteur. Il faut transformer et valoriser ces ressources dans le pays pour créer de la haute valeur ajoutée, avec les ressources humaines locales, pour participer au développement économique et social, au savoir-faire et aux emplois dans le pays. Les recettes perçues antérieurement à la crise du pétrole n'ont pas été investies dans le développement médico-social et dans l'hygiène publique pour prévenir contre les épidémies mortelles. Elles n'ont pas été non plus investies dans l'éducation.

Le taux de scolarisation dans le primaire n'a que très modestement progressé de 62,9% à 65,7% au cours de la période de 2000 à 2015. Dans le second degré, cet effort est même en régression de 58,9% à 54,5% au cours de la même période. Ces mauvais résultats sont conformes au taux d'alphabétisation, qui bloque à 66,7% dans le pays. Comment un pays aussi puissant économiquement peut-il tolérer que 34% de ses jeunes enfants ne fréquentent même pas l'école primaire, alors que 33% de ses habitants sont analphabètes. Il illustre clairement le fait que la croissance économique, souvent étrangère aux efforts réels du pays comme c'est le cas au Nigeria, n'est pas le développement. Le Nigeria est très en retard sur de nombreux indicateurs sociodémographiques. Il doit livrer de véritables combats contre la mortalité sous toutes ses formes (épidémies, maladies, infirmités, malnutrition, sous-alimentation, sous-encadrement médical, hygiène publique, terrorisme meurtrier, guerre, etc.). Pour apporter une offre significative, plus large et plus solide, de l'éducation des enfants et de la formation professionnelle, le pays doit investir dans les infrastructures scolaires et dans le personnel d'encadrement. Corrélativement à ces efforts, le pays doit réduire la fécondité à moins de quatre enfants par femme. Nous avons indiqué les référentiels à tous les pays d'Afrique : la mortalité infantile de moins de 1,0%, la mortalité globale de moins de 0,5%, la scolarisation primaire de plus de 99% des enfants, de plus de 90% dans le premier cycle du second degré et de 85% dans le second cycle, le taux d'alphabétisation de plus de 98% dans le pays et une espérance de vie moyenne de 75 ans. Cela est possible avec la volonté politique des dirigeants.

Dans cette région de l'Afrique occidentale, le Cap-Vert – malgré sa production intérieure brute nominale par habitant de 3.080 dollars en 2015, contre 2.178 dollars au Nigeria en 2016 –, a déjà atteint la mortalité globale de 0,5%, un taux d'alphabétisation de 98,3% et une espérance de vie de 76,2 ans, pour démontrer que nos référentiels sont accessibles, si les dirigeants visent réellement le développement économique et social de leurs pays. A contrario, l'espérance de vie moyenne du Nigeria de 54,0 ans en 2015 figure parmi les trois plus faibles des pays pauvres de l'Afrique occidentale : la Sierra Leone (51,0 ans en 2015) et la Guinée-Bissau (49,1 ans en 2011). Il apparaît que, en dehors du produit intérieur brut nominal élevé, grâce aux exportations du pétrole brut notamment qui y contribue à 80%, avec le complément par le cacao, le Nigeria présente toutes les caractéristiques d'un pays pauvre d'Afrique. La combinaison de tous ces résultats économiques, sociodémographiques, culturels et de l'éducation, conduit à un indice de développement humain de 0,53/1, se situant à peine au-dessus de la moyenne. Le pays devrait investir très significativement des efforts financiers dans tous les secteurs du développement économique et social.

La Côte d'Ivoire est le troisième pays de l'Afrique occidentale par son produit intérieur brut par habitant. Celui-ci atteint 1.399 dollars en 2015 pour un PIB global de 31,75 milliards de dollars, soit moins de 10% de celui du Nigeria, alors que la population de la Côte d'Ivoire représente plus de 12% de celle de ce pays. On voit alors clairement l'impact du pétrole dans les résultats économiques du Nigeria. La croissance économique de la Côte d'Ivoire aura été la plus élevée de la région avec 8,4%, bien plus que la progression démographique de 2,6%. L'on constate que ce cercle vertueux est également accompagné d'un taux de fécondité conforme aux efforts de développement du pays de 3,6 enfants par femme. Mais, le pays entretient toujours un taux de mortalité élevé de 6,0% pour les enfants, et de 1,0% pour l'ensemble du pays. Ce sont des valeurs très élevées. Les efforts de croissance économique n'ont pas eu de répercussion sur les conditions de vie des habitants ivoiriens, qui vivent encore dans les séquelles des violences et des massacres consécutifs à la guerre civile de septembre 2002 à avril 2011. Aussi, derrière cette mortalité élevée se cache également un très faible taux d'alphabétisation de 50,2% en 2015, soit l'un des résultats les plus bas de la région avec le Niger (26,6%), le Mali (31,0%) et la Guinée (45,3%). L'espérance de vie moyenne des Ivoiriens n'est alors que de 58,0 ans, comparable à celle de la Guinée (58,7 ans) et celle du Niger (61,5 ans). Ce sont les caractéristiques des pays pauvres. L'on pourrait interroger sur les destinations des recettes issues de l'accroissement du PIB de la Côte d'Ivoire. La réponse pourrait se trouver en partie dans les efforts de l'éducation. En effet, au cours de la période de 2000 à 2015, la scolarisation dans le primaire est passée de 56,8% à 79,3% des enfants. Dans le second degré, les progressions ont poussé de 52,8% à 61,7% dans le premier cycle, et plus modestement, de 33,4% à 38,3% des jeunes scolarisables au second cycle. Ces valeurs indiquent l'état des faibles niveaux de l'éducation, qui ont longtemps prévalu en Côte d'Ivoire, et qui ont conduit à un niveau d'analphabétisme encore très élevé de 49% des habitants de ce pays, en 2015. L'indice de développement humain (IDH) de 0,47/1 traduit l'état de pauvreté sociale de la Côte d'Ivoire, qui a besoin des moyens encore plus importants pour la combattre. Ils ont été relativement déployés dans l'éducation primaire, mais ils restent nettement insuffisants dans tous les secteurs du progrès social, économique, sanitaire, culturel et de l'éducation, pour atteindre notre référentiel. Nous avons indiqué qu'un pays de la même région, le Cap-Vert, sans ressources naturelles, minières et énergétiques importantes, mais géré avec la volonté politique de réussir, atteint des résultats défiant un grand nombre de pays de l'Afrique occidentale. Là où il y a la volonté, il y a le chemin.

Le Ghana est le voisin et concurrent économique de la Côte d'Ivoire. Alors que le Ghana est moins étendu, avec 238.553 km² contre 322.462 km² pour la Côte d'Ivoire, il gère une population plus élevée de 28,96 millions d'habitants, contre 23,87 millions pour son voisin. Aussi, le Ghana devrait-il commencer à porter une attention soutenue sur l'explosion démographique, à la suite d'une progression de 2,3% par an en 2015, pour une densité de 121 habitants au km² contre 74 habitants en Côte d'Ivoire. La fécondité y est de 4,0 enfants par femme, mais elle devrait poursuivre sa baisse vers trois enfants, en prévention contre les risques de l'explosion sociale. De plus, la croissance économique a été faible, avec un score de 3,9%, pour faire face à l'évolution démographique. Cette contre-performance, par rapport à son concurrent et voisin ivoirien, conduit à une production intérieure nominale comparable de 37,86 milliards de dollars au Ghana, contre 31,75 milliards pour la Côte d'Ivoire. Le Ghana peut constituer un cas d'école dans de nombreux pays de l'Afrique occidentale, autant pour son redressement économique que pour sa maturité démocratique. Le pays a traversé les turbulences politiques en 1979. Le lieutenant-colonel Jerry John Rawlings, de l'armée de l'air, accompagné de quelques officiers, a réussi un coup d'État, le 4 juin 1979, renversant ainsi le président Fred Akuffo. Ces officiers forment alors le « Conseil des forces révolutionnaires », qui dirige le pays pendant 112 jours, au cours desquels plusieurs dirigeants sont jugés et exécutés. Mais, Jerry J. Rawlings cède pacifiquement le pouvoir à un président civil élu librement, le 24 septembre 1979, Hilla Limann. Ce dernier renvoie immédiatement le putschiste de l'armée de l'air pour le sanctionner, en raison du coup d'État.

Cependant, face à l'impuissance du nouveau régime civil à enrayer le déclin de l'économie nationale, Jerry J. Rawlings, encore populaire et respecté au sein de l'armée, décide de revenir au pouvoir et de renverser le gouvernement de Hilla Limann, le 31 décembre 1981. Le putschiste, prédécesseur au pouvoir et auparavant sanctionné, constitue alors un « Conseil provisoire de la défense nationale » pour remplacer le gouvernement, et il fait emprisonner l'ancien président Hilla Limann, avec quelques 200 hommes politiques. Il crée des comités de défense populaire dans les quartiers, ainsi que des conseils de travailleurs destinés à contrôler la production des usines. Lorsque ces structures et diverses autres mesures populistes se révèlent un échec économique en 1983, Jerry J. Rawlings change de trajectoire, et adopte une politique économique conservatrice édictée par le FMI et la Banque mondiale. Il diminue ainsi les subventions et le contrôle des prix, afin de réduire l'inflation galopante. Selon les recommandations du plan d'ajustement structurel du FMI, qui était alors vendu à de nombreux autres pays pauvres d'Afrique, il privatise de nombreuses entreprises publiques et dévalue la monnaie en vue de stimuler les exportations. Cette libéralisation dope l'économie ghanéenne, et donne l'opportunité aux grands capitalistes nationaux et à des firmes internationales, de contrôler l'économie du Ghana et de faire fortune sur les ruines de l'économie affaiblie. Celle-ci affiche alors, au début des années 1990, l'un des taux de croissance les plus élevés d'Afrique, selon le FMI qui veille au grain. Devenu populaire au Ghana et dans toute l'Afrique, Jerry J. Rawlings est élu président le 7 décembre 1992 pour un mandat constitutionnel de quatre ans, sous les couleurs du parti, le « Congrès démocratique national » (NDC), après l'instauration du multipartisme et de la IVe République au Ghana. Il prend ses fonctions de président élu, le 7 janvier 1993. Il est réélu le 7 décembre 1996 pour un second mandat, et il le démarre officiellement, le 7 janvier 1997. La Constitution du Ghana lui interdisant de briguer un troisième mandat, c'est l'alternance qui s'instaure. Le candidat du parti de l'opposition, le « Nouveau parti patriotique » (NPP), John Kufuor, est élu le 7 décembre 2000, et il prend ses fonctions le 7 janvier 2001. Jerry J. Rawlings se retire, et cède la présidence à John Kufuor. L'alternance est pacifique. Jerry J. Rawlings et son parti NDC passent désormais dans l'opposition démocratique.

A l'issue de deux mandats constitutionnels avec le président du parti NPP, c'est le candidat du parti NDC de Jerry J. Rawlings, John Atta-Mills, qui est élu le 28 décembre 2008. L'alternance s'effectue également pacifiquement. John Atta-Mills exerce le pouvoir du 7 janvier 2009 jusqu'à sa mort le 24 juillet 2012, avant d'avoir accompli entièrement son premier mandat. Celui-ci est poursuivi par son vice-président, John Dramani Mahama (NDC, comme le président décédé en cours de mandat). Il est ensuite élu le 7 décembre 2012, et prend ses fonctions le 7 janvier 2013. Mais, le 8 décembre 2016, c'est le candidat du parti de l'opposition NPP, Nana Akufo-Addo, qui est élu. L'alternance démocratique est mûre. Le nouvel élu est investi président de la République du Ghana, le 7 janvier 2017. L'on voit bien que depuis le 7 décembre 1992, le Ghana a inauguré une longue période de stabilité politique et d'alternance démocratique au pouvoir entre deux partis, le Congrès démocratique national (NDC) et le Nouveau parti patriotique (NPP). Le mandat présidentiel est de quatre ans, renouvelable une seule fois. Le président prend ses fonctions le 7 janvier de l'année suivant celle de l'élection présidentielle en décembre. Même système qu'aux Etats-Unis d'Amérique, dont le pays s'est inspiré, autant sur le rythme des mandats que sur les deux partis dominant la vie politique du pays, le président est élu avec son vice-président du même parti. Celui-ci peut être amené à poursuivre le mandat du président en cas de décès (comme ce fut le cas du décès du président John Atta-Mills en cours de mandat) ou de destitution. Au cours des années 1990, Jerry J. Rawlings aura créé une situation de paix et de sécurité intérieures durables, et de stabilité politique et démocratique au Ghana. Ce fut les conditions pour remettre désormais l'économie sur la voie du développement, mais après des sacrifices. Néanmoins, le pays devrait s'attacher à réduire le fossé qui s'est progressivement formé entre les riches et les pauvres. Globalement, le pays reste relativement pauvre, mais il se porte nettement mieux que la Côte d'Ivoire, au regard des indicateurs sociodémographiques.

La mortalité infantile atteint 3,6% des naissances, comparée aux 6,0% de la Côte d'Ivoire, mais reste supérieure à la cible de 1,0%. De même, la mortalité globale est descendue à 0,7%. Ce progrès relatif conduit à une espérance de vie de 66,6 ans au Ghana, contre 54,0 ans en Côte d'Ivoire. Pour parvenir à ces performances, le Ghana a déployé des efforts dans l'éducation et dans l'alphabétisation, et il affiche des résultats supérieurs à ceux de sa voisine, la Côte d'Ivoire. Dans la scolarisation, le Ghana a progressé de 64,8% à 95,6% des enfants, au cours de la période de 2000 à 2015. Il est encore sous la cible de 99%, mais en poursuivant les mêmes efforts, il pourrait atteindre facilement ce niveau au cours de la décennie 2015-2025. Cependant, tout en affichant des résultats supérieurs à ceux de la Côte d'Ivoire, le Ghana montre des régressions au cours de la même période, dans le second degré. Les taux de scolarisation fluctuent entre 87,7% et 79,3% dans le premier cycle et entre 70,5% et 59,9% dans le second degré. De plus, même si le taux d'alphabétisation de 76,6% est supérieur à celui de la Côte d'Ivoire, qui s'établit à

50,2%, il reste très inférieur à une valeur minimale requise de 98%. Cependant, les résultats obtenus dans l'éducation et dans la réduction de la mortalité peuvent faire espérer une progression future pour approcher les valeurs des référentiels.

Dans le deuxième groupe, on rassemble six pays de l'Afrique occidentale. Nous les classons selon l'ordre décroissant de leur PIB nominal par habitant. Ce sont les pays dont cette valeur est supérieure à 600 dollars : le Sénégal, le Bénin, le Mali, le Togo, le Burkina Faso et la Guinée-Bissau. Le Sénégal s'étend sur une superficie de 196.712 km², pour une population de 15,26 millions d'habitants. Ceux-ci ont produit pour 15,197 milliards de dollars en 2016, mais ils n'avaient pas encore atteint 1.000 dollars par habitant ; ils se situent loin derrière le Ghana (1.381 dollars par habitant), dernier pays du premier groupe de cette région. Même si la croissance économique du Sénégal a atteint 4,3% en 2016, celle de sa démographie est également galopante, au rythme de 3,1%, en raison d'une fécondité élevée de 5,1 enfants par femme. La densité moyenne reste encore faible de 78 habitants au km², entre les terres arides au nord du pays dans la partie de la Réserve sylvo-pastorale des Six Forages ou de la réserve de faune du Ferlo-Nord, et les territoires de verdure contenant le parc national du Niokolo Koba. Au-delà de la charge démographique, ce sont les capacités du pays à apporter du progrès médico-social, de l'éducation, de la culture et des conditions de vie économique satisfaisantes qui sont interrogées. La mortalité infantile de 5,3% reste très élevée, même si la mortalité globale a baissé à 0,8%. Les cibles de 1,0% et de 0,5% pour les deux taux mortalité sont encore loin, notamment pour la mortalité infantile. La forte fécondité ne devrait pas constituer une ressource de compensation de cette mortalité. Néanmoins, la baisse de la mortalité globale à 0,8% de la population conduit à une espérance de vie moyenne de 64,8 ans. Aussi, le Sénégal figure parmi les huit pays de l'Afrique occidentale sur quinze, dont l'espérance de vie moyenne est supérieure à 60 ans.

Les efforts dans l'éducation de la jeunesse, et les résultats dans l'alphabétisation globale dans le pays restent très faibles. La scolarisation dans le primaire a progressé de 57,8% à 73,3% au cours de la période de 2000 et 2015, mais elle reste très faible. Le pays devrait s'interroger sur ce que deviennent les 27% des enfants privés d'école primaire. Ils viennent alimenter la foule de la population d'analphabètes. Dans le second degré, les efforts ont été très modérés, passant de 46,4% à 56,4% pour le premier cycle, et de 28,6% à 39,7% des jeunes de la classe d'âge éligible au second cycle. Ces résultats restent très nettement au-dessous de la situation attendue pour le pays. De plus, il peut paraître étrange que l'écart entre la classe des instruits, reconnus de bon niveau international au Sénégal, et celle des analphabètes, soit aussi important. La pyramide de rétrécit fortement au fur et à mesure que les élèves progressent de l'école primaire à la fin du second cycle du second degré. Ensuite, le taux d'alphabétisation exprime l'histoire récente de l'éducation dans un pays. Un taux de 57,7% au Sénégal exprime un réveil très tardif dans la démocratisation de l'accès à l'instruction. Cet état général des déséquilibres sociodémographiques, de la mortalité élevée, des conditions de vie des habitants, de l'éducation et la formation de sa jeunesse, produit un indice de développement humain (IDH) de 0,49/1, inférieur à la moyenne. Il renvoie le Sénégal dans les pays pauvres. Le pays est attendu sur les progrès significatifs dans la maîtrise de la progression démographique pour l'adapter à ses capacités économiques limitées, aux investissements accrus dans les structures médico-sanitaires et d'hygiène publique pour prévenir contre la mortalité élevée, et dans l'éducation de la jeunesse et l'alphabétisation de sa population. La décennie 2015-2025 devrait s'achever avec l'atteinte des objectifs de notre référentiel pour chacun des indicateurs. Le pays en est encore très loin. L'avenir d'un pays s'inscrit dans les investissements multiformes : la bataille de l'éducation des jeunes générations, la lutte contre la malnutrition, et contre l'insécurité alimentaire et environnementale, le développement des moyens efficaces de santé publique égale dans tout le pays, performante, et d'hygiène collective par l'assainissement contre les épidémies, la formation et l'information de la population, la bonne gouvernance et la redistribution économique des revenus, en sont d'importantes composantes. La relance a commencé. Elle devrait se poursuivre.

Le Bénin est l'un des pays discrets en Afrique occidentale. Il a longtemps échappé au radar médiatique qui nous montre souvent les pays soumis aux guerres civiles, aux attentats terroristes, ou aux crises politiques et sociales durables. Le Bénin couvre une superficie de 114.763 km² pour une population de 11,19 millions d'habitants. C'est donc un pays sous-peuplé, avec une densité moyenne de 97 habitants au km², car le pays échappe totalement aux contraintes démographiques et à des conditions de vie des régions désertiques. Il partage cet avantage de 'pays vert' avec certains autres pays de la région : la Togo, le Ghana, la Côte d'Ivoire, le Liberia, la Sierra Leone, la Guinée, la Guinée-Bissau et la Gambie. Tous ces pays ont de territoires importants favorables au développement de l'agriculture, afin d'échapper à l'insécurité alimentaire. Ils devraient alors logiquement atteindre une pleine autosuffisance alimentaire, et produire des excédents pour des interventions auprès des voisins des territoires du Sahel, souvent frappés par la sécheresse et les mauvaises récoltes. En 2015, la croissance économique du Bénin a connu une contre-performance par rapport à ses voisins (à l'exception du Nigeria que nous avons précédemment présenté). La progression de la production intérieure de 2,1% n'est pas suffisante pour couvrir une évolution démographique de 2,8% par an. Si les capacités économiques de ce pays demeurent structurellement faibles, il conviendra de revoir la fécondité de 4,8 enfants par femme, et la ramener à près de trois enfants par femme. En effet, la très forte mortalité infantile de 6,8% exprime l'incapacité du pays à faire face aux investissements de prévention médico-sanitaire, et aux moyens de protection maternelle et infantile. Malgré l'effort pour réduire la mortalité globale, celle-ci reste également encore élevée à 0,9%. Cependant, cette mortalité autorise une espérance de vie moyenne de 63,8 ans, mais elle pourrait être améliorée vers la cible de 75 ans. Avec les moyens économiques limités, le Bénin a réalisé des progrès dans la scolarisation primaire de 82,9% à 96,2%, au cours de la période de 2000 à 2015, comme l'un des leviers importants pour réduire l'analphabétisme qui frappe 47% des Béninois. L'on peut encourager cet effort pour atteindre plus de 99% des enfants à l'école primaire complète au cours de la décennie 2015-2025. Il devrait en être de même pour l'éducation dans le second degré, où les efforts ont été très modérés. La progression n'aura été que de 63,5% à 66,1% dans le premier cycle et de 45,8% à 53,5% dans le second degré. Le pays est encore loin des cibles respectives de 90% et 85% dans ces deux cycles du second degré. L'éducation de la jeunesse n'est jamais un luxe que ne peuvent se permettre que les pays riches. La culture, l'ouverture d'esprit, l'autonomie des savoirs, la participation au développement économique et social, la lutte efficace contre la malnutrition et la sous-alimentation, la bonne utilisation des soins médicaux, le combat permanent contre les épidémies et le développement de l'hygiène personnelle et collective, le planning familial pour adapter la taille de toutes les familles aux conditions de ressources, et bien d'autres éléments du progrès social et des meilleures conditions de vie, s'acquièrent avec des capacités à lire et à comprendre des instructions dispensées. L'éducation en est donc le socle.

Au-delà de l'offre quantitative de la scolarisation, le pays devra également s'attacher à promouvoir la qualité des savoirs et des savoir-faire acquis à l'école. Le second degré n'instruit pas que sur les connaissances générales, car tous les jeunes ne seront ni médecins, ni architectes, ni ingénieurs, ni professeurs, ni hauts fonctionnaires, ni chercheurs émérites ; mais également sur les savoir-faire professionnels, techniques ou technologiques pour adapter les jeunes au monde économique et industriel de leur temps. Le taux d'alphabétisation de 52,6% dans le pays en 2015 est nettement très insuffisant pour amener les 11,19 millions de Béninois vers le progrès social dans toutes ses dimensions. L'éducation fondamentale sera un instrument indispensable pour l'amélioration de ce très faible taux vers 98%, mais le pays devra également intensifier les efforts dans le développement des centres d'alphabétisation et de formation des adultes, en vue de rattraper son retard. Aussi, son indice de développement humain de 0,49/1, très faible et sous la moyenne, pourra progresser pour traduire les résultats de ces efforts à l'horizon 2025.

Le Mali nous est familier, depuis qu'il a été placé sous les projecteurs de l'actualité à la suite des tentatives de conquête du pouvoir par les islamistes radicaux en 2012. Il doit son unité du territoire à la mobilisation des forces internationales de combat et de protection, sous la coordination de l'armée française. Le pays est structurellement affaibli par une gouvernance chaotique depuis la prise du pouvoir par le général Moussa Traoré, le 19 novembre 1968, en renversant Modibo Keita. Ce dernier est emprisonné, et il meurt en détention en mai 1977. En 1972-1973, le pays est frappé par une grande sécheresse. Mais, les aides internationales, qui affluent rapidement au secours des Maliens, sont détournées par les dirigeants maliens. En 1979, le dictateur Moussa Traoré crée son parti unique, l'Union démocratique du peuple malien (UDPM). Il crée l'Union nationale des femmes du Mali et l'Union nationale des jeunes du Mali. Il exige que chaque femme et chaque jeune adhère à ces organisations dédiées, nouvellement créées à leur intention. En 1980, Moussa Traoré se fait promouvoir au grade de général d'armée. La situation dégénère dès 1990, lorsque les associations des élèves et des partis de l'opposition se forment pour combattre la dictature du général Moussa Traoré, et pour exiger l'instauration du multipartisme. Mais, le soulèvement du 22 mars 1991 est violemment réprimé dans le sang. C'est dans ce contexte que le 26 mars 1991, le lieutenant-colonel Amani Toumani Touré s'empare du pouvoir par un coup d'État militaire. Moussa Traoré est emprisonné. Puis, il est condamné à mort en 1993. Mais, la junte militaire organise des élections, et c'est un civil, Alpha Oumar Konaré, qui est élu président de la République du Mali. Il commue la peine de Moussa Traoré à la prison à vie. Cependant, il le gracie en 2002. Il bénéficie désormais des avantages et des honneurs dus à des anciens présidents du Mali, dans une totale impunité. Alpha Oumar Konaré exerce le pouvoir présidentiel au cours des deux mandats consécutifs, du 8 juin 1992 au 8 juin 2002. Amani Toumani Touré (dit ATT), qui l'avait précédé par un coup d'État contre Moussa Traoré avant de remettre le pouvoir aux civils, est élu président du Mali. Il succède alors à Alpha Oumar Konaré à la tête du pays, du 8 juin 2002 au 22 mars 2012. Il est chassé du pouvoir avant le terme de son second et dernier mandat constitutionnel, par un nouveau coup d'État.

Le Mali s'est déjà invité dans l'actualité depuis le début de 2012, lorsque les islamistes radicaux et les combattants du Mouvement national de libération de l'Azawad (MNLA), ont ouvert les fronts de guerre dans le nord-est de ce pays pour conquérir le pouvoir. Plusieurs organisations armées, jusqu'alors encore inconnues dans la région, dont Mujao et Ansar Dine, se joignent à l'Al Qaeda au Maghreb islamique (Aqmi) pour mener la bataille sur le terrain. Ils ont réussi à écraser l'armée du Mali et dominer les premiers combattants des lieux, les militants pour l'indépendance de la province non délimitée géographiquement de l'Azawad, principalement revendiquée par quelques leaders Touaregs et leurs alliés installés dans le nord du Mali, et dans les autres pays voisins, de la Mauritanie au Niger. Un coup d'État militaire du 22 mars 2012, du capitaine Amadou Haya Sanogo de l'armée malienne, formé aux États-Unis d'Amérique, et auparavant exerçant comme professeur d'anglais au Prytanée militaire de Kati, brouille le chaos au Mali. L'État déliquescent sous le président Amani Toumani Touré (ATT) était déjà par terre. C'est donc dans ce chaos général qu'Amadou H. Sanogo s'empare du pouvoir, et devient président du « Comité national pour le redressement de la démocratie et la restauration de l'État (CNRDRE) », devenant chef de l'État selon les termes de l'ordonnance n° 0001 du CNRDRE, portant Acte fondamental de l'État du Mali du 26 mars 2012. Le chaos politique rejoint partout le chaos militaire. Les islamistes menaçent Bamako.

Ses premières mesures, comme dans tous les coups d'État, ont été de suspendre les institutions, ainsi que la Constitution, d'établir un couvre-feu et de fermer les frontières. Mais, devant le vide institutionnel créé, il annonce le rétablissement de la Constitution malienne de 1992 et des institutions, le 1er avril 2012. A cet effet, il avait subi la pression internationale, en Afrique et en Occident, conjuguée avec l'avancée rapide des rebelles dans le nord-est du Mali vers la capitale Bamako. Néanmoins, il prend le soin de préciser que son organisation, le CNRDRE, demeure l'autorité suprême du pays. La médiation menée par les dirigeants de la CEDEAO, et particulièrement de celui du Burkina Faso, aboutit à un accord du 6 avril 2012, remettant le pouvoir aux civils et rétablissant les institutions démocratiques, prévoyant désormais que le pouvoir intérimaire de la présidence de la République soit assuré par le président de l'Assemblée nationale, Dioncounda Traoré. Auparavant, l'ex-président de la République Amadou Toumani Touré avait été contraint à la démission. Celle-ci est enregistrée le 8 avril 2012. Pendant ces tractations, le Mouvement national de libération de l'Azawad (MNLA) et les groupes djihadistes ont déjà conquis militairement la moitié nord du Mali, continuent leur avancée vers la capitale Bamako, et le MNLA a unilatéralement déclaré l'indépendance de l'Azawad. La situation se complique.

Cependant, après sa remise du pouvoir, le capitaine Amadou Haya Sanogo demeure une autorité puissante, dirigeant une importante partie de l'armée, recevant des personnalités politiques et des journalistes à son siège militaire de Kati. Sans aucune concertation avec l'Etat, le CNRDRE procède à des arrestations d'anciens militaires et d'hommes politiques dans la semaine du 16 avril 2012. Le 17 avril, Amadou Haya Sanogo intervient à la télévision d'État pour annoncer le bilan des opérations judiciaires en cours. Il démontre ainsi que la junte militaire n'a cédé le pouvoir qu'en apparence, et qu'elle demeure bel et bien la véritable autorité supérieure aux commandes du pays. Les affaires les plus importantes de l'État restent dans les prérogatives du capitaine Amadou H. Sanogo, sans consultation du pouvoir politique en place. Il est même accusé de violer l'ordre constitutionnel, d'interférer dans les décisions de l'État. Mais, le Mali est sous la pression de la guerre qui a déjà amputé la moitié du territoire du contrôle du pouvoir de la capitale Bamako. Le désordre politique et militaire à la tête du pays est un avantage pour les assaillants. En tout réalisme et face au chaos que vit le pays, le président civil par intérim, Dioncounda Traoré, investit le capitaine Amadou H. Sanogo comme président du « Comité militaire de suivi de la réforme des forces de défense et de sécurité », le 13 février 2013. Pendant ce temps, la France vient d'engager l'opération militaire Serval, intégrant quelques unités des armées africaines, déployée au nord du Mali, pour la restauration de l'unité et l'intégrité territoriale du pays.

Après l'élection présidentielle du 11 août 2013, dans un pays encore officiellement en guerre, Ibrahima Babacar Keita est élu président de la République. Mais avant sa prise de fonction, le 4 septembre 2013, le président par intérim Dioncounda Traoré fait adopter en conseil des ministres du 14 août 2013, la promotion du capitaine Amadou Haya Sanogo au grade de général de corps d'armée. C'est le nouveau président élu qui ordonne son arrestation le 27 novembre 2013, et son incarcération à Bamako. Il est ensuite assigné à résidence, dans l'attente de son procès attendu en décembre 2017, non pas pour avoir exécuté un coup d'État au Mali, mais pour assassinat d'une vingtaine de militaires les *Bérets Rouges* de l'unité d'élites de l'armée malienne, qui avaient tenté sans succès un contre coup d'État, en avril 2012. Le coup d'État du 22 mars 2012 avait désorganisé l'armée déjà très militairement faible et très peu aguerrie. Il a précipité la déroute de cette armée régulière face à la rébellion touareg du MNLA d'abord, puis face aux groupes djihadistes liés à Al-Qaïda, de mars 2012 jusqu'à janvier 2013. Le Mali ne doit sa réunification qu'à l'intervention des armées étrangères, sous l'impulsion de la France, lancée en janvier 2013. Depuis la fin de 2013, le dispositif d'envergure de l'opération Serval a été assoupli pour laisser la place à une présence permanente et de pacification sous le nom de Barkhane. Cependant, malgré cette présence, des zones entières échappent encore au contrôle des forces maliennes et étrangères, régulièrement visées par des attaques meurtrières. Depuis 2015, ces attaques terroristes se sont étendues du nord du Mali à d'autres régions du pays jusqu'à Bamako, et même jusque dans des pays voisins tel que le Burkina Faso, dont la capitale Ouagadougou a déjà connu des attentats terroristes.

Au cours de ces péripéties du pouvoir, les dirigeants du Mali ont oublié le peuple malien. Le taux de mortalité infantile atteint 7,5% des naissances, soit le 3e record de l'Afrique occidentale, après la Sierra Leone (10,3%) et la Guinée-Bissau (9,4%). La mortalité globale est également très élevée, avec un taux de 1,4%. Cependant, la population poursuit sa progression de 3,4% par an, en raison de la forte fécondité de 6,1 enfants par femme. L'économie malienne, en pleine résurrection après le chaos politico-militaire et dans un contexte de détournements des aides financières, a produit pour 12,75 milliards de dollars en 2015 pour une population d'environ 18,96 millions d'habitants. Il convient de rappeler que la plus grande partie du Mali est constituée du désert du Sahara, avec 65 % de son territoire en région désertique ou semi-désertique. Le pays s'étend sur 1,247 million de km², de très près derrière son voisin du désert également, le Niger, avec 1,267 million de km². Si le Mali poursuit sur le rythme de croissance de 6,0%, et qu'il parvient à créer une stratégie industrielle de transformation pour valoriser ses ressources naturelles, agricoles, humaines et d'élevage, alors il pourra absorber la pression démographique. Mais, l'activité économique, principalement agricole, est surtout localisée autour des zones fluviales irriguées par le fleuve Niger, où environ 80 % des habitants travaillent dans l'agriculture ou la pêche. La production du coton constitue la ressource amont de l'industrie et des exportations. Parmi toutes les ressources minières connues dans le pays, seul l'or connait une importante exploitation. Le Mali est devenu le troisième exportateur africain de l'or, derrière l'Afrique du Sud et le Ghana. L'or est alors la première source d'exportation du pays, suivi du coton, du bétail et de l'arachide. En cas de progression économique limitée, le pays devra revoir sa politique familiale, et réduire la fécondité à moins de quatre enfants par femme, pour ajuster les tailles des familles aux capacités économiques et aux conditions sociales de vie. En effet, le pays est en grand retard sur les indicateurs majeurs du progrès social et culturel, malgré les efforts modestes au cours de la période du 2000 à 2015. La scolarisation primaire n'a progressé que de 43,7% à 60,8%. C'est le plus faible niveau de scolarisation de toute l'Afrique occidentale. Mais, quatre autre pays se sont abonnés dans le club des plus faibles niveaux de scolarisation au-dessous de 70% : le Niger (63,3%), le Nigeria (65,7%), la Guinée-Bissau (69,6%) et le Burkina Faso (69,8%). Les indicateurs du second degré sont également très dégradés, car les efforts dans le premier cycle n'ont fait progresser l'action positive que de 41,2% à 47,7% des jeunes de cette classe d'âge. Cette progression est également très insuffisante dans le second cycle, puisque la hausse de 25,4% à 34,9% ne peut nullement répondre aux demandes minimales des jeunes du pays. Le Mali est donc un pays structurellement défaillant. Le retard accusé dans son histoire récente, entre trois coups d'État militaires, détournements de fonds publics, incompétence des dirigeants, prédateurs extérieurs, se répercute dans l'une des plus fortes concentrations d'analphabétisme en Afrique. En 2016, le pays affiche encore 69% d'analphabètes dans sa population. Il peut même paraître étrange qu'avec une si forte mortalité et un tel niveau d'éloignement du savoir, le peuple malien parvient à survivre et atteindre une espérance de vie moyenne de 67,0 ans. La dégradation des indicateurs sociodémographiques et culturels est traduite dans un indice de développement humain de 0,44/1, parmi les plus faibles de l'Afrique occidentale, où seuls trois pays ont franchi la moyenne : le Cap-Vert (0,65/1), le Ghana (0,58/1) et le Nigeria (0,53/1). Pour le Mali, tout est encore à construire, de la saine gouvernance politique aux ambitions de réussite sur les fondamentaux de construction de l'État.

Le Togo fait partie des cinq petits pays de moins de 100.000 km^2 en Afrique occidentale. Avec 56.785 km^2, il arrive derrière la Sierra Leone (71.740 km^2), et devant la Guinée-Bissau (36.125 km^2), la Gambie (10.680 km^2) et le Cap-Vert (4.033 km^2). Les 6,73 millions de Togolais ont produit pour 4,165 milliards de dollars en 2015. La production intérieure brute nominale par habitant figure alors parmi les plus faibles de la région, et elle renvoie le Togo dans les pays pauvres. Cependant, la croissance économique a atteint 5,7% et compense largement la progression de la population de 2,8%. Pour mieux distribuer à tous les habitants le progrès économique et social, la fécondité de 4,7 enfants par femme pour un pays pauvre de 119 habitants au km^2, peut constituer un frein. Le pays devrait mobiliser la population pour la baisser sous la barre de quatre enfants par femme. D'autant que la mortalité infantile de 5,1% devrait aussi être baissée, contre l'investissement dans des structures médico-sanitaires, l'assainissement pour l'hygiène publique, le suivi médical pour la protection maternelle et infantile, et la lutte contre la malnutrition et la sous-alimentation. La mortalité globale de 0,8% est aussi très élevée, mais pourrait rejoindre rapidement la cible de 0,5%, moyennant un effort d'ambition.

Concernant l'éducation de la jeunesse comme l'un des piliers du développement, l'on peut considérer que le Togo a réussi l'effort de progresser de 88,6% à 97,5% dans la scolarisation primaire, entre 2000 et 2015. Néanmoins, s'agissant d'un rattrapage sur les années d'insuffisance après l'indépendance, le pays devrait accélérer l'effort et se stabiliser au-delà de 99% des enfants dans le primaire, au cours de la décennie 2015-2025. De même, le second degré a connu le même élan. Le premier cycle du second degré enregistre une hausse de 74,6% à 84,7% des jeunes scolaires, alors que le second cycle affiche une progression de 54,3% à 63,9% au cours de la même période passée. Ces résultats, aussi honorables soient-ils au regard des retards historiques, restent très au-dessous des données de notre référentiel. Il appartient aux Togolais de s'adresser régulièrement à leurs dirigeants, et d'exiger des efforts soutenus et constants pour atteindre 90% des jeunes scolarisés dans le premier cycle et 85% dans le second cycle. Par-dessus l'offre quantitative, qui est déjà le socle de l'éducation, le pays devra également renforcer les connaissances des jeunes, et leur offrir de l'espérance à travers une large diversité des formations professionnelles et technologiques dans le second degré, afin de permettre le maximum de chance aux jeunes de construire leur avenir. Tous les pays devraient considérer que seuls 20%, à l'issue du second degré, ont des capacités de suivre des formations universitaires générales d'excellence. Pour les autres 80% restants, les conseils avisés devraient les orienter vers des formations professionnelles correspondant à leurs potentiels, leurs projets et des adéquations aux offres d'activités prévisibles ou potentielles. Enfin, le retard dans la scolarisation de base se répercute dans le faible taux d'alphabétisation de 64,9% dans le pays. Lorsque 2,5% d'enfants ne voient jamais l'école et que 35% de la population adulte sont analphabètes, la lutte pour la promotion du progrès social devient très difficile. Le décrochage du primaire, s'ajoutant aux enfants éloignés de l'école, constitue un terreau des futurs analphabètes dans le pays. Les composantes des progrès médico-sociaux, alimentaires, d'hygiène, de connaissances professionnelles, de formation continue pour améliorer les savoir-faire, sont basées sur l'éducation et l'alphabétisation. Dans ce domaine, le niveau du Togo est encore insuffisant, et l'indice de développement humain (IDH) de 0,44/1 en est l'un des quantificateurs. Le pays devrait s'engager sur l'amélioration claire de tous les indicateurs sociodémographiques, ainsi que sur les stratégies économiques et industrielles de valorisation des ressources nationales, au cours de la décennie 2015-2025. Dans certains domaines industriels, ce sont des politiques régionales de taille critique de production que les pays devront bâtir, afin de devenir compétitifs dans le monde.

Le Burkina Faso fait partie des pays de l'Afrique occidentale, dont la production intérieure brute par habitant se situe au-dessus de 600 dollars en 2015. La croissance de 4,0% de son modeste

PIB de 11,10 milliards de dollars en 2015, pourrait être rattrapée par la progression démographique de 3,2% par an, en raison de la fécondité de 5,2 enfants par femme, pour une population de 19,03 millions d'habitants, répartis dans un pays de 270.764 km², mais dont les deux-tiers sont occupés par le désert aride. La densité moyenne des terres habitées pourrait alors s'élever à 210 habitants au km². Le revenu nominal brut par habitant de 613 dollars par habitant est donc trop bas pour répondre aux attentes sociales, et des conditions économiques des habitants. Le pays devra alors revoir sa politique de planning familial pour réduire la fécondité, afin d'adapter la taille des familles à leurs capacités, tenant compte de la répartition démographique sur des territoires parfois arides. Le taux de mortalité infantile de 5,1% est très supérieure au référentiel de 1,0%. Le taux de mortalité globale de 1,0% est double du référentiel. Celui-ci requiert un taux de mortalité maximal de 0,5%. Ces mauvais résultats conduisent à une espérance de vie moyenne de 58,6 ans, soit l'une des basses performances du continent africain.

Le Burkina Faso se trouve face à un retard longtemps entretenu dans l'éducation convenable de sa jeunesse. Ce constat a pour conséquence de produire un taux d'analphabétisme très élevé de 47,5% en 2015. Or, au cours de la période 2000 à 2015, le pays a tenté un rattrapage peu significatif au regard du référentiel. La scolarisation au niveau primaire aurait progressé de 36,7% à 69,8%. L'on peut se demander comment les gouvernants de ce pays ont pu accepter que moins de 40% des enfants soient scolarisés. Cela laisse dehors plus de 30% jusqu'à 60% des enfants qui ne fréquentent toujours pas l'école primaire, le pilier de l'éducation pour les nations modernes. C'est un énorme gâchis pour le pays, et une préparation de désespérance pour les enfants dans la préparation de leur âge adulte. Que l'on ne s'étonne pas alors que les criminels et les terroristes recrutent parmi des jeunes abandonnés à eux-mêmes par leur propre pays. Et, l'on admet que les femmes continuent de produire encore 5,2 enfants par femme, alors que le pays n'est même pas capable d'en éduquer plus de 30% d'entre eux. La fécondité devrait alors être ramenée immédiatement à un optimum de 3,4 enfants par femme, afin que l'État puisse atteindre 99% à horizon 2025. C'est également ce retard dans l'éducation primaire qui alimente l'un des plus faibles taux d'alphabétisation de 52,5% en Afrique occidentale. La scolarisation dans le second degré est aussi en fort retard. Pendant la période de 2000 à 2015, l'éducation dans le premier cycle a progressé de 20,8% à 43,2%, alors que cette hausse aura été de 11,5% à 24,1% dans le second cycle. Ce sont les résultats les plus faibles de l'Afrique occidentale. Il n'est donc pas étonnant que l'indice de développement humain de 0,40/1 soit très bas, juste avant celui du Niger (0,35/1), en 2015. Au Burkina Faso, le premier défi est de construire un État solide. Ensuite, assigner à cet État des objectifs économiques, éducatifs, culturels et sociaux. Enfin, le peuple Burkibé devrait exiger des résultats plus ambitieux sur les progrès économiques et sociaux, à partir des référentiels retenus pour toute l'Afrique. Le chemin est encore long pour ce pays, mais il a l'obligation de réussir.

La Guinée-Bissau est le dernier pays du groupe intermédiaire des six pays de l'Afrique occidentale, dont le produit intérieur brut nominal par habitant est supérieur à 600 dollars en 2015. C'est l'un des trois petits pays de la région, avec 36.125 km², devant la Gambie (10.680 km²) et le Cap-Vert (4.033 km²). Il fait partie du chapelet des onze pays adossés à la façade atlantique, et appartenant à la même région de l'Afrique occidentale, s'étendant du Sénégal, Gambie, Guinée-Bissau, Guinée, Sierra Leone, Liberia, Côte d'Ivoire, Ghana, Togo, Bénin au Nigeria. La Guinée-Bissau est située entre le Sénégal et la Guinée Conakry. L'économie de la Guinée-Bissau est concentrée sur la production et l'exportation de la noix de cajou, représentant environ 60% de la formation du produit intérieur brut. Mais, le pays possède aussi un sous-sol riche en bauxite, en pétrole et en phosphates. L'importante forêt de ce pays contient du bois précieux, faiblement mis en valeur par les habitants. De même, des étendues des sols fertiles pourraient produire des cultures variées, pour la consommation intérieure et des exportations. Aussi, le pays détient les capacités d'atteindre des excédents agricoles pour sortir les habitants de la pauvreté. Le littoral de la Guinée-Bissau est un domaine de prédilection pour la pêche, dont profitent principalement les compagnies européennes, versant une petite part de leurs exploitations dans les maigres recettes du pays. La désorganisation économique de ce riche pays, sorti très affaibli de la guerre civile des luttes de pouvoir en 1999, est devenue un accélérateur du trafic de drogue. Le pays est devenu une plateforme logistique et un gigantesque comptoir de stockage de la drogue entre l'Amérique latine et l'Europe. Elle est souvent transportée dans des containers de poissons exportés en Europe. L'économie de la drogue pourrait représenter une valeur supérieure au produit intérieur brut de la Guinée-Bissau. Celui-ci a atteint 1,057 milliard de dollars en 2015, pour une population de 1,726 million d'habitants. L'on peut indiquer que le pays est sous-peuplé, avec 48 habitants au km^2, pour un 'pays vert', loin du Sahel. Les ressources naturelles abondantes de ce pays pourraient être mieux valorisées par une population plus nombreuse. Mais, la Guinée-Bissau doit d'abord faire preuve de maturité politique, de bonne gouvernance, des stratégies de développement des infrastructures économiques et d'organisation efficiente et maîtrisée de son territoire.

Tributaire des sociétés extérieures, notamment européennes, d'exploitation et d'exportation de ses ressources naturelles, la Guinée-Bissau a connu une croissance de son PIB de 2,5% en 2015, alors que la progression démographique atteint 2,0%. La fécondité de 4,4 enfants par femme ne constitue pas un frein pour un pays sous-peuplé. C'est la croissance économique qui devrait recevoir un soutien renforcé des opérateurs nationaux, africains et internationaux. Les infrastructures de toutes natures sont défaillantes ou inexistantes. Les conditions de vie sont précaires. Il s'ensuit une mortalité infantile vertigineuse de 9,4% des naissances, soit la deuxième plus forte proportion de l'Afrique occidentale, après la Sierra Leone qui affiche encore un taux de 10,3% de la mortalité infantile en 2015. Une véritable honte pour les dirigeants d'une nation qui se veut indépendante, mais qui ne parvient pas à se gérer selon les normes d'une nation ambitieuse pour ses habitants. Quant à la mortalité globale, elle se hisse en tête du groupe des quatre pays qui battent le record au-delà du taux déjà très élevé de 1,0% : la Guinée-Bissau (1,50%), la Sierra Leone (1,45%), le Mali (1,38%) et le Nigeria (1,32%). Il convient de noter que le cinquième parmi ces pays les plus frappés par la mortalité globale est la Guinée Conakry, également pauvre. Mais, cette dernière affiche un taux bien plus bas que celui du Nigeria, avec 0,99%. Cette mortalité élevée en Guinée-Bissau a une conséquence immédiate sur l'espérance de vie moyenne de 49,1 ans pour ses habitants, en 2012. Il rejoint le groupe des trois pays africains, dont l'espérance de vie moyenne évolue sous l'âge de 50 ans : le Lesotho (45,0 ans en 2015) et le Swaziland (32,0 ans en 2008), en Afrique australe. L'on propose que l'une des priorités du pays devrait se concentrer sur la création, l'entretien, le suivi et le développement urgent des infrastructures médico-sanitaires, des centres de formation et de prévention contre toutes épidémies, qui peuvent être liées à l'insalubrité, les défaillances dans l'assainissement et dans l'hygiène publique, des structures de protection maternelle et infantile, et des infrastructures de communication permettant des liaisons faciles et sécurisées entre la capitale et les autres territoires de vie des habitants. L'avenir d'un pays se construit dans ses infrastructures de toutes sortes, mais également dans l'éducation de sa jeunesse. Or, la scolarisation primaire de la Guinée-Bissau ne parvient à recevoir que 69,6% des enfants, alors qu'il ne reste plus que quelques rescapés pour poursuivre dans le second degré. Le pays a fourni quelques modestes efforts, au cours de la période 2000 à 2015, passant de 48,6 à 69,6%. Cependant, l'on peut s'interroger sur l'existence et l'action de l'État, ses priorités et ses résultats, lorsque plus de 51% des enfants du pays ne connaissaient même pas le chemin de l'école primaire. Même aujourd'hui, 30% des enfants ne reçoivent pas encore l'instruction primaire, ils sont abandonnés à eux-mêmes, et sont recrutés par des organisations criminelles de la drogue, qui circule entre l'Amérique latine et l'Europe. Ce sont également ces populations délaissées, qui grossissent les rangs des cibles faciles des divers autres réseaux mafieux et des analphabètes. En effet, le taux d'alphabétisation dans le pays n'est que de 59,9% en 2015. Pour combattre les maux multiples qui rongent la Guinée-Bissau, il faut de l'information, de la formation et de la mobilisation de tous les habitants. Le pays est très loin des crises de surpopulation. Par ailleurs, il pourrait mieux exploiter et valoriser ses ressources, afin d'améliorer les conditions de vie de sa modeste population de 1,726 million d'habitants. Mais, la période de 2000 à 2015 laisse tous les indicateurs en état très dégradé : la mortalité est très élevée, la scolarisation des enfants reste trop faible, le revenu par habitant est trop bas au regard des richesses réelles et potentielles du pays, l'espérance de vie est trop faible, le taux d'alphabétisation s'affiche trop bas, la croissance économique est très basse au regard des capacités du pays et de la progression démographique. En conséquence, la Guinée-Bissau figure parmi les pays les plus pauvres, avec un indice de développement humain de 0,42/1, à égalité avec la Sierra Leone, et l'un des plus bas de l'Afrique occidentale, devant le Niger (0,35/1), le Burkina Faso (0,40/1) et la Guinée (0,41/1). La Guinée-Bissau devrait revoir à la hausse toutes ses ambitions économiques, sociales, dans l'éducation et dans de toutes les infrastructures publiques de base.

Le troisième et dernier groupe de pays de l'Afrique occidentale rassemble les cinq pays les plus pauvres de la région, et dont le produit intérieur brut nominal par habitant des années 2015 et 2016 varie entre 363 dollars pour la Guinée, 455 dollars pour le Liberia, 472 dollars pour la Gambie, 496 dollars pour la Sierra Leone et 531 dollars pour la Guinée Conakry. Ils suivent les pays précédemment présentés et déjà aussi pauvres, mais dont les produits intérieurs bruts nominaux par habitant s'élèvent à 612 dollars pour la Guinée-Bissau, 613 dollars pour le Burkina Faso et 619 dollars pour le Togo. Pour la Guinée Conakry, en tête de ce dernier groupe, la situation économique était en tension en 2015. En effet, la croissance n'a été que de 0,1%, alors que l'évolution démographique atteint 1,2%. A l'instar de nombreux pays de l'Afrique occidentale, la Guinée détient un potentiel considérable de développement économique qu'il suffirait d'exploiter. La majorité des Guinéens travaillent dans le secteur agricole et de la pêche, mais ce secteur ne représente encore qu'une modeste part d'environ 20% du produit intérieur brut. Les cultures portent principalement sur le mil et le fonio dans la Haute-Guinée. Dans la région de Koundara, c'est essentiellement l'arachide. Le riz est cultivé dans les zones inondées en bordure de rivière et de fleuve, mais la production locale demeure insuffisante. Aussi, le pays importe du riz asiatique pour la consommation intérieure. Les autres cultures vivrières traditionnelles, comme celles du manioc, de la banane ou de la patate douce, restent largement pratiquées autour des habitations. La Guinée produit également du bois et pratique l'élevage des bovins, des caprins et des ovins.

La Guinée dispose d'importantes ressources minières, dont les principales sont la bauxite (1/3 des réserves mondiales, et elle détient une capacité de production qui la placerait au 2e rang mondial). Elle produit également l'or, le diamant exploité depuis 1936 et destiné essentiellement à un usage industriel, le fer, le pétrole, l'uranium, les phosphates et le manganèse. Mais, le secteur des mines et de l'industrie connexe, ne représente qu'une part d'environ 40% du PIB. En dehors de ce secteur, la Guinée dispose de quelques industries agroalimentaires, textiles, du bois, de cimenterie et de la fabrication d'alumine. L'on voit bien que la Guinée détient un énorme potentiel du développement industriel pour sortir de la pauvreté. Et pour cela, le pays devrait aussi développer les ressources énergétiques, et produire son électricité. Cependant, malgré le potentiel en production hydro-électrique considérable en raison du relief et de la pluviométrie, les barrages existants ne suffisent pas à alimenter la totalité de la seule capitale de Conakry. Néanmoins, il convient de remarquer quelques efforts depuis l'ouverture du barrage et de la centrale hydroélectrique de Garafiri en 1999. Le pays pourrait investir plus largement dans la production, le transport et la distribution de l'énergie électrique dans tout le pays, et développer son économie industrielle, en raison d'importantes ressources variées que nous venons de présenter. Il appartient aux dirigeants de ce pays de bâtir des ambitions en rapport avec ces immenses richesses. Mais, au cas où le décollage économique rencontrerait des difficultés structurelles, le pays devrait inscrire la réduction de la fécondité dans ses priorités, et obtenir un indice de moins de quatre enfants par femme, au lieu de cinq actuellement. Par ailleurs, le taux de mortalité infantile de 6,1% est très élevé, de même que celui de la mortalité globale de 1,0%. Cette forte dégradation entraîne une espérance de vie faible de 58,7 ans. Ce devrait être la priorité de créer de meilleures conditions pour la population actuelle, plutôt de l'augmenter fortement sans offrir les moyens de répondre à ses besoins fondamentaux.

La Guinée devra travailler efficacement sur l'offre médico-sanitaire en quantité et en qualité, indispensable pour dispenser des soins appropriés, prévenir contre des difficultés maternelles et infantiles, mener un combat permanent contre les épidémies à travers une hygiène et un assainissement publics de bon niveau, garantir la sécurité alimentaire, entretenir une lutte permanente contre la malnutrition, et bien entendu, garder la constance dans ces efforts par une population éduquée et formée. Le pays aurait déployé une énergie confinée. La scolarisation primaire aurait reçu des moyens pour remonter de 45.0% à 78.0% au cours de la période de 2000 à 2015. Mais, comment une nation pouvait-elle entretenir un niveau d'éducation primaire, de base, avec une insignifiante scolarisation de 45% des enfants. Le passage à 78% reste encore insuffisant. Et tous les efforts de la nation pourraient devenir inopérants, si la politique éducative se maintenait à un si faible niveau. Il en résulte que, lorsque la Guinée atteint 78% des enfants dans les salles de classes, elle en éloigne 22% autres, qui viendront alimenter une population de 55% d'analphabètes dans le pays. Ce dernier devrait alors s'assigner des objectifs très ambitieux pour la décennie de 2015 à 2025 : atteindre 99% des enfants à l'école primaire chaque année, et améliorer le taux d'alphabétisation jusqu'à 98% de sa population. L'amélioration des conditions de vie sociale, et l'instauration d'un équilibre sociodémographique vertueux, l'appropriation pour les jeunes générations des progrès de l'économie numérique, empruntent le couloir de l'éducation, de l'information et de la formation de la population avec constance. Dans le second degré, la situation se dégrade rapidement, puisqu'entre 54,8% et 55,9% des jeunes y ont été recensés dans le premier cycle. Quant au second cycle, le pays a connu quelques flottements et une importante régression, passant de 43,3% à 37,2% au cours de la période de 2000 à 2015. L'éducation et la mortalité deviennent des points de grande fragilité de la Guinée. Le pays, comme une grande partie des pays de l'Afrique occidentale, n'a pas suffisamment investi dans l'éducation pendant des décennies après son indépendance. Les efforts seront d'autant plus importants que la démographie s'est inversée en faveur des jeunes, une de conséquences de la faible espérance de vie de 58,7 ans. Pour une population de 10,91 millions d'habitants, la production intérieure brute nominale de 6,70 milliards de dollars en 2015 demeure trop faible.

La Guinée n'étant pas soumise aux contraintes du désert, la densité de 44 habitants au km² dispose encore d'un espace physique d'expansion sur la superficie de 245.857 km². Mais, les dirigeants doivent améliorer les conditions d'éducation, de soin, d'alimentation, d'emploi et d'épanouissement de sa jeunesse pour en éviter l'explosion sociale. Par ailleurs, il devrait investir dans des infrastructures de communication, de production d'énergie et de transport pour développer et relier les pôles d'activité économique, constituant également des bassins de vie des habitants. Un second cycle du second degré n'accueillant que 43% des jeunes est un handicap pour préparer la jeunesse, afin de l'intégrer dans la production économique. Cependant, les techniciens, les agents du service au public et tous les autres professionnels compétents devront être recrutés dans cette population réduite. L'économie ne pourra pas progresser rapidement sans valoriser les ressources naturelles et humaines. Les stratégies industrielles seront portées par les pouvoirs politiques, les institutions, les opérateurs économiques et les jeunes professionnels. L'avenir économique de la nation ne peut nullement reposer sur l'informel de la débrouillardise et les kiosques de détaillants des produits importés. La pauvreté de la Guinée se traduit dans son indice de développement humain (IDH) de 0,41/1, soit l'avant-dernier de la région devant le pays le plus pauvre, le Niger (0,35/1), mais sans connaître la même dureté et la sécheresse du désert de ce dernier.

La Sierra Leone est un pays qui a longtemps attendu son avenir sur le commerce du diamant et de l'or. La contrebande s'est aussi installée, agissant comme le régulateur national de l'exploitation et des circuits de commercialisation. La guerre civile et la multiplication des bandes armées en sont devenues une conséquence meurtrière entre 1991 et 2002. Ce sont les Britanniques qui fondent la capitale Freetown en 1787, et ils y installent des esclaves affranchis de la traite négrière transatlantique, pratiquée depuis le début du XVe siècle jusqu'au milieu du XIXe siècle. Ensuite, la Sierra Leone accède à son indépendance, le 27 avril 1961. Et les difficultés commencent aussitôt. Initialement, l'indépendance était prévue pour juin 1960, mais les Britanniques devaient faire face à des luttes entre différentes ethnies du pays pour accéder au pouvoir, provoquant une grande instabilité. Après l'indépendance, le pays sombre à nouveau en mars 1967, lorsque Siaka Stevens, leader du parti All People's Congress (APC) remporte l'élection présidentielle, et qu'il est empêché d'accéder à la présidence par une série de coups d'État militaires, jusqu'en avril 1968. Devant le désordre permanent, le président Siaka Stevens est amené à instaurer un régime politique national de parti unique, le 19 avril 1971. Les corruptions généralisées s'instaurent comme mode de gestion publique, sur base des batailles pour le contrôle de l'exploitation des mines de diamant, dans le nord du pays. La participation active à la fondation de la Communauté économique des États de l'Afrique de l'Ouest (CEDEAO), le 28 mai 1975, n'apaise pas les tensions intérieures dans ce pays. Aussi, Siaka Stevens est contraint de céder la présidence du pays au commandant en chef des armées, Joseph Saidu Momoh, en novembre 1985. Il est officiellement élu président en janvier 1986. Mais, les corruptions créent des pouvoirs parallèles à travers le pays. Joseph Saidu Momoh est amené à décréter « l'état d'urgence économique » en novembre 1987. Malgré des mesures draconiennes d'austérité pour le peuple, les principaux chefs du régime continuent de faire fortune sur l'exploitation des mines de diamants. Les groupes mafieux s'organisent, et mènent la guerre à l'État. La guerre civile de Sierra Leone, provoquée par les conflits pour le contrôle des zones d'exploitation des diamants, éclate en mars 1991. Elle se poursuit jusqu'au 18 janvier 2002. Cette longue guerre aurait emporté des centaines de milliers de vies. L'on estime qu'entre 100.000 et 200.000 personnes y ont péri. Elle a également provoqué des migrations de plus de deux millions d'habitants. Les diverses organisations internationales ont fait état d'horribles mutilations et l'emploi massif des enfants soldats, recrutés principalement dans la grande masse de la jeunesse éloignée de l'éducation.

Le pays est désormais considéré comme ayant recouvré la paix. Les différentes mesures de maintien de la paix prises par l'ONU ont été progressivement réduites dès mai 2002, quand elles n'ont pas été purement supprimées. Après la guerre, l'ONU a levé l'embargo sur les exportations des diamants du conflit. Elle a également diminué des effectifs des forces des casques bleus de la Mission des Nations unies en Sierra Leone, passant de 17.500 hommes en mars 2001 à 13.000 en juin 2003, puis à 5.000 en octobre 2004. La mission s'est enfin achevée en 2005. Ce fut l'une des rares réussites de l'ONU en Afrique. Mais, de nombreux enfants continuent de travailler dans les mines de diamants. Par ailleurs, l'expansion de la prostitution a propagé le sida (VIH) sur plusieurs dizaines de milliers d'enfants. En 2016, la Sierra Leone n'a produit officiellement que pour 3,67 milliards de dollars, avec une population de 7,55 millions d'habitants. La progression de cette production intérieure atteint 6,1%, alors que l'évolution démographique reste inférieure à 3,2%, grâce à un indice de fécondité de 5,2 enfants par femme. Même si le pays est loin d'être saturé, avec 105 habitants au km² sur une étendue de 71.740 km² totalement épargnés du désert, les faibles capacités économiques devraient pousser la Sierra Leone à revoir sa politique familiale, et réduire la fécondité à moins de quatre enfants par femme, au lieu de 5,2 actuellement. Malgré la progression, l'économie du pays ne parvient pas à décoller suffisamment pour satisfaire les besoins médico-sanitaires et de l'assainissement pour prévenir contre les épidémies et la mortalité. En 2015, le vertigineux taux de mortalité infantile s'est élevé à 10,3% des naissances, et la mortalité globale frôle 1,5%. Ce n'est donc pas étrange que la Sierra Leone entretienne la deuxième plus basse espérance de vie moyenne de 51,4 ans de l'Afrique occidentale, à peine avant la Guinée-Bissau (49,1 ans). Cependant, les dirigeants de ce pays semblent avoir bien compris l'importance de l'éducation pour sortir le pays de la criante pauvreté. Au cours de la période de 2000 à 2015, l'éducation de la Sierra Leone a progressé jusqu'à intégrer 99,9% des enfants à l'école primaire. Elle a donc dépassé notre référentiel de 99%. Avec des moyens publics limités, la scolarisation dans le second degré a pu progresser de 68,7% à 75,2% dans le premier cycle, et de 58,9% à 62,2% au cours de la même période dans le second cycle. La guerre civile et les migrations des populations entre 1991 et 2002 ont retardé le progrès de l'éducation, et provoqué une forte génération d'analphabètes, dont la part atteint 48,6% dans le pays. L'éducation, la lutte contre l'analphabétisme, le développement du secteur médico-sanitaire, de l'hygiène publique, de l'assainissement, devraient rester les priorités de la Sierra Leone au cours de la décennie 2015-2025. L'indice de développement humain (IDH), s'appuyant sur l'éducation et la progression économique, reste encore très bas à 0,42/1.

La Gambie est le deuxième plus petit pays de l'Afrique occidentale, avec 10.689 km^2, suivi du Cap-Vert (4.033 km^2). Elle est insérée dans le Sénégal. La capitale Banjul, se situe à l'embouchure du fleuve Gambie sur l'Océan Atlantique. Les autres grandes villes significatives sont Serekunda et Brikana. La Gambie est devenue indépendante de la Grande Bretagne en 1970. Le premier président de la République de Gambie est alors Dawda Jawara. Par un coup d'État militaire du 23 juillet 1994, le fantasque Yahya Jammeh s'empare du pouvoir. Il est ensuite élu au suffrage universel, le 27 septembre 1996. Les Gambiens valident son pouvoir, et il est continuellement réélu le 18 octobre 2001, le 22 septembre 2006 et le 24 novembre 2011. Son parti, l'Alliance patriotique pour la réorientation et la construction, domine la vie politique locale, sans toutefois être officiellement un parti unique. Devenu le président tout puissant en Gambie, le fantasque ancien président Yahya Jammey, avait décrété que l'anglais n'était plus la langue officielle du pays, et retiré la Gambie de la communauté de Commonwealth, qui le reprochait d'appauvrir son pays en dictateur.

Par ailleurs, le 12 décembre 2015, ce même président déclare que son pays est désormais un « État islamique ». De plus, la communauté chrétienne estimée à 8% est simplement ignorée dans cette décision. L'administration impose alors aux femmes fonctionnaires de se voiler. Tout le personnel féminin au sein du gouvernement, des ministères, des départements et des agences gouvernementales n'est plus autorisé à montrer ses cheveux pendant les heures de travail officielles, à compter du 31 décembre 2015. Le personnel féminin est appelé à se couvrir les cheveux et à les attacher. Mais, ce changement est publiquement contesté par un responsable de l'opposition, qui qualifie cette décision unilatérale de totalement inconstitutionnelle, puisque la Gambie est une « République laïque ». En 2016, après une forte contestation populaire contre Yahya Jammeh, celui-ci perd l'élection présidentielle. Adama Barrow est élu président de la République. Mais, il prend officiellement le pouvoir le 19 janvier

2017, en raison du refus du prédécesseur Yahya Jammeh de céder le pouvoir. Il aura fallu l'intervention militaire de 4.000 soldats des troupes de la CEDEAO pour éloigner le dictateur du pouvoir, et rétablir l'ordre constitutionnel. Le 28 janvier 2017, le nouveau président Adama Barrow annule le changement de la Gambie en « République islamique ». Après l'audit des comptes publics, il accuse son prédécesseur, désormais réfugié en Guinée Équatoriale –un choix de rapprochement–, d'avoir emporté onze millions de dollars des caisses de l'État avant son exil.

L'économie de la Gambie, principalement tournée vers le Sénégal comme son principal partenaire africain, est assise sur l'agriculture vivrière, la culture et la valorisation de l'arachide et les activités portuaires de Banjul. La Gambie a produit pour seulement 940 millions de produit intérieur pour 2,01 millions d'habitants, en 2015. C'est le seul pays qui ne parvient même pas à atteindre le milliard de dollars de produit intérieur brut nominal. La croissance est néanmoins importante, à hauteur de 4,7%, en comparaison avec la progression démographique de 3,2%. Cette dernière est portée par une forte fécondité de 5,7 enfants par femme, puisque la mortalité infantile reste parmi les plus élevées de l'Afrique occidentale, avec 4,8% des naissances. De même, la mortalité globale de 0,87% reste relativement élevée, mais moins que la plupart des pays de la région. En effet, la Gambie figure parmi les six meilleurs pays de la région : le Cap-Vert (0,49%), le Ghana (0,71%), le Sénégal (0,77%), le Togo (0,80%) et le Bénin (0,85%). Cependant, la baisse de la mortalité devrait s'accompagner également de celle de la fécondité vers quatre enfants par femme. La densité du pays de 188 habitants au km² pourrait rapidement constituer un frein au développement par une forte pression démographique. De plus, pour offrir de bonnes conditions de vie à la population, avec de faibles ressources économiques, il faudrait baisser la taille de la famille. L'offre quantitative de l'éducation reste très faible, car l'école ne parvient à intégrer que 76% des enfants, en 2015. Le pays doit également s'occuper des 24% d'enfants qui n'ont pas la chance d'accéder à l'école, à travers de vastes programmes d'alphabétisation. A défaut de cet effort, ces enfants éloignés de l'école viendraient grossir une part importante d'environ 27% d'analphabètes dans le pays, et livrés aux bandes de criminels de la drogue et du trafic d'armes, qui circulent entre la Guinée-Bissau et la Gambie. Le pays reste encore loin de la scolarisation de 99% des enfants à l'école primaire, et il devrait également viser 98% de taux d'alphabétisation.

L'éducation dans le second degré a enregistré de sérieuses contreperformances au cours de la période de 2000 à 2015. Dans le premier cycle, la proportion des enfants scolarisés est passée de 67,2% à 65,7%. Dans le second cycle, la situation n'a pas été meilleure, puisque la régression fait passer la proportion de 52,8% à 46,1% au cours de la même période. Dans tous les cas, la Gambie n'a pas atteint les niveaux du référentiel de plus de 90% pour le premier cycle et plus de 85% dans le second cycle. Et pourtant, pour obtenir une progression des conditions sociales et culturelles, et offrir de bonnes formations professionnelles et techniques aux jeunes, en vue de mieux préparer leur avenir, l'éducation est le pilier central. D'autant que pour améliorer les situations des familles, ces dernières doivent accéder à des savoirs et à des informations sur la santé, des instructions sur l'hygiène, des consignes de sécurité, la production économique pour le pays, le bien-être au travail et les progrès techniques de l'économie moderne. Pour la sécurité alimentaire et les moyens de lutte contre la malnutrition, ainsi que le suivi de l'éducation de leurs enfants, les adultes doivent également être éduqués. Cela passe par un meilleur taux d'alphabétisation, très loin au-dessus des 73,2% actuels. La Gambie devrait viser au moins une part de 90% à horizon 2025. Pour y parvenir, il n'y a que deux moyens : promouvoir l'éducation des enfants au-delà de 99% et investir dans le rattrapage des adultes analphabètes à travers les moyens dans des centres de formation et d'alphabétisation. La légère baisse relative de la mortalité par rapport aux quatre autres pays mal placés du groupe, une bonne croissance économique bien au-dessus de l'évolution démographique et même sa troisième performance dans les meilleurs taux d'alphabétisation, [après le Cap-Vert (98,3%) et le Ghana (76,6%)], permettent un indice de développement humain (IDH) de 0,45/1, soit le 8e rang parmi les quinze pays de l'Afrique de l'Ouest, derrière le Cap-Vert, le Ghana, le Nigeria, le Sénégal, le Togo, le Bénin et la Côte d'Ivoire. Il convient néanmoins de rappeler que trois seuls pays de la région sont parvenus à se hisser au-dessus de la moyenne. Il y a un effort collectif qui s'impose à l'ensemble des pays de cette région contrastée, entre les richesses potentielles recensées et la pauvreté des populations. La mortalité infantile et globale élevée, le retard dans scolarisation pour les enfants, le très faible niveau d'alphabétisation, et le revenu moyen brut par habitant en décalage avec les richesses, sont devenus des caractéristiques de très nombreux pays de l'Afrique occidentale.

Le Liberia est un autre pays qui a été frappé par deux guerres civiles longues, très meurtrières et destructrices pour son peuple et pour son économie. C'est en 1822 que le Liberia est fondé par la société nationale américaine de colonisation (*The National Colonization Society of America*), pour y installer des esclaves noirs libérés. C'est également dès cette date que commencent des tensions entre les Américano-libériens appartenant au camp des Américains et la population autochtone. Le 26 juillet 1847, le Liberia devient la première nation indépendante d'Afrique, et prend la forme d'une république. Le suffrage censitaire, où les voix sont proportionnelles à la fortune de chacun parmi les seuls électeurs américano-libériens autorisés à voter, permet à l'élite de cette communauté, devenue très riche, et représentée par le parti « *True Whig* », de conserver le pouvoir durant un siècle. En 1880, le royaume voisin de Medina est annexé. En 1931, les anciens condamnés à l'esclavage, mais affranchis, assujettissent les autochtones libériens à des travaux forcés, pour le compte de multinationales américaines et européennes de l'industrie du caoutchouc. La Société des nations (SDN), fondée par le traité de Versailles en 1919 à la fin de la Première guerre mondiale

(1914-1918) et ancêtre de l'Organisation des nations unies (ONU), née après la Seconde guerre mondiale, condamne cet esclavage. Le scandale contraint le gouvernement à la démission. Aussi, le nouveau gouvernement interdit définitivement le travail forcé en 1936. Néanmoins, les autochtones restent privés de droit de vote. Il faudra alors attendre la fin de la Seconde guerre mondiale, en mai 1945, pour que le président William Tubman, élu en 1944, accorde le droit de vote aux autochtones. Mais, les failles dans le développement économique s'élargissent entre les Américano-libériens plus riches et les autochtones plus pauvres. Les revenus des concessions des mines de fer attribuées aux multinationales américaines et européennes, sont accaparés par les Américano-libériens. En 1971, le vice-président William Tolbert accède à la présidence du Liberia après la mort du président William Tubman, décédé en cours de mandat. La politique de l'économie libérale continue d'accroître davantage les inégalités dans le pays, aux dépens des autochtones.

Longtemps condamnés à l'injustice et à la domination dans leur propre pays, les autochtones commencent à se révolter. Le 12 avril 1980, le gouvernement du *True Whig* au pouvoir depuis 1847 est renversé par un coup d'État mené par Samuel Kanyon Doe, un autochtone. Le président William Tolbert est assassiné, ainsi que plusieurs ministres. Le nouveau président instaure alors une dictature militaire. En 1989, le National patriotic front of Liberia (NPFL), un groupe d'opposition sous l'autorité de Charles Taylor, engage une révolte. Celle-ci se développe rapidement dans tout le pays. Charles Taylor tente de reverser le gouvernement pour prendre le pouvoir. Néanmoins, l'avancée de ses troupes est bloquée aux portes de la capitale, Monrovia, grâce à l'intervention des troupes africaines de la Communauté économique des États de l'Afrique de l'Ouest (CEDEAO). Celle-ci avait envoyé 4.000 hommes de sa force d'interposition, l'ECOMOG. En 1990, pendant le statu quo, un désaccord au sein du parti tentant de prendre le pouvoir par les armes, NPFL, se disloque et se solde par la création de deux fronts de guerre : le

NPFL de Charles Taylor et l'INPFL de Prince Johnson. C'est ce dernier qui assassine le dictateur Samuel K. Doe, le 9 septembre 1990, pour s'emparer du pouvoir. Néanmoins, en 1992, le leader du NPFL, Charles Taylor, tente encore en vain un nouvel assaut sur Monrovia. La guerre civile s'intensifie, et les forces de la CEDEAO ne parviennent plus à contrôler la situation. C'est ainsi que cette organisation propose la sortie de guerre par une élection. Aussi, le 19 juillet 1997, Charles Taylor est enfin élu président du Liberia. La guerre civile de 1989 à 1997 a coûté la vie à 150.000 personnes, et provoqué un effondrement total de l'État libérien. Le président Charles Taylor, condamné pour crimes contre l'Humanité, est contraint de quitter le pouvoir en 2003. Après deux ans de transition, sous le contrôle étroit de l'ONU, alors que l'armée régulière du Liberia est placée sous le commandement d'un officier de l'armée nigériane, le général de division Suraj Alao Abdurrahman, qui occupe les fonctions de commandant de l'armée du Liberia, le second tour de l'élection présidentielle du 23 novembre 2005 est remporté par Ellen Johnson Sirleaf. Elle devient ainsi la première femme élue démocratiquement présidente d'un pays en Afrique. Elle prête serment, et entre officiellement en fonction, le 16 janvier 2006. Pour comprendre le retard du développement au Liberia, il conviendra alors de se souvenir que ce pays a traversé deux guerres civiles : la première guerre civile de 1989 à 1997 et la deuxième guerre civile de 1999 à 2003, après une période de dictature de Samuel Kanyon Doe de 1980 à 1990. Le pays aura donc vécu vingt-deux ans dans des crises politiques, de dictature et des guerres civiles à répétition, depuis 1980.

L'économie du Liberia est assise sur les perceptions des royalties des compagnies étrangères. Le pays s'est constitué en paradis fiscal, dont l'une des particularités est de ne jamais faire apparaître le nom des personnes physiques, concessionnaires, exploitants et propriétaires des compagnies, dans ses registres du commerce. C'est la culture héritée des compagnies américaines d'exploitation du caoutchouc, après l'indépendance du pays. Le

Liberia fait partie des sanctuaires des pavillons de complaisance. Mais, les ressources principales de son économie sont issues de la plus vaste plantation d'hévéas au monde (48.000 hectares). Cependant, cette concession est une propriété de Firestone, l'ancien géant américain du pneu. Il est devenu une filiale du groupe japonais Bridgestone, depuis 1988. Le Liberia possède aussi des ressources de minerais de fer dans le Mont Nimba, à la frontière avec la Côte d'Ivoire. En 2016, la production intérieure brute nominale du Libéria s'est élevée à 2,101 milliards de dollars, après une contraction de -1,6%, pour une population de 4,89 millions d'habitants, en expansion de 4,2%. Le problème du Liberia n'est pas dans la pression démographique, car la densité moyenne de sa population n'est que de 44 habitants au km^2 pour un pays vert, loin du désert et des aléas climatiques, sur une étendue de 111.378 km^2 et une population très réduite de moins de cinq millions d'habitants. C'est l'optimisation de la gestion publique, après deux décennies de crises politiques et de guerres civiles qui ont détruit l'économie de ce pays. Il devra alors augmenter fortement et constamment sa production, valoriser ses ressources dans le pays ou obtenir des recettes plus importantes des concessions industrielles accordées aux multinationales, afin de faire face à l'évolution de sa démographie.

Ensuite, le pays devra investir avec détermination dans des structures médico-sanitaires, l'assainissement public et l'hygiène dans ses agglomérations pour lutter contre la mortalité très élevée, et de violentes épidémies fréquentes liées à l'humidité et à l'insuffisance de l'hygiène publique. La mortalité infantile de 6,6%, très loin au-dessus du référentiel de 1,0%, et la mortalité globale de 1,0% (soit le double du référentiel) traduisent des insuffisances indiquées, la malnutrition, les infrastructures ou l'insécurité alimentaire, aux côtés des carences dans la santé publique. Aussi, l'espérance de vie moyenne faible au Liberia est 59,0 ans en 2016. Pour construire l'avenir de la nation, l'éducation est l'un des socles, avec les stratégies industrielles et la gestion des enjeux sociodémographiques. Le Liberia a déployé des efforts au cours de la décennie de paix ayant suivi deux décennies de crises profondes. La scolarisation des enfants dans le primaire est passée de 46,3% à 89,9%. Même si cet effort n'a pas encore atteint 99%, la progression est remarquable. Le pays doit consolider cette éducation de base pour prévenir contre l'analphabétisme, qui frappait encore 45,5% de ses habitants. Il est entendu que pendant les années de guerres civiles, la priorité de survie n'était plus à l'école. Le pays doit alors mener un double défi : scolariser tous les enfants du pays et combattre l'analphabétisme des adultes. Parallèlement, il doit également améliorer quantitativement et qualitativement l'offre scolaire dans le second degré. Si la relative progression est remarquée dans le premier cycle, de 74,1% jusqu'à 80,3%, il y aurait eu quelques régressions dans le second cycle, entre 76,9% et 72,4%, au cours de la période de 2000 à 2015. Dans tous les cas, le pays est encore bien loin des cibles de 90% et 85%, respectivement dans le premier et le second cycle du second degré. Les challenges de la décennie 2015-2025 pour le Liberia devraient se tourner vers d'importantes évolutions économiques, en vue de lutter efficacement contre la misère et la pauvreté, les investissements dans les secteurs sanitaires et sociaux pour faire face à la forte mortalité, des efforts massifs dans l'éducation de base et dans les formations professionnelles et technique dans le second degré pour préparer l'avenir des jeunes. Il devra déployer largement la formation et l'information pour les adultes, en vue de réduire l'analphabétisme encore trop élevé dans le pays.

Le Niger est le pays le plus pauvre de l'Afrique occidentale, et il figure en bonne place parmi les pays les plus pauvres du monde. Le pays occupe la première place par sa superficie en Afrique occidentale, soit 1,267 million de km², devant le Mali, avec 1,247 million de km². Il est également proportionnellement plus peuplé, avec 20,752 millions d'habitants, quand le Mali en compte 18,957 millions. Mais, en 2016, le produit intérieur du Niger n'est que de 7,509 milliards de dollars, contre 12,747 milliards pour le Mali. Le Niger est-il aussi victime d'un manque de ressources naturelles pour se développer ? Certes, le pays est situé en plein désert du Sahel, et il en a subi des conséquences de la sécheresse, comme en 2005 où l'aridité du sol, la sécheresse et les criquets ont provoqué une famine touchant plus de 10% de la population du pays. Mais, l'économie du Niger est basée sur l'exploitation de l'uranium par la compagnie française AREVA. Les gisements historiques se situent à Arlit. Cependant, en 2009, AREVA a étendu son contrat d'exploitation sur Imouraren, considéré comme le premier gisement d'uranium en Afrique et le deuxième dans le monde, après celui de McArthur River au Canada. Le Niger possède également des mines de charbon dans la région de Tchirozerine. Enfin, le pays exploite également le pétrole. Cette ressources énergétique complémentaire pour le Niger a été estimée par la compagnie chinoise, la CNPC (*China national petrolium corporation*), à une production de 200.000 barils par jour, dans le nord-est du Niger, au sein du bloc d'Agadem, vaste de 27.516 km². Néanmoins, en comparaison avec les autres grands producteurs de pétrole, le Niger fait figure de petit entrant. La raffinerie de Zinder ne produit que 20.000 barils par jour. Devant cette modeste production en Afrique, on peut citer les grandes raffineries du Cap (112.000 au Cap et 87.500 à Sasolburg) et de Durban (172.000 à SAPREF et 125.000 à ENGEN) en Afrique du Sud ; Skikda (323.000 barils/jour), Alger (59.000) et Arzew (54.000) en Algérie ; Luanda (55.000) en Angola ; Limbe (42.000) au Cameroun ; la société ivoirienne de raffinage (70.000) en Côte d'Ivoire ; Alexandrie (105.000 à Midor et 105.000 à APC EI MEX), Amerya (100.000), Assiout (52.000), Mostorod (165.000), Suez (70.000), Le Caire (35.000) en Égypte ; Accra (45.000) au Ghana ; Mombasa (90.000) au Kenya ; Ras Lanouf (220.000) et Zawiya (120.000) en Libye ; Mohammédia (160.000) au Maroc ; Kaduna (110.000), Warri (125.000), Port Harcourt (60.000 à Alesa Eleme et 210.000 à PHRC) au Nigeria ; Khartoum (100.000) au Soudan ; la STIR (34.000) en Tunisie. Aussi, ces pays produisent et raffinent plus de quantités de pétrole que le Niger. A l'avenir, les regroupements des pays pour mutualiser les ressources, et investir collectivement dans des raffineries plus importantes, moyennant redistribution des revenus au prorata des quantités brutes apportées et des constructions d'oléoducs pour acheminer, et d'autres moyens d'acheminement pour transporter les produits finis ou semi finis, participeraient aux stratégies industrielles régionales. Néanmoins, des géants de la raffinerie de pétrole pourraient s'imposer, et racheter du brut à d'autres pays africains, à des prix négociés entre les États et se dispensant des cours mondiaux édictés par les places boursières mondiales. En Afrique occidentale, la Côte d'Ivoire, le Ghana et le Nigeria sont de plus grands producteurs de pétrole que le Niger. Ce dernier devrait orienter la production du pétrole vers les géants de la région pour compléter d'immenses ressources d'uranium et diversifier ses ressources pour relever son économie. Les autres secteurs sont inexistants, telle que l'agriculture, ou atrophiés tel que le tourisme, le secteur pauvre victime des défaillances criantes des infrastructures de transports, de communication et d'aménagement du territoire. En effet, pour une grande étendue équivalant à 2,3 fois celle de la France métropolitaine, le Niger ne compte que deux aéroports de Niamey et Agadez.

Pays riche par son sous-sol contenant l'uranium, le charbon et le pétrole, le Niger est également l'un des pays les plus pauvres du monde. Il n'a produit que pour 7,509 milliards de dollars en 2016, avec une progression de 5,0%, en comparaison avec l'évolution démographique de 3,9%. Néanmoins, avec un indice de fécondité le plus élevé en Afrique, de 7,6 enfants par femme, les conditions socioéconomiques actuelles ne permettent pas un progrès social, éducatif et culturel dans le pays. Cette fécondité participe alors à la dégradation des conditions de vie des familles et l'incapacité pour le pays à faire face à la demande médico-sociale, alimentaire, énergétique, d'aménagement des pôles économiques de développement et de l'éducation de la jeunesse. Un planning familial, qui optimise et ajute les naissances aux ressources réelles des familles, sera indispensable. Le taux de mortalité infantile de 5,7% en 2015 est très au-dessus de notre référentiel de 1,0% pour l'Afrique. De même, une mortalité globale de 0,9% est très supérieure à la cible de 0,5%, même si elle figure parmi les plus modérées de la région, face à 1,50% pour la Guinée-Bissau ; 1,45% pour la Sierra Leone ; 1,38% pour le Mali et 1,32% pour le Nigeria, qui sont les champions régionaux de la mortalité. Le Niger devrait investir dans le secteur sanitaire, alimentaire et dans la prévention. En effet, parmi les causes connues de la mortalité, les insuffisances de soins médicaux, la malnutrition et les famines, figurent sur le tableau d'affichage, en raison des conditions climatiques et l'aridité des sols pour l'autosuffisance alimentaire, alors que les ressources économiques et financières du pays sont insuffisantes pour importer les produits, afin de soigner et nourrir pleinement toute sa population. La fécondité élevée agit alors comme un mécanisme de substitution démographique face à la mortalité. Les croyances culturelles, religieuses, philosophiques ou la simple résignation de fatalité face à la mort et à la multiplication des naissances, deviennent des justifications sociales. Aussi, certaines familles pauvres multiplient les enfants dans l'espoir que les plus âgés participent avec leurs parents à l'alimentation et l'éducation des plus jeunes. Dans ces conditions, l'école peut apparaître comme une distraction, une perte de temps et de ressources de main-d'œuvre pour les familles rurales pauvres.

L'éducation n'a pas été un axe stratégique de développement du Niger pendant plusieurs décennies après l'indépendance du pays, au cours des années 1960. Entre les années 2000 et 2015, la scolarisation des enfants à l'école primaire a pu évoluer de 27,4% à 63,3%. C'est le plus gros retard d'éducation remarqué en Afrique au début des années 2000. Où était l'État ! La route reste encore longue pour atteindre 99% des enfants scolarisés à l'école primaire, à l'issue de la décennie 2015-2025. En écho à ces médiocres efforts dans l'éducation primaire, le taux d'analphabètes bat le record du continent avec 73,4% de la population. L'on peut comprendre alors le poids de la culture orale et des traditions ancestrales dans l'évolution de la société nigérienne, et du plus fort indice de fécondité sur tout le continent africain. L'effort dans la scolarisation au niveau de base, en primaire, devrait être encore plus appuyé avec beaucoup de détermination pour réduire l'analphabétisme dans le pays. Le niveau de scolarisation dans le second degré est resté très faible ; la part des jeunes scolarisés est restée pratiquement constante à 28% dans le premier cycle du second degré, alors qu'il a légèrement régressé entre 12,7% et 11,8% dans le second cycle du second degré. Il apparaît que les indicateurs socioculturels et sociodémographiques du Niger restent encore très bas, du point de vue des fondements sur le traitement de la jeunesse, la culture pour des adultes et le niveau de la mortalité dans le pays. Ils se traduisent dans l'indice de développement humain de 0,35/1 en 2015, le plus bas niveau de toute l'Afrique occidentale, au même rang que le pays ruiné de la République centrafricaine (0,35/1 et un produit intérieur brut par habitant de 285 dollars, en 2015). Ce sont des pays à reconstruire sur de nouvelles bases solides.

A l'issue de ce long parcours dans chacun des quinze pays de l'Afrique occidentale, nous produisons un tableau comparatif des indicateurs analysés par pays. Les quatre premiers pays partagent un PIB nominal par habitant supérieur à 1000 dollars, mais le Cap-Vert s'en détache sur d'autres indicateurs.

Indicateurs	Cap-Vert	Nigeria	Côte d'Ivoire	Ghana
Population	537 661	193 073 909	23 865 564	28 959 391
Superficie (Km²)	4 033	923 768	322 462	238 553
Densité (Habitants/Km²)	133,3	209,0	74,0	121,4
PIB (MDS $USD)	1,603 (2015)	405,083 (2016)	31,753 (2015)	37,864 (2015)
PIB/Habitant	3 080 US$	2 178 US$	1 399 US$	1 381 US$
Croissance du PIB	1,46 % / an (2015)	-1,50 % / an (2016)	8,44 % / an (2015)	3,88 % / an (2015)
Croissance démographique	1,21 % / an	2,60 % / an	2,59 % / an	2,30 % / an
Espérance de vie	76,2 ans (2017)	54,0 ans (2015)	58,0 ans (2014)	66,6 ans (2016)

Indicateurs	Cap-Vert	Nigeria	Côte d'Ivoire	Ghana
Indice de fécondité	2,3 enfants / femme (2017)	5,5 enfants / femme (2015)	3,6 enfants / femme (2014)	4,0 enfants / femme (2016)
Taux de mortalité infantile (‰)	21,40 ‰ (2013)	58,00 ‰ (2014)	60,16 ‰ (2014)	36,30 ‰ (2016)
Taux de mortalité globale (‰)	4,90 ‰ (2013)	13,20 ‰ (2013)	9,67 ‰ (2014)	7,10 ‰ (2016)
Taux d'Alphabétisation	98,34 % (2015)	66,70 % (2015)	50,24 % (2015)	76,57 % (2015)
Taux (en %) de Scolarisation au 2e cycle du Second Degré (2015/2000)		54,5 / 58,9	38,3 / 33,4	59,9 / 70,5
Taux (en %) de Scolarisation au 1er cycle du Second Degré (2015/2000)		72,2 / 72,1	61,7 / 52,8	79,3 / 87,7
Taux (en %) de Scolarisation primaire (2015/2000)	97,3 / 95,6	65,7 / 62,9	79,3 / 56,8	95,6 / 64,8
Langues nationales et langues officielles	Portugais	Anglais, Igbo, Hausa, Yoruba, etc.	Français, 6 autres langues…	Anglais, Asante, autres
Monnaie nationale	Escudo cap-verdien (CVE)	Naira (NGN)	Franc CFA (XOF)	Cedi (GHS)
IDH (2015)	0,648	0,527	0,474	0,579
Forme de pouvoir	République	République fédérale	République	République
Chef de l'État	Jorge Carlos Fonseca	Muhammadu Buhari	Alassane Ouattara	Nana Addo Dankwa Akufo-Addo

Le premier groupe des 4 pays de l'Afrique occidentale dont le PIB nominal par habitant est supérieur à 1000 dollars entre 2015 et 2016. Cependant, l'indice de développement humain (IDH) de Côte d'ivoire reste inférieur à la moyenne de 0,500/1. Le plus performant reste le plus petit pays, le Cap-Vert. Le plus peuplé et première puissance économique du continent africain est le Nigeria, mais son IDH de 0,53/1 est inférieur à celui du Ghana (0,58/1).

Le deuxième groupe comprend six pays, dont le produit intérieur brut nominal est compris entre 600 et 1000 dollars. Mais, ce groupe peut être subdivisé en deux sous-groupes sur la base de cet indicateur. Le Sénégal, le Bénin et le Mali peuvent être classés dans le premier sous-groupe de 720 à 990 dollars. Ensuite, le Togo, le Burkina Faso et la Guinée-Bissau occupent le deuxième sous-groupe, entre 610 et 620 dollars. Ce sont alors deux sous-groupes distincts, par cet indicateur, mais qui sont tout à fait comparables sur d'autres indicateurs sociodémographiques, de l'éducation, de l'alphabétisation et des conditions de vie. Le Mali se détache du groupe par son taux d'alphabétisation très faible de 31% comme on peut l'observer sur ce tableau :

Indicateurs	Sénégal	Bénin	Mali	Togo
Population	15 256 346	11 186 785	18 957 258	6 733 763
Superficie (Km²)	196 712	114 763	1 246 814	56 785
Densité (Habitants/Km²)	77,6	97,5	15,2	118,6
PIB (MDS $USD)	15,197 (2016)	8,291 (2015)	12,747 (2015)	4,165 (2015)
PIB/Habitant	986 $USD	762 $USD	724 $USD	619 $USD
Croissance du PIB	4,30 % / an (2016)	2,10 % / an (2015)	5,96 % / an (2015)	5,70 % / an (2014)
Croissance démographique	3,08 % / an	2,77 % / an	3,36 % / an	2,84 % / an
Espérance de vie	64,80 ans (2013)	63,84 ans (2013)	67,00 ans (2013)	62,71 ans (2011)
Indice de fécondité	5,1 enfants / femme (2013)	4,8 enfants / femme (2013)	6,1 enfants / femme (2013)	4,7 enfants / femme (2011)
Taux de mortalité infantile (‰)	53,00 ‰ (2013)	68,10 ‰ (2013)	74,50 ‰ (2015)	51,48 ‰ (2011)
Taux de mortalité globale (‰)	7,70 ‰ (2013)	8,50 ‰ (2013)	13,80 ‰ (2012)	7,96 ‰ (2011)
Taux d'Alphabétisation	57,67 % (2015)	52,55 % (2015)	31,00 % (2016)	64,90 % (2008)
Taux (en %) de Scolarisation au 2e cycle du Second Degré (2015/2000)	39,7 / 28,6	53,5 / 45,8	34,9 / 25,4	63,9 / 54,3

Indicateurs	Sénégal	Bénin	Mali	Togo
Taux (en %) de Scolarisation au 1er cycle du Second Degré (2015/2000)	56,4 / 46,4	66,1 / 63,5	47,7 / 41,2	84,7 / 74,6
Taux (en %) de Scolarisation primaire (2015/2000)	73,3 / 57,8	96,2 / 82,9	60,8 / 43,7	97,5 / 88,6
Langues nationales et langues officielles	Wolof parlé par la majorité, Français	Français, 10 autres langues (>2% habit)	Français, 13 autres langues nationales	Français, Ewé et Kabiyé
Monnaie nationale	Franc CFA (XOF)	Franc CFA (XOF)	Franc CFA (XOF)	Franc CFA (XOF)
IDH (2015)	0,494	0,485	0,442	0,487
Forme de pouvoir	République parlementaire, régime semi-présidentiel	République	République	République (dictature dans les faits)
Chef de l'État	Macky Sall	Patrice Talon	Ibrahim Boubacar Keïta	Faure Gnassingbé

Le Sénégal, le Bénin et le Mali appartiennent au sous-groupe des pays de plus de 720 dollars de PIB nominal par habitant. L'espérance de vie moyenne varie entre 64 ans et 67 ans. Les populations varient entre 11,2 et 19,0 millions d'habitants. Le PIB reste inférieur à 20 milliards de dollars.

Les pays de l'Afrique occidentale se caractérisent par une multiplicité de langues ethniques élevées au rang de langues nationales, à l'exception de quelques pays où l'État a pu imposer une à trois langues comme langues nationales. Mais, dans la plupart de ces pays, ces langues sont parlées et l'harmonisation de leur écriture reste en débat. Le français et l'anglais demeurent alors des langues de l'administration et de communication entre différentes composantes du pays. Néanmoins, des efforts sont remarqués au Sénégal, au Nigéria, au Togo, au Ghana, parmi les pays du premier groupe et du deuxième groupe, pour parvenir à constituer des langues africaines nationales d'enseignement. Il apparaît que, dès lors qu'une langue n'a pu s'imposer par le plus grand nombre de locuteurs et prendre également la forme d'une langue écrite, le français ou l'anglais ont été promus en langues officielles et langues nationales communes à tous les habitants.

Dans le sous-groupe constitué du Togo, du Burkina Faso et de la Guinée-Bissau, le produit intérieur brut par habitant varie de 612 dollars pour la Guinée-Bissau à 619 dollars pour le Burkina Faso. Mais, la Guinée ouvre le troisième groupe avec un écart de 81 dollars par rapport à la Guinée-Bissau. Néanmoins, c'est le seul pays du dernier groupe des cinq à franchir le seuil de 500 dollars. Les comparaisons sont présentées dans le tableau :

Indicateurs	Burkina Faso	Guinée-Bissau	Guinée	Sierra Leone
Population	19 034 397	1 726 170	10 909 896	7 553 270
Superficie (KM²)	270 764	36 125	245 857	71 740
Densité (Habitants/Km²)	70,3	47,8	44,4	105,3
PIB (MDS $USD)	11,099 (2015)	1,057 (2015)	6,699 (2015)	3,669 (2016)
PIB/Habitant	613 $USD	612 $USD	531 $USD	496 $USD
Croissance du PIB	4,00 % / an (2015)	2,50 % / an (2014)	0,10 % / an (2015)	6,10 % / an (2016)
Croissance démographique	3,16 % / an	1,97 % / an	1,21 % / an	3,20 % / an
Espérance de vie	58,59 ans (2014)	49,11 ans (2012)	58,73 ans (2014)	51,00 ans (2015)
Indice de fécondité	5,5 enfants / femme (2014)	4,4 enfants / femme (2012)	5,0 enfants / femme (2014)	5,2 enfants / femme (2015)
Taux de mortalité infantile (‰)	50,90 ‰ (2015)	94,40 ‰ (2012)	61,00 ‰ (2015)	103,00 ‰ (2015)
Taux de mortalité globale (‰)	9,56 ‰ (2014)	15,01 ‰ (2012)	9,94 ‰ (2014)	14,50 ‰ (2015)
Taux d'Alphabétisation	52,51 % (2015)	59,91 % (2015)	45,25 % (2015)	51,40 % (2015)
Taux (en %) de Scolarisation au 2e cycle du Second Degré (2015/2000)	24,1 / 11,5		37,2 / 43,3	62,2 / 58,9

Indicateurs	Burkina Faso	Guinée-Bissau	Guinée	Sierra Leone
Taux (en %) de Scolarisation au 1er cycle du Second Degré (2015/2000)	43,2 / 20,8		55,9 / 54,8	75,2 / 68,7
Taux (en %) de Scolarisation primaire (2015/2000)	69,8 / 36,7	69,6 / 46,8	78 / 45	99,9 / --
Langues nationales et langues officielles	Français, 81 langues recensées	Portugais, Français	Français, 3 autres langues	Anglais, 25 autres langues
Monnaie nationale	Franc CFA (XOF)	Franc CFA (XOF)	Franc guinéen (GNF)	Leone (SLL)
IDH	0,402 (2015)	0,424 (2015)	0,414 (2015)	0,420 (2015)
Forme de pouvoir	République	République	République	République
Chef de l'État	Roch Marc Christian Kaboré	José Mário Vaz	Alpha Condé	Ernest Bai Koroma

Deux pays du deuxième groupe (Burkina Faso et Guinée-Bissau) et deux des cinq pays du troisième groupe (Guinée et Sierra Leone). Ces deux derniers n'appartiennent pas à la zone CFA. Ces deux groupes restent proches sur les valeurs de l'IDH (0,4/1), et appartiennent au même groupe des pays pauvres.

Le tableau suivant rassemble les pays du troisième groupe, et qui partagent les mêmes performances sur leurs produits intérieurs bruts nominaux inférieurs à 500 dollars, entre 2015 et 2016.

Indicateurs	Sierra Leone	Gambie	Liberia	Niger
Population	7 553 270	2 008 741	4 890 133	20 751 801
Superficie (Km^2)	71 740	10 689	111 370	1 267 000
Densité (Habitants/Km^2)	105,3	187,9	43,9	16,4
PIB (MDS $USD)	3,669 (2016)	0,939 (2015)	2,101 (2016)	7,509 (2016)
PIB/Habitant	496 $USD	472 $USD	455 $USD	363 $USD

Indicateurs	Sierra Leone	Gambie	Liberia	Niger
Croissance du PIB	6,10 % / an (2016)	4,72 % / an (2015)	-1,60 % / an (2016)	5,00 % / an (2016)
Croissance démographique	3,20 % / an	3,20 % / an	4,21 % / an	3,90 % / an
Espérance de vie	51,00 ans (2015)	64,36 ans (2014)	59,00 ans (2016)	61,46 ans (2014)
Indice de fécondité	5,2 enfants / femme (2015)	5,7 enfants / femme (2014)	4,6 enfants / femme (2016)	7,6 enfants / femme (2014)
Taux de mortalité infantile (‰)	103,00 ‰ (2015)	47,90 ‰ (2014)	65,80 ‰ (2016)	57,10 ‰ (2015)
Taux de mortalité globale (‰)	14,50 ‰ (2015)	8,73 ‰ (2014)	9,50 ‰ (2016)	9,12 ‰ (2014)
Taux d'Alphabétisation	51,40 % (2015)	73,19 % (2015)	54,47 % (2015)	26,56 % (2015)
Taux (en %) de Scolarisation au 2e cycle du Second Degré (2015/2000)	62,2 / 58,9	46,1 / 52,8	72,4 / 76,9	11,8 / 12,7
Taux (en %) de Scolarisation au 1er cycle du Second Degré (2015/2000)	75,2 / 68,7	65,7 / 67,2	80,3 / 74,1	28,1 / 27,9
Taux (en %) de Scolarisation primaire (2015/2000)	99,9 / --	76 / 72,8	89,9 / 46,3	63,3 / 27,4
Langues nationales et langues officielles	Anglais, 25 autres langues	Anglais, Français, >5 autres	Anglais, 30 autres	Français, 12 autres
Monnaie nationale	Leone (SLL)	Dalasi (GMD)	$ libérien ($ LRD)	Franc CFA (XOF)
IDH (2015)	0,420	0,452	0,427	0,353
Forme de pouvoir	République	République	République	République
Chef de l'État	Ernest Bai Koroma	Adama Barrow	Ellen Johnson Sirleaf	Mahamadou Issoufou

Le Niger décroche des autres pays de la région, et affiche un IDH de 0,35/1. Trois des cinq derniers pays de la région n'appartiennent pas à la zone CFA.

L'Afrique occidentale concentre les pays dont l'IDH évolue entre 0,35/1 pour le Niger et 0,58/1 pour le Ghana, à l'exception du Cap-Vert. La Sierra Leone (10,5%) et la Guinée-Bissau (9,4%) atteignent les plus fortes mortalités infantiles, suivies du Mali (7,5%). Ces deux premiers pays présentent l'espérance de vie la plus faible, respectivement de 51 ans et 49 ans. Le Nigeria les suit avec une espérance de vie de 54 ans, en 2015.

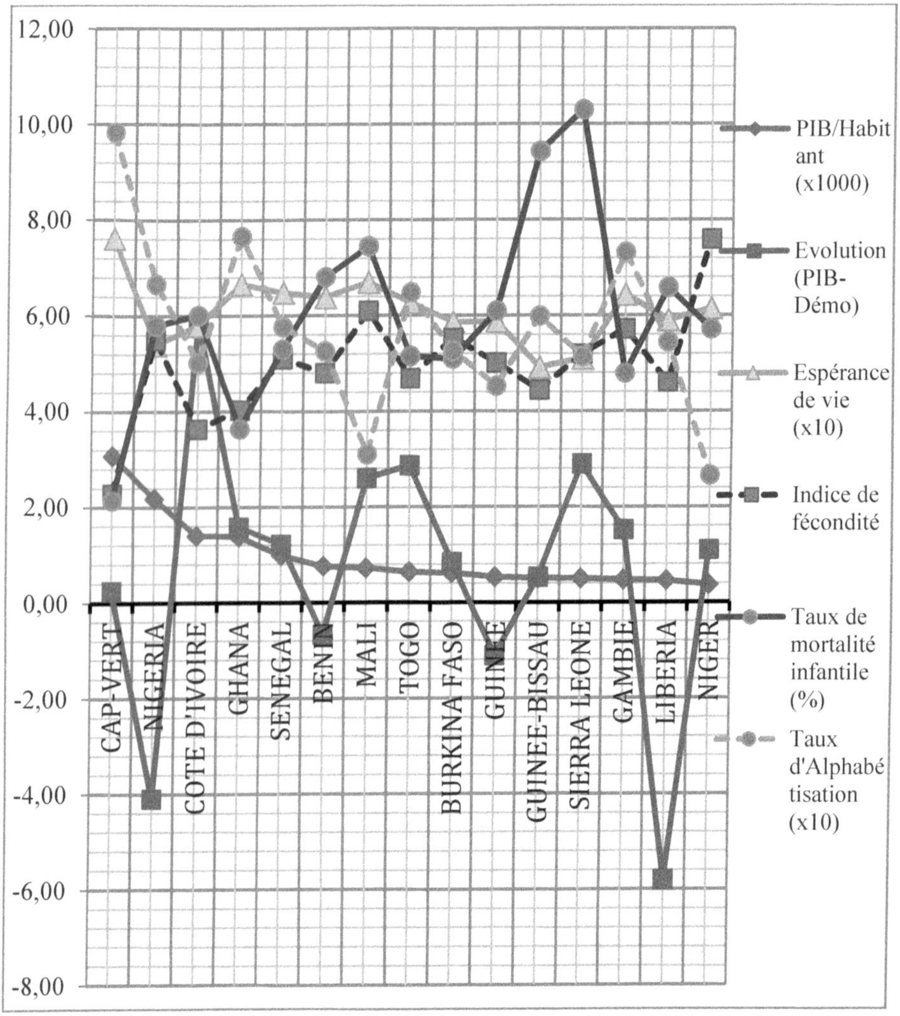

Nous pouvons attirer l'attention sur le Nigeria, le Bénin, la Guinée et le Liberia, dont l'évolution économique a été inférieure à celle de la population en 2015-2016. Alors que le Niger bat le record de l'indice de fécondité (7,6 enfants en 2014), la Côte d'Ivoire l'a baissé à 3,6 et le Ghana en affiche 4,0.

Au terme du voyage à travers les quinze pays de la grande région de l'Afrique occidentale, nous avons retenu des leçons que nous pouvons partager. Cette région, comme dans le reste des autres régions de l'immense continent africain, est très loin d'être homogène. Chacun des pays a connu ses trajectoires de vie, ses difficultés, ses réussites. Mais, tous les pays présentent quelques défis à relever pour la décennie 2015-2015. Nous avons synthétisé les dynamiques d'évolutions au cours de la période de 2000 à 2015. Pour la majorité des pays, l'année 2000 marque les quarante années après l'indépendance. Dans de nombreux pays, nous pouvons observer que les progrès réalisés au cours des quinze années de la courte durée de 2000 à 2015, marquent une accélération, en termes de progression par année, par rapport aux débuts difficiles des années 1960-2000.

Tel un enfant après la naissance, les pays de cette région, comme il en est ainsi pour ceux du reste de l'Afrique, ont connu le temps de l'allaitement par les anciennes puissances coloniales, puis est venu le temps des tentatives de la marche autonome. Les conflits avec les mères tutrices n'ont pas manqué, comme un parent qui couve son enfant et lui interdit de connaître ses propres expériences pour préparer son autonomie. Les parents ont tenté plusieurs tuteurs pour veiller à leurs enfants. Ceux-ci sont alors appelés à veiller aux intérêts des maîtres, et à garder le contrôle sur les enfants, afin de retarder le plus longtemps possible leur émancipation. Ce fut le temps des coups d'État à répétition, des *présidents à vie* à condition qu'ils demeurent très dociles et contrôlables, et qu'ils laissent les anciens maîtres agir selon leurs propres intérêts. Les quarante années des tentatives de libération auront servi à cela. Pour les descendants du peuple hébreu, dont sont une partie des Africains, les quarante années sont un symbole biblique. Quarante années passées dans le désert politique et économique. Quarante années pour se préparer à la vie autonome, et à bâtir des stratégies de développement. Mais, le présent ouvrage ne fait pas le bilan de cette période. Il tente de reprendre le cours de l'histoire au bout de cette durée. Que sont devenus les Africains au cours de la période de 2000 à 2015, et quels sont les enjeux de la décennie de 2015 à 2015, eu égard à tous les besoins identifiés. C'est pour cette nouvelle période qui s'ouvre, que nous avons proposé des référentiels correspondant aux réalités africaines et aux capacités que chaque pays peut tout à fait développer pour y parvenir. Ce sont des défis pour tous.

Pour dégager des ressources afin de répondre aux besoins des habitants, les pays doivent réaliser des progressions économiques supérieures aux évolutions de leurs populations. Les écarts positifs en faveur de la croissance économique sont observés en Côte d'Ivoire (5,8 points), en Sierra Leone et au Togo (2,9 points), au Mali (2,6 points) et au Ghana (1,6 point). Ce sont les cinq premiers pays en tête dans la région. A l'inverse, certains autres pays entrent dans la zone des difficultés qu'il conviendra de résoudre rapidement pour éviter des explosions sociales. C'est le cas du Liberia (-5,8 points), du Nigeria (-4,1 points), du Bénin (-0,7 point), de la Guinée (-1,1 point) et du Cap-Vert (0,3 point). Sachant que l'on peut relancer la croissance par des choix judicieux et à court terme, les ajustements démographiques sont plus longs. Les dirigeants doivent simplement agir vite, afin de pouvoir récolter de bons fruits à moyen et long terme.

La mortalité traduit les difficultés diverses sur les stratégies de santé publique, des infrastructures d'assainissement et d'hygiène, de malnutrition, ou des carences alimentaires liées aux famines et aux différentes épidémies qui sévissent dans la région (Ébola, paludisme, VIH, etc.). La mortalité infantile est la plus élevée en Sierra Leone (10,3%), en Guinée-Bissau (9,4%), au Mali (7,5%), au Bénin (6,8%) et au Liberia (6,6%), pour les cinq premiers pays. Les pays ayant réussi à la réduire sont la Cap-Vert (2,1%), le Ghana (3,6%), la Gambie (4,8%), le Burkina Faso (5,1%) et le Togo (5,2%). Parmi les cinq pays à fort taux de mortalité infantile, trois d'entre eux appartiennent à la zone CFA (Bénin, Mali et Guinée-Bissau). Alors que parmi les cinq ayant beaucoup progressé, apparaissent deux pays de la zone CFA : le Burkina Faso et le Togo, et ils se situent bien au-delà du taux de 5%. Pour la mortalité globale, on observe qu'elle est la plus élevée en Guinée-Bissau (1,50%), en Sierra Leone (1,45%), au Mali (1,38%), au Nigeria (1,32%) et en Guinée (0,99%). Quant aux meilleurs résultats sur cet indicateur, ils sont observés au Cap-Vert (0,49%), au Ghana (0,71%), au Sénégal (0,77%), au Togo (0,80%) et au Bénin (0,85%). Il est rappelé que notre référentiel pour l'Afrique retient une mortalité globale maximale de 0,5% contre 1,0% pour la mortalité infantile. Seul le Cap-Vert a donc atteint le référentiel pour la mortalité globale, et il s'en approche pour la mortalité infantile (2,1%). Ce pays creuse un écart par rapport aux autres pays de la région. De ces deux indicateurs, on interroge l'espérance de vie moyenne. Les pays qui combinent les meilleurs taux de mortalité, se réservent aussi les chances de figurer sur le tableau des meilleures espérances de vie. Aussi, le Cap-Vert et le Ghana ayant les faibles mortalités infantile et globale, retrouvent le meilleur classement pour l'espérance de vie : 76,2 ans pour le Cap-Vert et 66,6 ans pour le Ghana. Ils sont rejoints par le Mali (67,0 ans), le Sénégal figurant parmi les pays à faible mortalité globale (64,8 ans) et la Gambie figurant parmi les pays à faible mortalité infantile (64,4 ans). Ensuite, on retrouve les pays dont l'espérance de vie est inférieure à 60 ans. Ils n'ont pas tous connu les guerres civiles récentes : la Guinée-Bissau (49,1 ans), la Sierra Leone (51,0 ans), le Nigeria (54,0 ans), la Côte d'ivoire (58,0 ans), le Burkina Faso (58,6 ans), la Guinée (58,7 ans) et le Liberia (59,0 ans).

Pour combattre la mortalité, mobiliser les énergies humaines pour le développement, accroître la capacité de réaliser la valeur ajoutée sur les ressources naturelles des pays et penser le progrès collectivement, nous avons indiqué que l'éducation à tous les niveaux (primaire, secondaire et supérieur) et l'alphabétisation massive des habitants constituent des piliers du développement. Dans l'éducation primaire, notre référentiel retient 99% de tous les enfants scolarisables. Dans ce nombreux pays de l'Afrique occidentale, le décollage de l'éducation a pris beaucoup de retard pour des raisons multiples (les guerres civiles longues et les déplacements de populations précarisées, les traditions et les croyances, le manque de volonté politique, les compétitions ethniques, les insuffisances ou les défaillances des infrastructures d'éducation, de communication et de transport, les corruptions et les détournements de fonds affectés aux projets éducatifs, etc.). Il apparaît que, au cours de la période de 2000 à 2015, quelques progrès ont été accomplis dans l'éducation primaire. La Sierra Leone (99,9%), le Togo (97,5%), le Cap-Vert (97,3%), le Bénin (96,2%) et le Ghana (95,6%) ont franchi le seuil de 90% dans la scolarisation des enfants. La Sierra Leone a largement dépassé le référentiel et les quatre autres pays pourront l'atteindre au cours de la décennie 2015-2025. Parmi les pays dont le retard devient une véritable cause des difficultés passées et même à venir, on peut indiquer le Mali (60,8%), le Niger (63,3%), le Nigeria (65,7%), la Guinée-Bissau (69,6%) et le Burkina Faso (69,8%). Ces pays n'ont pas encore scolarisé 70% des enfants. Dès lors, il est difficile d'imaginer ce que deviennent plus de 30% de ces enfants qui n'ont pas connu le chemin de l'école. La nature ayant l'horreur du vide, d'autres organisations les recrutent pour des actes criminels, des trafics divers, et même pour la prostitution.

Le parcours scolaire dans le second degré permet de préparer les jeunes aux métiers actuels et d'avenir, fournit les capacités à s'intégrer dans une économie ouverte et de contribuer activement à la formation de la valeur ajoutée, ou d'intégrer des études plus poussées dans l'enseignement supérieur aux multiples offres pour l'avenir personnel et celui du pays. Alors que le référentiel propose 85% des enfants de la classe d'âge correspondante dans le second cycle du second degré, aucun pays de l'Afrique de l'Ouest n'atteint cette performance. Au cours de la période de 2000 à 2015, six pays ont franchi le seuil de 50% d'intégration des jeunes : le Liberia (72,4%), le Togo (63,9%), la Sierra Leone (63,2%), le Ghana (59,9%), le Nigeria (54,5%) et le Bénin (53,5%). Pendant le même période, d'autres pays n'ont pas encore atteint un palier de 40% pour le recrutement de ces jeunes en vue de leur préparation d'un avenir professionnel. Le Niger est le maillon faible de la région avec 11,8%. Le Burkina Faso (24,1%), le Mali (34,9%), la Guinée (37,2%) et la Côte d'Ivoire (38,3%) stagnent. Le Sénégal est monté jusqu'à 39,7%. Ces pays se trouvent donc bien loin du référentiel de 85%. Il leur faudra des efforts soutenus et une forte détermination pour apporter de l'offre quantitative et l'ambition de la qualité des formations aux jeunes. A l'opposé de l'éducation scolaire, les jeunes abandonnés rejoignent les rangs des analphabètes. Le référentiel ayant retenu un taux d'alphabétisation de 98% de la population, seul le Cap-Vert atteint ce score, avec 98,3%. Pour les quatre autres pays, les scores sont de 76,6% pour le Ghana, suivi de la Gambie avec 73,2%, ensuite le Nigeria pour 66,7%, et enfin le Togo avec un score de 64,9%, pour les cinq meilleurs résultats. A l'autre bout, les plus faibles résultats pour le taux d'alphabétisation sont notés au Niger (26,6%), le Mali (31,0%), la Guinée (45,3%), la Côte d'Ivoire (50,2%) et la Sierra Leone (51,4%). Soit quatre pays francophones de la zone CFA en très grand retard. Nous avons déjà indiqué que ces pays ne manquent pas de ressources dans leurs sous-sols pour émerger. Il appartient à leurs dirigeants de nourrir l'ambition de l'éducation de base pour accroître les taux d'alphabétisation à moyen terme. Cependant, le Niger, le Mali, la Guinée et la Côte d'Ivoire ont des faiblesses simultanées dans l'éducation primaire, la scolarisation dans le second degré et se retrouvent également dans la gestion des plus bas scores de l'alphabétisation. Les défis sont alors élevés, mais les dirigeants n'ont pas le choix de baisser les bras. Ils doivent réussir.

Les débats actuels portent sur le maintien du franc CFA pour les huit pays de cette zone au sein de la CEDEAO, et leur avenir est géré à travers la BCEAO (Banque centrale des États de l'Afrique de l'Ouest). Cette appellation impropre, puisqu'elle ne s'adresse pas à tous les pays de l'Afrique de l'Ouest, concerne le Bénin, le Burkina Faso, la Côte d'Ivoire, la Guinée-Bissau, le Mali, le Niger, le Sénégal et le Togo. Sept autres pays gèrent leur propre monnaie : le Cap-Vert (escudo), la Gambie (dalasi), le Ghana (cedi), la Guinée (franc), le Liberia (dollar), le Nigeria (naira) et la Sierra Leone (leone). Cependant, l'avenir de ces pays, de leurs économies et des 365,445 millions d'habitants est intimement lié, face aux grandes puissances telles que l'Union européenne (511,81 millions d'habitants), ou encore les États-Unis d'Amérique (325,03 habitants en 2017), le Brésil (207,10 millions), l'Indonésie (258,31 millions), la Chine (1.382,49 millions), l'inde (1.331,79 millions) parmi les grands partenaires de l'Afrique. Les pays africains sont individuellement faibles et très fragiles face aux grandes puissances et aux nouveaux pays émergents. Les convergences économiques et sociales pour aller vers le progrès en Afrique occidentale passe également par une monnaie commune d'échanges. Cette monnaie peut s'appuyer sur la puissance des monnaies des pays partenaires, tels que la roupie de l'Inde, le yuan chinois, l'euro des européens, et même le dollar américain, etc. avec un panier de monnaies africaines de la région. Aussi, les fluctuations de la nouvelle monnaie ne seraient pas liées à l'euro pour la zone CFA, mais à l'ensemble des monnaies du panier. L'appairage du franc CFA avec l'euro, via le franc français, n'aide pas les pays concernés. La montée de la valeur de l'euro renchérit de façon mécanique le franc CFA, et pénalise les faibles économies de la région. La Communauté économique régionale de l'Afrique de l'Ouest (CER) existe déjà. Elle doit se doter des ambitions fortes pour la décennie 2015-2025. Il conviendrait alors de la doter de son propre instrument monétaire, pour lui permettre de se développer. Les chantiers sont immenses. Enfin, au cas où un président pourrait changer à l'issue des élections en 2017, nous avons maintenu celui qui aura dirigé le pays, et donc qui serait comptable des actions ou des échecs de développement sur la période retenue de 2000 à 2016. Mais, nous ne méconnaissons pas le principe de continuité de l'État et de ses engagements. Le pays est donc considéré en tant qu'entité, et non en fonction de tel ou tel dirigeant. Cet ouvrage vise à montrer les faiblesses, mais aussi des axes de progrès qu'il conviendrait d'emprunter pour sortir de la pauvreté.

6. Les spécificités de l'Afrique du Nord

L'Afrique du Nord de dominante culturelle arabo-musulmane comprend sept pays, s'étendant de l'Atlantique à la Mer Rouge, passant par la façade sud de la Mer Méditerranée. Ces pays sont dominés par l'usage de l'arabe comme langue nationale de toute la population, et la pratique de la religion de l'islam au-delà de 90% des habitants. Cette combinaison des deux identités exclut les pays à dominante musulmane du reste de l'Afrique. Au Maroc, l'Algérie, la Tunisie, la Libye et l'Égypte, nous associons la Mauritanie et le Soudan, qui répondent tous les deux à cette spécificité. Le Sahara occupe une grande partie des territoires.

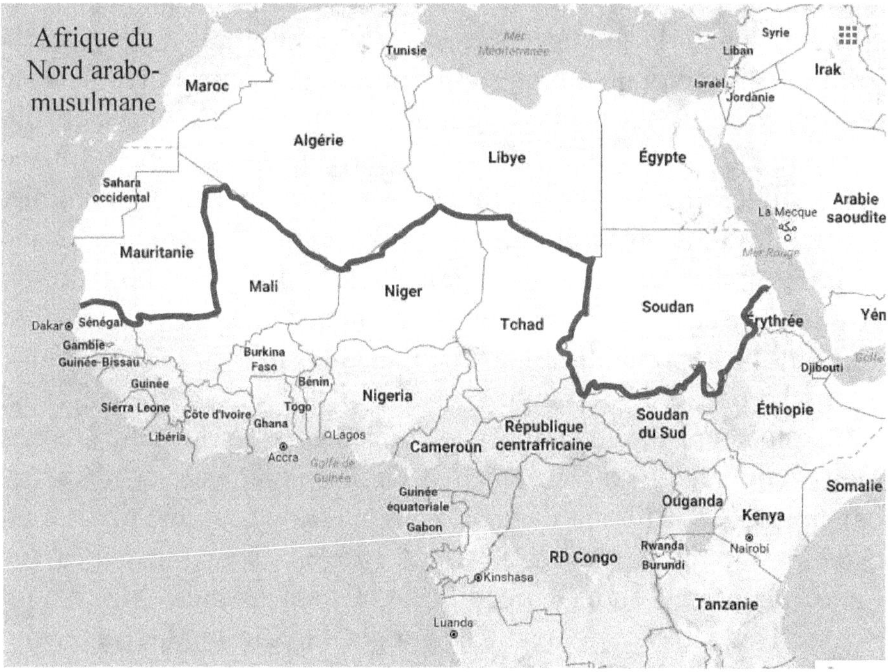

La carte montre la position géographique des sept pays, et qui constituent l'Afrique du Nord : Mauritanie, Maroc, Algérie, Tunisie, Libye, Égypte, Soudan

L'Afrique du Nord à dominante arabo-musulmane est un ensemble couvrant une étendue de 8.617.162 km², pour une population inférieure à celle de l'Afrique occidentale, soit 230,074 millions d'habitants, en 2016. La plus grande partie de cette région est couverte par le désert du Sahara. Aussi, la densité de 26,5 habitants au km² n'est que théorique, les habitants se concentrant sur les bords de la Méditerranée, de l'Océan Atlantique, dans les oasis ou dans la vallée du Nil, jusqu'à son embouchure au Caire. Les pays qui composent cette région peuvent être répartis en deux groupes selon deux critères combinés de la baisse très significative du produit intérieur brut nominal par habitant en 2015-2016 et du taux de mortalité infantile élevé par rapport aux autres pays de la région. Aussi, dans le premier groupe, nous rassemblons la Libye, l'Algérie, la Tunisie et l'Égypte. Et dans le deuxième groupe, nous retenons le Maroc, le Soudan et la Mauritanie.

Dans le premier groupe, la Libye est le pays qui a le plus souffert depuis la guerre de 2011, et celle-ci s'est soldée par la décomposition totale du pays et l'élimination de son président, le colonel Mouammar Kadhafi, qui avait régné en monarque absolu pendant quarante-deux ans, par les troupes de la coalition occidentale, menées par la France. Depuis cette date, l'économie, les institutions informelles de l'ancienne Jamahiriya arabe libyenne mises en place par l'ancien président, l'administration politique, l'armée et l'organisation territoriale sont totalement détruites. La population, estimée à 6,43 millions d'habitants, dont une partie des étrangers vivant en Libye, est désemparée, entre plusieurs organisations concurrentes pour le contrôle des ressources. Deux gouvernements, deux assemblées, et plusieurs bandes armées agissent dans le pays. La Libye semble divisée en deux pays séparés : d'un côté, les Libyens sont regroupés sur l'axe reliant, du sud au nord-ouest, Ghat, Awbari, Mourzouq, Sebha, Ueddan, Syrte, avant de longer la côte méditerranéenne vers Misrata, Msallata et Tripoli. De l'autre côté, un autre axe relie du sud au nord-est Al Jaouf, Buzaymah et Benghazi.

La production intérieure brute de 29,15 milliards de dollars en 2015 était en recul de -24,0% en raison de la désorganisation économique et sécuritaire du pays, après la guerre de 2011. Elle reste largement dépendante du secteur du pétrole et du gaz. Au moment de l'accession à l'indépendance en 1951, la Libye, à la fois isolée et dénuée de ressources naturelles, est un des pays parmi les plus pauvres du monde. Son économie est dominée par l'agriculture, essentiellement pratiquée dans les régions côtières. Ce secteur agricole emploie alors 70% de la population active et ne procure qu'environ 30 % du PIB. Par la suite, le pétrole a transformé l'économie de la Libye. La production de pétrole croît très rapidement pour atteindre trois millions de barils par jour au cours des années 1960. La Libye est alors un des principaux exportateurs de pétrole dans le monde. Le niveau de vie des Libyens monte également très rapidement. Au cours des années 1970, le PIB par habitant de la Libye devient le plus élevé de toute l'Afrique. Mais, soumise à l'embargo et des sanctions décidés par l'Occident, et votés au Conseil de sécurité des Nations unies en 1986, la Libye n'a pas pu suffisamment investir dans le développement de l'exploitation du pétrole, jusqu'à la levée des sanctions en 2003. Aussi, en 2005, le pétrole fournit 93% des recettes du pays et 95 % de ses exportations. Entre 2006 et 2010, la production est de 1,8 million de barils par jour, essentiellement concentrée sur le bassin de Syrte, dont 270.000 sont consommés sur place. Le reste est exporté à 85% dans les pays européens. Au début de la décennie des années 2010, la Libye s'est déjà hissée au neuvième rang au sein de l'Organisation des pays producteurs et exportateurs de pétrole (OPEP), derrière l'Arabie saoudite, l'Irak, l'Iran, les Emirats arabes unis, le Koweït, le Nigéria et le Venezuela. Elle est également devenue le troisième producteur de pétrole brut en Afrique, après le Nigeria et l'Angola, loin devant l'Algérie. Néanmoins, c'est la Libye qui dispose de la plus grande réserve de pétrole en Afrique, estimée 46,4 milliards de barils en 2011. Le pays a réussi à s'imposer dans la gestion nationale de son pétrole, à travers l'entreprise nationale publique, la *National Oil*

Corporation (NOC), qui dispose d'une participation majoritaire dans tous les consortiums organisés avec les compagnies pétrolières étrangères, dans le domaine de l'exploration, de la production et du raffinage. La Libye dispose de cinq raffineries d'une capacité totale de traitement de 378.000 barils par jour. Les deux plus importantes raffineries se trouvent à Ras Lanuf (220.000 barils/jour) et à Azzawia (120.000 barils/jour).

La Libye dispose également de réserves importantes de gaz naturel (1.548 milliards de m^3) qui sont peu exploitées. En 2009, la Libye a produit 28 milliards de m^3, dont la moitié est utilisée dans le pays, et en particulier dans des centrales de production électrique. Une autre partie du gaz est exportée vers l'Italie par le gazoduc *Greenstream*. Enfin, s'agissant des infrastructures de transports liées au pétrole, des ports sont implantés à Al Khums, Benghazi, Darnah, Marsa al Burayquan, Misratah, Ras Lanuf, Tobrouk, Tripoli et Zuwarah. Le pays dispose d'un réseau d'une longueur de 4.983 km de pipelines pour le transport du pétrole brut, de 443 km pour les produits pétroliers raffinés et de 1.947 km pour le gaz. Ce sont les deux sources principales des revenus.

Dans d'autres domaines, notamment dans l'agriculture, la Libye reste très largement dépendante des importations pour compléter sa production dans l'alimentation de la population. Les principales productions nationales sont le blé, l'orge, les tomates, les citrons, les pommes de terre, les olives, les figues, les abricots et les dattes. Le complément du secteur industriel porte principalement sur la transformation des produits agricoles, la production des textiles, du ciment, de l'acier à partir de minerais importés de fer et d'aluminium. La désorganisation globale de l'économie a provoqué la chute du produit intérieur brut par habitant à 4.531 dollars en 2015, mais nul doute que si le pays retrouvait la paix durable et la sécurité intérieure, l'économie pourrait repartir rapidement à la hausse. Il convient d'indiquer que la croissance économique des années 1960 à 2010 a singulièrement amélioré le niveau de vie général des Libyens. La mortalité infantile reste la plus faible de toute l'Afrique du

Nord, avec 1,1% des naissances en 2015. La mortalité globale est de 0,5%. Et enfin, le taux d'alphabétisation est le plus élevé de tout le continent africain, avec 99,9%. C'est donc le seul pays africain qui combine les meilleurs résultats pour atteindre notre référentiel sur ces indicateurs. Aussi, l'espérance de vie moyenne des Libyens atteint 71,7 ans, en dépit de la situation des violences armées étendues sur l'ensemble du pays. Notre référentiel requiert une espérance de vie moyenne de 75 ans. Le niveau de vie a donc été secoué, mais il ne s'est pas effondré. En 2015, l'indice de développement humain (IDH) de 0,716/1 pour la Libye était au troisième rang dans la région, après l'Algérie (0,745/1) et la Tunisie (0,725/1). Malgré les conflits armés, la Libye conserve son avantage d'un pays très riche et bien doté par son sous-sol, avec une modeste population de 6,43 millions d'habitants pour réussir la redistribution des revenus. De plus, la progression démographique n'est pas menacée par une très faible fécondité de 2,0 enfants par femme. Celle-ci correspond à un indice de fécondité parmi les plus bas du continent africain. Le pays peut alors se féliciter de réunir de meilleurs paramètres sociodémographiques pour une meilleure distribution du progrès social, culturel, éducatif, alimentaire et médico-sanitaire. Les bases de l'économie à travers le pétrole, le gaz et les industries de transformation sont encore solides. La Libye détient toujours son haut potentiel pour retrouver le chemin du progrès économique et social, au cours de la décennie 2015-2025, et reconquérir sa place dans le partenariat financier avec les autres pays africains. Il lui manque encore de la sécurité intérieure, une paix durable, une unité nationale, une réorganisation politique et administrative, pour retrouver le chemin de la croissance apaisée.

L'Algérie est la deuxième puissance démographique de l'Afrique du Nord arabo-musulmane, avec une population de 42,27 millions d'habitants, après l'Égypte. Mais, comparée à d'autres pays dans les autres régions en Afrique, elle est moins peuplée que le Kenya (46,050 millions), la Tanzanie (50,143 millions) et l'Éthiopie (92,206 millions), en Afrique orientale ;

moins que la République d'Afrique du Sud (55,653 millions) en Afrique australe ; moins que la République démocratique du Congo (86,895 millions) en Afrique centrale. Et, bien entendu, l'Algérie est moins peuplée que le Nigeria (193,074 millions d'habitants), le géant démographique et économique de toute l'Afrique. L'Algérie est la quatrième puissance économique de l'Afrique, après le Nigeria, l'Afrique du Sud et l'Égypte. Elle est donc la deuxième puissance économique de l'Afrique du Nord, avec 156,08 milliards de dollars en 2016, après l'Égypte qui a réalisé 336,30 milliards la même année. Une centaine de dollars sépare leurs produits intérieurs bruts nominaux par habitant, en faveur de l'Algérie. L'économie algérienne a dégagé une croissance de 3,7%, nettement supérieure à la progression démographique de 2,2%. Si cette évolution démographique est maintenue sous la progression économique, conjuguée avec une faible fécondité de 3,1 enfants par femme, elle pourra permettre d'accélérer la distribution du développement économique et social à l'ensemble des habitants du pays, à condition de réduire les corruptions, les détournements, et contenir les gabegies sur les fonds alloués aux projets sociaux. En effet, si la mortalité globale a baissé sous la valeur de notre référentiel, avec un taux de 0,48% en 2016, la mortalité infantile reste très élevée à 2,1%. L'Algérie a donc encore besoin de dispenser de la formation, l'information aux familles, et d'investir dans des centres de protection maternelle et infantile, en même temps que dans les luttes contre la malnutrition et l'insécurité alimentaire. Bien entendu, le système de santé publique, accessible au plus grand nombre, participe également à la réduction de la mortalité. L'Algérie pourrait cependant concourir pour la médaille d'or de l'espérance de vie en Afrique. Avec une valeur de 77,6 ans, le pays a très largement dépassé notre référentiel de 75 ans.

Il convient d'observer que l'Algérie a réalisé des résultats remarquables dans l'éducation au niveau primaire, au cours de la période de 2000 à 2015. La scolarisation a évolué de 90,5% à 98,8%. Le pays n'a pas encore dépassé la cible proposée de 99%, mais nul doute qu'il devrait y arriver rapidement. Cet effort est également un rattrapage sur un historique qui a créé un taux d'analphabétisme de 20%, encore observable en 2015. Il reste alors un double effort à réaliser : dans l'amélioration du taux d'alphabétisation au-delà de 98% au lieu de 80,2% actuels, et dans l'intégration de 85% dans le second cycle du second degré, au lieu de 76,5% en 2015. Malgré un indice de développement humain (IDH) de 0,745/1, le plus élevé du continent africain, l'Algérie devrait fournir davantage d'efforts sur la baisse de la mortalité infantile, par l'amélioration des dispositifs médico-sanitaires et d'assainissement efficaces, l'amélioration du taux d'alphabétisation à travers de grands programmes ambitieux et un encadrement dédié, et enfin sur l'augmentation de l'offre dans la scolarisation tout au long des deux cycles du second degré.

En dépit d'une économie trop longtemps dépendante des hydrocarbures, le pays dispose d'un fort potentiel économique pour diversifier ses ressources, et réunir les moyens nécessaires à la réalisation des objectifs indiqués plus haut. L'Algérie est un très important pays producteur et exportateur de gaz naturel (*5e producteur et 4e exportateur*) et de pétrole (*13e producteur et 9e exportateur*). Il dispose aussi de réserves importantes de fer dans le sud-ouest, ainsi que de l'or, l'uranium et le zinc dans le sud. Mais, le pétrole et le gaz naturel, exploités par la société nationale *Sonatrach*, demeurent les principales sources de revenus du pays. Pourtant, l'Algérie occupe également de bonnes positions dans les productions agricoles. Le pays est le premier producteur de fève verte, 5e producteur de figue, 6e pour les dattes, 8e pour les abricots, 9e pour les artichauts, ou même 10e pour la production des amandes. Cependant, les hydrocarbures constituent toujours et encore la quasi-totalité des exportations. L'économie est donc si fortement dépendante des cours du pétrole, qu'elle en devient aussi victime lors des turbulences sur cette ressource. Jusqu'en 2014, à la suite notamment de l'augmentation très soutenue des prix du pétrole, la croissance économique du pays a suivi une progression constante et stable, passant de 2,1 % en 2001 à 5,3 % en 2005, avec un pic de 6,8 % en 2003. Puis, elle a souffert des fortes baisses des prix du pétrole, principale ressource qui alimente les caisses publiques, lorsque le prix du baril est passé de 120 à 49 dollars. Le secteur privé ne s'est pas développé, car le pétrole est devenu une économie de rente. En 2014, la Banque d'Algérie révèle que les recettes de pétrole et de gaz ont baissé de près de 50 % au premier trimestre 2015, passant de 15,6 milliards de dollars en mars 2014, à seulement 8,7 milliards de dollars, faisant craindre une crise financière majeure dans le pays.

Dès lors, les experts économiques s'inquiètent de la trop grande dépendance du pays aux ventes du secteur énergétique qui représente plus de 95 % de ses recettes extérieures et 60 % du budget de l'État algérien. Le déficit de la balance des paiements atteint le niveau record de 10,72 milliards de dollars au premier trimestre 2015. Les experts commencent à émettre des craintes sur des difficultés de défaut de paiement des salaires des fonctionnaires, de maintenir des importations pour le pays, et d'assurer son activité économique régulière. La pression monte lorsque le déficit budgétaire dépasse 12 % du PIB en 2015, et une éventuelle politique d'austérité pourrait faire craindre des troubles sociaux. Parmi de nombreux projets scientifiques et d'infrastructures, le pays devra alors arbitrer afin de dégager des moyens pour améliorer sa situation sociodémographique. L'avenir du pays ne peut pas ignorer celui de sa jeunesse.

Il convient de rappeler qu'en 2012, la croissance du produit intérieur brut nominal atteignant 207,8 milliards de dollars, avait été tirée par celle des bâtiments et travaux publics (+7,1%), avant les hydrocarbures (+5,8%) et des services (+5,6%). L'agriculture n'aura connu qu'une modeste progression de 1,9%. Derrière la nécessaire et indispensable diversification stratégique des ressources économiques du pays, afin de sortir de la dépendance aux revenus du pétrole, l'Algérie a commencé également la diversification des partenariats. Aussi, en 2014, la Chine s'est imposée au premier rang pour des importations de l'Algérie à hauteur de 8,197 milliards de dollars, devant la France (6,342 milliards de dollars). Quant aux exportations, l'Algérie est membre de l'Organisation des pays exportateurs de pétrole et du Forum des pays exportateurs de gaz. Elle est le 3e producteur de pétrole en Afrique derrière le Nigeria et l'Angola, et le 11e exportateur de pétrole à l'échelle mondiale. Elle occupe le 15e rang mondial pour des réserves pétrolières, et elle demeure le 18e producteur mondial de pétrole. L'Algérie est également 1er producteur africain de gaz (plus de 50 % de la production de gaz en Afrique). Elle est classée au 10e rang de producteur de gaz au niveau mondial. Avec toute cette richesse, l'Algérie est le 2e fournisseur de gaz naturel à l'Europe, après la Russie. En 2011, la *Sonatrach* (groupement pétrolier algérien chargé de la production, le transport, la transformation, la distribution et la commercialisation des hydrocarbures) a été classée 1re société en Afrique. Le pays ne manque donc pas de ressources, mais elles sont fortement liées aux perturbations des cours mondiaux, soit dans le cadre des politiques de l'OPEP, soit décidés sur les bourses des matières premières de Londres, New-York, Tokyo, ou ailleurs en Occident, sans tenir compte des situations économiques spécifiques de chaque producteur. Cependant, afin de ne pas épuiser ses ressources des hydrocarbures réservées aux exportations, et contribuer à la sauvegarde de la planète, le pays investit dans des énergies renouvelables. Le pays a alors opté pour le développement et l'exploitation de l'énergie solaire. C'est la société *New Energy Algeria* (NEA), qui est chargée du secteur des énergies nouvelles et renouvelables. Elle a déjà réalisé la première centrale électrique de Hassi R'mel à Tilghemt, dans la wilaya de Laghouat, dans le sud du pays, d'une capacité de 150 mégawatts.

La diversification économique s'appuie sur les entreprises existantes, ou en partenariat avec les sociétés étrangères. Le secteur agroalimentaire commence sa croissance. Dans la métallurgie, l'Algérie possède d'importantes réserves en minerai de fer, à Gara Djebilet, près de Tindouf, dans le sud du pays. Ces réserves sont estimées à 1,7 milliard de tonnes exploitables, dont la teneur en métal est de 57 %. Aussi, le géant indien, ArcelorMittal, le leader mondial de l'acier, a pris 70 % dans le capital du groupe public sidérurgique algérien, *Sider El Hadjar,* le plus grand complexe sidérurgique d'Afrique. Par ailleurs, pour un investissement de 1,5 milliard de dollars du groupe égyptien *Elezz Steel*, une aciérie moderne dans la région de Jijel, à 360 km à l'est d'Alger a été construite. C'est le début des diversifications économiques, industrielles et des partenariats pour l'Algérie.

Dans le domaine de l'industrie pharmaceutique, la production des médicaments a été estimée à 41% pour l'année 2014. C'est le Groupe *Saidal* et la firme algérienne *Digromed*, qui tiennent le monopôle de l'industrie pharmaceutique algérienne. Plusieurs autres sociétés-laboratoires privées algériennes et étrangères sont actives dans ce domaine, notamment des sociétés mixtes entre le Groupe Saidal et des groupes étrangers. Une attractivité qui a eu pour effet d'accroître le nombre des usines et des ateliers de production de médicaments opérationnels. L'attractivité de ce secteur est accélérée par la législation qui interdit l'importation de médicaments produits en Algérie, depuis 2008. Par ailleurs, le système de santé algérien, qui est basé sur la gratuité des soins, et grâce à une couverture sociale quasi générale dont bénéficient les Algériens, ainsi qu'à la carte à puce Chifa, qui permet un accès direct des Algériens aux médicaments, participent à la forte consommation des produits pharmaceutiques. Le marché algérien du médicament est en forte croissance annuelle, presque trois fois plus qu'au Maroc et quatre fois plus qu'en Tunisie, pays de la même région en Afrique du Nord.

Dans le nouveau domaine en croissance autour de l'industrie mécanique et électromécanique, les résultats restent dérisoires par rapport aux besoins du pays. Mais, l'Algérie progresse rapidement. L'industrie électronique a enregistré une évolution rapide ces dernières années de 6% à 10% par an. L'Algérie couvre 83% de ses besoins en électricité et en électronique. Elle exporte même vers l'Europe depuis quelques années. La région

Bordj-Bou-Arreridj est devenue un grand pôle industriel dans le secteur de l'électronique. Elle figure parmi les régions les plus dynamiques du Maghreb. Elle a même été rebaptisée par les Africains « *capitale africaine de l'électronique* ». Les grandes entreprises lancées par l'État, ont gardé une très large part de marché, notamment les sociétés *ENIE* (à Sidi Bel Abbès) et *ENIEM* (à Tizi Ouzou), pour l'électroménager, ainsi que la société *ENEL* (Tizi Ouzou) qui possède le plus grand complexe industriel d'Afrique dans la fabrication de transformateurs et de produits pour le transport de l'énergie électrique. Parmi les autres entreprises des industries électriques et électroniques, on peut citer : Bya Electronic, HB Technologies, Zala Computer, Cristor, Condor, Cobra, Continental électronique, Essalem Electronics, Brandt du groupe Cevital, Frigor, BMS Electric, Bomare Company, etc. L'économie industrielle progresse.

Dans le domaine de la construction, de nombreuses sociétés algériennes ont émergé, tels que les groupes ETRHB, TGCTP et Cosider. Plusieurs géants mondiaux sont implantés en Algérie, dont beaucoup de sociétés chinoises. Est notamment présent le géant chinois du BTP, *China State Construction Engineering Corporation* (CSCEC), qui a obtenu la réalisation de milliers de logements pour le compte de l'État, ainsi que des projets d'envergure comme la grande mosquée d'Alger. Ces chantiers dans le bâtiment sont en partie réalisés par une communauté chinoise estimée à plusieurs dizaines de milliers de personnes. Les Chinois, attirés par l'industrie et les travaux publics, forment de loin la plus importante communauté étrangère présente dans le pays. Ils pratiquent le fonctionnement en grappes d'activités, et ils exploitent efficacement les chaînes de valeur industrielle, de la négociation politique à la prospection, de l'étude à la mise en chantiers de projets et à leurs financements, avec les banques sectorielles régionales ou nationales de la Chine, et le personnel majoritairement chinois. C'est la politique chinoise en Afrique.

Enfin, il n'y a pas de développement sans les infrastructures de transport et de communication. L'Algérie détient le plus important réseau routier du Maghreb, mais c'est le Maroc qui s'impose dans la région sur le réseau autoroutier. La densité très élevée de ce réseau est concentrée dans le nord du pays, le long des côtes méditerranéennes. Quant au commerce international, il est réalisé par la voie maritime, via onze ports de commerce : Alger, Oran, Annaba, Skikda, Arzew/Bethioua, Béjaïa, Mostaganem, Ghazaouet, Jijel, Ténès et Dellys. Cependant, à l'exception des terminaux gaziers et pétroliers, il y a eu très peu de travaux d'aménagements des infrastructures portuaires. Pour le transport aérien, l'Algérie possède trente-cinq aéroports, dont treize ont acquis le statut d'aéroports internationaux. Néanmoins, le plus important demeure l'aéroport de la capitale, à Alger.

Pays contrasté avec le taux d'alphabétisation de 80,2% et la scolarisation dans le second degré de 76,5% en 2015, l'Algérie compte néanmoins plusieurs dizaines de milliers d'enseignants chercheurs dans le pays, répartis dans plusieurs universités de renommée. Le pays reçoit de nombreux étudiants des autres pays africains. Pour 2014, l'État s'était fixé un objectif de 1.000 laboratoires de recherches avec 4.500 chercheurs. Dans la vision de l'avenir, le pays est très actif dans la production de l'énergie solaire. L'Algérie porte désormais l'ambition de devenir le premier fournisseur de l'Europe en énergie solaire. Nous avons indiqué des éléments qui prémunissent ce pays des capacités de devenir une réelle grande puissance industrielle continentale. L'éducation, la formation professionnelle et technologique de la jeunesse, la santé publique et l'assainissement efficaces dans tous les bassins de vie, la sécurité publique et alimentaire pour la population, l'alphabétisation, en sont des piliers incontournables.

La Tunisie est le plus petit pays de l'Afrique du Nord arabo-musulmane, étendu sur 162.155 km² pour une population de 11,439 millions d'habitants en 2016. C'est le troisième pays du premier groupe de cette région par le produit intérieur brut nominal de 3.677 dollars par habitant en 2016, après l'Algérie qui affiche 3.782 dollars. Ses indicateurs économiques sont plus dégradés que chez son voisin algérien. La réalisation de sa production intérieure brute n'a marqué qu'une très modeste progression de 1,2%, face à celle de sa population qui évolue à 1,3%. Cependant, ce n'est pas l'indice de fécondité de 2,3 enfants par femme, qui pousse autant cette population au-dessus de la croissance économique. C'est l'économie qui rencontre des difficultés dans sa progression. La fécondité de ce pays, comparable à celle de la Libye voisine, est déjà descendue à l'optimum du renouvellement modéré de la population. De plus, une mortalité infantile de 1,53% des naissances ne laisse pas de marge à la baisse de cette fécondité. Après la Libye, dont la mortalité infantile de 1,1% est la plus faible dans la région, la Tunisie maîtrise mieux cet indicateur que l'Algérie, avec un taux de 2,1%, ou l'Égypte avec un taux de 2,0%. Néanmoins, il reste encore très légèrement au-dessus de notre référentiel de 1,0% pour l'Afrique. Quant à la mortalité globale de 0,63%, elle est la plus élevée du premier groupe : supérieure à celle de l'Algérie (0,48%), à celle de la Libye (0,52%), et légèrement supérieure à celle de l'Égypte (0,59%). Cependant, comme chez ses voisins régionaux africains, l'espérance de vie moyenne n'est pas significativement affectée. Elle s'établit à 75,1 ans, soit une valeur au niveau du référentiel, après l'Algérie (77,6 ans) et au-dessus de la Libye (71,7 ans) et de l'Égypte (71,1 ans). L'on voit alors que pour les pays de ce groupe dans la région connaissent une espérance de vie moyenne supérieure à 70 ans, nettement au-dessus de la situation qui prévaut dans l'écrasante majorité des pays de l'Afrique subsaharienne. Seuls les pays des îles sont parvenus à une espérance de vie comparable à celle de ceux de l'Afrique du Nord : le Cap-Vert (76,2 ans en 2017), Maurice (74,6 ans en 2015) et les Seychelles (74,2 ans).

Dans l'éducation et la culture, la Tunisie a fait légèrement progresser la scolarisation de 95,4% à 99,7% des enfants scolarisables. C'est l'un des meilleurs taux d'intégration à l'école primaire à égalité avec le Maroc, après la Libye et la Sierra Leone, qui approchent 100% des enfants. Cette progression pourra ainsi participer l'amélioration rapide du taux d'alphabétisation de 97,4%, l'un des deux meilleurs résultats de l'Afrique du Nord, après la Libye. Il convient de rappeler que le référentiel est fixé à un taux d'alphabétisation de 98% dans chaque pays africain. Pour indiquer que cette valeur du référentiel est tout à fait accessible, nous rappelons que la Libye en Afrique du Nord, le Cap-Vert en Afrique occidentale ; la Guinée Équatoriale ; Maurice et l'Afrique du Sud en Afrique australe, et les îles Seychelles en Afrique orientale, l'ont déjà dépassé. Dans le second degré, la Tunisie a dépassé la cible avec un taux de scolarisation de 92,0% dans le premier cycle. Mais, il faiblit singulièrement avec 67,7% d'enfants éligibles scolarisés dans le second cycle. Le pays devrait investir davantage dans des structures d'accueil des élèves du second cycle, ainsi que dans la qualité des enseignements dispensés. C'est ce cycle qui prépare aux métiers, aux différentes professions, par des formations professionnelles, techniques, technologiques, ou par des filières d'excellence vers les spécialités de l'enseignement supérieur. C'est le rôle de la nation de nourrir des ambitions pour l'avenir, et d'investir à cet effet pour les jeunes. Ensuite, l'État déploie les moyens. L'économie tunisienne, malgré la faiblesse de sa croissance en 2016, peut relever les défis du financement de son éducation, à travers les revenus issus de la relance de l'économie et des financements extérieurs alloués à cette ambition.

L'économie nationale de la Tunisie est historiquement liée à l'agriculture (blé, olives, dattes, agrumes et produits de la mer), aux mines et à l'énergie (grand producteur de phosphates et, dans une moindre mesure, d'hydrocarbures), et aux industries manufacturières (textiles, agroalimentaires et électromécaniques) dans une perspective de renforcement de ses exportations. Le tourisme est aussi un secteur majeur de la Tunisie. La structure de l'économie est donc diversifiée. Cependant, pour assurer une croissance équilibrée de tous les secteurs économiques, une bonne gouvernance économique, politique et de l'éducation, est indispensable. Les corruptions pratiquées à grande échelle, les détournements de fonds publics et le népotisme créent des déséquilibres et accroissent le chômage, notamment auprès des jeunes issus des formations professionnelles ou universitaires. Aussi, à partir du début des années 1990, de nombreuses voix se sont levées pour accuser un certain nombre de personnes proches du couple présidentiel de prendre le contrôle de plusieurs pans du tissu économique. En effet, le groupe, constitué des familles du président Zine el-Abidine Ben Ali et de son épouse Leïla, auraient mis progressivement la main sur plusieurs secteurs, par le biais des détournements, d'intimidations et des spoliations. Ils auraient alors amassé quelque 3,7 milliards d'euros. La Banque centrale de Tunisie aurait recensé 180 entreprises connues, qui appartiendraient aux membres de la famille présidentielle tunisienne. Le système bancaire aurait été mis à contribution, la Société tunisienne de banque ou encore la Banque de l'habitat leur octroyant des prêts sans garantie, pour des crédits à hauteur de 1,3 milliard d'euros. La Tunisie sous la présidence de Zine el-Abidine Ben Ali était donc devenu la caricature du népotisme d'un autre âge, qui a déstructuré l'économie du pays. Ainsi, Belhassen Trabelsi, frère de Leïla Ben Ali, fonde une compagnie aérienne (*Karthago Airlines*), et se fait attribuer indirectement les activités de fret, de charter et de catering de la compagnie publique *Tunisair*, notamment à travers une société dirigée par Slim Zarrouk, l'un des gendres du président. Lorsque la compagnie fusionne avec *Nouvelair Tunisie*, Trabelsi conserve la tête de la compagnie malgré les 13% du capital qu'il détient. Son groupe, *Karthago*, est également actif dans les médias (*Mosaïque FM*), et possède plusieurs hôtels. Trabelsi prend aussi le contrôle de la *Banque de Tunisie*. Son neveu Imed, par le biais de *Med Business Holding*, possède une dizaine d'entreprises actives dans divers secteurs, dont l'enseigne *Bricorama*.

De son côté, Mohamed Sakhr El Materi, autre gendre du couple présidentiel, contrôle en 2010 quelques 25% du marché automobile, grâce au concessionnaire *Ennakl,* un élément de son groupe, *Princesse El Materi Holding*. Il fonde la radio religieuse *Zitouna FM*, puis la banque islamique, *Zitouna*. Quelques mois avant la chute du régime, c'est encore lui qui acquiert encore 25% de l'opérateur téléphonique *Tunisiana*. Les entreprises et les secteurs rémunérateurs deviennent des territoires de choix des membres de la famille du couple présidentiel.

Le 26 janvier 2011, douze jours après la fuite de Ben Ali à la suite de la révolution tunisienne, le gouvernement intérimaire lance une procédure judiciaire pour « *acquisition illégale de biens mobiliers et immobiliers* » et « *transferts illicites de devises à l'étranger* » contre le couple présidentiel et plusieurs membres de son entourage. A partir de 2012, la Tunisie entre dans la phase de restructuration de son économie. Et en 2014, le produit intérieur brut est formé de 14,8% de l'agriculture, puis 33,2% de l'industrie et 51,9% des services, selon *The World Factbook*. Traduites en dollars américains courants, l'agriculture a exporté l'huile d'olive (262,3 millions de dollars), les dattes (207,8 millions), les poissons et fruits de mer (123,9 millions) et des agrumes (11,7 millions). Et pour la consommation directe et l'industrie agroalimentaire, la Tunisie a importé du blé tendre (207,5 millions), du blé dur (233,0 millions de dollars), le maïs (211,6 millions), les huiles végétales (208,2 millions), le sucre (172,6 millions), l'orge (104,6 millions), les tourteaux de soja (72,2 millions), le café (46,1 millions), le lait et ses dérivés (43,3 millions), la viande (23,2 millions), les pommes de terre (16,7 millions), le thé (10,5 millions), selon l'Institut national de la statistique. Ces importations pour 2,704 milliards de dinars ont donc coûté 1,447 milliard de dollars en 2014 (1 dollar américain (USD) valant 1,8690 dinar tunisien (TND), au 31 décembre 2014). La balance commerciale était donc déficitaire.

Quant à l'industrie tunisienne, elle est tournée en petite part vers l'industrie non manufacturière (mines, énergie, électricité et BTP), et surtout vers l'industrie manufacturière (agroalimentaire, textiles et cuirs, matériaux de construction, verre, plastique, produits mécaniques, électriques, électroniques et chimiques, bois, etc.). Pour ce secteur manufacturier, la Tunisie est le premier exportateur industriel d'Afrique en valeur absolue. Les seuls secteurs du textile et de l'agroalimentaire représentent 50% de la production industrielle, et 60% des emplois de l'industrie manufacturière de la Tunisie. Il convient néanmoins de rappeler que la population totale de la Tunisie n'est que de 11,44 millions d'habitants. Nous sommes loin de la taille de l'Égypte.

Dans le secteur de l'énergie, la Tunisie possède des réserves prouvées de pétrole brut estimées à 425 millions de barils, en janvier 2015. La majeure partie de ce pétrole est située dans le golfe de Gabès et le bassin de Ghadamès dans le sud du pays. La Tunisie a produit près de 40.000 barils de pétrole brut par jour en 2016, ce qui représente un relatif déclin par rapport aux 80.000 barils produits en 2010. La majeure partie de la production nationale (73%) provient de six concessions d'exploitation (Adam, Ashtart, Didon, El Borma, Miskar et Oued Zar). Devant cette faible quantité de ressource pétrolière identifiée dans le pays, vingt-six permis d'exploitation ont été opérés en 2016, contre cinquante-deux en 2010. Comparées à celles de ses voisines, l'Algérie et la Libye, les ressources énergétiques de la Tunisie sont modestes. Cette faiblesse en ressources naturelles contraint le pays à importer du pétrole. Le secteur de l'industrie est le premier consommateur d'énergie, avec une part de 36% de la consommation globale, suivi par le secteur du transport avec 30% de la consommation totale. La Tunisie envisage alors le gaz naturel comme une alternative au pétrole dans certains domaines. C'est donc face aux limites de sa production pétrolière, que le pays s'est orienté vers le gaz naturel pour couvrir sa demande en énergie. Le pays dispose des réserves estimées à 65,13 milliards de mètres cubes, selon *CIA World Factbook* en mars 2014. En 2013, la Tunisie a produit 1,879 milliard de mètres cubes, tout en consommant 4,079 milliards de mètres cubes durant la même année. Les besoins sont donc importants pour la consommation intérieure. L'on estime que 60% de la production provient des gisements exploités par *British Gas*, l'investisseur en énergie le plus important en Tunisie, à Miskar et Hasdrubal. La Tunisie compte quatre autres champs gaziers, tous exploités par la société nationale tunisienne, *STEG,* à El Franning, El Borma, Baguel et Zinnia. Les entreprises tunisiennes constituent 19% du marché de l'exploration et de la production du pays. Les entreprises américaines dominent le secteur du gaz tunisien, avec 38% du marché, suivis par les entreprises européennes, avec 19%, canadiennes avec 12% et asiatiques avec 10%. Les principaux acteurs dans le secteur du gaz tunisien sont donc : ExxonMobil (Etats-Unis), Pioneer Natural Resource Company (Etats-Unis), British Gas (Royaume-Uni), Shell (Pays-Bas), Total (France), Kuwait Foreign Petroleum Exploration Company (Koweït), Crosco Integrated Drilling and Well Services (Croatie) et Entreprise tunisienne d'activités pétrolières (Tunisie). Enfin, le gazoduc transméditerranéen (*TransMed*), traverse le territoire tunisien sur environ 370 kilomètres. Il transporte le gaz algérien vers la Sicile via le cap Bon. La Tunisie touche alors des redevances de transit, soit de 5,25% à 6,75% de la valeur du gaz en transit. La diversification stratégique des exploitants garantit une mise en concurrence, et une prévention contre la domination à l'égard d'un géant unique face à la mondialisation des marchés et aux fluctuations des cours mondiaux des matières premières.

La grande partie de l'électricité produite et consommée dans pays est d'origine fossile à 97%. Le complément étant issu de l'énergie hydroélectrique et éolienne. En 2012, la capacité totale produite a atteint 16,9 milliards de kWh, alors que la consommation était de 13,31 milliards de kWh. Le pays se lance également dans le développement de la production de l'énergie solaire. Le 1er août 2011, le gouvernement tunisien a annoncé qu'il allait investir deux milliards de dollars dans des projets d'énergie solaire destinée à l'Europe, et transportée par le câble transméditerranéen passant par l'Italie. Au niveau régional, la Tunisie s'est impliquée dans le projet trans-maghrébin de connexion des divers réseaux de distribution du Maghreb à ceux de l'Espagne et du reste de l'Union européenne. La connexion avec le réseau algérien existe déjà, et celle avec le réseau libyen devrait être rapidement opérationnelle.

Mais, l'économie tunisienne reste principalement tournée vers les pays de l'Union européenne. En 2006, le principal partenaire économique de la Tunisie était l'Union européenne avec 64,3% du total des importations et 76,9% du total de ses exportations : la France est le premier exportateur vers la Tunisie avec 22,8% de parts de marché, devant l'Italie (18,7%) et l'Allemagne (7,9%). La France reçoit 32,3% des exportations réalisées par la Tunisie. C'est en février 2008, que les responsables patronaux français et tunisiens, Laurence Parisot et Hédi Djilani, signent un accord, afin d'accroître davantage la coopération économique et les échanges entre les deux pays. Ceux-ci étaient déjà passés de moins de deux milliards d'euros en 1995 à sept milliards en 2007. En 2014, et selon l'Institut national de la statistique, la balance commerciale de la Tunisie indique 22,495 milliards de dollars d'importations, dont les équipements (6,073 milliards), les produits énergétiques (3,949 milliards), les produits agricoles et alimentaires (1,305 milliard), ainsi que les autres produits intermédiaires (7,889 milliards). Pour chacune de ces principales importations, le solde commercial est déficitaire. Au cours de cette même année, les exportations totales ayant atteint 15,199 milliards de dollars, la Tunisie a accusé un déficit global de 7,296 milliards de dollars, principalement en faveur de l'Union européenne. Le déficit commercial du pays est principalement localisé dans les produits intermédiaires (4,066 milliards), les équipements (5,985 milliards) et les produits énergétiques (1,947 milliard). Ces différents éléments illustrent les liens forts entre l'économie tunisienne et les partenaires de l'Union européenne, principalement, la France et l'Italie en particulier.

La Tunisie est un petit pays de 11,44 millions d'habitants (soit 5,0% seulement de la population totale des sept pays de l'Afrique du Nord arabo-musulmane), sur une petite étendue de 162.155 km², représentant 1,9% de la superficie de la région. Son étendue équivaut à 29,4% de la France métropolitaine. Mais, la Tunisie a créé trente aéroports, dont sept d'entre eux ont acquis le statut d'aéroport international. Le principal aéroport du pays est celui de Tunis-Carthage, situé à dix kilomètres de la capitale. Les six autres aéroports internationaux sont à Monastir, Djerba, Tozeur, Sfax, Tabarka et Gafsa. Les aéroports de Tunis et de Monastir sont respectivement les second et troisième aéroports, parmi les plus actifs du Maghreb. Par ailleurs, un nouvel aéroport situé à Enfida (à cent kilomètres au sud de Tunis) est opérationnel depuis la fin 2009, avec une capacité de cinq millions de passagers par an. La Tunisie a intégré le tourisme et les équipements aéroportuaires correspondants, au service de la diversification de son économie. Il reste à affecter judicieusement les revenus du pays aux grands chantiers de la décennie 2015-2025. Une bonne gestion publique de toutes les ressources indiquées et des formations visant le maximum d'intégration des jeunes, du primaire jusqu'à l'enseignement supérieur, et la recherche de haute qualité, permettront d'abaisser davantage la mortalité infantile sous le seuil de 1,0%, indiqué comme référentiel (au lieu de 1,53% en 2015), et la mortalité globale de 0,63% à moins de 0,5% du référentiel. C'est également par l'éducation de base que le taux d'alphabétisation pourra être amélioré, et que l'économie pourra rebondir en intégrant les formations adaptées des jeunes, forces vives du pays, et les progrès issus des usages du numérique. Aussi, l'indice de développement humain (IDH) de 0,725/1 pourrait rejoindre celui des principaux partenaires occidentaux, tels que l'Allemagne (0,926/1), les Pays-Bas (0,924/1), le Royaume-Uni (0,909/1), la France (0,897/1), l'Italie (0,887/1) ou l'Espagne (0,884/1). La Tunisie peut alors légitimement travailler sur l'ambition d'atteindre 0,880/1 à l'horizon 2025. Elle en détient le potentiel en ressources naturelles pour le développement, et les moyens industriels pour accroître ses productions. Cependant, elle devra investir sur l'amélioration très significative de ses indicateurs sociodémographiques, de l'éducation et de la santé.

L'Égypte est le géant économique et démographique de l'Afrique du Nord arabo-musulmane. Elle occupe le troisième rang de puissance économique du continent, après le Nigeria et l'Afrique du Sud, avec un produit intérieur brut nominal de 336,30 milliards de dollars en 2016. Elle contient une population de 92,11 millions d'habitants (en compétition avec l'Éthiopie, et loin derrière le Nigeria). L'Égypte appartient au premier groupe des quatre pays de l'Afrique du Nord. La production intérieure brute nominale par habitant de 3.651 dollars arrive derrière celles de la Tunisie (3.677 dollars) et de l'Algérie (3.782 dollars). Mais, la croissance économique a été la plus élevée de ces deux autres pays, atteignant 4,3% en 2016. Mieux que la Tunisie, dont la progression démographique passe devant celle de son économie, et plus performante que celle de l'Algérie, dont l'écart entre les deux progressions n'a été que de 1,5 point, l'économie égyptienne marque un écart positif de 2,3 points par rapport à l'évolution démographique. L'indice de fécondité de 3,3 enfants par femme s'accorde bien avec la progression démographique à 2,0%. Elle pourrait être réduite, si le taux de mortalité infantile, encore très élevée à 2,0%, descendait sous le référentiel de 1,0% des naissances. C'est principalement sur cet indicateur que le pays devrait concentrer ses moyens médico-sociaux, sanitaires, de lutte contre la malnutrition, contre les carences alimentaires et pour des infrastructures de protection maternelle et infantile. Le développement économique et social de l'Égypte devrait intégrer cet indicateur dans ses priorités. Quant à la mortalité globale, elle se situe à 0,59% en 2017. L'on peut alors considérer que ce résultat n'est pas éloigné de notre référentiel de 0,5%, et qu'il est proche de celui des trois autres pays du même groupe de l'Afrique du Nord, avec le Maroc. Mais, le pays a des capacités d'améliorer les conditions de vie de ses habitants, et diminuer davantage la mortalité, notamment grâce à la matière grise et aux ressources dues à la réussite de son redressement économique.

Au cours de la période de 2000 à 2015, l'Égypte a très significativement relevé le niveau quantitatif de la scolarisation dans le primaire, passant de 88,6% à 99,6% des enfants. Elle a donc largement atteint et dépassé la cible de notre repère de 99% des enfants à l'école primaire. Elle pourrait alors se rapprocher rapidement de la pleine scolarisation de 99,9% des enfants, et s'y maintenir durablement. Une autre question se posera, après évaluation des niveaux de connaissances, dans l'ambition de la qualité de l'encadrement scolaire et de l'acquisition effective des savoirs de base requis à l'issue de l'école primaire. C'est de cette qualité d'éducation que dépendra la remontée effective du taux d'alphabétisation, dont la valeur de 73,8% en 2015 résulte du contexte historique récent. Quant à l'Égypte ancienne, elle est le berceau de la civilisation, de l'écriture et des arts. Les traditions et les coutumes de mise à l'écart des connaissances scolaires modernes sont récentes. La misère dans de nombreuses familles, et l'insuffisance des infrastructures scolaires sur l'ensemble du territoire, ont longtemps contribué à éloigner les populations rurales de l'école. Il en résulte que l'Égypte compte encore plus de 26% d'analphabètes dans sa population, en 2015. C'est par le renforcement de la scolarisation des jeunes, que le pays résorbera en grande partie cet analphabétisme dans un proche avenir. Dans le second degré, l'effort a été modéré dans le premier cycle où la situation ne s'est améliorée que de 85,1% à 89,6% des enfants. Cependant, se rapprochant de notre référentiel de 90% des jeunes de la classe d'âge de ce cycle, il faudrait que les efforts du pays se poursuivent durablement au-dessus de 90%, et vers 95% au cours de la décennie 2015-2025.

Dans le second cycle, un effort important est remarqué, passant de 61,9% à 72,3% des jeunes de cette classe d'âge. C'est à cette population scolaire que le pays devrait déployer davantage de moyens au cours de la décennie 2015-2025, afin d'atteindre le niveau de notre référentiel à 85% des jeunes concernés. L'avenir professionnel des jeunes se détermine en très grande partie dans le second degré. Pour pouvoir répartir les futurs jeunes professionnels dans différents corps de métiers, dans la maîtrise des technologies modernes, dans l'appropriation des savoir-faire techniques de plus en plus complexes, en vue de contribuer au développement de l'économie industrielle du pays, il faudra élargir rapidement la base du recrutement par l'offre scolaire quantitative et qualitative de l'éducation. L'indice de développement humain de 0,691/1 pourra ainsi traduire ces résultats en se rapprochant de 0,880/1 des pays européens de la rive méditerranéenne. Ensuite, l'Égypte s'inscrit dans la marche vers l'intégration des pays industriellement et économiquement émergents. Il lui faudra renforcer la qualité de son enseignement supérieur, avec des pôles de compétence et d'excellence dans différents domaines de la recherche et du rayonnement scientifique. Le second cycle du second degré constitue donc un espace formation et de préparation de ces futurs professionnels de l'enseignement supérieur, de la recherche scientifique, de la santé, de l'ingénierie et du développement technologique.

Les ambitions de l'Égypte de bâtir un progrès économique et social, pour rejoindre le groupe des nouveaux pays émergents, seront portées par son économie industrielle. Il convient de rappeler qu'en 2017, l'Égypte est la troisième puissance économique de l'Afrique, derrière le Nigeria et l'Afrique du Sud. L'activité économique est en grande partie située le long du fleuve Nil. Les principales ressources économiques de l'Égypte sont constituées par le pétrole, le gaz naturel, les métaux, le tourisme et l'agriculture. Depuis déjà plusieurs décennies, les dirigeants ont entrepris de réformer les structures de l'économie égyptienne, afin de réduire la forte centralisation héritée de la période du président Gamal Abdel Nasser (du 26 juin 1956 au 28 septembre 1970). Cependant, malgré cet important chantier, on estime qu'environ 40% de la population sont restés sous le seuil de pauvreté. Des tentatives de réformes politiques, entraînées par « le printemps arabe » parti de la Tunisie au printemps de 2011, sont la conséquence de la demande de la juste redistribution des richesses. Les inégalités se sont accrues dans le pays sous la présidence du général Mohammed Hosni Moubarak. Les leaders islamistes ont tenté la prise du pouvoir, par la voie démocratique des urnes, en capitalisant sur la colère populaire et la révolte contre les injustices, en 2012. Mais, le pays a rapidement basculé vers une sévère dictature théocratique des Frères musulmans. En conséquence, l'armée égyptienne est intervenue pour reprendre le pouvoir, duquel était chassé l'ancien général président Mohammed Hosni Moubarak. Après la parenthèse du pouvoir entre les mains des islamistes, menés par Mohammed Morsi, puis remplacé par un président intérimaire Adli Mansour, c'est le maréchal Abdel Fattah al-Sissi qui s'est imposé depuis le 8 juin 2014, pour ramener l'ordre, la paix et la sécurité dans le pays.

En 2008, les hydrocarbures représentaient plus de 9% du PIB, et 40% des exportations. Les réserves en pétrole placent l'Égypte au 6e rang en Afrique (4,07 milliards de barils). Celles du gaz naturel élèvent le pays au 3e rang, pour les quantités estimées entre 2.060 et 3.000 milliards de mètres cubes de réserves. Ces secteurs stratégiques de l'énergie sont administrés par des monopoles d'État : *l'Egyptian General Petroleum Corporation* (EGPC) pour le secteur pétrolier et l'*Egyptian natural Gas Holding Company* (EGAS) pour le secteur gazier. Une forte hausse de la demande intérieure en pétrole a provoqué une chute des exportations, impliquant les chutes des recettes extérieures. Toutefois, plusieurs gisements pétroliers importants ont été découverts depuis 2008 dans le désert occidental, par la compagnie américaine, *American Apache Corporation,* avec une production nette de cette compagnie en Égypte représentant un volume quotidien moyen de 100.000 barils de pétrole brut, et 10 millions de mètres cubes de gaz, en 2012. Le groupe pétrolier chinois, *Sinopec*, a racheté 33% des actifs d'*Apache* en Égypte, en 2013, en vue de conforter la présence de la Chine dans tous les pays africains producteurs et exportateurs de pétrole et de gaz. Ce groupe a versé 3,1 milliards de dollars pour acquérir la part de 33% de la société Apache. Il convient d'indiquer que *China Petroleum Corporation* qui exploite plusieurs gisements de pétrole en Afrique, appartient au groupe *Sinopec,* premier raffineur de pétrole en Chine. Mais, le besoin de pétrole est si important, que l'Égypte consomme plus de pétrole qu'elle n'en produit, depuis 2011. Le pays possède neuf raffineries, mais elles demeurent insuffisantes pour satisfaire le marché intérieur. Il est donc obligé de compléter par des importations des carburants. De nouvelles constructions de raffineries sont envisagées avec des financements des investisseurs de l'Arabie saoudite, du Koweït et de la Libye. L'Égypte n'est donc pas prête de suivre la démarche de décarboner son énergie.

Quant au gaz égyptien, la production, la commercialisation et l'exportation du gaz naturel sont en forte augmentation, notamment grâce à d'importantes découvertes récentes au large du Delta du Nil en Mer Méditerranée (Port Faud, Temsah du Sud et Wakah), ainsi que dans le désert occidental. Le gaz égyptien est raccordé au gazoduc arabe transportant le gaz naturel vers le Moyen-Orient. Les nouveaux développements du transport et de la distribution du gaz naturel égyptien concernent aussi l'Europe, la Jordanie, la Syrie, la Turquie, Israël. Depuis 2008, l'Égypte se positionne comme le premier exportateur de gaz naturel liquéfié devant l'Algérie. Aussi, les recettes liées aux exportations de gaz seraient passées de 1,5 milliard USD en 2005 à 7,8 milliards USD en 2008. Des trains de liquéfaction DNL, des unités d'une usine ou des installations mobiles assurant le traitement et la liquéfaction du gaz naturel, sont en fonctionnement depuis 2005. Pour ce faire, l'Égypte a noué des partenariats avec *Petronias* (Malaisie), *Engie* (France) et *Union Fenosa* (Espagne). Depuis 2012, l'Égypte poursuit les politiques de production pour l'accroissement des volumes de gaz par la voie de la fracturation hydraulique, dans le désert occidental. Les réserves y seraient estimées à 6.000 milliards de mètres cubes de gaz. Enfin, en 2015, le groupe italien *ENI* a annoncé la découverte du plus grand gisement offshore de gaz naturel dans les eaux territoriales de l'Égypte. Le pétrole et le gaz deviennent de nouveaux enjeux géopolitiques pour la stabilité et les coopérations au Proche-Orient. L'Égypte est un acteur politique et économique majeur.

Les autres compléments habituels des ressources de l'Égypte proviennent du tourisme culturel. Cependant, ce secteur reste fragile, car il est fortement perturbé par l'insécurité dans des zones touristiques historiques. Des attentats fréquents, commis par des islamistes radicaux, ont éloigné les touristes. Entre 2010 et 2012, les recettes du tourisme ont diminué de 11%, en raison de l'instabilité politique du pays liée à l'arrivée des Salafistes au pouvoir, avant d'en être chassés par l'armée. En 2013, le pays n'a enregistré que 9,497 millions de visiteurs, rapportant 6,044 milliards de dollars de recettes à l'Égypte. Le canal de Suez complète les recettes du budget à hauteur d'environ cinq milliards de dollars. L'économie égyptienne est donc clairement portée par le pétrole et le gaz, complétés par le tourisme. Elle est alors très sensible aux cours mondiaux de ces ressources énergétiques, et des politiques prospectives des Occidentaux de décarboner les consommations d'énergie. Aussi, le pays s'est lancé dans tous les projets et sur tous les territoires du pays, où il peut produire du pétrole ou du gaz, avant la baisse importante des importations des ressources d'énergie fossile en Occident. Pays assurant la passerelle entre le proche Orient à l'est, les pays du bassin méditerranéen et de l'Union européenne au nord, et l'Afrique à l'ouest et au sud, l'Égypte occupe une position stratégique dans la stabilité du Proche-Orient, dans la prospérité de la région d'Afrique du Nord, et dans les équilibres politico-économiques de l'Afrique orientale partageant le fleuve Nil.

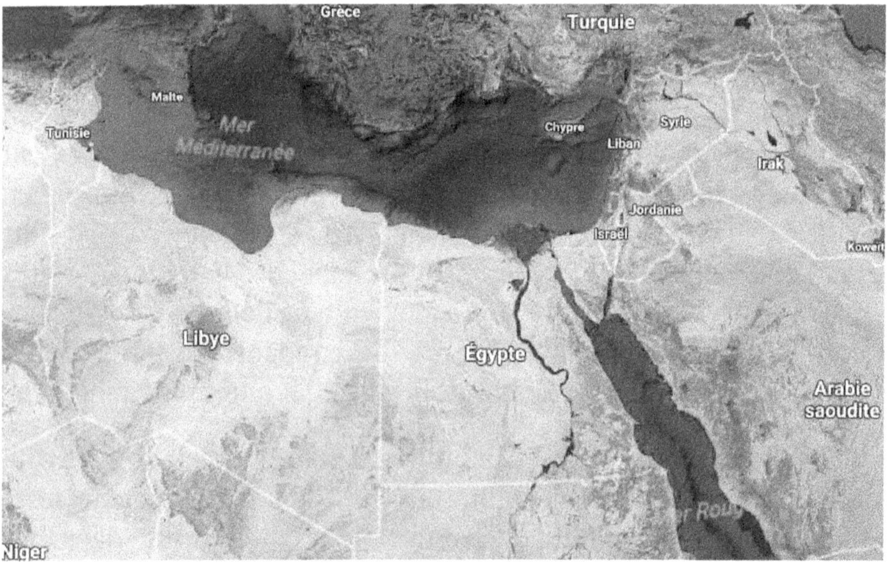

Photo montrant la position géopolitique de l'Égypte dans la région.

Nous présentons les éléments synthétiques sur les quatre pays du premier groupe des pays de l'Afrique du Nord. Ce sont les moteurs de l'économie de la région, suivis par la Maroc.

Indicateurs	Libye	Algérie	Tunisie	Égypte
Population	6 434 862	41 267 046	11 438 575	92 105 345
Superficie (Km²)	1 759 540	2 381 741	162 155	1 010 408
Densité (Habit/Km²)	3,7	17,3	70,5	91,2
PIB (MDS $USD)	29,150 (2015)	156,080 (2016)	42,063 (2016)	336,297 (2016)
PIB/Habitant	4 531 $USD	3 782 $USD	3 677 $USD	3 651 $USD
Croissance du PIB	-24,00 % / an (2014)	3,70 % / an (2016)	1,17 % / an (2016)	4,30 % / an (2016)
Croissance démographique	1,78%	2,20 % / an	1,27 % / an	1,96%
Espérance de vie	71,72 ans (2014)	77,60 ans (2016)	75,10 ans (2015)	71,12 ans (2014)
Indice de fécondité	2,0 enfants / femme (2016)	3,1 enfants / femme (2016)	2,3 enfants / femme (2015)	3,3 enfants / femme (2014)
Taux de mortalité infantile (‰)	1,11 % (2016)	2,09 % (2016)	1,53% (2015)	2,03 (2015)
Taux de mortalité globale (‰)	0,52% (2017)	0,48 % (2017)	0,63% (2017)	0,59% (2017)
Taux d'Alphabétisation	99,95 % (2015)	80,20 % (2015)	97,39 % (2015)	73,75 % (2015)
Taux (en %) de Scolarisation au 2e cycle du Second Degré (2015/2000)	---	76,5 % / --	67,7% / --	72,3% / 61,9%
Taux (en %) de Scolarisation au 1er cycle du Second Degré (2015/2000)	---		92,0% / --	89,6% / 85,1%
Taux (en %) de Scolarisation primaire (2015/2000)	---	98,8% / 90,5%	99,7% / 95,4%	99,6% / 88,6%

Indicateurs	Libye	Algérie	Tunisie	Égypte
Langues nationales et langues officielles	Arabe, Tamazight	Arabe, Tamazight, Français	Arabe, Français	Arabe, Anglais, Français
Monnaie nationale	Dinar libyen (LYD)	Dinar algérien (DZD)	Dinar tunisien (TND)	Livre égyptienne (EGP)
IDH (2015)	0,716 /1	0,745 /1	0,725 /1	0,691 /1
Forme de pouvoir	Gouver-nement provisoire	République	République	République
Chef de l'État	Aguila Salah Issa (*Tobrouk*) / Fayez el-Sarraj (*Tripoli*)	Abdelaziz Bouteflika	Béji Caïd Essebsi	Abdel Fattah al-Sissi

Les quatre pays se distinguent par le produit intérieur brut nominal supérieur à 3.600 dollars par habitant. L'Égypte et l'Algérie font aussi partie de quatre premières puissances économiques de l'Afrique. Globalement, leur indice de développement humain atteint 0,7. Ils développent une économie industrielle

Le second groupe de l'Afrique du Nord comprend le Maroc, la Mauritanie, le Soudan. Le Maroc est le plus petit des trois pays, avec 446.550 km² et sa densité de peuplement est la plus élevée, avec 78 habitants au km², devant le Soudan (21 habitants) et la Mauritanie désertique (4 habitants). L'Égypte est le seul pays plus densément peuplé que le Maroc dans la région, avec 91 habitants au km². Le produit intérieur brut nominal du Maroc a atteint 101,45 milliards de dollars en 2016, avec une population estimée à 34,70 millions d'habitants. Son concurrent direct devient alors le Soudan, qui avait réalisé 98,83 milliards, mais avec une population à peine plus élevée de 40,24 millions d'habitants. Aussi, ces deux pays se situent entre 2.200 dollars et 3.000 dollars de production nominale brute par habitant, alors que l'Égypte, la Tunisie, l'Algérie et la Libye ont largement dépassé 3.600 dollars de produit intérieur brut nominal par habitant. Ces dernières pourraient se préparer à entrer dans le groupe des pays économiquement et industriellement émergents.

L'économie du Maroc a connu une faible évolution en 2016, réalisant une croissance de 1,0%, alors que la progression de la population est de 1,3%. Et comme la fécondité de 2,2 enfants par femme figure parmi les plus basses, et ne pourrait être abaissée davantage, afin d'assurer régulièrement le renouvellement de la population marocaine, le pays est contraint d'agir avec énergie sur la croissance économique pour faire face à la demande sociale, aux investissements et à l'amélioration des conditions de vie de ses habitants. Le Maroc est confronté à plusieurs défis sociodémographiques et culturels pour la décennie de 2015 à 2025. La mortalité infantile de 2,4% en 2015 est encore très élevée, en comparaison avec la Libye de la même région (1,1%) et le référentiel de 1,0% pour l'Afrique. Il y a manifestement des efforts à réaliser dans la prise en charge et la protection maternelle et infantile. Le suivi médico-sanitaire, la prévention des risques, les problèmes alimentaires ou de malnutrition, l'efficience des infrastructures médicales et sociales, la pauvreté et la misère, l'information et la formation des familles, entrent dans les pistes d'action pour le développement et d'attention du pays. Il convient d'indiquer que le Maroc est parvenu à ramener la mortalité globale à un taux de 0,51% en 2017, atteignant ainsi le référentiel. Aussi, avec une espérance de vie moyenne de 74 ans, il fait partie des cinq pays de l'Afrique du Nord arabo-musulmane, où l'espérance de vie a déjà dépassé 70 ans, depuis 2015. Cependant, la mortalité infantile encore très élevée à 2,4% des naissances, le niveau de scolarisation dans le second degré encore faible, de moins de 50% dans le second cycle et moins de 75% dans le premier cycle, en plus de l'un des plus bas taux d'alphabétisation de 68,5%, proche de celui de la Mauritanie à 62,6%, loin des performances des autres pays de cette region, conduisent à un bas indice de développement humain (IDH) de 0,647/1 en 2015. Il correspond à celui des autres pays pauvres. Néanmoins, le Maroc a engagé d'importants investissements de développement que nous synthétiserons dans cet ouvrage. Par ailleurs, ce pays est l'un des plus déconcentrés pour créer des pôles de développement économique, sur le continent africain.

Le deuxième défi, après la réduction de la mortalité infantile, concerne la scolarisation des jeunes. Au cours de la période de 2000 à 2015, le Maroc a accéléré la scolarisation au niveau primaire, évoluant de 79,8% à 99,7% des enfants. C'est un bond spectaculaire, démontrant que la volonté et l'ambition politiques commandent les actions et les résultats d'une nation. Mais, cet effort devrait également accompagner celui de la réduction de l'analphabétisme, qui frappe encore 31,5% des Marocains. C'est donc faire constater que, pendant plusieurs décennies depuis l'indépendance, l'État n'avait pas déployé les efforts nécessaires pour promouvoir l'éducation de la jeunesse, et lutter contre l'analphabétisme par la racine. Pour atteindre le référentiel du taux d'alphabétisation de 98% en 2025, la seule scolarisation n'y suffira pas. Le pays devrait intensifier l'encadrement dans les centres de formation, notamment dans les territoires ruraux et les zones périurbaines. Ensuite, les résultats dans le second degré restent faibles. Dans le premier cycle, le pays encadre 72,8% des jeunes de cette classe d'âge. C'est encore insuffisant par rapport à la cible de 90% minimum, et le résultat est encore très faible pour alimenter suffisamment le second cycle duquel sortiront les professionnels qualifiés, les techniciens, et les futurs encadrants du pays (médecins, chercheurs, enseignants, fonctionnaires, ingénieurs, etc.). Nous avons observé que moins de la moitié, soit 48,1% des jeunes de la classe d'âge considérée, sont scolarisés dans le second cycle du second degré. Le référentiel requiert 85% minimum, d'autant que la population de quarante millions d'habitants ne laisse pas beaucoup de marge pour couvrir toutes les formations générales, professionnelles, techniques, technologiques, universitaires, des agents au service de l'État, dans le contexte de la compétition internationale.

Le pays devrait concentrer une partie de ses ressources financières dans la préparation de l'avenir des jeunes par l'éducation scolaire, et une solide formation aux métiers. Pour ce faire, le Maroc aura besoin de stimuler la croissance de son économie pour générer de nouvelles ressources. Cependant, pour réussir cette transformation, il doit aussi pouvoir disposer des ressources humaines abondantes, actives et de mieux en mieux formées face à la compétition économique. C'est un pays doté d'énormes potentiels de ressources dans des secteurs très variés. Tous les leviers doivent alors être activés simultanément.

Le Maroc est le troisième producteur et premier exportateur mondial de phosphates, constituant la ressource importante en devises pour le pays. Il détient, et de loin, les premières réserves mondiales avec 50.000 milliards de tonnes. Ces ressources sont complétées par les produits agricoles, résultant de l'histoire économique du pays, issue de cultures de subsistance pour les paysans. Les artisans se sont joints à la production par les broderies, les tissus, les poteries, le cuir, les meubles, les bijoux. Au début des années 1980, le Maroc est surendetté alors que la classe aisée du pays a accumulé des richesses. Aussi, le pays traverse un déficit budgétaire croissant, un creusement du déficit du commerce extérieur, et un taux d'inflation fortement alimenté par une demande globale, sans contrepartie issue d'une production intérieure diversifiée et innovante, capable de tenir tête à la concurrence des produits internationaux. Le pays s'est alors replié sur le secteur agricole, dont les performances sont sujettes aux aléas climatiques. Le Maroc se résigne, et une partie de la jeunesse désespère. Alors, les migrations s'accélèrent, notamment vers l'Europe et d'autres pays occidentaux.

Depuis l'accession au trône du roi Mohammed VI, l'économie marocaine commence à mieux réagir à la concurrence mondiale, en favorisant le développement de conglomérats nationaux, tels que le Groupe ONA, la Société nationale d'investissement, Ynna Holding, Akwa Group, le groupe Holmarcom, Finance Com. Ainsi, le pays choisit de développer les filières économiques, mais il se heurte très vite au principal défi constitué par le faible développement d'un tissu de PME, ainsi que par l'offre inadaptée et le faible niveau de l'éducation d'une importante partie de sa population. Nous avons indiqué que le rattrapage, au cours des années 2000 à 2015, s'est principalement effectué sur la scolarisation primaire. Cependant, pour faire face à cette demande industrielle, avec une main d'œuvre qualifiée, l'éducation au niveau du second degré n'a pas suivi les mêmes efforts. Mais aussi, parce que pour former les jeunes dans le second degré, il faut que l'offre de la scolarisation primaire soit abondante et de bonne qualité. Il fallait donc commencer par le socle de l'éducation : la scolarisation primaire. Parallèlement au défi de l'éducation, le Maroc doit également relever le défi de la diversification de son économie, et ne pas dépendre étroitement des ressources minières, dont les cours d'achat sont décidés sur les bourses occidentales, sans aucun lien avec les situations économiques des États producteurs et exportateurs. En 2010, le produit intérieur brut du Maroc était constitué de l'agriculture (17,1%), l'industrie (31,5%) et les services (51,4%). C'est donc sur la valeur ajoutée industrielle et des services que le pays doit désormais porter ses importants efforts pour relancer l'économie.

La croissance moyenne avait atteint 5,8% entre 2004 et 2010. Mais, en 2016, elle n'est que de 1,0%, à la suite de la baisse des cours mondiaux des matières premières minières et énergétiques. Aussi, le commerce extérieur est redevenu déficitaire ; les importations valent presque le double des exportations. Il faut donc procéder à l'analyse approfondie des besoins qui gonflent les importations. On trouve principalement les produits de l'énergie, les équipements, et les biens de consommation. Au regard des variations des conditions climatiques, les mauvaises années des récoltes agricoles se caractérisent par de fortes importations de céréales. Dans le cas de bonnes années agricoles, le Maroc exporte des fruits et légumes, aux côtés des biens manufacturés et des produits miniers bruts dominés par les phosphates. Comme on l'a observé pour la Tunisie et pour les produits pétroliers de l'Algérie, les échanges commerciaux du Maroc sont tournés vers l'Europe. La France occupe le quart des importations et un tiers des exportations du Maroc. Le reste se répartit entre l'Espagne, l'Italie et l'Allemagne. Même avec les autres pays de la région de l'Afrique du Nord, les échanges commerciaux demeurent limités à 3%. Mais, depuis le printemps arabe de 2011, la montée des islamistes radicaux en Afrique du Nord et les relations distantes de l'Europe vis-à-vis du Maghreb, le Maroc, comme l'Algérie, tournent les yeux vers l'Afrique subsaharienne pour diversifier les partenariats et les ressources. Par ailleurs, le Maroc continue de compter sur les diasporas marocaines en Occident, qui contribuent au PIB à hauteur de 10% par des rapatriements des fonds gagnés. Ils constituent la première source des devises dans le pays.

Pour relancer le commerce extérieur structurellement déficitaire, le Maroc se renforce dans des accords bilatéraux. Ainsi, le pays a ratifié l'accord de libre-échange avec les États-Unis, en vigueur depuis le 1er janvier 2006 ; l'accord avec l'Union européenne, sans appartenir à l'Europe, dans l'objectif d'intégrer la Zone européenne de libre-échange (ZLE) ; l'accord d'Agadir, engagé avec l'Égypte, la Jordanie et la Tunisie, dans le cadre de la Zone Arabe de Libre-Échange ; l'accord de libre-échange avec les Émirats arabes unis ou encore l'accord de libre-échange avec la Turquie. Tous ces accords sont tournés vers l'Occident ou les pays du monde arabo-musulman, à l'exception de la Turquie. Dans l'agriculture, le Maroc produit sur une superficie d'environ 95.000 km². Les principales productions agricoles du pays sont constituées par les céréales, principales cultures du Maroc (*le blé, l'orge et le maïs*), la betterave sucrière, la canne à sucre, les agrumes (*les oranges, les clémentines, etc.*), le raisin, les légumes, les tomates, les olives. Le pays pratique aussi l'élevage. Mais ces productions agricoles demeurent très dépendantes des conditions et des aléas climatiques dans le pays. Cependant, une part de 40% de la population marocaine vit du secteur agricole. Les paysans produisent donc d'abord pour leur alimentation, avant les exportations. Aussi, le Maroc est l'un des plus grands producteurs d'olives et d'huile d'olive. Il occupe le 7e rang mondial dans les exportations des productions d'olives. Pour compléter la consommation locale, le Maroc est également un grand producteur de lait et de viande. A la fin de 2013, l'élevage de viande rouge au Maroc a atteint quinze milliards de dollars chiffres d'affaires. Ce domaine contribue grandement à la sécurité alimentaire dans le pays à hauteur de 92% pour le lait, et 98% pour la viande. Enfin, le Maroc est l'un des plus grands producteurs de poissons dans le monde. Il dispose de dix-huit ports de pêche, dont Nador, Al Hoceima, El Jadida, M'Diq, Tanger, Larache, Mehdia, Casablanca, Safi, Essaouira, Agadir, Tan-Tan, Mohammédia, Jebha.

Quant à l'industrie minière, elle est largement dominée par la production des phosphates, principalement dans les régions de Khouribga, Ben Guerir et Bou Craa. En 2009, cette production était estimée à 14,49 milliards de dollars, derrière la Chine (avec 30,7 milliards) et les États-Unis (avec 30,1 milliards). Le Maroc est alors le premier exportateur de phosphates au monde. Selon les experts, le Maroc détiendrait les deuxièmes plus grandes réserves prouvées de phosphates du monde, avec 5,7 milliards de tonnes, derrière la Chine (avec 6,6 milliards). Ensuite, le Maroc exploite également les mines de charbon, de plomb, d'argent, de zinc, de cobalt, de manganèse, de fer et de plusieurs autres divers minerais. Les recettes nationales peuvent être avantageusement améliorées par des productions accrues de ces minerais, avec une capacité de transformation dans le pays. Tout le savoir-faire, qui pourrait contribuer à la haute valeur ajoutée technique ou de valorisation commerciale sur les productions des minerais bruts dans le pays, devrait être activé afin d'améliorer les compétences techniques des ressources humaines, d'accroître l'emploi, et de rapporter plus de recettes des exportations à l'économie.

Parallèlement à l'activité d'extraction minière, le Maroc développe une industrie chimique, dominée par la valorisation des phosphates. Mais d'autres filières de l'industrie chimique sont également présentes à Tanger, et dans la sidérurgie à Nador. Comme dans de nombreux pays en développement et dans un autre domaine, la production de ciment est stimulée par la forte demande du marché de la construction immobilière, ainsi qu'à des programmes ambitieux d'urbanisme. Enfin, les ports de Safi et de Jorf Lasfar ont développé une industrie pétrochimique très avancée, alors que la raffinerie de pétrole de Mohammedia figure parmi les plus grandes raffineries du continent africain (avec 160.000 barils par jour), après celles de Skikda en Algérie (323.000), Ras Laouf en Libye (220.000), Port Harcourt au Nigeria (210.000), Durban Sapref en Afrique du Sud (172.000) et Mostorod en Égypte (165.000 barils par jour).

Pour l'industrie manufacturière, elle a été pendant longtemps représentée par les industries agroalimentaires, du textile et du cuir. C'est au début des années 2000, que le secteur industriel s'est rapidement diversifié grâce à l'essor des domaines de la chimie et parachimie, du papier et des cartons, des équipements automobiles et des montages de véhicules, des services aux entreprises, de l'informatique, de l'électronique et de l'industrie aéronautique. Il convient de rappeler que l'industrie textile est un des domaines clefs historiques de l'économie marocaine. Elle représente globalement 42% de l'emploi et 34% du secteur manufacturier. Face à la concurrence asiatique, le Maroc veut profiter de sa proximité géographique avec l'Europe, afin de constituer un territoire de sous-traitance de capacité à bas coûts. Pour poursuivre dans la diversification des ressources de son économie, le Maroc produit des bateaux de pêche modernes, principalement des chalutiers et notamment à Agadir. La société *Chantier Naval Agadir Founty* (CNAF) a vu le jour en 2002. Et en 2007, un premier bateau de pêche marocain a été exporté vers l'Algérie. Cette industrie a ensuite poursuivi son développement. Dans l'industrie pharmaceutique, le Maroc est en compétition directe avec l'Afrique du Sud et l'Algérie, parmi les premiers producteurs de médicaments en Afrique. Le pays les exporte notamment vers de nombreux pays européens et africains. Il assure jusqu'à 90% de ses besoins en médicaments. Le reste pour la couverture de ses besoins est importé depuis l'étranger, et principalement depuis la France qui reste son principal partenaire. C'est également dans le cadre du développement de ce partenariat industriel, que tous les constructeurs automobiles français produisent des véhicules au Maroc, pour profiter d'une main-d'œuvre à bas coûts. Les constructeurs français espèrent ainsi réimporter ces productions vers la France, l'Espagne et exporter une autre partie vers les pays de l'Afrique du Nord. Pour renforcer la diversification de son économie industrielle, le Maroc s'est lancé dans la sous-traitance aéronautique. Le pays possède une certification ISO dans le domaine de l'entretien et de la réparation des moteurs d'avions, notamment les réacteurs d'avions de tout type *(Jets, avion à hélice*). En outre, il réalise la fabrication de composants spécifiques pour les avions, tels que les câblages et les autres composants destinés à l'export pour le compte de grandes compagnies internationales (*Boeing, Airbus, Bombardier, Thalès)*. Cette nouvelle activité industrielle se développe à Casablanca, Tanger et Rabat.

Enfin, les activités touristiques complètent les apports de ressources au Maroc. Plusieurs domaines du tourisme se sont développés. Dans le tourisme culturel, les voyageurs apprécient Marrakech, la vieille de la capitale spirituelle du Royaume à Fès, les villes impériales de Meknes et Rabat, plusieurs monuments romains. Dans le tourisme balnéaire, le Maroc a développé les stations méditerranéennes de Saidia, Cap de l'Eau, Nador, Al Hoceima, Martil, Cabo negro, M'diq, ou encore les stations balnéaires de Tanger et d'Agadir. Pour continuer d'attirer les touristes occidentaux, le pays a créé six autres stations. En 2013, le secteur a rapporté plus de dix milliards d'euros. Néanmoins, le terrorisme islamique a refoulé des touristes en 2015, et les recettes auraient fortement baissé de 46% par rapport à 2014. Enfin, pour consolider le développement dans le tourisme, le Maroc a également investi dans les facilités des déplacements, grâce à des infrastructures de communication de bon niveau. Le Maroc dispose du plus grand réseau autoroutier de toute la région de l'Afrique du Nord, et il occupe le deuxième rang de ce réseau en Afrique, après celui de l'Afrique du Sud. La longueur totale des autoroutes marocaines était de 1.831 km, en août 2016.

Le réseau ferroviaire marocain est également l'un des plus développés de l'Afrique. Il relie la plupart des principales villes du pays. Ce réseau s'étend sur une longueur de 2.120 km, dont 1.060 km de lignes électrifiées, 1.520 km de lignes à voie unique et 600 km de lignes à double voie. A moyen terme, l'Office national des chemins de fer (*ONCF*) envisage la réalisation de deux lignes pour le TGV à horizon 2020, en partenariat avec la France. La première ligne était prévue pour la liaison entre Tanger et Kénitra. Les autres lignes seraient réalisées entre 2015 et 2030, afin de relier les autres grandes villes (Rabat, Casablanca, Marrakech et Agadir). Une autre ligne est prévue pour relier Rabat, Meknes, Fès, Taza et Oujda, puis continuer vers l'Algérie, et poursuivre vers la Libye, dans le cadre du projet de TGV trans-maghrébin. Enfin, un autre projet prévoit la construction d'une ligne classique d'environ 450 km, reliant Agadir, Guelmim et Laâyoune. L'on voit ainsi que les infrastructures du Maroc se développent avec son économie, mais qu'elles restent confinées dans les liaisons à l'intérieur de l'Afrique du Nord. Enfin, le Maroc dispose de dix-neuf aéroports internationaux. Le plus grand aéroport est celui de Casablanca, également l'un des plus importants du continent. Parmi les huit compagnies aériennes marocaines, la Royal Air Maroc (*RAM*), actionnaire d'Air Sénégal International, Air Gabon International et Air Mauritanie, est la plus importante du Maroc. Elle se positionne comme le deuxième groupe de transport aérien du continent africain. Les ambitions du Maroc sont continentales.

Le parcours des points forts qui structurent l'économie marocaine montre que celle-ci est tournée principalement vers l'Europe et la région de l'Afrique du Nord. Plusieurs secteurs en croissance échappent à l'impact direct des cours des matières premières, et pourraient constituer des relais pour relancer la croissance et augmenter significativement des recettes pour faire face aux défis médico-sanitaires contre la mortalité infantile élevée, pour le relèvement significatif du taux d'alphabétisation, et surtout pour renforcer l'éducation. Différents secteurs actifs de l'industrie et des services requièrent des formations pointues, et des compétences qui s'acquièrent par l'éducation. Le contexte international marqué par le terrorisme international mené par les islamistes radicaux en Europe, envoie des signaux négatifs pour le développement du tourisme et des échanges économiques avec l'Occident, devenu la principale cible du terrorisme islamique. Ancré en Afrique du Nord, le Maroc a commencé à tourner les regards vers les partenariats avec les pays de l'Afrique noire subsaharienne. Cependant, il y est en compétition frontale avec les mêmes Occidentaux, qui ont contribué au développement de son industrie, et avec les pays industriellement émergents, telles que la Chine, l'Inde ou encore la Turquie. Cependant, l'Afrique devrait bénéficier de l'expérience industrielle des pays de l'Afrique du Nord, à travers les échanges économiques, afin de partager des expériences et progresser ensemble.

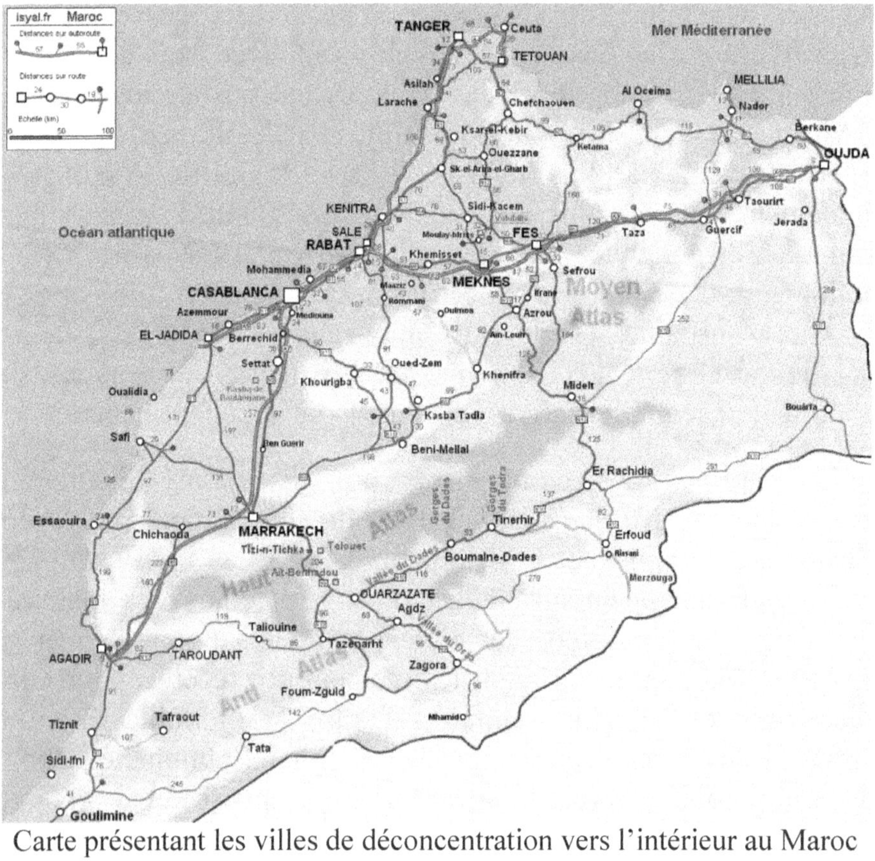

Carte présentant les villes de déconcentration vers l'intérieur au Maroc

Le Soudan et la Mauritanie constituent les derniers pays de la région de l'Afrique du Nord arabo-musulmane, mais ils s'en trouvent décalés, du point de vue des indicateurs économiques et sociodémographiques, tels que la production intérieure brute par habitant plus faible, la mortalité la plus élevée de la région, l'indice de fécondité au-delà de quatre enfants par femme contre moins de 3,5 enfants pour les cinq autres pays de cette région, l'espérance de vie moyenne respectivement de 63,5 ans et 60,3 ans contre plus de 70 ans pour les autres pays. Ce sont les pays les moins avancés, mais rajoutés à l'Afrique arabo-musulmane.

Au Soudan, une population de 40,235 millions d'habitants, plus importante que celle du Maroc, se partage un territoire de 1.886.068 km^2, dont environ quatre cinquièmes sont occupés par le désert et des terres arides. Les habitants se concentrent le long de la vallée du Nil, dans les oasis et dans le sud du pays. Néanmoins, même si la superficie plus propice à la concentration de l'habitat ne représentait que le cinquième du pays, elle correspondrait à environ 377.214 km^2, soit une densité moyenne d'environ 107 habitants au km^2. Il serait alors encore à l'abri de la pression démographique menaçante. Après des péripéties de guerre civile longue et très meurtrière, qui a duré plusieurs décennies, entre le sud du pays dominé par la population des Noirs, chrétiens et animistes, et le nord dominé par les Arabo-musulmans, les deux parties du pays se sont séparées. Le sud du pays s'est constitué en pays indépendant de Soudan du Sud, appartenant désormais à la région de l'Afrique orientale. Le nord constitue le Soudan, qui se regroupe avec les autres pays de l'Afrique du Nord arabo-musulmane. Le Soudan a produit pour 98,87 milliards de dollars en 2016, soit presque autant que la Maroc (101,45 milliards). En 2015, le Soudan avait réalisé une croissance de 3,4%, alors que son évolution démographique était de 2,2%. L'écart positif favorable au Soudan exige néanmoins que le pays maintienne une croissance forte pour faire face à la demande socioéconomique et démographique croissante. Pour progresser, il conviendra alors que le pays conserve une forte croissance économique au-delà de 4,2% par an. Mais, compte tenu des conjonctures internationales et des perturbations sur les cours des matières premières, qui constituent les ressources principales des exportations du Soudan, ce rythme de croissance ne peut être garanti. La fécondité moyenne étant de 4,4 enfants par femme, le pays devrait poursuivre la réduction de cet indice de fécondité à travers l'information sur le planning familial, vers la valeur à moins de quatre enfants par femme à l'horizon 2025, afin de concentrer ses ressources sur le progrès social et culturel. Le Soudan se détache du Maroc, classé temporairement dans son groupe, par le double de son taux de mortalité infantile. En effet, celui du Maroc est de 2,4% de naissances, alors qu'au Soudan, 4,8% d'enfants meurent après leur naissance. Il s'agit bien des enfants nés vivants, mais qui ne survivent pas. Le pays ne devrait donc pas considérer les fortes naissances par son taux de fécondité comme des populations de substitution, à la suite de son incapacité à lutter contre la mortalité infantile. C'est donc en s'attaquant aux causes de cette mortalité, que l'on parviendra aux résultats jusqu'à notre référentiel proposé du taux de 1,0%. La malnutrition des mères et des enfants, les épidémies diverses, la sous-alimentation liée à des pénuries consécutives aux guerres permanentes au Darfour comme dans le sud de ce pays, des famines fréquentes, des défaillances dans des dispositifs médico-sanitaires inefficaces, le manque d'assainissement et d'hygiène public suffisants, l'encadrement paramédical et social inefficient, l'analphabétisme qui frappe plus de 24% des habitants, soit une population qui ne peut pas lire et comprendre des instructions médico-sanitaires et alimentaires prodiguées, la pauvreté d'une grande majorité des Soudanais, constituent des freins. Autant de facteurs qui pèsent sur la mortalité infantile très élevée.

Ensuite, la mortalité globale de 0,74% reste également élevée, mais se rapproche du référentiel pour la période 2000 à 2015. Nul doute que, moyennant la persévérance dans l'effort soutenu du développement économique et social, ce taux pourrait bien descendre sous le seuil de 0,5%. C'est dans ce contexte global de la mortalité que l'espérance de vie moyenne des Soudanais baisse à 63,5 ans, contre 74 ans pour le Maroc, ou encore 71 ans en Égypte voisine au nord. Un autre point de faiblesse du Soudan concerne l'éducation de sa jeunesse. Au cours de la période de 2000 à 2015, le pays n'a réussi qu'à scolariser 78,1% des enfants à l'école primaire. C'est le plus bas niveau de l'Afrique du Nord arabo-musulmane. Il faudrait lire ce médiocre score avec des lunettes d'analyse des conservatismes culturels, des guerres permanentes depuis des décennies après l'indépendance et ayant conduit à des massacres massifs estimés à plus de 300.000 morts parmi habitants du Darfour, la longue guerre de sécession avec le Soudan du Sud, des philosophies religieuses inadaptées au contexte actuel de la mondialisation des savoirs. Aussi, le taux d'alphabétisation n'a pas significativement évolué au-delà du taux de scolarisation. Il s'établit à 75,9% en 2015. Il faudra consentir un effort conjugué, entre l'amélioration indispensable de la scolarisation primaire jusqu'à un minimum de 99% des enfants, et la multiplication des centres d'alphabétisation pour doter plus de 98% des Soudanais, des bagages pour mieux comprendre le monde d'aujourd'hui, acquérir l'autonomie des savoirs par l'accès direct aux sources des informations et à mieux maîtriser des consignes des pouvoirs publics, en vue de contribuer au progrès économique et social. L'analphabétisme est aussi une cause majeure d'inefficacité économique. La situation ne s'est pas améliorée dans le second degré, en vue d'atteindre le minimum requis de 90% d'élèves dans le premier cycle et 85% de jeunes dans le second cycle. Le résultat affiché de 67,8% est insuffisant au regard des besoins de développement du Soudan. Toutes ces insuffisances se répercutent dans le faible indice de développement humain de 0,490/1, le seul se situant sous la moyenne de 0,500/1 dans toute l'Afrique du Nord arabo-musulmane. Le pays devra alors mener les batailles simultanées sur plusieurs fronts, avec des investissements conséquents pour l'avenir de la jeunesse, afin de consolider les piliers du développement. C'est donc sur les ressources de ses recettes, et éventuellement sur des financements extérieurs, qu'il faudra prélever des moyens indispensables à cet effet. Mais, le pays en a-t-il des capacités économiques pour relever le niveau au cours de la décennie 2015-2025. Aura-t-il les moyens de poursuivre les investissements du développement économique, et dégager des ressources pour le progrès social et culturel de ses habitants ?

Le Soudan figure parmi les pays les plus pauvres du monde, malgré d'importantes ressources naturelles et agricoles. Pendant très longtemps, l'économie du Soudan a été principalement soutenue par l'agriculture. La grande variété climatique permet alors une large diversification des cultures (notamment le blé, le Sorgho, le millet, la canne à sucre, les arachides, le sésame, le coton, etc.) et de l'élevage. Malgré la sécheresse assez fréquente, ces activités sont restées les principales ressources du pays et fournissent les principaux produits d'exportation, en particulier le coton, le sésame, et la gomme arabique dont le Soudan détient 80% du marché mondial. Cependant, la production de céréales reste insuffisante pour nourrir la population du pays, et celui-ci doit en importer pour compléter la consommation intérieure.

La production et les exportations significatives de pétrole ont commencé au début des années 2000. Cette nouvelle donne a nettement modifié le visage de l'économie du Soudan, avec 73% des revenus d'exportation provenant du pétrole. Cette production de pétrole a suscité des investissements étrangers importants et une récente modernisation du pays. Mais, c'est une ressource très limitée. Les estimations de 2005 ont fait état d'une production de 400.000 barils par jour, soit 146 millions de barils par an. Les réserves estimées en 2012 approchent deux milliards de barils seulement, soit une production estimée à une petite vingtaine d'années, et cela est totalement insuffisant pour soutenir durablement l'économie d'un pays. Le Soudan doit alors rapidement trouver d'autres secteurs de ressources pour le développement. D'autre part, à des fins d'accompagner l'effort de développement industriel, le Soudan devrait produire et distribuer suffisamment d'énergie électrique. Or, le pays ne produit qu'une faible quantité d'électricité, issue des parts presque égales de source thermique, surtout d'origine du pétrole, et hydroélectrique. Le barrage le plus important est celui de Roseires sur le Nil Bleu, qui fournit environ 280 mégawatts. L'insuffisance de cette production vient de sa variabilité selon les pluies. Or, on estime que seuls 30% de la population soudanaise de 40,2 millions d'habitants ont accès à l'électricité. L'ambition assignée au Soudan est de faire passer ce chiffre à 90%, mais au prix de trois milliards de dollars d'investissement. Le plus gros des projets est le barrage hydroélectrique de la 4e cataracte, qui produirait 1.250 mégawatts. Un autre barrage a été confié à la Chine pour sa construction à la seconde cataracte, et produirait 300 mégawatts. L'on comprend que les ressources du Soudan sont très limitées, et le pays ne peut pas projeter son développement sur le pétrole. Parallèlement à l'optimisation des ressources actuelles, il doit poursuivre des prospections de son sous-sol, et accroître constamment ses productions agricoles et d'élevage, afin de faire face à la demande croissante de sa population, et relever ses indicateurs sociodémographiques. Les réussites du Soudan se construiront dans les ambitions politiques et la matière grise de ses dirigeants, ainsi que dans le partenariat avec des puissances économiques et industrielles extérieures.

La Mauritanie est le plus pauvre des pays de l'Afrique arabo-musulmane. C'est également le moins peuplé, avec une modeste population de 3,894 millions d'habitants sur une grande étendue de 1.030.700 km². Néanmoins, le pays est totalement couvert par le désert du Sahara, et il offre peu de place à l'agriculture. Le pays a réalisé une production intérieure brute nominale de 4,64 milliards de dollars en 2016. La croissance de la richesse de ce pays, au rythme de 5,0% par an s'accompagne également de celle de sa population, avec 2,3% par an. L'indice de fécondité de 4,3 enfants par femme se heurte aussi à une mortalité infantile de 6,5% des naissances. Cette mortalité figure parmi les plus élevées en Afrique, bien au-dessus de la situation au Soudan (avec 4,8%), et très au-dessus des autres pays de l'Afrique du Nord, où cette mortalité évolue entre de 1,1% en Libye ; 1,5% en

Tunisie ; 2,0% en Égypte ; 2,1% en Algérie, et 2,4% au Maroc. Si le Soudan se détache de son voisin égyptien sur cet indicateur, la Mauritanie se singularise au sein de cette région. Il apparaît donc bien clair que le structures médico-sanitaires, les moyens de l'hygiène et de l'assainissement, le suivi de la mère et de l'enfant, les conditions alimentaires avec des risques de carences et de malnutrition, l'analphabétisme qui frappe plus de 37% des habitants de ce pays, participent à la dégradation de l'indicateur. Tous ces éléments indiquent le sens de l'effort que doit déployer le gouvernement et les acteurs divers de la chaîne humaine pour améliorer les conditions de vie des Mauritaniens. La mortalité globale de 0,78% rapproche ce pays du Soudan (0,74%) au sein du même groupe de pays. Ces mauvais résultats, qui révèlent les problèmes de gouvernance et d'ambitions de développement du pays, se traduisent dans l'espérance de vie moyenne de 60,3 ans. Cet indicateur rapproche à nouveau la Mauritanie et le Soudan, (avec 63,5 ans en 2014), loin des autres pays de la région, où l'espérance de vie moyenne dépasse 71 ans, en raison du taux de mortalité plus élevé dans ces deux derniers pays.

La Mauritanie marque également une grande faiblesse dans la scolarisation des enfants. Au cours de la période de 2000 à 2015, le pays a réalisé une remarquable progression dans la prise en charge de la scolarisation, évoluant de 59,8% à 79,9% de la classe d'âge des enfants du niveau primaire. La Mauritanie reste loin de la cible de 99% des enfants dans le primaire. C'est l'un des objectifs majeurs pour la décennie 2015-2025. Pour un pays dont le taux d'alphabétisation n'est que de 62,5%, et qui ne peut être relevé que par un effort dans l'éducation primaire, l'objectif d'investir des moyens importants dans cet effort n'est pas une option. De plus, pour de nombreux adultes qui n'ont pas eu la chance de connaître le chemin de l'école, le pays devrait investir dans des centres d'alphabétisation et de formation au public, afin de faciliter ainsi l'accès autonome au savoir et à l'information. La progression dans l'enseignement secondaire est restée encore très faible avec un taux d'encadrement de 59,1% des enfants pour la scolarisation au premier cycle, et de 39,5% des jeunes de la classe d'âge du second cycle. Le pays est encore très loin des cibles du référentiel, soit 90% des enfants de la classe d'âge du premier cycle et 85% pour ceux du second cycle. La Mauritanie est donc en retrait sur tous les indicateurs sociodémographiques.

Pour investir dans le rattrapage, le pays devrait poursuivre la croissance très au-dessus de la progression démographique, au rythme actuel supérieur à 4,6%, afin de dégager des ressources du financement des investissements pour le développement des infrastructures structurantes, des défis de l'économie industrielle, et du progrès social pour l'éducation, la santé, l'alimentation et la culture. Les jeunes Mauritaniens doivent donc apprendre pour progresser sur les fondementaux du développement. Mais quelles sont les sources des revenus de la Mauritanie ?

L'économie mauritanienne est actuellement tirée par les productions du fer et de la pêche. L'exploitation des mines de fer, actuellement gérées par la Société nationale industrielle et minière (*SNIM*), existe depuis l'époque de la colonisation française dans la région de Zouérate. Le minerai, dont les gisements sont estimés à deux cents millions de tonnes d'hématite électrolytique, le fer à l'état pur contenant moins de 8% de carbone, est extrait des mines à ciel ouvert au Kedia d'Idjil, Fderîck, Rouessat et Tazadit. Ce sont de véritables reliefs constitués de minerais, extraits et acheminés jusqu'au terminal portuaire de Cansado à Nouadhibou, sur une distance de 700 km à travers le désert, par une ligne ferroviaire à voie unique. Le train minéralier sur cette ligne est l'un des plus grands du monde, d'une longueur de 2,5 km, avec trois ou quatre motrices, tirant de 200 à 210 wagons-trémies de minerais pesant jusqu'à 24.000 tonnes. La Mauritanie extrait 10,4 millions de tonnes de minerais de fer par an. Ses exportations sont évaluées à environ 10% des besoins de l'Union Européenne. Le pays est le 13e producteur de fer au monde. Ses exportations couvrent 94,9% des revenus. Les minerais de fer constituent le moteur principal et sûr, qui soutient l'économie mauritanienne depuis des décennies.

Dans le domaine du pétrole et du gaz, la Mauritanie rêvait de devenir un grand producteur de pétrole au début de 2006, sur le gisement exploité dans les champs pétrolifères de Chinguetti, au milieu de l'Océan Atlantique, à 65 km au large Nouakchott. La production a démarré avec 70.000 barils par jour. Elle est assurée par la société australienne Woodside. Le premier tanker de brut a quitté la Mauritanie pour la Chine en mars 2006. Mais, en fin 2016, le pétrole s'est évanoui. La Mauritanie oriente désormais ses prospections sur le gaz, à la frontière avec le Sénégal. C'est British Petroleum qui a engagé plus d'un milliard de dollars dans cette nouvelle aventure, incluant la prospection, la recherche, l'exploitation et la commercialisation de ce gaz. L'économie mauritanienne attendra encore quelques années pour récolter les premiers fruits du gaz. Et elle doit continuer longtemps à se contenter des ressources des mines de fer et de la pêche.

La Mauritanie possède des côtes longues de plus de 700 km, comptant parmi les plus poissonneuses du monde, grâce à un écosystème littoral exceptionnel. L'existence des hauts fonds et des vasières, permet la prolifération d'herbiers. Ce relief marin, à la confluence de courants par remontées d'eau des profondeurs, favorise la reproduction des espèces marines. Cette situation privilégiée a attiré plusieurs pays pratiquant la pêche intensive et industrielle. Ils ont alors proposé d'acheter des droits de pêche au large des côtes. Les exploitations abondantes ont ensuite relevé de façon déterminante le PIB de la Mauritanie, mais elles ont également participé à la réduction des ressources halieutiques de cette région. L'on a constaté que les navires japonais utilisent de véritables aspirateurs à poissons. Des mesures ont été récemment mises en place, avec la création d'une réserve de pêche étroitement surveillée, dans le contexte de protection de la biodiversité du parc du Banc d'Arguin dans cette région.

La pêche industrielle en Mauritanie couvre entre 30% et 40% des besoins du pays en devises, contribue entre 25% et 30% du budget de l'État, et génère 6.000 emplois permanents pour des nationaux. Cette activité a donc permis le développement de la pêche artisanale pour les revenus des nationaux, à côté de la pêche industrielle. Deux ports se sont développés à Nouadhibou dans le nord-ouest et à Nouakchott. L'activité de la pêche occupe une part importante de l'économie mauritanienne, avec plus de 300.000 tonnes de poissons, et pèse plus de 12% du PIB du pays.

La Mauritanie s'étend en plein désert du Sahara. L'agriculture est alors pratiquée dans les oasis et en bordure du fleuve Sénégal, ainsi que le long de ses principaux affluents. Elle est exploitée en temps de décrue pour éviter des inondations, et les agriculteurs font souvent appel au pompage des rivières pour l'irrigation. Sur le reste du territoire, les cultures sont souvent sérieusement compromises par une fréquente sécheresse. Le pays est donc devenu un habitué des interventions de la *Food and Agriculture Organization* (FAO) des Nations-Unies. Aussi, l'on considère que 65% des Mauritaniens vivent directement de l'agriculture, pendant que l'avancée du désert provoque chaque année de nouvelles victimes de la sécheresse. De plus, les pauvres subissent des augmentations de prix, à la suite des pénuries alimentaires sur les denrées de base (millet, maïs, sorgho). Enfin, la population, peu nombreuse avec quatre millions d'habitants, n'exploite pas tout le potentiel offert par l'irrigation dans des terres en bordure des rivières et du fleuve Sénégal, dans le sud de la Mauritanie. Les experts considèrent qu'en investissant davantage dans les techniques agricoles, la Mauritanie pourrait développer considérablement ses terres agricoles, en utilisant les ressources du fleuve Sénégal. Mais, le pays n'a pas investi dans les infrastructures de base nécessaires. Le potentiel irrigable du pays est de 1.370 km², dont seulement 336 km² sont actuellement aménagés pour l'agriculture, et ils sont consacrés à la production intensive du riz. Les terres arables (*pluviales, décrues, oasis et irriguées*) ne représentent que 5.020 km². Mais, le potentiel en terres pluviales reste soumis aux aléas de la pluviosité, entre 50 km², les années de faible pluviosité, et 2.200 km², pour les bonnes périodes. Le pays devrait donc optimiser son agriculture sur des terres irrigables. Dans les oasis, la culture est centrée sur le palmier dattier. Elle se développe en une véritable industrie du domaine agricole. Cependant, l'ensemble des productions ne couvre que 40% des besoins alimentaires de la population, et elles rendent le déficit structurel. En investissant davantage pour améliorer les productions, le pays baisserait ses importations agricoles. La Mauritanie est donc importatrice nette de produits alimentaires. Mais, le problème du développement et de la diversification agricole est également lié à un niveau très élevé d'analphabétisme frappant plus de 37% de la population.

De nombreux facteurs contribuent beaucoup à la faiblesse de l'agriculture en Mauritanie. La concentration de la production alimentaire autour d'un nombre réduit de céréales cultivées, l'absence de mesures politiques adéquates de protection des variétés cultivées et des semences, l'absence de programmes nationaux en matière de formation agricole laissant les agriculteurs seuls face à leurs cultures, une faible population mais concentrée sur une très petite superficie de terres cultivables augmentant ainsi la pression démographique agricole, et entraînant l'exploitation des sols déjà appauvris, le manque de valorisation des connaissances et des pratiques agricoles traditionnelles, participent à la baisse régulière des volumes des productions agricoles et l'appauvrissement des agriculteurs. Ils entretiennent la sous-alimentation, la malnutrition, des carences alimentaires et des famines dans le pays. Le pays devrait également développer des infrastructures de communication, permettant la circulation des produits agricoles des zones de production vers les marchés urbains des consommateurs.

La Mauritanie n'est pas encore un pays industriel. Ses revenus proviennent pour plus de 90% des exportations des minerais de fer, complétés par les droits et les perceptions sur les ventes de la pêche. C'est avec ces revenus que le pays doit ensuite s'acquitter des obligations alimentaires face aux déficits du secteur agricole. Par ailleurs, le pays doit également financer des infrastructures de santé, de communication et des transports, le fonctionnement régulier de l'État et des collectivités, et améliorer l'éducation, l'alphabétisation, l'assainissement et les outils de production. Le retard accusé par le pays pour s'occuper des besoins réguliers de la population, sachant que cette dernière progresse chaque année, va continuer de peser très significativement dans les comptes publics. Néanmoins, il ne s'agit pas d'une option, mais d'un devoir des dirigeants, en vue de préparer l'avenir du pays, à travers l'éducation de la jeunesse, l'amélioration des conditions médicales, sociales, culturelles et alimentaires des habitants.

Nous synthétisons ci-dessous les informations comparatives entre les trois pays : le Maroc, le Soudan et la Mauritanie. Il est intéressant d'observer un écart important de plus de 1.700 dollars entre les produits intérieurs bruts nominaux par habitant du Maroc et de la Mauritanie, en 2016. Les deux se rapprochent par le taux d'alphabétisation, mais s'éloignent par la mortalité. Le Maroc s'en éloigne à nouveau par les résultats atteints, plus importants, dans l'éducation primaire et secondaire.

Indicateurs	Maroc	Soudan	Mauritanie
Population	34 699 737	40 234 882	3 893 775
Superficie (Km²)	446 550	1 886 068	1 030 700
Densité (*Habit/Km²*)	77,7	21,3	3,8
PIB (MDS $USD)	101,445 (2016)	95,580 (2016)	4,635 (2016)
PIB/Habitant	2 923 $USD	2 376 $USD	1190 $USD
Croissance du PIB	1,10 % / an (2016)	3,44 % / an (2015)	5,00 % / an (2016)
Croissance démographique	1,25 % / an	2,22%	2,32 % / an
Espérance de vie	74,02 ans (2014)	63,46 ans (2014)	60,30 ans (2013)
Indice de fécondité	2,19 enfants / femme (2014)	4,35 enfants / femme (2014)	4,30 enfants / femme (2013)
Taux de mortalité infantile (en %)	2,37% (2015)	4,760 (2015)	6,51 (2015)
Taux de mortalité globale (en %)	0,51 % (2017)	0,74 % (2017)	0,78 % (2017)
Taux d'Alphabétisation	68,49 % (2015)	75,90 % (2015)	62,64 % (2015)

Indicateurs	Maroc	Soudan	Mauritanie
Taux (en %) de Scolarisation au 2e cycle du Second Degré (2015/2000)	-- / 48,1%	67,8% / --	-- / 39,5%
Taux (en %) de Scolarisation au 1er cycle du Second Degré (2015/2000)	-- / 72,8%	78,1% / --	-- / 59,1%
Taux (en %) de Scolarisation primaire (2015/2000)	99,7% / 79,8%	54,8% / --	79,9% / 59,8%
Langues nationales et langues officielles	Arabe, Amazighe, Français	Arabe, Anglais	Arabe, Français
Monnaie nationale	Dirham (MAD)	Dinar soudanais (SDD)	Ouguiya (MRO)
IDH (2015)	0,647 / 1	0,490 / 1	0,513 / 1
Forme de pouvoir	Monarchie constitu-tionnelle	République fédérale	République islamique
Chef de l'État	Roi Mohammed VI	Omar Hassan el-Béchir	Mohamed Ould Abdel Aziz

Tableau comparatif des efforts de développement entre le Maroc, le Soudan et la Mauritanie. Les deux derniers évoluent de part et d'autre de la moyenne de l'indice développement humain (0,513 pour la Mauritanie et 0,490 pour le Soudan). Les deux pays, avec l'Égypte, se situent hors de la zone dinar.

Le parcours des pays de l'Afrique du Nord arabo-musulmane révèle plusieurs spécificités par rapport au reste de l'Afrique. Cette région constitue véritablement une zone tampon entre l'Europe et l'Afrique. Nous observons que ces différents pays ont accéléré leur industrialisation depuis le début des années 2000 pour diversifier les ressources de rente du pétrole et du gaz. Le Maroc, l'Algérie, la Tunisie, la Libye et l'Égypte s'inscrivent dans une course vers l'émergence économique par l'industrie. Le

Soudan et la Mauritanie gardent encore les caractéristiques de la majorité des pays de l'Afrique noire : l'exploitation des matières premières pour des exportations. Quand on compare les pays qui produisent et raffinent le pétrole en Afrique, l'écart est frappant. Six pays totalisent 25 raffineries produisant 1.829.050 barils par jour, soit 56% de la production de toute l'Afrique.

Pays	nombre de raffineries	Quantité totale produite (*barils/jour*)
Égypte	10	675 050
Algérie	5	475 500
Libye	5	380 000
Maroc	*1*	160 000
Soudan	3	104 000
Tunisie	*1*	34 000
Afrique du Nord	25	1 829 050

Et dans le reste de l'Afrique, hormis l'Afrique du Sud et le Nigeria qui dominent, la situation est différente. Six pays de l'Afrique du Nord produisent plus que treize pays réunis du reste du continent.

<table>
<tr><th>Pays</th><th>nombre de raffineries</th><th>Quantité totale produite (barils/jour)</th></tr>
<tr><td>Afrique du Sud</td><td>4</td><td>496 500</td></tr>
<tr><td>Nigeria</td><td>4</td><td>505 000</td></tr>
<tr><td>Angola</td><td rowspan="12">1</td><td>55 000</td></tr>
<tr><td>Cameroun</td><td>42 000</td></tr>
<tr><td>République du Congo</td><td>21 000</td></tr>
<tr><td>Côte d'ivoire</td><td>70 000</td></tr>
<tr><td>Kenya</td><td>90 000</td></tr>
<tr><td>Gabon</td><td>21 000</td></tr>
<tr><td>Ghana</td><td>45 000</td></tr>
<tr><td>Niger</td><td>20 000</td></tr>
<tr><td>Sénégal</td><td>27 000</td></tr>
<tr><td>Tchad</td><td>20 000</td></tr>
<tr><td>Zambie</td><td>23 750</td></tr>
<tr><td>Reste de l'Afriquc</td><td>19</td><td>1 436 250</td></tr>
</table>

Treize pays ne totalisent que 19 raffineries pour 1.436.250 barils/jour.

Les exemples des raffineries de pétrole, qui peuvent inspirer d'autres ressources naturelles en Afrique, montrent que l'Afrique du Nord a construit une économie industrielle avec des échanges entre les différents pays de la région. En Afrique subsaharienne, chaque pays tente de survivre sur un marché déjà mature et en pleine compétition mondiale. Les anciens grands producteurs de pétrole : le Nigéria, l'Angola, la République du Congo, le Ghana ne totalisent même pas la production de la seule Égypte. Les pays sous-peuplés et peu équipés de l'Afrique subsaharienne ne peuvent pas développer seuls des complexes industriels compétitifs. Cela justifie, entre autres, la construction des grands ensembles régionaux compétitifs au sein des Communautés économiques régionales (*CER*). Les pays sont trop faibles, et de disposent ni le pouvoir de rétorsion en cas de mésaventures industrielle, ni de pouvoir de négociation face aux grandes nations industrielles ou aux grandes firmes de taille mondiale, ni de compétences distinctives pour s'imposer, ni de ressources humaines formées aux hautes technologies et en grand nombre pour couvrir toute les chaînes de valeur technologiques.

En Afrique du Nord, des indicateurs sociodémographiques se comparent à ceux de certains pays européens du bassin de la Mer Méditerranée. Aussi, nous pouvons distinguer quatre premiers pays pour chaque indicateur retenu. Dans l'indice de fécondité, la Libye (2,0 enfants par femme), le Maroc (2,2 enfants par femme), la Tunisie (2,3 enfants par femme) et l'Algérie (3,1 enfants par femme) se détachent des situations rencontrées dans de nombreux pays africains. Ils ont donc atteint le niveau bas du renouvellement des générations, pour mieux assurer le progrès social, médical, sanitaire, alimentaire et de l'éducation pour le maximum de familles. Dans le même temps, le taux de mortalité infantile a baissé en Libye (1,1% des naissances), en Tunisie (1,5%), en Égypte (2,0%) et en Algérie (2,1%). Le Maroc suit au taux de 2,4% des enfants morts après leur naissance. Ils restent bien éloignés de référentiel de 1,0%, à l'exception de la Libye, mais l'on pourrait s'attendre à des améliorations au cours de la décennie 2015-2025. Néanmoins, des situations observées sont suffisamment structurantes pour des progressions de population compatibles avec l'effort de développement. Elles sont faibles en Tunisie (1,3%), au Maroc (1,3%), en Libye (1,8%) et en Égypte (avec 2,0%). Même la Mauritanie (2,3%), l'Algérie (2,2%) et le Soudan (2,2%) présentent des taux de croissance démographique moyens, à condition de poursuivre constamment des efforts de stimulation de la croissance économique supérieure de plus de deux points par rapport à la démographie. Dans l'espérance de vie moyenne, qui traduit un niveau de progrès social, de sécurité alimentaire, de progrès médical, d'infrastructure sanitaire et d'hygiène collective, un accès facile aux soins, les situations se sont nettement améliorées en Afrique du Nord. C'est ainsi que l'Algérie (77,6 ans), la Tunisie (75,1 ans), le Maroc (74 ans), mais aussi la Libye (71,7 ans) et l'Égypte (71,1 ans), ont déjà dépassé l'espérance de vie de 71 ans. Mais, les plus pauvres pays de cette région, la Mauritanie (60,3 ans) et le Soudan (63,5 ans), restent également loin derrière. Quant au progrès culturel avec l'accès ouvert et autonome à l'information internationale par la possession des connaissances fondamentales, l'alphabétisation et l'éducation, ils ont connu des retards. Seule la Libye avait atteint notre référentiel en alphabétisation, avec 99,9% en 2015. La Tunisie suit avec un score de 97,4%, puis l'Algérie (80,2%) et le Soudan (75,9%). Le réveil est encore lent en Égypte (73,8%), au Maroc (68,5%), et en Mauritanie, où le taux d'alphabétisation est beaucoup plus faible que celui de très nombreux pays d'Afrique noire. Il en résulte que notre classement des pays de l'Afrique du Nord en deux groupes distingue les quatre pays, dont l'IDH en 2015 (indice de développement humain) est égal ou supérieur à 0,70/1. Il s'agit de la Libye, l'Algérie, la Tunisie et l'Égypte. Les trois autres, le Maroc, le Soudan et la Mauritanie, présentent un indice de développement humain inférieur à 0,65/1.

En Afrique subsaharienne continentale, aucun pays n'a encore atteint un IDH de 0,70/1. Seules les îles Maurice et Seychelles ont déjà atteint 0,78/1, soit au-dessus du meilleur IDH de l'Afrique du Nord en Algérie de 0,75/1. Les composantes industrielles et de services, qui relèvent le niveau du progrès économique et social du développement, restent encore très faibles dans des pays de l'Afrique noire subsaharienne. Même l'Afrique du Sud se situe sous les niveaux de la Libye, l'Algérie, la Tunisie et l'Égypte. Avec son IDH de 0,66/1, elle s'intercale entre l'Égypte (0,69/1) et le Maroc (0,65/1).

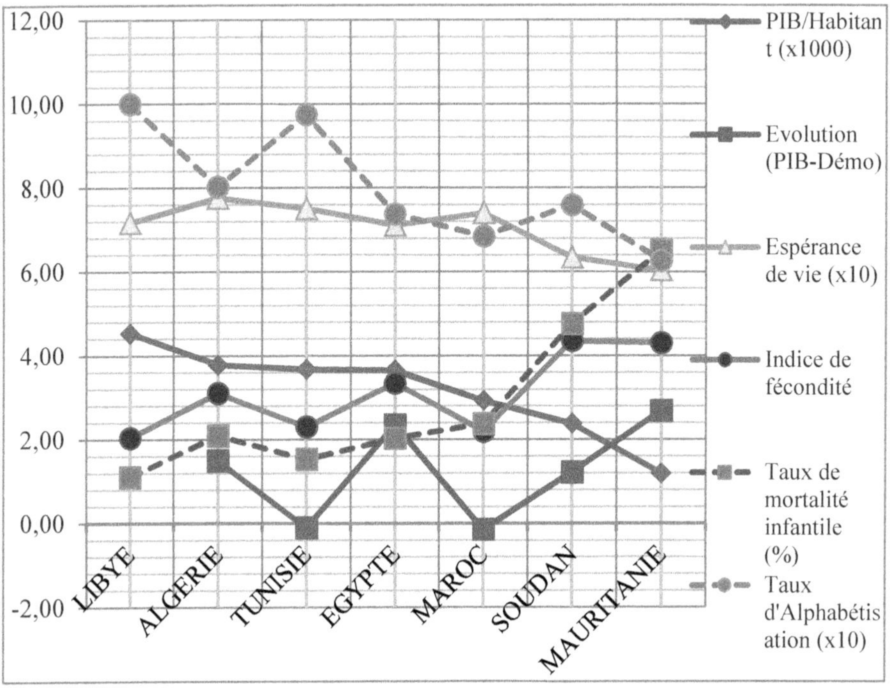

Graphique comparant les sept pays de l'Afrique du Nord. L'on observe que la mortalité infantile sépare le Maroc, le Soudan et la Mauritanie. Le PIB par habitant décroche vers le bas à partir du Maroc. Enfin, l'IDH est supérieur ou égal à 0,700/1 dans les pays du 1er groupe (Libye, Algérie, Tunisie, Égypte), et il est inférieur à 0,650/1 dans les trois derniers pays du 2e groupe.

L'Afrique du Nord oriente ses espoirs de développement dans les partenariats industriels avec les pays occidentaux. Les pays de cette région ont entamé les diversifications de leurs ressources dans l'agriculture, les industries du pétrole et du gaz, les transformations des productions minières, et dans le tourisme. Les principaux fournisseurs d'équipements et les clients majeurs sont en Occident. L'Afrique du Nord, en passant par la sous-traitance de capacité pour les industries européennes (mécanique, automobile, pharmacie, textile, etc.) et des services (plateformes téléphoniques, banque et assurance, etc.), pourrait rapidement atteindre le niveau de la sous-traitance de spécialité, avec de la formation aux technologies de pointe, en compétition avec les pays du sud-est asiatique. Un avantage concurrentiel de main-d'œuvre à bas coût, de proximité géographique pour réduire l'impact de l'empreinte carbone dans les transports, avec la possibilité d'allier le travail et les vacances, grâce aux stations balnéaires, sont en faveur des pays méditerranéens. Cependant, un élément de taille assombrit tous ces avantages : le terrorisme islamique entraînant les risques d'instabilité et d'insécurité.

L'Afrique est un continent riche. Bien avant la traite négrière arabe, l'Afrique était un ensemble de royaumes organisés et très prospères, qui ne connaissaient pas la famine. Les guerres des conquêtes connues, comme dans tous les royaumes et empires du monde, ne servaient qu'à étendre les territoires. La traite arabe et l'esclavage avaient affaibli les royaumes. Par la suite, dès le début du XVe siècle, l'industrialisation européenne par la traite transatlantique, pendant quatre siècles, aurait vidé une grande partie de l'Afrique d'une dizaine de millions d'habitants. Mais, le continent est resté debout. Les millions de Noirs déportés en Amérique ont remplacé la main-d'œuvre des indiens, jugée peu résistante et peu productive. Ils ont développé l'agriculture et construit l'industrie en Amérique. Après l'officialisation du partage de ce continent à la conférence de Berlin, en février 1885, une autre souffrance s'est abattue sur les Africains par la colonisation et le pillage des richesses du continent. Ils ont été mis au service du développement de l'industrie européenne des XIXe et XXe siècles, à partir des ressources de leurs propres pays. Ils ont donc été forcés d'exploiter leurs richesses au profit de leurs maîtres des pays européens. Enfin, l'heure de la liberté et des indépendances a sonné au cours des années 1950-1960. Les Africains pouvaient alors recommencer à vivre, travailler et produire chez eux, pour eux-mêmes. La renaissance effective de l'Afrique, après des années de souffrances diverses, date donc des années des indépendances. Depuis lors, les pays ont tenté de se développer, souvent mal orientés, mal gouvernés, ou sous la répression de leurs dirigeants africains, avec la complicité des donneurs d'ordre capitalistes prédateurs extérieurs ou de certains pouvoirs politiques des anciens pays colonisateurs. Néanmoins, en 1990, le niveau de vie au Gabon (*produit intérieur brut en parité de pouvoir d'achat ou PIB PPA*) de 12.604 dollars était supérieur à ceux du Portugal (11.762 dollars), de la Corée du Sud (8.276 dollars), la Russie (8.013 dollars), l'Argentine (6.991 dollars) et le Brésil (6.686 dollars). De même, les niveaux de vie en Algérie (6.616 dollars) et en Afrique du Sud (6.398 dollars) étaient supérieurs à ceux de l'Uruguay (6.360 dollars), la Pologne (6.175 dollars), la Turquie (6.141 dollars), le Mexique (6.037 dollars) et la Roumanie (5.259 dollars). Mais, en 2016, comme on le verra dans le chapitre suivant, tous ces pays ont largement dépassé les pays africains. En suivant toujours l'ordre décroissant : l'Égypte, la Namibie, la Tunisie et le Swaziland étaient mieux placés que le Pérou (3.434 dollars) et l'Indonésie (2.990 dollars). En 2016, ces deux derniers ont dépassé les pays africains. En 1990, onze pays : l'Angola, le Maroc, la Côte d'Ivoire, le Nigeria, le Cameroun, la Mauritanie, le Zimbabwe, le Kenya, la Zambie, le Ghana et le Sénégal détenaient un pouvoir d'achat bien supérieur à celui de l'Inde (1.134 dollars), la Chine (987 dollars) et le Viet Nam (970 dollars). Mais, en 2016, ces trois derniers pays ont très largement dépassé les pays africains. Ces exemples montrent que l'Afrique patine dans le progrès, car de nombreux pays n'ont pas réussi s'unir dans des ambitions et des programmes d'actions, pour réussir. En 2015, l'on dénombre encore treize pays dont le taux de scolarisation est inférieur à un taux modeste de 70%, dont l'Érythrée (39,6%), le Soudan du Sud, toujours en guerre (avec 33,1%), le Mali (60,8%), Djibouti (57,4%), le Niger (63,3%) ou le Madagascar avec 64,7%. Les pays ne peuvent pas se développer sans accélérer sur l'éducation, et agir fortement sur le relèvement du niveau d'alphabétisation.

7. La démocratie et le développement en Afrique

Les différentes situations observées dans chacun des pays africains peuvent interroger sur la stabilité des institutions, de la paix et de la sécurité dans le pays. Dès lors que l'on aborde des questions relatives à l'exercice du pouvoir exécutif ou législatif depuis les indépendances en Afrique, l'on est vite amené à se poser la question sur les modèles suivis. Trois pays ont assumé le régime monarchique : le Maroc, le Swaziland et le Lesotho. A la tête du pays, le roi devient la source de la stabilité politique et le garant de la continuité des institutions. Après le dernier empereur Hailé Sélassié en Éthiopie, le pays est passé par une forte période de turbulences politiques, institutionnelles et même d'identité entre le marxisme-léninisme, le socialisme et l'histoire spécifiquement chrétienne de cet immense pays de l'Afrique de l'Est. Elle a fini par se définir comme une « République fédérale démocratique d'Éthiopie ». Même la République centrafricaine a erré entre « République » et un modeste « empire centrafricain » de moins de cinq millions d'âmes, pour satisfaire l'appétit d'un homme de pouvoir, ancien sergent de l'armée française converti en homme politique, Jean-Bedel Bokassa. Ce pays reste le plus pauvre de l'Afrique centrale, avec un produit intérieur brut de 285 dollars par habitant en 2015. Quant à l'empire d'Éthiopie, il a fini la course dans la sécession entre l'Érythrée et la République fédérale démocratique d'Éthiopie, après une crise politique, une guerre meurtrière et la famine qui ont frappé ce pays, qui reste le symbole africain de la résistance contre la traite négrière arabo-musulmane, à partir du royaume d'Aksoum, et même contre la traite transatlantique. C'est ce même empire qui a résisté à la colonisation, contre les coopérations économiques avec l'Italie. Les Africains lui ont confié le siège de leur Union.

Le cas de la République Sud-Africaine est particulier, puisque la minorité « blanche » au pouvoir a unilatéralement déclaré son indépendance vis-à-vis de la Grande Bretagne. Nous résumons le parcours historique de ce grand pays africain, depuis le début du XVe siècle. L'histoire *'européenne'* de l'Afrique du Sud, démarre en 1488, quand le navigateur portugais Bartolomé Dias atteint le cap des Tempêtes, désormais baptisé « Cap de Bonne Espérance ». Et en en 1497, c'est un autre navigateur portugais, Vasco de Gama, qui longe la côte du Natal. Dès 1652, ces expéditions sur les terres africaines australes sont suivies de l'implantation définitive des Européens en Afrique du Sud, en accompagnant l'installation d'une station de ravitaillement au Cap, dirigée par le Néerlandais Jan van Riebeeck, pour le compte de la Compagnie hollandaise des Indes orientales. En 1688, deux cents protestants français, fuyant les persécutions religieuses en France, rejoignent les 800 administrés du comptoir commercial, et fondent *Franschhoek*. En 1691, la colonie du Cap est mise en place. Les premiers contacts entre les Noirs africains et les colons néerlandais, les Boers, sont rapportés à partir de 1770. Entre nouveaux occupants européens et les anciens habitants Noirs africains, les rapports deviennent conflictuels, et une première guerre éclate en 1779. C'est dans ce contexte que les Néerlandais cèdent définitivement la place aux Britanniques, qui deviennent la nouvelle puissance coloniale, dès 1806. Mais, en 1835, les Boers quittent la colonie britannique du Cap, et se réfugient à l'intérieur des terres pour échapper à l'administration britannique. Par ailleurs, ils sont combattus par les Zulu, notamment lors de la bataille de Blood River (*Rivière de Sang*) en 1838. Le Royaume-Uni, puissance coloniale en Afrique du Sud, accepte la création de « deux républiques » indépendantes pour les Boers : la république sud-africaine du Transvaal (1852) et l'État libre d'Orange (1854).

En 1866, la colonie britannique du Cap étend son territoire, en annexant les territoires du diamant de Kimberley, puis des gisements d'or dans le Witwatersrand au Transvaal. La guerre entre les Anglais et les Zulu éclate en 1879, durant laquelle les Britanniques subissent une lourde défaite historique, lors de la bataille d'Isandhlwana, avant de s'imposer au *Zululand.* Désormais, les guerres ont pour motivation d'annexer des territoires miniers. Aussi, le Royaume-Uni mène une deuxième guerre des Boers (1899-1902), afin d'annexer les territoires miniers des deux républiques autonomes du Transvaal (depuis 1852) et d'Orange (depuis 1854). Le Royaume-Uni s'assure de la domination de l'Afrique du Sud, au prix d'internement et de la mort des milliers de civils Néerlandais, les Boers, rassemblés dans des camps de concentration, créés pour les faits de guerre.

Le 31 mai 1910, soit huit ans après la fin de la Seconde guerre des Boers, et après quatre ans de négociations, le *South Africa Act* accorde l'indépendance nominale, en créant *l'Union d'Afrique du Sud.* Le pays est fondé à partir du regroupement des colonies britanniques du Cap, du Natal, du Transvaal et de l'Orange. Le *South Africa Act* transpose la pratique politique du Royaume-Uni, et établit une démocratie parlementaire sur le modèle de Westminster, avec un régime de type monarchie constitutionnelle et un parlement souverain. Les « Blancs » sont seuls autorisés à voter dans les provinces du Transvaal et de l'Orange. Mais, dans celles du Cap et du Natal, les personnes de couleurs qualifiées de « *civilisées* » sont également autorisées à voter, mais sous condition de paiement. C'est le droit censitaire de vote. Et c'est le général boer Louis Botha qui devient le premier chef du gouvernement sud-africain.

En 1912, le parti politique des Noirs africains est fondé à Bloemfontein. C'est le Congrès national africain, ANC (*African National Congress*). Il axe déjà ses revendications sur une plus grande participation des populations noires aux affaires du pays. L'année suivante, le *Native land act* est adopté. Basé sur le système des réserves de terres établi à l'époque coloniale pour les républiques boers, il divise le territoire sud-africain entre les terres indigènes pour les Noirs (jusqu'à 13% du territoire), et les terres destinées aux Blancs et aux administrations publiques

(87% du territoire). En 1934, des experts autoproclamés, des anthropologues et des linguistes de l'université de Stellenbosch, tel que Werner Max Eiselen, forgent un nouveau concept social et politique qui donnera naissance à l'idéologie de l'apartheid. Ils rejettent l'idée d'une société unique sud-africaine, et proposent alors la séparation géographique, politique et économique entre les Noirs et les Blancs d'Afrique du Sud, ainsi que les différentes ethnies entre elles. Ils pensent ainsi maintenir et renforcer leurs identités ethniques et linguistiques, et lutter contre les effets qu'ils estiment acculturant de l'urbanisation et du travail migrant sur les structures traditionnelles africaines. En gros, chaque groupe reste sur ses terres. L'urbanisation est une culture des Blancs, et les Noirs restent dans leurs structures traditionnelles. Aussi, en 1936, la franchise électorale des populations noires au Cap est supprimée. En 1939, le pays, sous la direction de Smuts, s'engage aux côtés des alliés dans la Seconde guerre mondiale. Au lendemain de cette guerre, en 1948, le Parti national remporte les élections générales, et le nouveau Premier ministre, Daniel François Malan met en place la politique de l'apartheid.

Mais, en 1960, les massacres de Sharpeville et l'interdiction de l'ANC, ainsi que celle des autres mouvements nationalistes africains, conduisent à la condamnation de l'apartheid par l'Organisation des nations unies (*ONU*). En réaction à cette mise au ban de la Communauté internationale, les dirigeants blancs organisent un référendum de transformation unilatérale de l'Afrique du Sud en « République », le 31 mai 1961. C'est la fin de la monarchie constitutionnelle et de la dépendance au Royaume-Uni. Le dernier gouverneur général, Charles Swart, devient alors le premier président de la *Republic of South Africa,* la République d'Afrique du Sud (*RSA*). Le pays se retire aussitôt également du Commonwealth. L'ANC durcit ses positions, et débute alors la lutte armée dans *l'Umkhonto we Sizwe*. En 1963, les grands leaders de l'ANC sont emprisonnés ou exilés. La grande figure de l'ANC, Nelson Mandela, l'un des chefs de *Umkhonto we Sizwe*, est condamné à perpétuité pour terrorisme.

Mais, en 1990, vingt-sept ans plus tard, le nouveau président sud-africain, Frederik de Klerk, brise l'apartheid. Il libère Nelson Mandela, et il légalise l'ANC, le parti communiste sud-africain et tous les mouvements noirs en Afrique du Sud. Le processus de transformation du pays et de transition démocratique, durement négocié, aboutit aux premières élections multiraciales libres de l'histoire de ce pays, le 27 avril 1994. Elles sont remportées par l'ANC. Nelson Mandela devient alors le premier président noir de la République Sud-Africaine. La démocratie restaurée, le pays réintègre le Commonwealth. La voie de la démocratie est alors dégagée dans le pays : Thabo Mbeki succède à Nelson Mandela. L'ANC s'impose comme parti politique majoritaire dans le pays.

Dans de nombreux autres pays africains, les démarrages de la démocratie après l'indépendance ont été très laborieux. Dans le livre *Le Partenariat Europe-Afrique dans la mondialisation*, aux éditions L'Harmattan, 2013, tous les coups d'Etat depuis 1960 ont été rapportés. Peu de pays y ont échappé, tels que le Kenya, la Tanzanie, ou des pays de l'Afrique australe. Cependant, il ne paraît pas aisé de trouver un modèle de '*démocratie applicable*' à tous les pays. Même si l'on définit la démocratie comme le pouvoir du peuple, par le peuple et pour le peuple, ou encore comme le régime politique dans lequel le pouvoir est exercé par une majorité élue par le peuple, sous le contrôle de l'opposition également élue, et avec l'arbitrage du même peuple. Celui-ci détient alors seul l'autorité de mettre un terme à l'exercice d'un pouvoir. Il apparaît néanmoins que l'universalisation de ce concept est complexe. Des présidents élus '*à vie*' s'éternisent par la force au pouvoir. Si l'on se réfère à de grandes démocraties connues, cette application n'est pas aussi claire. En France, seul le président de la République détient le pouvoir du peuple, selon la définition de la démocratie. A d'autres échelles, les citoyens élisent les conseillers municipaux. Mais, le pouvoir municipal est détenu par le maire, élu par le conseil municipal. Il n'est donc pas directement élu par le peuple. Il en est de même du président du Conseil départemental ou celui du Conseil régional. Aussi, les électeurs se prononcent sur une liste de candidats qui leurs sont proposés, pour en choisir leurs conseillers. En règle absolue, il faudrait une élection du président, qui exerce le pouvoir au sein des collectivités, directement par le peuple, à côté de celle des autres conseillers. Mais, l'analyse politique se heurte aussitôt à la « *formation d'une majorité* » pour gouverner la collectivité, dans un pays où le pouvoir est détenu par une majorité, et non par un compromis entre les personnes ou les formations politiques. De même, les Français élisent les députés. Ensuite, ces élus élisent le président de l'Assemblée nationale. Néanmoins, l'on pourrait considérer que l'Assemblée nationale reste très proche du peuple dans son fonctionnement, puisque le vote des lois requiert les voix des députés. C'est donc une démocratie représentative.

Dans les modèles fédéraux, les situations sont également très différentes. En Allemagne, chaque länder est autonome, avec son gouvernement et son parlement. Ensuite, au niveau fédéral, ce sont des partis politiques qui présentent leurs candidats et le chef de file au niveau du Bundestag, le parlement allemand. A l'issue des élections, les partis arrivés en tête se mettent d'accord pour partager le pouvoir, en confrontant leurs programmes. Aussi, les élections se déroulent en septembre 2013, mais la chancelière a été investie en décembre 2013, après des négociations et diverses concertations pour organiser des compromis sur la répartition des postes, et des accords sur des orientations politiques du mandat. Il existe un poste dévolu au président de la République fédérale en Allemagne, mais il est pourvu au suffrage indirect des élus, et il reste symbolique, comme un poste de sage, qui pourrait être sollicité en cas de grave crise politique, nécessitant un arbitrage. La démocratie est alors également indirecte, car le peuple n'est pas sollicité pour élire directement, et nominativement seul, le président. Le système est également proche au Royaume-Uni. La différence en tient à la personne de la Reine d'Angleterre, dans l'arbitrage en cas de crise et par la présentation du programme du gouvernement de la part du Premier ministre auprès de la Reine. Le Parlement est donc le lieu d'exercice du pouvoir au

Royaume-Uni. Cependant, l'on a connu des situations où le Premier ministre a engagé le Royaume-Uni dans le conflit international. Winson Churchill pendant la Seconde guerre mondiale, Tony Blair en Irak, derrière les États-Unis, sans l'aval du Parlement obtenu par le vote, ni par référendum auprès du peuple pour requérir son aval, ils ont engagé des hostilités contre un autre peuple ou un autre pouvoir étranger. On touche ainsi aux limites de l'exercice de la démocratie dans ces pays.

Enfin, le cas extrême d'une démocratie très particulière se retrouve aux États-Unis. A l'élection présidentielle de 2000, le candidat démocrate Al Gore a obtenu 50.996.582 voix, mais il a été battu par George Walker Bush, avec 50.452.062 voix, soit avec 544.520 voix de moins que son concurrent. Le scrutin a lieu à un seul tour aux États-Unis. A l'élection présidentielle du 8 novembre 2016, Hillary Clinton a été battue avec 64.227.373 voix, par Donald Trump qui a pourtant recueilli un nombre inférieur de suffrages, avec 62.212.752 voix. Soit un écart de 2.014.621 voix en faveur d'Hillary Clinton. Il n'y a pas de mystère. L'élection présidentielle aux États-Unis est validée par les « Grands électeurs ». Malgré le nombre inférieur de voix pour Donald Trump, il comptait 290 grands électeurs, alors que sa concurrente n'en disposait que de 232. Il ne suffit donc pas de compter les voix du '*peuple électeur*' dans ce système, mais celles-ci sont pondérées à la population de chaque État, pour en désigner les grands électeurs qui élisent *in fine* le président des États-Unis. Le président de la première puissance économique et militaire du monde, qui a le pouvoir de déclarer des guerres avec l'accord du Pentagone et du Congrès, est élu au suffrage indirect. Toute la stratégie est de rassembler, au-delà des voix du peuple, le plus grand nombre de grands électeurs dans chaque État. Dans ce pays fédéral, chaque État peut légiférer différemment par rapport aux autres États. Être citoyen américain ne signifie donc pas être régi par les mêmes lois. Ainsi, sur cinquante États qui constituent la fédération des États-Unis d'Amérique, trente-deux États maintiennent la peine de mort en 2017. L'État champion dans le nombre d'exécutions des peines capitales, est le Texas. Dans cet État, la peine de mort a été rétablie en 1976. Selon le *Death Penalty Information Center*, les personnes condamnées et exécutées, au 1er janvier 2016, étaient de 537 dans l'État du Texas. Suivent ensuite l'Oklahoma (112), la Virginie (111), la Floride (92), le Missouri (87), la Géorgie (66), l'Alabama (57), l'Ohio (53), la Caroline du Nord et la Caroline du Sud (43), l'Arizona (37), la Louisiane (28), l'Arkansas (27), le Mississipi (21), l'Indiana (20), le Delaware (16), la Californie (13), l'Illinois et le Nevada (12), l'Utah (7), le Tennessee (6), le Maryland (5), l'État de Washington (5), l'Idaho, cinq autres États, ainsi que le gouvernement fédéral américain, n'ont exécuté que trois condamnés à la peine de mort. Au total, trente-quatre États américains ont exécuté au moins un condamné à mort. Il en reste dix-huit qui ont aboli ou n'appliquent pas la peine de mort.

Etat	Abolition	Etat	Abolition	Etat	Abolition
Alaska	1957	Iowa	1965	New Jersey	2007
Connecticut	2012	Maine	1887	New York	inappli-cable
Dakota du Nord	1977	Maryland	2013	Nouveau-Mexique	2009
Delaware	2016	Massa-chusetts	inappli-cable	Rhode Island	1984
Hawaï	1959	Michigan	1846	Virginie-Occidentale	1965
Illinois	2011	Minnesota	1911	Wisconsin	1853

Le sort du citoyen américain, en cas de condamnation pour crime passible de la peine capitale, est lié à la justice de l'État qui l'a condamné. Aussi, les citoyens américains ne sont pas égaux devant la loi, puisque l'application des peines est différente selon les États. Il en est de même de l'application d'autres nombreuses lois, où la Cour suprême fédérale, la Cour suprême de l'État et le Gouverneur d'État peuvent se mettre en compétition sur les lois.

Après ce bref parcours comparatif de l'application du principe démocratique dans les pays, les Africains qui ont massivement accédé à l'indépendance plus tard que les autres peuples de ce monde, devaient s'identifier à un modèle de la démocratie. Mais, les dirigeants avaient manifestement d'autres projets, quand on compte le nombre de présidents *à vie* morts en service, ceux qui ont accumulé plus de vingt années aux pouvoir, ceux qui se sont servis de leur position dans le pouvoir pour s'enrichir par les détournements des maigres ressources publiques, et ceux qui ont sportivement pris le plaisir de confondre opportunément le principe de la « *démocratie numérique* » et le poids des ethnies ou des tribus dans le pays, pour distribuer le pouvoir en famille.

En dehors des modèles démocratiques, qui ne sont nullement transposables en l'état d'un pays à un autre, la philosophie et les principes de base qui sous-tendent l'exercice de la démocratie existent. Dans des instances locales, et des collectivités territoriales, comme dans des États fédéraux, le modèle allemand ou français peut tout à fait s'appliquer, selon le niveau de décentralisation des pouvoirs et de l'autonomie des régions, des États ou des collectivités. Le défi se situe au niveau du pouvoir central, au-delà de la démocratie appliquée au niveau local, territorial, provincial ou de l'État. Aussi, en Afrique, il apparaît trois grandes situations :

1°- Les monarchies résolvent le problème de l'autorité. Ainsi, le roi est le garant de la paix, de la stabilité et des institutions. Il ne reste plus qu'à imprimer les stratégies du développement. La démocratie s'exerce alors au niveau parlementaire. Dès lors que le rythme est défini, la rotation au pouvoir devient aisée à chaque échéance du mandat électoral. Dans ce cas, les partis politiques concourent véritablement à l'exercice du pouvoir démocratique et les élections permettent leur rotation, sous le contrôle du roi et du peuple. Le roi étant installé à vie, il n'est pas affecté par les échéances électorales dans l'exercice de son autorité.

2°- Les présidents à vie ou qui s'installent ad vitae aeternam posent un véritable problème de rotation et de respiration de la démocratie. Dans ces situations, il faudrait ramener le pouvoir au niveau du parlement et installer un « *régime à forte dominante parlementaire* ». Aussi, les partis politiques sont amenés à gérer le pouvoir comme dans une monarchie. Le Premier ministre est issu de la formation ou de la coalition majoritaire au Parlement. Le cycle des rotations est alors géré à travers les mandats des élections législatives. Il conviendra alors de veiller au décalage temporel entre les élections à l'Assemblée nationale et celles du Sénat, selon le modèle du Congrès américain. Il est également souhaité que, malgré le caractère ad vitae aeternam du président, le contrôle des détournements de fonds publics, de la trahison, des corruptions, comme la fixation de l'âge limite pour diriger le pays, la durée maximale de séjour au pouvoir, devraient être assurés concurremment par le Parlement national, la cour suprême ou la cour constitutionnelle. Aussi, ces deux institutions deviennent des garants de la stabilité du pays et des pouvoirs.

3°- Les situations des transitions politiques réussies et où les rotations à la présidence sont respectées. C'est le cas des pays dont la démocratie est mûre et bien établie, tels que la Tanzanie, le Kenya, le Bénin, le Ghana, ou encore de nombreux pays de l'Afrique australe. L'arbitrage du peuple est respecté. Les temps électoraux suivent un agenda fixe. Le nombre de mandats alloués à chaque président est respecté. Les institutions deviennent le vrai pilier du fonctionnement régulier du pouvoir. Dans ces pays, le régime présidentiel peut être fort pour responsabiliser le chef de l'État sur les résultats concrets des orientations des politiques publiques, ou le régime '*semi-présidentiel, semi-parlementaire*' peut également être appliqué. L'important est le suivi réussi du modèle ORC (**O**rientation des politiques publiques par le président et la validation de ces orientations par le Parlement ; le rôle de **R**égulation et Réglementation pour le fonctionnement régulier de l'État et de ses institutions, assuré par les institutions habilitées –gouvernement, Conseil d'État, Autorités de régulation, etc– ; organismes divers de **C**ontrôle, autorités d'évaluations des politiques publiques, Cour des comptes, diverses juridictions civiles et militaires, etc. dotés de l'autorité publique et des instruments juridiques de contrôle d'exécution et de sanction des dérives). Aussi, une élection qui s'est mal déroulée, une institution qui ne fonctionne plus, des dirigeants convaincus de faits de corruption ou de détournements de fonds publics, devraient être dénoncés et sanctionnés. Des élections irrégulières devraient être annulées, en vue d'assurer le fonctionnement régulier des pouvoirs de la nation. Le cas de l'annulation de l'élection présidentielle au Kenya, par la Cour suprême entre dans l'application transparente du modèle ORC.

La démocratie est un outil de gestion politique et publique du pays, un accélérateur reconnu de développement en libérant les libertés individuelles pour agir et se réaliser dans le pays, un moyen de réunir tous les talents au service de toute la nation.

Pays	Chef de l'État en 2017	Successions au pouvoir	Durée du pouvoir actuel
Les îles Seychelles	Danny Faure	France-Albert René, du 05/061977 au 16/04/2004 : *27 ans* ; James Michel, du 16/04/2004 au 16/10/2016 ; 12,5 ans. Depuis le 16/10/2016	1 an
Djibouti	Ismail Omar Guelleh	Hassan Gouleb Aptidon, du 27/06/1977 au 08/05/1999 : *22 ans*. Depuis le 08/05/1999	18,5 ans
Ouganda	Yoweri Museveni	Milton Obote, du 15/04/1966 au 16/01/1971 ; puis du 17/12/1980 au 27/07/1985 : 9,5 ans ; Idi Amin Dada, du 02/02/1971 au 11/04/1979 : 8 ans ; des coups d'États internes de quelques mois (Yusufu Lule, Paulo Muwanga, Tito Okello). Depuis le 26/01/1986	*31,5* ans

Pays	Chef de l'État en 2017	Successions au pouvoir	Durée du pouvoir actuel
Kenya	Uhuru Kenyatta	Jomo Kenyatta, premier président, du 12/12/1964 au 22/08/1978 : 13,5 ans ; Daniel Arap Moi, du 22/08/1978 au 30/12/2002 : *24,5 ans* ; Mwai Kibaki, du 30/12/2002 au 09/04/2013 : 10 ans. Depuis le 09/04/2013	4,5 ans
Soudan du Sud	Salva Kiir	Du 30/07/2005 au 09/07/2011 (Région autonome du Soudan du Sud) : 6 ans, et depuis le 09/07/2011.	12 ans
Tanzanie	John Magufuli	Julius Kambarage Nyerere, premier président de Tanganyika, du 26/04/1964 au 05/11/1985 : *21,5 ans* ; Ali Hassan Mwinyi, du 05/11/1985 au 23/11/1995 : 10 ans; Benjamin Mkapa, du 23/11/1995 au 21/12/2005 : 10 ans ; Jakaya Kikwete, du 21/12/2005 au 05/11/2015 : 10 ans. Depuis le 05/11/2015	2 ans
Éthiopie	Mulatu Teshome	Negasso Gidada, du 22/08/1995 au 08/10/2001 : 6 ans ; Girma Wolde-Giorgis, du 08/10/2001 au 07/10/2013 : 12 ans. Depuis le 07/10/2013	4 ans

Pays	Chef de l'État en 2017	Successions au pouvoir	Durée du pouvoir actuel
Érythrée	Issayas Afewerki	Sécession avec l'Éthiopie. Depuis le 24/05/1993	*24,5* ans
Rwanda	Paul Kagame	Grégoire Kayibanda, premier président élu, du 26/10/1961 au 05/07/1973 : 11,5 ans ; Juvénal Habyarimana, du 05/07/1973 au 06/04/1994 : *20,5* ans. Génocide en 1994. Pasteur Bizimungu, du 19/07/1994 au 24/03/2000 : 5,5 ans. Depuis le 24/03/2000	17,5 ans
Burundi	Pierre Nkurunziza	Michel Micombero, du 28/11/1966 au 01/11/1976 : 10 ans ; Jean-Baptiste Bagaza, du 01/11/1976 au 03/09/1987 : 10,5 ans ; Pierre Buyoya, du 03/09/1987 au 10/07/1993 ; puis du 25/07/1996 au 30/04/2003 : 12,5 ans ; présidents éphémères : Melchior Ndadaye (10/07/1993 -21/10/1993) ; Cyprien Ntaryamira. Sylvestre Ntibantunganya, du 06/04/1994 au 25/07/1996 : 2 ans ; Domitien Ndayizeye, du 30/04/2003 au 26/08/2005 : 2 ans (mandat partagé). Depuis le 26/08/2005	12 ans

Pays	Chef de l'État en 2017	Successions au pouvoir	Durée du pouvoir actuel
Somalie	Mohamed Abdullahi Mohamed	Abdirashid Ali Shermarki, du 10/06/1967 au 15/10/1969 : 2 ans ; Mohamed Siad Barre, du 21/10/1969 au 27/01/1991 : *21 ans* ; Ali Mahdi Mohamed, 27/01/1991 au 02/01/1997 : 6 ans ; Sharif Sheikh Ahmed, du 31/01/2009 au 20/08/2012 : 3,5 ans ; Hassan Sheikh Mohamoud, du 16/09/2012 au 16/02/2017 : 4,5 ans. Depuis le 16/02/2017	0,5 an

En Afrique du l'est, huit chefs d'Etat ont dépassé une durée de 20 ans au pouvoir depuis les années 1060 : Juvénal Habyarimana au Rwanda (20,5 ans), Mohamed Siad Barre en Somalie (21 ans), Julius Kambarage Nyerere en Tanzanie (21,5 ans), Hassan Gouleb Aptidon à Djibouti (22 ans), Daniel Arap Moi au Kenya (24,5 ans), Issayas Afewerki en Érythrée (24,5 ans, encore en exercice), France-Albert René dans les îles Seychelles (27 ans), et Yoweri Museveni en Ouganda (31,5 ans, en exercice). Les données privilégient les présidents qui ont exercé le pouvoir réel pendant quelques années, depuis les indépendances des années 1960. La démocratie commence à s'installer dans de nombreux pays, sauf dans des pays en guerre (Soudan, Somalie) ou récemment sortis des guerres civiles (Rwanda).

Il conviendrait que chaque pays effectue un audit complet de l'état des progrès sur les concepts de la démocratie, selon sa vie interne, afin de se définir un modèle. Les années 1960-2000 ont constitué la durée de tâtonnements, d'errances, de tentatives, d'expérimentations, d'échecs ou de réussites, selon les situations de départ des pays africains. Les tableaux proposés tentent de faire le point sur les parcours des pays depuis les indépendances.

En Afrique australe, l'on observe des successions suivantes :

Pays	Chef de l'État en 2017	Successions au pouvoir	Durée du pouvoir actuel
République Sud-Africaine	Jacob Zuma	Thabo Mbeki, du 14/06/1999 au 25/09/2008 : 9 ans. Depuis le 09/05/2009	8,5 ans
Botswana	Seretse Ian Khama	Festus Mogae, du 01/04/1998 au 01/04/2008 : 10 ans ; puis du 01/04/2008	9,5 ans
Namibie	Hage Geingob	Hifikepunye Pohamba, du 21/03/2005 au 21/03/2015 : 10 ans. Depuis le 21/03/2015	2,5 ans
Angola	José Eduardo Dos Santos ; puis João Lourenço	José Eduardo Dos Santos, du 10/09/1979 au 26/09/2017 : *38 ans.* Puis João Lourenço, depuis le 26/09/2017.	0,1 an
Swaziland	Mswati III	Sobhuza II, du 22/12/1921 au 21/08/1982 : 60,5 ans. Depuis le 26/04/1986	31,5 ans
Mozambique	Filipe Nyusi	Samora Machel, du 25/06/1975 au 19/10/1986 : 11 ans ; Joaquim Chissano, du 19/10/1986 au 02/02/2005 : 18 ans ; Armando Guebuza, du 02/02/2005 au 15/01/2015 : 10 ans. Depuis le 15/01/2015	2,5 ans

Pays	Chef de l'État en 2017	Successions au pouvoir	Durée du pouvoir actuel
Lesotho	Letsie III	De novembre 1990 au 251/1995 : 5 ans, et depuis le 07/02/1996	26,5 ans
Zambie	Edgar Lungu	Kenneth Kaunda, premier président, du 24/10/1964 au 02/11/1991 : *27 ans* ; Frederick Jacob Titus Chiluba, du 02/11/1991 au 02/01/2002 : 10 ans ; Levy Patrick Mwanawasa, du 02/01/2002 au 19/08/2008 : 6,5 ans. Depuis le 25/01/2015	2,5 ans
Les Comores	Azali Assoumani	Ikililou Dhoinine, du 26/05/2002 au 26/05/2006 : 4 ans ; Ahmed Abdallah Mohamed Sambi, du 26/05/2006 au 26/06/2011 : 5 ans ; Ikililou Dhoinine, du 26/05/2011 au 26/05/2016 : 5 ans. Depuis le 26/05/2016	1,5 an
Zimbabwe	Robert Mugabe	Canaan Banana, du 18/04/1980 au 31/12/1987 : 7,5 ans. Depuis le 31/12/1987	*29,5 ans*
Île Maurice	Ameenah Gurib-Fakim	Depuis le 05/06/2015	2 ans

Pays	Chef de l'État en 2017	Successions au pouvoir	Durée du pouvoir actuel
Madagascar	Hery Rajaonari-mampianina	Philibert Tsiranana, premier président, du 14/10/1958 au 11/10/1972 : 14 ans ; Gabriel Ramanantsoa, du 11/10/1972 au 05/02/1975 : 2,5 ans ; Didier Ratsiraka, du 15/06/1975 au 27/03/1993, et du 05/02/1997 au 05/07/2002 : *23 ans* ; Albert Zafy, du 27/03/1993 au 05/09/1996 : 3,5 ans ; Norbert Ratsirahonana, du 05/09/1996 au 05/02/1997 : 0,5 an ; Marc Ravalomanana, du 05/07/2002 au 17/03/2009 : 7 ans ; Andry Rajoelina, du 17/03/2009 au 25/01/2014 : 5 ans. Depuis le 25/01/2014	3,5 ans

En Afrique australe, les présidents qui se sont maintenus au pouvoir au-delà de vingt années sont rares. Il reste aujourd'hui des monarchies et le président Robert Mugabe au Zimbabwe. Le dernier vétéran en longévité était José Eduardo Dos Santos en Angola. Il a écouté son entourage et sa santé, et il a cédé le pouvoir le 26/09/2017, suite à une élection démocratique. L'alternance se déroule régulièrement dans plusieurs autres pays de la région. Quelques turbulences ont eu lieu au Madagascar.

Pays	Chef de l'État en 2017	Successions au pouvoir	Durée du pouvoir actuel
Malawi	Peter Mutharika	Hastings Banda, du 06/07/1966 au 24/05/1994 : *27,5 ans* ; Bakili Muluzi, du 24/05/1994 au 24/05/2004 : 10 ans ; Bingu wa Mutharika, du 24/05/2004 au 06/04/2012 : 7,5 ans ; Joyce Banda, du 06/04/2012 au 31/05/2014 : 2 ans. Depuis le 31/05/2015	3,5 ans

Dans la période récente en Afrique australe, quatre anciens présidents ont franchi la barre de vingt ans au pouvoir : Didier Ratsiraka au Madagascar (23 ans), Kenneth Kaunda en Zambie (27 ans), Hastings Banda au Malawi (27,5 ans) et José Eduardo Dos Santos en Angola (38 ans). Le seul dernier vétéran au pouvoir dans cette région est Robert Mugabe au Zimbabwe (29,5 ans). Au sein des treize pays de l'Afrique australe, les guerres se sont tues, et les économies redémarrent. La démocratie se consolide à Maurice et dans les pays de l'Afrique continentale. Le Madagascar se relève des instabilités du pouvoir, et le Zimbabwe reste sous le contrôle politique de ses voisins. La SADC est devenue un espace de projets de développement économique, politique et de concertation. L'on observe que chaque Communauté économique régionale (CER) en Afrique a besoin d'un leader pour fonctionner. A ce titre, la République Sud-Africaine s'est imposée dans cette région pour l'économie et la sécurité militaire.

L'Afrique centrale est le bastion des présidents de longue durée au pouvoir, dans six des huit pays de la région. Au Gabon, Ali Omar Bongo a battu le record avec 41,5 ans au pouvoir. Teodoro Obiang Nguema Mbasogo affiche 38 ans au compteur, et il est toujours président de la Guinée Équatoriale en 2017.

Après Ahmadou Ahidjo avec 24,5 ans au pouvoir, c'est Paul Biya qui a pris le relai. Il préside encore le Cameroun en 2017, après 35 ans au pouvoir. Vient ensuite Denis Sassou-Nguesso en République du Congo, qui totalise 33,5 ans à la présidence du Congo en 2017. En République du Congo-Kinshasa, devenu ensuite le Zaïre, régnait un maréchal-président Mobutu Sese Seko pendant 31,5 ans. Il a été chassé de la présidence par Laurent-Désiré Kabila, le 17 mai 1997. Enfin, au Tchad règne encore Idris Déby Itno en 2017, après 26,5 ans au pouvoir. Sao Tomé et Principe a trouvé le chemin de la rotation de ses dirigeants depuis 2011. A sa mort, Omar Bongo Ondimba était le doyen des présidents africains, par sa longévité au pouvoir.

Pays	Chef de l'État 2017	Successions au pouvoir	Durée du pouvoir actuel
Gabon	Ali Bongo Ondimba	Omar Bongo Ondimba, du 02/12/1967 au 08/06/2009 : *41,5 ans*. Depuis le 16/10/2009	8 ans
Guinée-Équatoriale	Teodoro Obiang Nguema Mbasogo	Depuis le 03/08/1979	*38 ans*
Sao Tomé et Principe	Evaristo Carvalho	Manuel Pinto da Costa, du 12/07/1975 au 04/03/1991 : 15,5 ans ; puis du 03/09/2011 au 03/09/2016 : 5 ans. Depuis le 03/09/2016	1 an
République démocra-tique du Congo (RDC)	Joseph Kabange Kabila	Mobutu Sese Seko, du 24/11/1965 au 16/05/1997 : *31,5 ans* ; puis Laurent-Désiré Kabila, du 17/05/1997 au 16/01/2001 : 3,5 ans. Joseph K. Kabila, depuis le 17/01/2001	16,5 ans

Pays	Chef de l'État 2017	Successions au pouvoir	Durée du pouvoir actuel
Cameroun	Paul Biya	Ahmadou Babatoura Ahidjo, du 05/05/1960 au 04/11/1982 : *24,5 ans* ; puis Paul Biya depuis le 06/11/1982	*35 ans*
Tchad	Idriss Déby Itno	Hissène Habré, du07/06/1982 au 01/12/1990 : 8,5 ans. Idriss Déby Itno, depuis le 04/12/1990	*26,5 ans*
République du Congo	Denis Sassou-Nguesso	Fulbert Youlou, du 21/11/1959 au 15/08/1963 : 3,5 ans ; Alphonse Massamba-Débat, du 15/08/1963 au 05/08/1968 : 5 ans ; Marien Ngouabi, du 01/01/1969 au 18/03/1977 : 8 ans ; Joachim Yhombi-Opango, du 18/03/1977 au 05/02/1979 : 2 ans ; Pascal Lissouba, du 31/08/1992 au 25/10/1997 : 5 ans ; Denis Sassou-Nguesso, du 08/02/1979 au 31/08/1992 : 13,5 ans ; une guerre civile ; et puis président à nouveau depuis le 25/10/1997	*33,5 ans*

Pays	Chef de l'État en 2017	Successions au pouvoir	Durée du pouvoir actuel
République Centrafricaine	Faustin-Archange Touadéra	David Dacko, du 14/08/1960 au 01/01/1966 et du 20/09/1979 au 01/09/1981 : 7 ans ; Jean-Bedel Bokassa, du 01/01/1966 au 20/09/1979 : 13,5 ans ; André Kolingba, du 01/09/1981 au 22/10/1993 : 12 ans ; Ange-Félix Patassé, du 22/10/1993 au 15/03/2003 : 9 ans ; François Bozizé, du 15/03/2003 au 24/03/2013 : 10,5 ans. Depuis le 30/03/2016	1,5 an

La région de l'Afrique centrale se distingue par des présidents de très longue durée et un sous-équipement chronique dans tous les pays de la zone continentale. La République centrafricaine compte un très grand nombre de présidents, mais leur séjour à la présidence reste inférieur à quinze ans, avec alternance entre élections régulières (Ange-Félix Patassé et Faustin-Archange Touadéra) et coups d'États. Il faudra de la stabilité, de l'alternance pacifique et démocratique au pouvoir, certes, mais avec des ambitions de développement pour progresser.

Les pays de l'Afrique occidentale ont connu la plus forte densité des coups d'État en Afrique. Le Sénégal est le grand pays de la région qui n'a pas connu ces bouleversements politiques, qui ont perturbé les débuts des républiques naissantes. Aussi, pour apprécier les résultats atteints depuis les indépendances de certains pays, les données sociopolitiques donnent souvent des explications sur les freins au développement. Les retards dans les définitions des stratégies de valorisation des ressources peuvent également trouver leur écho dans les mauvaises orientations des jeunes dans les études supérieures. Envoyer en Occident des étudiants africains pour apprendre les langues, la philosophie, globalement des sciences humaines, alors que les pays avaient des besoins très clairement identifiés de médecins, ingénieurs, agronomes, infirmières, techniciens des bâtiments et des travaux publics, etc. était un chemin sans issue pour le développement économique. Les dirigeants se battaient pour se partager les miettes tombées de la table des recettes et de la distribution des exploitations du pétrole et des minerais, par des compagnies étrangères. Le réveil aura été long et douloureux pour de nombreux pays, qui ont dû passer par des coups d'État à répétition, dont le Nigeria où la guerre du pétrole, diplomatiquement appelée la guerre du Biafra, a coûté la vie à 100.000 soldats et plus d'un million de civils. Le sang de l'or, du diamant, du pétrole, du coltan, de l'uranium, du gaz ou encore même du cuivre n'a pas encore séché. Le concept de la démocratie est resté longtemps dans la préface du manuel de bonne gouvernance de plusieurs pays. Entre 1960 et 2000, les douleurs couvraient la plus grande partie de l'Afrique. Depuis les années 2001 à 2015, certains pays se sont réveillés. Nous avons présenté les bilans sociodémographiques et économiques sur le parcours de cette période. Pour mieux apprécier ces résultats, il est utile de comprendre d'où viennent certains pays. Le tableau qui suit retrace quelques successions significatives au pouvoir en Afrique occidentale depuis l'indépendance des pays de la région.

Pays	Chef de l'État en 2017	Successions au pouvoir	Durée du pouvoir actuel
Cap-Vert	Jorge Carlos Fonseca	Aristide Pereira, premier président, du 08/07/1975 au 22/03/1991 : 15 ans ; Antonio Mascarenhas Monteiro, du 22/03/1991 au 22/03/2001 : 10 ans ; Pedro Pires, du 22/03/2001 au 09/09/2011 : 10,5 ans. Puis Jorge Carlos Fonseca, depuis le 09/09/2011	6 ans

Pays	Chef de l'État en 2017	Successions au pouvoir	Durée du pouvoir actuel
Nigeria	Muhammadu Buhari	Nnandi Azikiwe, premier président, du 01/10/1963 au 16/01/1966 : 2,5 ans ; Yakubu Gowon, du 16/01/1966 au 29/07/1975 : 9,5 ans ; Murtala Muhammed, du 29/07/1975 au 13/02/1976 : 0,5 an ; Olusegun Obasanjo, du 13/02/1976 au 01/10/1979 et du 29/05/1999 au 29/05/2007 : 11,5 ans ; Shehu Shagari, du 01/10/1979 au 31/12/1983 : 4 ans ; Ibrahima Babangida, du 27/08/1985 au 27/08/1993 : 8 ans ; Sani Abacha, du 17/11/1993 au 08/06/1998 : 4,5 ans ; Abdulsalami Abubakar, du 08/06/1998 au 29/05/1999 : 1 an ; Umaru Yar'Adua, du 29/05/2007 au 05/05/2010 : 3 ans ; Goodluck Jonathan, du 06/05/2010 au 29/05/2015 : 5 ans ; Muhammadu Buhari, du 31/12/1983 au 27/08/1985, et depuis le 29/05/2015	4 ans
Sénégal	Macky Sall	Léopold Sédar Senghor, premier président, du 07/09/1960 au 31/12/1980 : *20 ans* ; Abdou Diouf, du 01/01/1981 au 01/04/2000 : *20 ans* ; Abdulaye Wade, du 01/04/2000 au 02/04/2012 : 12 ans. Depuis le 02/04/2012	5,5 ans

Pays	Chef de l'État en 2017	Successions au pouvoir	Durée du pouvoir actuel
Côte d'Ivoire	Alassane Ouattara	Félix Houphouët-Boigny, premier président, du 27/11/1960 au 07/12/1993 : *33 ans* ; Henri Konan Bédié, du 07/12/1993 au 24/12/1999 : 6 ans ; Robert Guéi (coup d'Etat), du 24/12/1999 au 26/10/2000 : 0,5 an ; Laurent Gbagbo, du 26/10/2000 au 11/04/2011 : 10,5 ans. Depuis le 06/05/2011	6 ans
Ghana	Nana Addo Dankwa Akufo-Addo	Kwame Nkrumah, premier président, du 01/07/1960 au 24/02/1966 : 5,5 ans ; Joseph-Arthur Ankrah, du 24/02/1966 au 02/04/1969 : 3 ans ; coups d'Etat : Akwasi Afrifa 02/04/1969-07/08/1970 ; Edward Akufo-Addo : 31/08/1970-13/01/1972 ; Ignatius Kutu Acheampong : 13/01/1972-05/07/1978 ; Frederick William Kwasi Akuffo : 05/07/1978-04/06/1979 ; Jerry Rawlings, du 31/12/1981 au 07/01/2001 : 19 ans. Redémarrage de la démocratie en 2001. Depuis le 07/01/2017	9 mois
Bénin	Patrice Talon	Mathieu Kérékou, du 26/10/1972 au 04/04/1991, puis du 04/04/1996 au 06/04/2006 : *28,5 ans*. Depuis le 06/04/2016.	1,5 an

Pays	Chef de l'État en 2017	Successions au pouvoir	Durée du pouvoir actuel
Mali	Ibrahim Boubacar Keïta	Modibo Keita, premier président, du 22/09/1960 au 19/11/1968 : 8 ans ; Moussa Traoré, du 19/11/1968 au 26/03/1991 : *22 ans* ; Amadou Amani Touré, du 26/03/1991 au 08/06/1992, puis du 08/06/2002 au 22/03/2012 : 11 ans ; Redémarrage de la démocratie en 1992. Alpha Oumar Konaré, du 08/06/1992 au 08/06/2002 : 10 ans. Depuis le 04/09/2013	4 ans
Togo	Faure Gnassingbé	Sylvanus Olympio, premier président, du 27/04/1960 au 13/01/1963 : 3 ans ; Nicolas Grunitzky, du 16/01/1963 au 13/01/1967 : 4 ans ; Etienne Gnassinbgé Eyadema, du 15/04/1967 au 05/02/2005 : *38 ans*. Depuis le 04/05/2005.	12,5 ans
Guinée	Alpha Condé	Ahmed Sékou Touré, premier président, du 02/10/1958 au 26/03/1984 : *25,5 ans* ; puis Lansana Conté, du 05/04/1984 au 22/12/2008 : *24,5 ans*. Depuis le 21/12/2010.	6,5 ans
Sierra Leone	Ernest Bai Koroma	Ahmad Tejan Kabbah, du 10/03/1998 au 17/09/2007 : 9,5 ans. Depuis le 17/09/2007	10 ans
Gambie	Adama Barrow	Yahya Jammey, du 22/07/1994 au 19/01/2017 : *22,5 ans*. Puis Adama Barrow, depuis le 19/01/2017.	9 mois

Pays	Chef de l'État en 2017	Successions au pouvoir	Durée du pouvoir actuel
Burkina Faso	Roch Marc Christian Kaboré	Maurice Yaméogo, premier président, du 05/08/1960 au 03/01/1966 : 5,5 ans ; Sangoulé Lamizana, du 03/01/1966 au 25/11/1980 : 15 ans ; Saye Zerbo, du 25/11/1980 au 07/11/1982 : 2 ans ; Jean-Baptiste Ouedraogo, du 08/11/1982 au 04/08/1983 : 1 an ; Thomas Sankara, du 04/08/1983 au 15/10/1987 : 4 ans ; Blaise Compaoré, du 15/10/1987 au 31/10/2014 : *27 ans*. Depuis le 29/12/2015	1,5 an
Guinée-Bissau	José Mário Vaz	Malam Bacai Sanhà, du 08/09/2009 au 09/01/2012 : 2 ans ; Manuel Serifi Nhamadjo, du 11/05/2012 au 23/06/2014 : 2 ans. Depuis le 23/06/2014	3 ans
Liberia	Ellen Johnson Sirleaf	Charles Taylor, du 02/08/1997 au 11/08/2003 : 6 ans ; Gyunde Bryant, du 14/01/2003 au 16/01/2006 : 2 ans. Puis Ellen Sirleaf Johnson, depuis 16/01/2006	11,5 ans

Des situations se sont souvent compliquées après le premier président élu à la suite des indépendances. Ce fut le cas dans presque tous les pays de l'Afrique occidentale. Parmi les deux derniers pays ayant accédé à l'indépendance après 1970, le Cap-Vert n'a pas connu de coup de force militaire. Mais, la Gambie a obtenu son indépendance du Royaume-Uni en 1970. Dawda Jawara est élu président le 24 avril 1970, et il a dirigé le pays jusqu'au 22 juillet 1994, avant d'être destitué par un coup d'Etat militaire du lieutenant Yahya Jammey.

Pays	Chef de l'État en 2017	Successions au pouvoir	Durée du pouvoir actuel
Niger	Mahamadou Issoufou	Hamani Diori, premier président, du 10/11/1960 au 15/04/1974 : 13,5 ans ; Seyni Kountché, du 15/04/1974 au 10/11/1987 : 12,5 ans ; Ali Saibu, du 10/11/1987 au 16/04/1993 : 5,5 ans ; Ibrahima Baré Maïnassara, du 07/08/1996 au 09/04/1999 : 2,5 ans ; Mamadou Tandja, du 22/12/1999 au 18/02/2010 : 10 ans. Mahamadou Issoufou, depuis le 10/07/04/2011.	6,5 ans

Il apparaît que, dans de nombreux pays de l'Afrique occidentale, les rotations ont été très rapides à la faveur des coups d'État, tel que cela s'est produit au Nigéria depuis son indépendance, après le premier président Nnandi Azikiwe ou le Ghana, entre la présidence de Kwame Nkrumah et Jerry Rawlings. Mais, les durées de séjour au pouvoir ont également été très longues, au-delà de vingt ans, dans d'autres pays. Abdou Diouf et Léopold Sédar Senghor au Sénégal (20 ans), Moussa Traoré au Mali (22 ans), Yahya Jammey (22,5 ans) et Dawda Jawara (24 ans) en Gambie, Lansana Conté (24,5 ans) et Sékou Touré (25,5 ans) en Guinée, Blaise Compaoré au Burkina Faso (27 ans), Mathieu Kérékou au Bénin (28,5 ans), Félix Houphouët-Boigny en Côte d'Ivoire (33 ans), Gnassingbé Eyadema au Togo (38 ans). Mais, à la différence avec l'Ouganda, le Zimbabwe, la Guinée Équatoriale, la République du Congo, le Tchad ou le Cameroun, les présidents ayant séjournée plus de vingt ans au pouvoir, en Afrique occidentale, ne l'exercent plus (Abdou Diouf, Moussa Traoré, Blaise Compaoré, Jawara), ou sont décédés. Il s'ensuit que l'obstacle au développement a été souvent lié à l'instabilité des pouvoirs et l'insécurité, jusqu'aux guerres civiles, dans ces nouvelles républiques. La main des anciennes puissances coloniales était mêlée souvent dans la désignation des dirigeants ou dans la déstabilisation de certains pays. Les guerres économiques ont accompagné la naissance de ces nouveaux pays.

Les évolutions politiques des pays africains, depuis le temps des indépendances au cours des années 1960, ont tenté d'orienter leurs efforts dans le développement économique et social. Mais, les guerres, conflits armés, les troubles et l'instabilité politiques, l'insécurité des institutions et les migrations des peuples ont joué un rôle capital dans le retard d'un grand nombre de pays. Nous avons analysé les évolutions sociodémographiques comparées des pays par espace géographique. Le lecteur pourra aisément effectuer des rapprochements entre les résultats de ces évolutions, l'impact de l'instabilité politique présentée dans ce chapitre, et les progrès économiques entre 1990 et 2016, puisque nous présentons les bilans sur le développement en Afrique au cours des années 2000 à 2015. Les pays qui évoluent encore dans les conflits armés et les crises institutionnelles, entre 1990 et 2016, figurent également parmi ceux qui accusent le retard dans le progrès économique et social. L'étude réalisée par la Banque mondiale et rendue publique en 2017, montre ces corrélations, à travers la mesure du produit intérieur brut en parité de pouvoir d'achat. Il s'agit du calcul du PIB par habitant ramené au pouvoir d'achat réel dans le pays concerné ou PIB (PPA).

Pays	PIB (PPA) 1990	PIB (PPA) 2016	Moyenne annuelle	Multiplication
Monde	5 439	16 143	4,3%	3,0
Asie de l'Est et Pacifique	3 194	16 985	6,6%	5,3
Asie du Sud	1 194	6 064	6,4%	5,1
Amérique latine et Caraïbes	5 824	15 418	3,8%	2,6
Pays pauvres très endettés (PPTE)	943	2 246	3,4%	2,4
Pays fragiles et de conflits	1 793	4 208	3,3%	2,3
Afrique subsaharienne	1 638	3 711	3,2%	2,3

L'Afrique subsaharienne est la zone qui a le moins progressé dans le monde.

En 1990, l'Asie du Sud affichait un PIB en PPA de 1.194 dollars, alors que l'Afrique subsaharienne atteignait une valeur moyenne de 1.638 dollars. Mais, en 2016, la valeur du PIB en PPA de l'Asie du Sud était multipliée par 5,1 ; soit une évolution annuelle moyenne de 6,4% ; contre une multiplication par 2,3 pour les pays de l'Afrique subsaharienne, soit une évolution de 3,2% par an. Globalement, le PIB par habitant en PPA des pays du monde a été multiplié par 3,0. La zone de l'Afrique au sud du Sahara est donc celle qui a le moins progressé, en comparaison avec les autres zones du monde : Asie de l'Est et Pacifique (6,6%), Asie du Sud (6,4%), Amérique latine et Caraïbes (3,8%), Amérique du Nord (3,4%), Union européenne (3,8%). La région pauvre du monde ne parvient donc pas à créer une dynamique de croissance pour rattraper son retard dans le monde. Aussi, nous avons insisté sur l'impérieuse nécessité de se doter des stratégies concrètes de développement sur la décennie 2015-2025.

Par ailleurs, nous avons également comparé les progrès en Afrique à ceux de nouveaux pays industrialisés émergents du monde. Le groupe des pays du BRICS AMACITA a aussi évolué plus que l'Afrique subsaharienne, à l'exception de l'Afrique du Sud, de l'Arabie saoudite et du Brésil.

Pays	PIB (PPA) 1990	PIB (PPA) 2016	Moyenne annuelle	Multiplication
Chine	987	15 535	11,2%	15,7
Inde	1 134	6 572	7,0%	5,8
Corée du Sud	8 276	35 751	5,8%	4,3
Turquie	6 141	24 244	5,4%	3,9
Indonésie	2 990	11 612	5,4%	3,9
Mexique	6 037	17 862	4,3%	3,0
Russie	8 013	23 163	4,2%	2,9
Argentine	6 991	19 934	4,1%	2,9
Australie	17 374	46 790	3,9%	2,7
Brésil	6 686	15 128	3,2%	2,3
Afrique du Sud	6 398	13 225	2,8%	2,1
Arabie saoudite	27 441	54 431	2,7%	2,0

La Chine continue d'imposer son rythme de progression sur l'ensemble des pays du monde, et sa croissance économique se répercute sur l'évolution de son PIB par habitant en parité de pouvoir d'achat (PPA). Celui-ci a été multiplié par 15,7 entre 1990 et 2016, soit un rythme d'évolution moyenne annuelle de 11,2%. Elle est suivie par l'Inde (7,0%), la Corée du Sud (5,8%), la Turquie et l'Indonésie (5,4%). Le rythme moyen d'évolution annuelle sur vingt-six ans, entre 1990 et 2016, est obtenu par le calcul habituel. Si **t** est la valeur de cette croissance :

t =EXP(LN(PIB PPA2016/PIB PPA1990)/26)-1

Nous observons que, même les pays les plus avancés du monde, parmi les puissances économiques occidentales, la progression du PIB en PPA est encore supérieure à celle de l'Afrique.

Pays	PIB (PPA) 1990	PIB (PPA) 2016	Moyenne annuelle	Multiplication
Irlande	13 735	68 883	6,4%	5,0
Luxembourg	30 955	105 882	4,8%	3,4
Norvège	18 431	59 302	4,6%	3,2
Danemark	18 214	49 696	3,9%	2,7
Pays-Bas	18 900	50 898	3,9%	2,7
Espagne	13 626	36 310	3,8%	2,7
Portugal	11 762	30 624	3,7%	2,6
Autriche	19 394	50 078	3,7%	2,6
Royaume-Uni	16 739	42 609	3,7%	2,5
Allemagne	19 422	48 730	3,6%	2,5
Belgique	18 758	46 383	3,5%	2,5
Suède	20 096	49 175	3,5%	2,4
États-Unis	23 955	57 467	3,4%	2,4
France	17 641	41 466	3,3%	2,4
Pays de l'OCDE	*16 654*	*41 730*	*3,6%*	*2,5*
Amérique du Nord	*23 570*	*56 110*	*3,4%*	*2,4*
Zone euro	*16 954*	*41 999*	*3,6%*	*2,5*
Union européenne	*14 963*	*39 630*	*3,8%*	*2,6*

La France a moins progressé que l'ensemble de l'Amérique du Nord, de l'Europe du Nord, de l'OCDE, de l'Union européenne, de la Zone euro.

En observant les écarts entre les nouveaux pays émergents qui rythment la croissance économique mondiale, les anciens pays industrialisés historiques et l'ensemble des pays de l'Afrique subsaharienne, on comprend que les ressources naturelles de ces pays alimentent la croissance des pays déjà avancés. Cependant, la stabilité, la paix et la sécurité retrouvées dans certains pays contribuent à la relance de leurs économies. Nous insistons que le développement ne peut pas s'épanouir dans les pays fragilisés par les guerres à répétition, une insécurité permanente et des luttes qui déstabilisent les institutions et la paix intérieure. Les jeunes ressources humaines qui quittent les pays sans y revenir, les étudiants ayant effectué de brillantes études techniques, de médecine, des études pharmaceutiques, de chimie industrielle ou des spécialités diverses, et qui ne rentrent pas pour apporter leurs contributions au développement de leurs pays respectifs, sont des pertes considérables pour les pays africains qui entretiennent des conflits et des répressions sanglantes. Dans cet ouvrage, nous avons relevé de faibles résultats dans les bilans des évolutions sociodémographiques, économiques et socioculturelles en 2015 et 2016. Nous présentons, dans les tableaux suivants, les progrès économiques mesurés par les évolutions du produit intérieur brut par habitant en parité de pouvoir d'achat, entre 1990 et 2016.

Les valeurs du PIB en PPA étaient de moins de 1000 dollars dans vingt parmi quarante-sept pays recensés, soit 43% de ces pays, en 1990. Mais, il en restait encore cinq de ces pays, sous la barre de 1000 dollars en 2016. Par ailleurs, alors que les pays émergents du groupe BRICS AMACITA ont multiplié leur PPA entre 2,0 pour l'Arabie saoudite (avec un PIB en PPA de 54.431 dollars) et 15,7 pour la Chine (avec une PPA de 15.535 dollars), les pays recensés en Afrique ont connu une multiplication variant entre 0,7 pour la Gambie (avec une PPA de 689 dollars en 2016) et 6,1 au Cap-Vert (avec une PPA de 6.553 dollars). La Guinée Équatoriale fait exception grâce aux revenus importants du pétrole pour un petit pays. Et si l'on prend la référence sur les « *pays pauvres et très endettés* » (PPTE), ceux-ci sont passés de la valeur de 943 dollars de PIB en PPA en 1990 à 2.246 dollars en 2016, soit une croissance moyenne de 3,4% par an, et une multiplication par 2,4 entre ces deux dates. Comparés à ces PPTE, le nombre de pays africains dont la valeur du PIB en PPA reste encore inférieure à 2.246 dollars en 2016 s'élève à vingt-et-un, soit une proportion de 45% des quarante-sept pays recensés.

Pays	PIB (PPA) 1990	PIB (PPA) 2016	Moyenne annuelle	Multiplication
Gambie	981	689	-1,3%	0,7
République centrafricaine	603	699	0,6%	1,2
Burundi	703	778	0,4%	1,1
République démocratique du Congo	828	801	-0,1%	1,0
Niger	578	978	2,0%	1,7
Malawi	481	1 169	3,5%	2,4
Mozambique	245	1 217	6,4%	5,0
Guinée	726	1 311	2,3%	1,8
Sierra Leone	808	1 473	2,3%	1,8
Togo	873	1 491	2,1%	1,7
Madagascar	1 069	1 506	1,3%	1,4
Comores	1 034	1 522	1,5%	1,5
Guinée-Bissau	1 015	1 582	1,7%	1,6
Burkina Faso	531	1 720	4,6%	3,2
Éthiopie	421	1 735	5,6%	4,1
Ouganda	506	1 849	5,1%	3,7
Rwanda	559	1 913	4,8%	3,4
Tchad	718	1 991	4,0%	2,8
Zimbabwe	1 676	2 006	0,7%	1,2
Mali	822	2 117	3,7%	2,6
Bénin	945	2 168	3,2%	2,3
Sénégal	1 191	2 568	3,0%	2,2
Tanzanie	952	2 787	4,2%	2,9
Lesotho	892	3 029	4,8%	3,4

Pays	PIB (PPA) 1990	PIB (PPA) 2016	Moyenne annuelle	Multip-lication
Kenya	1 539	3 156	2,8%	2,1
Cameroun	1 844	3 286	2,2%	1,8
Côte d'Ivoire	2 064	3 720	2,3%	1,8
Zambie	1 514	3 922	3,7%	2,6
Ghana	1 241	4 294	4,9%	3,5
République du Congo	3 322	5 719	2,1%	1,7
Nigéria	1 966	5 867	4,3%	3,0
Angola	2 840	6 499	3,2%	2,3
Cap-Vert	1 071	6 553	7,2%	6,1
Swaziland	3 476	8 343	3,4%	2,4
Namibie	3 697	10 585	4,1%	2,9
Afrique du Sud	6 398	13 225	2,8%	2,1
Botswana	5 242	16 735	4,6%	3,2
Gabon	12 604	18 108	1,4%	1,4
Maurice	4 774	21 088	5,9%	4,4
Guinée Équatoriale	646	25 535	15,2%	39,5
Seychelles	9 189	28 391	4,4%	3,1

Le tableau montre que les pays ayant le moins progressé, et dont les PIB en PPA sont inférieurs à la moyenne des PPTE (pays pauvres très endettés), restent des pays frappés par des violences et les conflits. On y retrouve le pays de la dernière dictature assumée de Yahya Jammey en Gambie, la République centrafricaine en guerre permanente, le Burundi secoué par des violences récurrentes depuis les années 1972-2000, la République démocratique du Congo sortie de la dictature de Mobutu Sese Seko pour entrer dans des guerres de rébellion dans l'est. Parmi les pays affichant une valeur élevée du PIB (PPA), on retrouve les producteurs-exportateurs de pétrole, tels que le Nigeria, le Gabon, la République du Congo, l'Angola et surtout la Guinée Équatoriale. Il est intéressant également de remarquer les producteurs-exportateurs de minerais tels que la Zambie, le Ghana, la Namibie ou le Botswana. Dix pays de l'Afrique sont parvenus à se hisser au-dessus de 10.000 dollars de PIB par habitant en parité de pouvoir d'achat en 2016.

La situation décrite dans les pays de l'Afrique subsaharienne n'est pas spécifique à cette partie de l'Afrique. Les conflits ont également éclaté en Tunisie et en Libye en 2011, au Soudan en guerre de répression sanglante au Darfour et de sécession avec le Soudan du Sud pendant des décennies. L'Algérie avait déjà été secouée par les violences provoquées par les islamistes du GIA (Groupe islamique armé) au cours des années 1990, après la victoire annulée des FIS (Front islamique du salut) aux élections législatives. C'est encore l'armée qui contrôle la stabilité dans ce pays pendant la présidence civile d'Abdelaziz Bouteflika. Quant à l'Égypte, l'expérience des élections démocratiques en 2012 a tourné très court, dès lors que le pays risquait de dériver vers le pouvoir théocratique, sous le contrôle des Frères musulmans. La situation en Libye reste singulière en 2017, puisque deux camps continuent de se disputer le pouvoir. Le pays est déjà fragilisé, et les groupes armés se sont partagé les territoires. Une guerre aux motivations diverses, initiée par la France en coopération avec le Royaume-Uni et les États-Unis en 2011, a détruit la Libye, et livré le pays à des prédateurs islamistes, des bandes armées et des criminels passeurs trafiquants des êtres humains, entre les côtes libyennes et les pays de l'Europe du sud. Le tableau qui suit résume les évolutions politiques récentes dans ces pays.

<table>
<tr><th>Pays</th><th>Chef de l'État</th><th>Successions au pouvoir</th><th>Durée du pouvoir actuel</th></tr>
<tr><td rowspan="2">Libye</td><td>Aguila Salah Issa</td><td rowspan="2">Idris Ier, Emir de Tripolitaine et de Cyrénaïque (01/10/1946-24/12/1951), Roi de Libye jusqu'au 01/09/69. Mouammar Kadhafi, du 01/09/1969 au 23/08/2011 : 42 ans. Partition du pouvoir : Aguila Salah Issa, depuis le 05/08/2014 et Fayez el-Sarraj, depuis le 12/03/2016</td><td>3 ans (président de la Chambre des Représentants)</td></tr>
<tr><td>Fayez el-Sarraj</td><td>1,5 an (président du Conseil présidentiel du gouvernement d'Union nationale)</td></tr>
</table>

Pays	Chef de l'État	Successions au pouvoir	Durée du pouvoir actuel
Algérie	Abdelaziz Bouteflika	Après l'indépendance, Ahmed Ben Bella, du 27/09/1962 au 19/06/1965 : 2,5 ans ; Houari Boumédiène, du 19/06/1965 au 27/12/1978 : 14 ans ; Chadli Bendjedid, du 09/02/1979 au 11/01/1992 : 13 ans ; Lamine Zéroual, du 30/01/1994 au 27/04/1999 : 5 ans. Depuis le 27/04/1999	18,5 ans
Tunisie	Béji Caïd Essebsi	Habib Bourguiba (premier président), du 25/07/1957 au 07/11/1987 : *30 ans* ; Zine el-Abidine Ben Ali, du 07/11/1987 au 14/01/2011 *: 23 ans* ; Moncef Marzouki, du 13/12/2011 au 31/12/2014 : 3 ans. Depuis le 31/12/2014	2,5 ans
Soudan	Omar Hassan el-Béchir	Ismail al-Azhari, du 10/03/1965 au 25/05/1969 : 4 ans ; Gaafar Nimery, du 25/05/1969 au 06/04/1985 : 15,5 ans ; Ahmed al-Mirghani, du 06/05/1986 au 30/06/1989 : 3 ans. Depuis le 30/06/1989	*28 ans*

Pays	Chef de l'État	Successions au pouvoir	Durée du pouvoir actuel
Égypte	Abdel Fattah al-Sissi	Gamal Abdel Nasser, du 26/06/1956 au 28/09/1970 : 14 ans ; Anouar el-Sadate, du 28/09/1970 au 06/10/1981 : 11 ans ; Hosni Moubarak, du 14/10/1981 au 11/02/2011 : *29 ans* ; Mohamed Morsi, du 30/06/2012 au 03/07/2013 : 1 an. Depuis le 08/06/2014	3,5 ans
Maroc	Mohammed VI	Mohamed V, du 14/08/1957 au 26/02/1961 : 3,5 ans ; Hassan II, du 03/03/1961 au 23/07/1999 : 38 ans. Depuis le 23/07/1999	18 ans
Mauritanie	Mohamed Ould Abdel Aziz	Maaouiya Ould Sid'Ahmed Taya, du 12/12/1984 au 03/08/2005 : *20,5 ans* ; Ely Ould Mohamed, du 03/08/2005 au 19/04/2007 : 1,5 an ; Sidi Mohamed Ould Cheikh Abdallahi, du 19/04/2007 au 06/08/2008 : 1 an. Depuis le 06/08/2008	8,5 ans

L'Afrique du Nord comprend également les pays dont les présidents ont séjourné plus de 20 ans pouvoir. De Maaouiya Ould Sid'Ahmed Taya en Mauritanie (*20,5 ans*) à Mouammar Kadhafi en Libye (*42 ans*).

L'Afrique du Nord a traversé des périodes de tensions politiques, de conflits armés et de crises de la démocratie. Les républiques instituées, souvent à la faveur des coups d'État militaires, ont alors connu des présidents qui ont privatisé le pouvoir à travers les corruptions et les détournements divers, comme nous l'avons déjà indiqué pour la Tunisie, des longévités au pouvoir comme en Libye, en Tunisie ou en Égypte, ou des perturbations de l'État par des revendications religieuses par des armes, comme cela a été vécu en Algérie. Aussi, comme dans le reste de l'Afrique, les longévités au pouvoir au-delà de vingt ans, ont évolué entre 20,5 ans pour Maaouiya Ould Sid'Ahmed Taya en Mauritanie, Zine el-Abidine Ben Ali pour 23 ans en Tunisie, Omar Hassan el-Béchir avec 28 ans au Soudan, Hosni Moubarak en Égypte pour 29 ans, et Habib Bourguiba en Tunisie pour 30 ans. Toute l'Afrique a donc connu des régimes des présidences sous forme « des monarchies absolues » au cours des années 1960 à 2012. Les démocraties ont mis beaucoup de temps pour éclore et s'exercer. Pendant ce temps, les économies sont restées à l'état embryonnaire. La création d'industries a été longtemps maintenue en phase de projet, y compris pour la transformation des ressources naturelles abondantes. Aussi, les productions intérieures brutes, même ramenées à la parité de pouvoir d'achat à l'intérieur de chacun des pays, n'ont pas beaucoup progressé.

Pendant que les États africains tâtonnaient pour trouver les voies du progrès économique et social, les grandes puissances du monde ont poursuivi leur croissance. Les nouvelles puissances émergentes se sont révélées en Amérique latine et en Asie, souvent dotées de moins de ressources naturelles que les pays africains, mais développant de véritables stratégies industrielles pour faire progresser rapidement leurs économies. Alors que les pays de l'Afrique du Nord ont connu les multiplications de leurs PPA entre 2,1 pour la Mauritanie, le plus pauvre pays de la région, et 4,2 pour le Soudan, les valeurs de ces PPA se situent entre 3.854 dollars pour la Mauritanie et 15.075 dollars pour le plus riche des six pays recensés (hors Libye). Les compétitions avec les pays reconnus émergents du BRICS AMACITA sont déjà ouvertes pour l'Afrique. Il reste à comparer les progressions des pays africains à celles des autres pays, parfois encore plus pauvres que ceux de l'Afrique aux cours des années 1960, mais qui ont connu une accélération de leur développement entre 1990 et 2016. La progression de la Chine et du Viet Nam interpelle.

Pays	PIB (PPA) 1990	PIB (PPA) 2016	Moyenne annuelle	Multiplication
Mauritanie	1 814	3 854	2,9%	2,1
Soudan	1 127	4 730	5,7%	4,2
Maroc	2 529	7 838	4,4%	3,1
Égypte	3 819	11 132	4,2%	2,9
Tunisie	3 629	11 599	4,6%	3,2
Algérie	6 616	15 075	3,2%	2,3
Chine	987	15 535	11,2%	15,7
Inde	1 134	6 572	7,0%	5,8
Corée du Sud	8 276	35 751	5,8%	4,3
Turquie	6 141	24 244	5,4%	3,9
Indonésie	2 990	11 612	5,4%	3,9
Mexique	6 037	17 862	4,3%	3,0
Argentine	6 991	19 934	4,1%	2,9
Brésil	6 686	15 128	3,2%	2,3
Viet Nam	970	6 424	7,5%	6,6
Chili	4 589	23 960	6,6%	5,2
Sri Lanka	2 369	12 316	6,5%	5,2
Malaisie	6 820	27 681	5,5%	4,1
Thaïlande	4 298	16 917	5,4%	3,9
Pérou	3 434	13 022	5,3%	3,8
Uruguay	6 360	21 625	4,8%	3,4
Costa Rica	5 033	16 614	4,7%	3,3
Colombie	4 869	14 158	4,2%	2,9
Israël	13 395	37 901	4,1%	2,8
Équateur	4 829	11 286	3,3%	2,3

Le tableau compare de nouveaux concurrents de l'Afrique dans différentes régions du monde, par rapport à une région africaine voisine de l'Europe.

Il apparaît clairement que les instabilités politiques, le défaut de bonne gouvernance, l'absence d'ambitions de l'économie sur la base des productions industrielles, les violences armées qui ont émaillé un grand nombre de pays africains, les migrations des populations à la suite des guerres civiles récurrentes, ont contribué à freiner le développement des pays africains.

En 1990, les produits intérieurs bruts par habitant en parité de pouvoir d'achat du Bénin (*945 dollars*), de la Tanzanie (*952 dollars*), du Viet Nam (*970 dollars*) et de la Chine (*987 dollars*), étaient très proches. Mais, en 2016, le PIB (PPA) du Bénin avait été multiplié par 2,3 (*soit 2.168 dollars*), celui de la Tanzanie avait été multiplié par 2,9 (*soit 2.787 dollars*), alors que celui du Viet Nam avait été multiplié par 6,6 (soit 6.424 dollars) et celui de la Chine était multiplié par 15,7 (*soit 15.535 dollars*). La différence réside dans le choix des ambitions industrielles de la Chine et du Viet Nam, et les moyens que ces pays ont engagés pour réussir, par rapport au Bénin et à la Tanzanie.

Pays	PIB (PPA) 1990	PIB (PPA) 2016	Moyenne annuelle	Multiplication
Bénin	945	2 168	3,2%	2,3
Tanzanie	952	2 787	4,2%	2,9
Viet Nam	*970*	*6 424*	*7,5%*	*6,6*
Chine	*987*	*15 535*	*11,2%*	*15,7*

De même, les produits intérieurs bruts en parité de pouvoir d'achat du Madagascar (*1.069 dollars*), du Soudan (*1.127 dollars*), du Sénégal (*1.191 dollars*), du Ghana (*1.241 dollars*), du Nigeria (*1.966 dollars*) et de la Côte d'Ivoire (*2.064 dollars*) étaient comparables à celui de l'Inde (*1.134 dollars*), en 1990. Mais, entre 1990 et 2015, le Madagascar s'est embourbé dans une longue crise politique et de gouvernance entre la laborieuse fin de la présidence de Didier Ratsiraka, en compétition avec Marc Ravalomana, et une longue transition contestée d'Andry Rajoelina. Le Soudan a sombré dans une guerre meurtrière au Darfour et contre le Soudan du Sud. Le Ghana a été difficilement remis d'aplomb par le coup de force de Jerry Rawlings, après des coups d'État à répétition. Le Nigeria s'est distingué par ses performances dans les corruptions à grande échelle. La Côte d'Ivoire a connu une longue guerre civile de septembre 2002 à avril 2011, après un coup d'État du général Robert Guéi en 1999. Tous ces obstacles à la sécurité intérieure et à l'exercice plein de la démocratie ouverte ont ralenti le développement dans ces pays africains. Pendant ce temps, le PIB (PPA) de l'Inde a fortement progressé, et il a été multiplié par 5,8 pour atteindre 6.672 US$.

Pays	PIB (PPA) 1990	PIB (PPA) 2016	Moyenne annuelle	Multiplication
Madagascar	1 069	1 506	1,3%	1,4
Soudan	1 127	4 730	5,7%	4,2
Inde	*1 134*	*6 572*	*7,0%*	*5,8*
Sénégal	1 191	2 568	3,0%	2,2
Ghana	1 241	4 294	4,9%	3,5
Nigéria	1 966	5 867	4,3%	3,0
Côte d'Ivoire	2 064	3 720	2,3%	1,8

La même situation est observée entre le Sri Lanka, le Maroc, l'Angola, l'Indonésie, la République du Congo et le Pérou. Les pays africains ralentissent, pendant que les autres accélèrent.

Pays	PIB (PPA) 1990	PIB (PPA) 2016	Moyenne annuelle	Multiplication
Sri Lanka	*2 369*	*12 316*	*6,5%*	*5,2*
Maroc	2 529	7 838	4,4%	3,1
Angola	2 840	6 499	3,2%	2,3
Indonésie	*2 990*	*11 612*	*5,4%*	*3,9*
République du Congo	3 322	5 719	2,1%	1,7
Pérou	*3 434*	*13 022*	*5,3%*	*3,8*

La paix, la sécurité, la bonne gouvernance, la démocratie, les ambitions de progrès et les stratégies industrielles, seront des fondations pour construire le développement durable en Afrique. Dans les chapitres précédents, nous avions aussi indiqué que le développement ne peut se passer de l'éducation de la jeunesse, depuis la scolarisation primaire jusqu'à l'enseignement supérieur et la recherche scientifique. Or, dans les pays tels que le Niger, la Guinée-Bissau, le Burkina Faso, le Mali, le Nigeria, l'Érythrée, le Soudan du Sud, Djibouti, la Madagascar, la Somalie, la Guinée Équatoriale, ou encore le Malawi, nous avons observé que le taux de scolarisation primaire est encore inférieur à 70%. Il atteint à peine cette valeur en Centrafrique. Et si l'on ajoute que certains de ces pays détiennent également la palme du faible niveau d'alphabétisation, on comprend que cet ensemble de facteurs cumulés freine le progrès économique, politique et social pour bâtir des stratégies de développement accessibles au grand nombre. Depuis le début des années 2000, ces pays à très faible niveau d'alphabétisation comprennent le Niger (25,6%), le Soudan du Sud (29,0%), le Mali (31,0%), le Tchad (35,4%), la Somalie (37,8%), l'Éthiopie (39,0%), le Burkina Faso (52,5%), la République centrafricaine (56,6%), la Guinée-Bissau (59,9%), la République démocratique du Congo (63,8%), le Nigeria (66,7%), Djibouti (67,9%), le Cameroun (71,3%), ou encore l'Érythrée (73,8%), où le taux d'alphabétisation est bien inférieur à 75%. En Afrique occidentale, seuls le Ghana et le Cap-Vert affichent un taux d'alphabétisation de plus de 75%. Pendant ce temps, la Chine, l'Inde, le Brésil, la Corée du Sud, le Mexique, la Turquie et bien d'autres pays émergents, ont beaucoup capitalisé dans l'éducation de haut niveau pour leurs jeunes générations.

L'indice de développement humain (IDH), qui caractérise le niveau de développement des pays, est un indicateur composite qui contient le niveau d'éducation et le produit intérieur brut en parité de pouvoir d'achat. Il varie entre 0 et 1. Or, les dernières données de 2015 révèlent qu'en Afrique occidentale, trois pays sur les quinze ont atteint une valeur moyenne de 0,500. Ce sont le Cap-Vert (0,648), le Ghana (0,579) et le Nigeria (0,527) ; soit alors 20% des pays concernés dans cette région, clairement positionnée en zone de développement en retard, et de pays fragiles. En Afrique orientale, la situation des pays ayant atteint la moyenne ne concerne que quatre pays : les Seychelles (0,820), le Kenya (0,555), la Tanzanie (0,531) et le Rwanda (0,500). Soit une part de 36,4% des pays de la région. En Afrique centrale, les données sont meilleures, avec le Gabon (0,697), la République du Congo (0,592), la Guinée Équatoriale (0,592), Sao–Tomé et Principe (0,574) et le Cameroun (0,518) ; soit 62,5% des pays de cette région. En Afrique australe, neuf pays présentent un IDH évoluant entre 0,512 pour le Madagascar, et 0,781 pour Maurice. C'est la plus forte concentration en Afrique subsaharienne, dans le nombre de pays en progression vers le développement économique et social, pour 69,2% de la région. Enfin, nous avions indiqué que les spécificités de l'Afrique du Nord lui conféraient un avantage, avec 85,7% des pays de la région, dont l'IDH est supérieur à 0,5. Seul le Soudan se situe sous cette barre, à un niveau de 0,490. En rapportant les vingt-sept pays africains, dont l'IDH atteint une valeur de 0,500, par rapport aux cinquante-quatre pays recensés sur le continent, il apparaît que l'Afrique se divise en deux parts presque égales, soit 50% des pays africains dans l'une ou l'autre des deux camps.

L'on peut évaluer les situations des pays sur leurs évolutions par rapport au niveau de vie, mesuré par le produit intérieur brut en parité de pouvoir d'achat, pour estimer les potentiels de progression vers les objectifs de 2015 à 2025. Nous avons déjà proposé les chantiers indispensables, pour accélérer le progrès économique et social dans les pays africains. Nous avons ensuite présenté les bilans sociodémographiques sur la période 2000 à 2015. Dans le présent chapitre, nous avons analysé l'évolution du niveau de vie entre 1990 et 2016, mesuré à travers le produit intérieur brut en parité de pouvoir d'achat. Aussi, il apparaît très important de situer cette évolution en perspective pour le futur, en tenant compte de la progression démographique de chaque pays, afin d'indiquer les potentiels différents de développement selon les situations relatives de ces deux indicateurs. Nous avons alors réparti les pays en quatre groupes, pour les comparaisons internationales, afin de tenir compte de la mondialisation et de la compétition avec les autres pays comparables. Les pays les plus pauvres se situent sous le niveau moyen du PIB PPA des pays pauvres très endettés du monde (*PPTE*), en 2016. Mais, pour dix pays africains correspondant à ce groupe, nous observons que la progression moyenne annuelle de leur PPA en vingt-six ans, est supérieure à leur évolution démographique. Si cette situation se maintient sur plusieurs années, le progrès économique et social pourrait suivrc rapidement. Cependant, si la progression de leur PPA se poursuit au rythme moyen annuel des vingt-six dernières années, et toutes choses égales par ailleurs pour l'ensemble des pays de la catégorie des PPTE dans le monde, alors les africains considérés resteraient encore sous le niveau du PIB PPA des pays PPTE du monde en 2025. Ils réunissent quelques-unes des conditions économiques de développement rapide. Ils devraient alors accélérer la croissance moyenne de leurs PPA, au-delà du rythme connu au cours des vingt-six dernières années, pour se hisser au-delà de 3.000 dollars de PIB PPA, comme l'on peut l'observer dans les projections ci-dessous :

Pays	PIB PPA 1990	PIB PPA 2016	Moyenne annuelle	Evol démo annuelle	PIB PPA 2025
Guinée	726	1 311	2,3%	1,2%	1 608
Bénin	945	2 168	3,2%	2,8%	2 890
Malawi	481	1 169	3,5%	3,2%	1 590
Mali	822	2 117	3,7%	3,4%	2 938
Tchad	718	1 991	4,0%	3,5%	2 835
Burkina Faso	531	1 720	4,6%	3,2%	2 584
Rwanda	559	1 913	4,8%	2,4%	2 929
Ouganda	506	1 849	5,1%	3,0%	2 896
Éthiopie	421	1 735	5,6%	2,4%	2 831
Mozambique	245	1 217	6,4%	2,7%	2 121
Pays pauvres très endettés (PPTE)	*943*	*2 246*	*3,4%*		*3 034*

Les pays africains dont le niveau de vie (PPA) se situe au-dessous des PPTE en 2016, mais dont la croissance est supérieure à l'évolution démographique.

Au rythme actuel de croissance, ces pays resteraient encore tous sous le niveau des PPTE en 2025. Les cinq premiers dans la progression seraient alors le Mali (*2.938 dollars*), le Rwanda (*2.929 dollars*), l'Ouganda (*2.896 dollars*), le Bénin (*2.890 dollars*) et le Tchad (*2.835 dollars*). Néanmoins, l'écart très faible entre l'évolution démographique et la progression du niveau de vie peut inverser les situations au Bénin (3,2%>2,8%), au Malawi (3,5% >3,2%), au Mali (3,7% >3,4%) et au Tchad (4,0% > 3,5%). Ces quatre pays devraient veiller constamment aux équilibres fragiles actuels. Globalement, l'on constate que, malgré le potentiel de ces pays pauvres d'Afrique situés sous le niveau des PPTE du monde, au rythme moyen affiché entre 1990 et 2016, ils n'atteindraient pas encore un PIB PPA de 3.000 dollars en 2025. Il faudrait donc mobiliser les forces sur tous les chantiers proposés dans cet ouvrage, en vue d'accélérer le niveau du développement et sortir du groupe des pays très pauvres.

Si **Ma** désigne la moyenne annuelle de croissance du PIB PPA, le PIB PPA en 2025 serait : $\text{PIB PPA2025} = \text{PIB PPA2016}*(1+\text{Ma})^9$.

Soit : PIB PPA 2025 = PIB PPA 2016 x [PUISSANCE((1+Ma);9)]

Le deuxième groupe rassemble les pays situés entre le PIB PPA pays pauvres très endettés (*PPTE*) et celui de la moyenne des pays de l'Afrique subsaharienne. Ce sont les pays se situant au-dessus des pays pauvres très endettés, mais dont le PIB PPA de 2016 est inférieur à la moyenne des pays de l'Afrique subsaharienne. Ils présentent également le potentiel de progrès économique et social, dès lors que l'économie se développe, et que la progression de leur niveau de vie est supérieure à leur évolution démographique. Cependant, si l'Afrique subsaharienne poursuit la croissance du niveau de vie au rythme connu entre 1990 et 2016, le niveau de ces trois pays concernés (*le Kenya, la Tanzanie et le Lesotho*) ne dépasserait pas la moyenne des pays de l'Afrique subsaharienne. De plus, le Kenya présente une autre fragilité, liée à un écart très faible entre l'évolution économique et la progression démographique (2,8% > 2,6%). Une vigilance accrue est alors appelée pour maintenir cet équilibre difficile.

Il apparaît ainsi que les PIB en PPA des trois pays ont évolué entre 3000 dollars (correspondant aux pays pauvres très endettés) et 4000 dollars. En 2025, la projection de cette progression, si elle demeure inchangée, donnerait les résultats suivants :

Pays	PIB PPA 1990	PIB PPA 2016	Moyenne annuelle	Evol démo annuelle	PIB PPA 2025
Kenya	1 539	3 156	2,8%	2,6%	4 047
Tanzanie	952	2 787	4,2%	2,8%	4 042
Lesotho	892	3 029	4,8%	0,4%	4 626
Afrique subsaharienne	*1 638*	*3 711*	*3,2%*		*4 925*

Les trois pays à fort potentiel de croissance, sont situés entre les PPTE et la moyenne des pays de l'Afrique subsaharienne. Si celle-ci progresse au même rythme jusqu'en 2025, le PIB PPA atteindra 4.925 dollars. Seul le Lesotho pourrait alors s'en approcher, avec 4.626 dollars, suivi du Kenya (4.047 dollars) et de la Tanzanie (4.042 dollars). Se situant entre 4000$ et 5000$, ils devraient accélérer rapidement la croissance et le développement pour se hisser au-dessus de ce plafond. Cependant, le Kenya devra surveiller l'écart très faible entre la progression de son niveau et celle de sa démographie, soit entre 2,8% et 2,6%. Un déséquilibre non contrôlé pourrait compromettre ses efforts actuels de développement, d'autant que les autres pays accélèrent.

Le troisième groupe rassemble quatorze pays dont le PIB PPA est supérieur à celui de la moyenne des pays subsahariens, mais reste inférieur à la moyenne mondiale. Aussi, en Afrique, les pays dotés d'un potentiel de progression de leurs niveaux de vie au-dessus de l'évolution démographique, mais dont le PIB PPA est encore inférieur à la moyenne mondiale, seraient au nombre de vingt-sept parmi les quarante-six pays concernés par cette étude. C'est donc montrer combien plus de la moitié des pays africains reste constituée par les pays pauvres. Cependant, et ainsi que nous l'avons montré, l'Afrique nouvelle est réellement née après les dates des indépendances. Mais, sa mise en orbite est arrivée au cours de la guerre froide entre le bloc occidental, d'une part, et le rideau de fer sous le contrôle de l'URSS, l'Union des républiques socialistes et soviétiques, d'autre part.

La guerre des influences politiques et militaires dans le monde, puis la guerre économique et commerciale depuis l'effondrement du bloc de l'est en 1990, après celui du mur de Berlin en 1989, a vu monter en puissance économique les pays émergents, dont les géants chinois et indiens en tête. L'Afrique est alors devenue un terrain de jeux économiques pour la fourniture de matières premières. Les puissances se construisent autour de l'économie. Sortis des griffes des pays colonisateurs d'Europe avec les indépendances, les pays africains sont alors tombés dans celles de nouveaux maîtres de l'économie mondiale. En 2016, les PIB PPA de vingt-sept pays sont inférieurs à la moyenne mondiale.

Pays	PIB PPA 1990	PIB PPA 2016	Moyenne annuelle	Evol démo annuelle	PIB PPA 2025
Mauritanie	1 814	3 854	2,9%	2,3%	5 002
Afrique du Sud	6 398	13 225	2,8%	1,3%	17 005
Algérie	6 616	15 075	3,2%	2,2%	20 047
Angola	2 840	6 499	3,2%	2,7%	8 656
Swaziland	3 476	8 343	3,4%	1,5%	11 296
Zambie	1 514	3 922	3,7%	3,2%	5 454
Namibie	3 697	10 585	4,1%	1,6%	15 235
Égypte	3 819	11 132	4,2%	2,0%	16 120
Nigéria	1 966	5 867	4,3%	2,6%	8 567
Maroc	2 529	7 838	4,4%	1,3%	11 595
Tunisie	3 629	11 599	4,6%	1,3%	17 341
Ghana	1 241	4 294	4,9%	2,3%	6 599
Soudan	1 127	4 730	5,7%	2,2%	7 772
Cap-Vert	1 071	6 553	7,2%	1,2%	12 268
Monde	*5 439*	*16 143*	*4,3%*		*23 525*

Le tableau montre les quatorze pays à potentiel de croissance, dont le niveau de vie est compris entre celui de la moyenne des pays subsahariens de l'Afrique et la moyenne mondiale. Si les progressions restaient identiques à celles de la période entre 1990 et 2016, aucun de ces pays n'atteindrait le niveau mondial moyen en 2025 (soit 23.535 dollars). Seules se distinguent l'Algérie (avec 20.047 dollars), la Tunisie (17.341 dollars), l'Afrique du Sud (17.005 dollars), l'Égypte (16.120 dollars) et la Namibie (15.235 dollars).

Les pays de ce troisième groupe devraient accélérer leur croissance économique pour parvenir à dépasser la moyenne du PIB PPA mondial en 2025. Cependant, la Mauritanie, l'Angola et la Zambie devraient également veiller à ce que le déséquilibre ne s'établisse entre les faibles progressions de leurs niveaux de vie, soit respectivement : 2,9%, 3,2% et 3,7%, et les évolutions démographiques, respectivement : 2,3%, 2,7% et 3,2%. De plus, malgré leurs positions respectives par rapport aux données moyennes mondiales, et par rapport aux pays pauvres du continent, si le développement ne s'accélère pas entre 2016 et 2025, les PIB PPA de la Mauritanie (5.002 dollars), la Zambie (5.454 dollars), le Ghana (6.599 dollars), le Soudan (7.772 dollars), le Nigeria (8.567 dollars) et l'Angola (8.656 dollars), ne pourraient même pas atteindre 10.000 dollars en 2025.

Enfin, le quatrième groupe comprend les pays à potentiel de croissance, et dont les PIB PPA sont supérieurs à la moyenne de l'ensemble mondial : le Botswana, Maurice et les Seychelles.

Pays	PIB PPA 1990	PIB PPA 2016	Moyenne annuelle	Evol démo annuelle	PIB PPA 2025
Monde	*5 439*	*16 143*	*4,3%*		*23 525*
Botswana	5 242	16 735	4,6%	1,8%	25 011
Seychelles	9 189	28 391	4,4%	1,0%	41 954
Maurice	4 774	21 088	5,9%	0,1%	35 265
Costa Rica	5 033	16 614	4,7%		25 119
Thaïlande	4 298	16 917	5,4%		27 181
Mexique	6 037	17 862	4,3%		26 001
Argentine	6 991	19 934	4,1%		28 651
Uruguay	6 360	21 625	4,8%		33 032
Russie	8 013	23 163	4,2%		33 448
Roumanie	5 259	23 626	5,9%		39 743
Chili	4 589	23 960	6,6%		42 457
Turquie	6 141	24 244	5,4%		38 997
Pologne	6 175	27 811	6,0%		46 821
Corée du Sud	8 276	35 751	5,8%		59 327

En 1990, le PIB PPA de tous ces pays était inférieur à 10.000 dollars.

Les pays en compétition avec les autres pays en Amérique latine (Costa Rica, Mexique, Argentine, Uruguay, Chili), en Asie (Turquie, Russie, Corée du Sud) ou même en Europe (Pologne, Roumanie), ne sont que de petits pays en Afrique (Botswana, Île Maurice et Seychelles). Néanmoins, les progressions restent tout à fait comparables sur l'objectif de 2025. Aussi, en 2016, le PIB PPA du Botswana est de 16.735 dollars, comparable à ceux de la Thaïlande (16.917 dollars) et du Costa Rica (16.614 dollars). Au rythme actuel de croissance, le Botswana, qui se situe en 2016 entre le Costa Rica et la Thaïlande, se retrouverait dépassé par ces deux pays, soit la Thaïlande (27.181 dollars) et le Costa Rica (25.119 dollars), contre 25.011 dollars pour le Botswana. De même, nous pouvons observer que, en 1990, le niveau du Botswana était tout à fait comparable à celui de la Roumanie (5.242 dollars contre 5.259 dollars), et supérieur à ceux du Chili (4.589 dollars) et de la Thaïlande (4.298 dollars). Mais, au rythme actuel, tous ces pays se retrouveront au-dessus du Botswana : 39.743 dollars pour la Roumanie et 42.457 dollars pour le Chili, contre 25.011 dollars pour le Botswana. La différence entre ces différentes situations est logée dans de grandes ambitions nationales de développement de l'économie industrielle, l'éducation des jeunes générations, la stabilité du système politique, et les aides par des Communautés régionales ou des coopérations avec les puissances extérieures, à travers les sous-traitances des compagnies industrielles internationales.

Les cas de la Roumanie, du Chili, de la Turquie, de la Pologne et de la Corée du Sud, méritent une attention. Le PIB PPA de 1990 variait entre 5.259 dollars pour la Roumanie et 8.276 dollars pour la Corée du Sud. Mais, le rapide développement des entreprises industrielles, comprenant des compagnies étrangères européennes et américaines à partir des années 1990, a produit des effets d'accélération dans ces pays. Vingt-six ans plus tard, en 2016, le produit intérieur brut en parité de pouvoir d'achat varie entre 23.626 dollars pour la Roumanie et 35.0751 dollars pour la Corée du Sud. Cette dernière passerait à 59.327 dollars en 2025, grâce au développement très rapide des industries dans tous les domaines économiques. Ainsi, à cette date et au rythme actuel de sa croissance, la Corée du Sud atteindrait le produit intérieur brut en parité de pouvoir d'achat supérieur à celui de la zone euro (57.492 dollars), la France (55.742 dollars), l'Espagne (50.976 dollars), l'Italie (48.988 dollars), l'Union européenne (55.520 dollars), le Royaume-Uni (58.879 dollars), ou le Canada (57.744 dollars américains). Ces exemples nous confirment que le développement actuel des nations a trouvé ses ressorts dans celui de l'industrie et du commerce international. Les Africains ne pourront donc pas atteindre le progrès économique et social en ignorant l'importance de l'apport des transformations et de la création de la valeur ajoutée des matières premières en Afrique.

Les pays africains à faible potentiel de progrès économique et social, en raison de leur forte croissance démographique, qui écrase les progressions économiques, sont également répartis en quatre groupes. Mais, le plus important est celui des pays dont le produit intérieur brut en parité de pouvoir d'achat est plus faible que la moyenne des pays pauvres très endettés (PPTE). En effet, les pays pauvres d'Afrique cumulent souvent tous les obstacles au développement. Les conflits armés à répétions (la République démocratique du Congo, le Burundi, la Centrafrique) ou alors les désordres politiques et les dictatures longues (Gambie, Comores, Madagascar, Togo). Les populations se sont souvent assumées seules, en dehors des institutions politiques stables, efficaces et des orientations des politiques publiques suivies. L'insécurité et la terreur y ont souvent été érigées en mode de gouvernance, de prise et d'exercice du pouvoir. Les niveaux d'éducation, de santé publique, d'assainissement, d'alphabétisation, d'accès aux biens communs des infrastructures publiques, d'accès à l'eau potable et à l'électricité, sont souvent les plus bas du continent. Aussi, les familles se débrouillent comme elles peuvent, et la fécondité finit par prendre le dessus sur le progrès économique.

Dans les pays du premier groupe, où le PIB PPA est inférieur à la moyenne des pays pauvres très endettés (PPTE), l'évolution démographique annuelle est nettement supérieure au rythme annuel moyen de progression du niveau de vie. Certains pays ont même connu une forte régression du produit intérieur brut en parité de pouvoir d'achat, tels que la Gambie et la R.D. Congo. Il apparaît que la progression moyenne du PIB en PPA, entre 1990 et 2016, varie entre -1,3% en Gambie à 2,3% en Sierre Leone. Au cours de cette même période, la progression moyenne des pays pauvre très endettés a été de 3,4%. Au sein de ces onze pays pauvres africains et à faible potentiel de croissance, le PIB en PPA en 2016 varie entre 689 dollars en Gambie et 2.006 dollars au Zimbabwe. Ces pays doivent très vite se relancer.

Pays	PIB PPA 1990	PIB PPA 2016	Moyenne annuelle	Evol démo annuelle	PIB PPA 2025
Gambie	981	689	-1,3%	3,2%	-
République démocratique du Congo	828	801	-0,1%	3,1%	-
Burundi	703	778	0,4%	2,4%	806
République centrafricaine	603	699	0,6%	2,1%	736
Zimbabwe	1 676	2 006	0,7%	1,1%	2 135
Madagascar	1 069	1 506	1,3%	2,7%	1 696
Comores	1 034	1 522	1,5%	2,4%	1 740
Guinée-Bissau	1 015	1 582	1,7%	2,0%	1 844
Niger	578	978	2,0%	3,9%	1 174
Togo	873	1 491	2,1%	2,8%	1 795
Sierra Leone	808	1 473	2,3%	3,2%	1 814
Pays pauvres très endettés (PPTE)	943	2 246	3,4%	-	3 034

Tableau des pays pauvres d'Afrique et à faible potentiel de croissance. En 2025, au rythme actuel de progression du niveau de vie en PIB PPA, seul le Zimbabwe dépasserait la basse symbolique de 2.000 dollars, alors que la valeur moyenne des pays pauvres très endettés (PPTE) serait de 3.034 dollars. La croissance démographique l'emporte très largement sur celle du niveau de vie au Niger (3,9% > 2,0%) et en Centrafrique (2,1% > 0,6%).

Dans les pays de ce premier groupe, les pouvoirs politiques ont le devoir de construire l'État, et d'en stabiliser les bases des institutions, afin de bâtir des stratégies, des choix et des actions de développement. Les objectifs de 2025 semblent encore loin. Mais, les résultats que nous avons analysés entre 1990 et 2016 sont aussi tributaires du passé, souvent très chaotique, avec des violences politiques, des guerres civiles et l'instabilité des régimes politiques. Il nc peut pas se construire un développement durable dans un tel climat de grande insécurité dans ces pays.

Le deuxième groupe des pays dont le PIB en PPA est compris entre la moyenne des pays PPTE et celle des pays de l'Afrique subsaharienne, mais dont les ressorts de croissance peuvent être bloqués par la forte progression démographique au-dessus de celle du niveau de vie, rassemble deux pays dans le cas de cette étude. Les évolutions du niveau de vie et de la démographie s'équilibrent. Aussi, l'on peut les rapprocher des pays à fort potentiel de développement. Il s'agit du Sénégal (3,1% > 3,0%) et du Cameroun (2,4% > 2,2%). Néanmoins, la croissance du PIB en PPA de ces deux pays est très faible. Aussi, la progression de la moyenne des pays de l'Afrique subsaharienne étant plus haute avec 3,2%, alors que celle des pays pauvres très endettés (PPTE) est de 3,4%, celles du Sénégal et du Cameroun les rapprocheront des PPTE à l'horizon 2025.

Pays	PIB PPA 1990	PIB PPA 2016	Moyenne annuelle	Evolution démo annuelle	PIB PPA 2025
Pays pauvres très endettés (PPTE)	943	2 246	3,4%		3 034
Cameroun	1 844	3 286	2,2%	2,4%	4 013
Sénégal	1 191	2 568	3,0%	3,1%	3 351
Afrique subsaharienne	1 638	3 711	3,2%		4 925

L'écart entre la moyenne de l'Afrique subsaharienne et le Cameroun passerait de 425 dollars en 2016, à 912 dollars en 2025. Avec le Sénégal, cet écart passerait de 1.143 dollars en 2016, à 1.574 dollars. De faibles progrès.

Le Cameroun avait un niveau de vie de 1.844 dollars en 1990, supérieur à celui de la moyenne des pays de l'Afrique subsaharienne. En 2016, ce pays est passé sous le niveau de la moyenne des pays subsahariens, soit 3.286 dollars contre 3.711 dollars. Et en 2025, l'écart s'accroîtrait jusqu'à 912 dollars. Quant au Sénégal, l'écart avec la moyenne des pays de l'Afrique subsaharienne est passé de 447 dollars en 1990, à 1.143 dollars en 2016. Il pourrait atteindre 1.574 dollars en 2025, si le pays suivait la même progression entre 1990 et 2025. Cela se traduit par une croissance moyenne des pays de l'Afrique subsaharienne supérieure à celle du Sénégal. Ces deux pays ont donc besoin de trouver les ressorts d'accélération de leurs économies pour éviter de rejoindre les pays pauvres très endettés en 2025. L'on entend souvent des slogans sur tel ou tel pays '*émergent*' en Afrique, sûrement pour s'encourager. Mais, lorsque l'on constate que, au rythme de croissance entre 1990 et 2016, avec un taux moyen de 2,2% pour le Cameroun (contre 2,4% pour la population), et de 3,0% pour le Sénégal (contre 3,1% d'évolution démographique), et que ces pays n'atteindraient même pas 4.100 dollars de PIB en PPA en 2025, l'on peut s'interroger sur les éléments qui fondent objectivement cette émergence, en dehors des slogans politiques.

Il convient de rappeler que les autres pays animés par de fortes ambitions depuis quelques années, se sont bien organisés pour sortir réellement de la pauvreté. Entre 2016 et 2025, et selon les mêmes projections sur les progressions, le Viet Nam passerait de 6.424 dollars à 12.359 dollars, l'Inde pourrait se contenter du passage de 6.572 dollars à 12.074 dollars. Le Pérou passerait de 13.022 dollars à 20.657 dollars, alors que l'Equateur passerait de 4.829 dollars à 15.141 dollars. Aussi, en 2025, ces pays africains n'attendraient même pas les valeurs des produits intérieurs bruts par habitant en parité de pouvoir d'achat de certains pays, pauvres hier et émergents demain, en Amérique latine et en Asie. L'on oublie souvent que le progrès économique et social, qui entraîne l'élévation du niveau de vie, est porté par les hommes et les femmes, avec des jeunes générations des États.

Lorsque la progression de la population devient plus importante que celle de l'économie du pays, la redistribution des avantages économiques sur la population devient faible. Les pays africains, qui se sont longtemps contentés des économies de rente sur les recettes du pétrole et des minerais bruts, ou encore d'autres matières premières brutes exportées en l'état, n'ont pas créé des richesses pour l'avenir des populations. Aussi, se faire plaisir par les progressions démographiques, sans s'inquiéter de l'avenir de ces populations, est une erreur de gouvernance, un manque criant d'ambitions pour le pays et une manifestation d'incompétence dans la gestion de la nation. Maitriser l'évolution démographique pour maîtriser le progrès économique et social, est un impératif. Le lecteur aura compris que tous les calculs économiques et sociodémographiques sont ramenés à la population d'un pays. Il vaut donc mieux en maîtriser les indicateurs. Cela a été l'objet des analyses sociodémographiques menées dans cet ouvrage.

Le troisième groupe concerne des pays de la catégorie de ceux dont la progression démographique est supérieure à l'évolution moyenne du PIB en PPA, entre 1990 et 2016, se situant entre la moyenne des pays de l'Afrique subsaharienne et la moyenne mondiale. Il est constitué de deux pays : la République du Congo (3,7% > 2,1%) et la Côte d'Ivoire (2,6% > 2,3%). Les évolutions démographiques sont clairement supérieures aux progressions du PIB par habitant en parité de pouvoir d'achat. Avec un niveau de confort de revenus à peine supérieur par rapport au Cameroun et au Sénégal, du deuxième groupe, nous y retrouvons les analyses du même ordre. La croissance moyenne des pays de l'Afrique subsaharienne étant de 3,2%, et celle de l'ensemble mondial se rapprochant de 4,3%, celles de la République du Congo est faible à 2,1%, alors que celle de la Côte d'Ivoire n'est que de 2,3%. De plus, ces modestes progressions moyennes du PIB en PPA sont écrasées par les évolutions démographiques, respectivement de 3,7% pour le Congo et de 2,6% pour la Côte d'Ivoire. Ainsi, non seulement les projections sur l'année 2025 donnent des PIB en PPA faibles, de 6.902 dollars pour la République du Congo, et de 4.561 dollars pour la Côte d'Ivoire, mais également cette dernière pourrait se retrouver sous le niveau moyen des pays de l'Afrique subsaharienne, soit 4.925 dollars. Ce n'est pas que la Côte d'Ivoire régresse, mais que de nombreux autres pays du continent pourraient évoluer en moyenne plus vite qu'elle.

Pays	PIB PPA 1990	PIB PPA 2016	Moyenne annuelle	Evolution démo annuelle	PIB PPA 2025
Afrique subsaharienne	1 638	3 711	3,2%		4 925
République du Congo	3 322	5 719	2,1%	3,7%	6 902
Côte d'Ivoire	2 064	3 720	2,3%	2,6%	4 561
Monde	5 439	16 143	4,3%		23 525

Tableau présentant les évolutions de la République du Congo et de la Côte d'Ivoire entre 1990 et 2025. Avec un PIB en PPA supérieur à la moyenne de l'Afrique subsaharienne en 1990, la Côte d'Ivoire rejoindrait les pays situés sous la moyenne des pays subsahariens en 2025. Ce n'est donc pas une évolution dans le sens de l'émergence. L'écart entre la moyenne mondiale et la République du Congo, qui était de 2.117 dollars en 1990, est passé à 10.424 dollars en 2016 et il pourrait atteindre 16.623 dollars en 2025. Toutes ces données interrogent les dirigeants africains et leurs stratégies de progrès.

Les données de ce tableau montrent les difficultés de bâtir des progrès dans de nombreux pays africains. Lorsque les États n'ont pas construit des ambitions de développement, avec des projets sur lesquels ils sont évalués, soutenus par des programmes clairs d'actions et des résultats mesurés par étape, afin d'engager des analyses crédibles, selon les trajectoires, des forces sur lesquelles le pays doit pouvoir fixer ses leviers, et des faiblesses qu'il conviendra de corriger, les pays ne peuvent pas progresser. L'on dirait que certains dirigeants africains se battent pour atteindre le siège de président. Et une fois installé, la vie douce et les plaisirs du pouvoir s'installent également. Le pays, la population active et les jeunes générations sont oubliés dans l'agenda politique. On est heureux de voyager, d'être reçu par les grands du monde qui décident à la place des dirigeants africains. Le développement, un virus qui s'attrape par la rage du progrès économique et social dans le quotidien, et le constat affligé de la misère et la pauvreté devenues insupportables, n'atteint pas ces dirigeants des cases du passé lointain du monde. La démocratie devient alors une fenêtre de tir pour sortir de la boue. Mais, les dirigeants accrochés aux grands privilèges que procure le pouvoir, y font obstacle, sans toutefois proposer des outils d'accélération pour sortir le pays de la pauvreté et la misère. Ils amassent les fortunes en valeur plutôt monétaire, et oublient, à moins qu'ils ne l'aient pas appris, que la fortune par l'argent est volatile et inutile pour un peuple en grand désarroi. C'est la transformation de l'argent, un patrimoine de tout un pays, en créations industrielles pour relancer l'économie, en investissements dans des infrastructures de tous ordres pour que les habitants soient mieux éduqués, mieux soignés, de mieux en mieux transportés, de mieux en mieux logés, mieux rétribués par le travail, et la création de leur valeur ajoutée, que l'argent va vers l'utilité collective et l'intérêt général d'un pays. Les États, dont les dirigeants ne parviennent pas à faire décoller le progrès pour le peuple, accusent d'importants retards dans la compétition mondiale. Le monde accélère, quand l'Afrique ralentit.

Lorsque l'on compare les situations de départ et d'arrivée, entre la République du Congo, la Côte d'Ivoire, et quelques autres pays d'Amérique latine et d'Asie, l'on peut s'étonner des politiques menées, pour tant de manque de ressorts du progrès. En 1990, le produit intérieur brut par habitant en parité de pouvoir d'achat de la Côte d'Ivoire était de 2.064 dollars. Il était alors supérieur à celui de la Chine (987 dollars), du Viet Nam (970 dollars), de l'Inde (1.134 dollars). Quant à celui du Congo Brazzaville de 3.322 dollars, il était en plus supérieur à celui du Sri Lanka (2.369 dollars) et de l'Indonésie (2.990 dollars). Il était comparable à celui du Pérou (3.434 dollars). Mais, en 2016, les situations ont fortement évolué. Le PIB en PPA de la Côte d'Ivoire est de 3.720 dollars, et il est passé sous les valeurs de tous les autres pays cités précédemment. Celui de la République du Congo (Brazzaville) est passé à 5.719 dollars. Alors qu'il était comparable à celui du Pérou en 1990, l'écart de 112 dollars en faveur du Pérou s'est transformé en 7.303 dollars, et toujours en faveur du Pérou, en 2016. Entre la Côte d'Ivoire et le Sri Lanka, l'écart était de 305 dollars en faveur du Sri Lanka en 1990. Mais, il est passé à 7.596 dollars en 2016, en faveur du Sri Lanka. En 2025, si la croissance poursuit la même tendance, cet écart entre le Sri Lanka et la Côte d'Ivoire pourrait atteindre 17.230 dollars. Il y a donc un problème d'ambitions, d'organisation, de vision de l'avenir dans de très nombreux pays africains. Cet ouvrage a pour objectif de contribuer à ouvrir les yeux des dirigeants, mais aussi des Africains en général, sur le monde tel qu'il est, et non tel qu'ils souhaiteraient qu'il soit pour eux.

Pays	PIB PPA 1990	PIB PPA 2016	Moyenne annuelle	PIB PPA 2025
Côte d'Ivoire	2 064	3 720	2,3%	4 561
République du Congo	3 322	5 719	2,1%	6 902
Monde	5 439	16 143	4,3%	23 525
Chine	*987*	*15 535*	*11,2%*	40 337
Viet Nam	*970*	*6 424*	*7,5%*	12 359
Inde	*1 134*	*6 572*	*7,0%*	12 074
Sri Lanka	*2 369*	*12 316*	*6,5%*	21 791
Indonésie	*2 990*	*11 612*	*5,4%*	18 574
Pérou	*3 434*	*13 022*	*5,3%*	20 657

Tableau comparant des progressions entre la Côte d'Ivoire et la République du Congo, avec les autres pays de même niveau de PIB PPA en 1990. La situation de la Côte d'Ivoire était comparable à celle du Sri Lanka. Mais, le petit écart de 305 dollars en 1990, deviendrait au moins 17.230 dollars en 2025. Tous les pays, dont les valeurs étaient inférieures à celle de la Côte d'Ivoire en 1990 : la Chine, le Viet Nam et l'Inde, ont l'ont déjà dépassée en 2016, et l'écart pourrait atteindre au moins 35.777 dollars pour la Chine, 7.799 pour le Viet Nam, et 7.513 dollars pour l'Inde. De même, le PIB en PPA du Congo Brazzaville était supérieur à celui de la Chine, le Viet Nam, l'Inde, le Sri Lanka et l'Indonésie, en 1990. Mais, tous ces pays l'ont déjà très largement dépassé en 2016. Et en 2025, le PIB en PPA de la République du Congo serait 5,8 fois inférieur à celui de la Chine ; près de 3,2 fois celui du Sri Lanka ; ensuite 2,7 fois inférieur à celui de l'Indonésie ou 1,8 fois inférieur à celui du Viet Nam et 1,7 fois inférieur à celui de l'Inde.

Le dernier groupe des pays de la catégorie des pays africains dont la progression démographique est supérieure à celle du PIB en PPA, mais dont ce dernier est supérieur à la valeur moyenne de l'ensemble du monde, est le Gabon (2,0% > 1,4%). Le niveau de son produit intérieur brut par habitant en parité de pouvoir d'achat, était de 12.604 dollars en 1990. Il est passé à 18.108 dollars en 2016, et pourrait atteindre seulement 20.528 dollars en 2025, si les mêmes tendances se poursuivent pendant la décennie de 2015 à 2025. La comparaison avec les évolutions des autres pays comparables du monde en 1990, montre la grande faiblesse du Gabon. La progression moyenne annuelle de 1,4% entre 1990 et 2016, est très faible. De plus, elle est dominée par celle de la population, qui atteint 2,0%. Il apparaît que la gouvernance de ce pays n'a pas construit des stratégies de transformation et de valorisation de ses immenses ressources naturelles, en vue de se préparer aux challenges de l'avenir. Ce pays n'était pas pauvre en 1990. Le produit intérieur brut en parité de pouvoir d'achat du Gabon (12.604 dollars), était supérieur à celui de la Roumanie (5.259 dollars), le Mexique (avec 6.037 dollars), la Turquie (6.141 dollars), la Pologne (6.175 dollars), l'Uruguay (6.360 dollars), le Brésil (6.686 dollars), l'Argentine (6.991 dollars), la Russie (8.013 dollars), la Corée du Sud (8.276 dollars) et le Portugal (11.762 dollars), parmi les pays retenus en Europe, en Asie et en Amérique latine, dans le cadre des comparaisons internationales, et en dehors du continent africain.

La situation a commencé en s'inverser au cours de la période de 1990 à 2016. Alors que le PIB en PPA pour le Gabon atteint 18.108 dollars, le niveau de la Roumanie est déjà passé à 23.626 dollars, celui de la Turquie passe à 24.244 dollars, celui de la Pologne est à 27.811 dollars, celui de l'Uruguay passe à 21.625 dollars. En Argentine, il atteint déjà 19.934 dollars ; en Russie, il est à 23.163 dollars et en Corée du Sud, cette valeur s'affiche à 35.751 dollars. Le Portugal, la Roumanie et la Pologne, ont été aidés par l'Union européenne. Le PIB en PPA du Portugal est passé de 11.762 dollars en 1990 à une valeur de 30.624 en 2016.

Les pays qui n'avaient pas réussi à dépasser le Gabon, sur les dix pays cités plus haut, restent le Mexique (17.862 dollars) et le Brésil (15.128 dollars). Mais, tous les pays du monde accélèrent leurs progrès. Pays émergents du BRICS AMACITA, le Mexique et le Brésil ont mis tous les moyens pour se développer très vite. Et le résultat est que le Gabon serait dépassé en 2025 par tous ces pays asiatiques et latino-américains, partis plus bas que lui en 1990, à l'exception du Brésil (20.069 dollars).

Pays	PIB PPA 1990	PIB PPA 2016	Moyenne annuelle	PIB PPA 2025
Monde	5 439	16 143	4,3%	23 525
Gabon	12 604	18 108	1,4%	20 527
Roumanie	5 259	23 626	5,9%	39 743
Mexique	*6 037*	*17 862*	*4,3%*	26 001
Turquie	*6 141*	*24 244*	*5,4%*	38 997
Pologne	6 175	27 811	6,0%	46 821
Uruguay	*6 360*	*21 625*	*4,8%*	33 032
Brésil	6 686	15 128	3,2%	*20 069*
Argentine	6 991	19 934	4,1%	28 651
Russie	8 013	23 163	4,2%	33 448
Corée du Sud	8 276	35 751	5,8%	59 327
Portugal	11 762	30 624	3,7%	42 650
Espagne	13 626	36 310	3,8%	50 976
Irlande	13 735	68 883	6,4%	120 371
Royaume-Uni	*16 739*	*42 609*	*3,7%*	*58 879*
Australie	17 374	46 790	3,9%	65 931
France	17 641	41 466	3,3%	55 742
Danemark	18 214	49 696	3,9%	70 342
Norvège	18 431	59 302	4,6%	88 868
Italie	18 546	38 161	2,8%	48 988
Belgique	18 758	46 383	3,5%	63 454
Pays-Bas	18 900	50 898	3,9%	71 719
Autriche	19 394	50 078	3,7%	69 543
Allemagne	19 422	48 730	3,6%	67 001
Japon	19 454	41 470	3,0%	53 891
Suède	20 096	49 175	3,5%	67 030

A l'issue du parcours des comparaisons des pays africains entre eux, et avec les autres pays du monde en Europe, en Amérique latine et en Asie, il apparaît que les pays africains ont longtemps pâti du départ tardif dans la compétition mondiale (en raison de la domination qu'ils avaient subie depuis le début du XVe siècle jusqu'aux années des indépendances après la Seconde guerre mondiale de 1940-1945), de la tutelle économique et politique des anciennes puissances coloniales (qui ont souvent orienté les dirigeants et les peuples des pays africains selon leurs propres intérêts, et souvent freiné le développement des jeunes pays indépendants), des guerres civiles et des luttes de pouvoir à répétition (à travers des coups d'État, des conflits tribaux ou ethniques), du manque de stratégies économiques solides et de projets industriels avec de grandes ambitions de réussite, de la carence ou la défaillance des fondamentaux du développement (éducation, paix et sécurité, santé, éducation, infrastructures, alimentation, énergie, stabilité des institutions, etc.), et du défaut de gouvernance au service des peuples. Le décollage des États aura été laborieux, avec des transitions démocratiques ratées, et souvent des retours à la case départ. La traversée du désert aura été longue, pénible même, entre le début des années 1960 et le milieu des années 2000. Enfin, l'Afrique peut alors se relancer, se reconstruire, et déterminer elle-même la trajectoire vers son avenir. Mais, les maturités demeurent disparates, et le goût du pouvoir reste un dernier frein au développement. Or, c'est souvent la rotation au pouvoir, favorisant l'arrivée de nouveaux talents avec de nouvelles énergies, animés par d'autres visions de l'avenir, qui crée de nouvelles conditions de dépassement de soi et d'accélération du développement. La démocratie élective est alors un outil qui facilite et légitime ces rotations au pouvoir. Ce n'est ni un objectif, ni une fin de parcours pour un pays.

L'Afrique n'a pas tout raté, parce qu'elle n'a réellement pas encore amorcé son décollage. L'Afrique noire se prépare ; elle n'est donc pas encore partie. Mais, pour mieux préparer la fusée pour son décollage, elle doit apprendre, connaître et maîtriser les conditions météorologiques de ce monde. Savoir d'où elle vient, et où elle veut se rendre, pour être sûre de prendre la bonne route et les moyens de transport appropriés. Elle doit bien apprendre à maîtriser ses propres ressources, afin de mieux les exploiter et en tirer le meilleur profit. Elle doit donc s'organiser efficacement.

En parcourant quarante-sept pays d'Afrique sur la période de 1990 à 2016, l'on distingue deux catégories : les pays, dont les évolutions économiques sont supérieures aux progressions de la population, et les autres. Dans chaque catégorie, nous les avons répartis en quatre groupes, selon les données de leurs niveaux de produits intérieurs bruts par habitant en parité de pouvoir d'achat et les comparaisons avec les pays pauvres très endettés (PPTE), les pays de l'ensemble de l'Afrique subsaharienne et la moyenne des pays du monde. En projetant les PIB en PPA sur l'horizon de 2025, que nous proposons, dans cet ouvrage, comme un point d'étape pour évaluer les résultats atteints et les bilans, après une période de 1990-2025, nous observons que sur seize pays de la seconde catégorie, où l'évolution démographique est supérieure à la progression du PIB PPA, seul le Gabon pourrait atteindre un niveau supérieur à 10.000 dollars en 2025, soit 20.527 dollars. Ces pays doivent alors gérer la forte pression démographique dans des économies fragiles. Dans la première catégorie, sur trente pays concernés, onze d'entre eux pourraient atteindre plus de 10.000 dollars à cette échéance. Dans l'ordre décroissant, on aurait Les Seychelles, l'Île Maurice, le Botswana, l'Algérie, la Tunisie, l'Afrique du Sud, l'Égypte, la Namibie, le Cap-Vert, le Maroc et le Swaziland. Néanmoins, il n'y a que cinq pays au-dessus de 20.000 dollars : Les Seychelles (41.954), l'Île Maurice (35.265), le Botswana (25.011), le Gabon (20.527) et l'Algérie (20.047). De nombreux pays africains resteront encore pauvres, au-dessous du niveau des pays pauvres très endettés (PPTE).

Pendant ce temps, de très nombreux pays d'Amérique latine et d'Asie, qui étaient aussi pauvres que les pays africains avant 1990, dépasseront 20.000 dollars. L'on peut indiquer notamment le Brésil (20.069), la Colombie (20.485), le Pérou (20.657), le

Sri Lanka (21.791), l'Irak (23.258), le Costa Rica (25.119), le Mexique (26.001), la Thaïlande (27.181), l'Argentine (28.651), la Russie (33.448), la Turquie (38.997), le Chili (42.457), la Malaisie (44.955), l'Israël (54.327), la Corée du Sud (59.327), l'Australie (65.931), l'Arabie saoudite (68.993) et les Emirats arabes unis (72.639). Par ailleurs, l'intégration de la Pologne, la Roumanie, le Portugal, l'Espagne ou l'Irlande au sein de l'Union européenne, a favorisé une forte progression de leur niveau de vie. Cela peut donner des indications à la formation des entités régionales plus puissantes que de petits États isolés. Aussi, entre 1990 et 2025, l'Irlande passerait de 13.735 dollars à 120.371 dollars, l'Espagne évoluerait de 13.735 dollars à 50.976 dollars, le Portugal en profiterait pour passer de 11.762 dollars à 42.650 dollars, la Pologne bondirait de 6.175 dollars à 46.821 dollars et la Roumanie sortirait de la pauvreté, de 5.259 dollars à 39.743 dollars. L'Union européenne a donc accéléré le progrès de ses membres, qui étaient encore très pauvres avant leur intégration.

Toutes ces informations nous indiquent que de nombreux pays africains sont trop peu peuplés pour accélérer seuls le progrès. Les petits pays autonomes qui ont atteint un fort développement, ils le doivent au pétrole pour la majorité d'entre eux. Les grands pays émergents sont peuplés de plus de 50 millions d'habitants. Les pays africains devraient se regrouper pour peser davantage, et approcher 100 millions d'habitants. L'union fait la force. Les pays qui progressent vite comptent plus de vingt millions d'habitants, tels que le Brésil (207,65 millions), le Mexique (122,90 millions), la Thaïlande (68,86 millions), la Corée du Sud (51,25 millions), la Colombie (48,65 millions), l'Argentine (43,85 millions), le Pérou (32,28 millions), la Malaisie (31,19 millions), l'Australie (22,99 millions). Or en Afrique, il existe de nombreux pays de moins de dix millions d'habitants, notamment en Afrique centrale (Gabon, Guinée Équatoriale, République centrafricaine, Sao-Tomé et Principe, République du Congo). Pour mettre en commun des ressources, attirer divers partenaires intéressés par une importante population de consommateurs, et réunir des investissements pour faire face aux fondamentaux du développement, ces pays devront se regrouper au sein d'une grande entité, former une Communauté économique des États d'Afrique centrale solide, solidaire et active. Il en est de même pour de petits États en Afrique australe, tels que le Botswana, la Namibie, le Swaziland, le Lesotho, et les petites îles de l'Océan Indien. L'accélération de leur développement pourra se réaliser au sein de la Communauté de développement de l'Afrique australe (SADC). Les pays de l'Afrique orientale sont restés très longtemps démunis des ressources stratégiques, telles que le gaz, le pétrole et les pierres précieuses. Les dernières explorations en Tanzanie, au Burundi, ainsi que les apports miniers et d'énergie du Soudan du Sud, ont changé la donne. Or les pays de la région sont globalement tous pauvres, et ils ne pourraient pas faire face individuellement aux importants investissements nécessaires à l'exploitation de leurs ressources. Ils doivent donc renforcer leur Communauté économique de l'Afrique de l'Est pour progresser.

En Afrique occidentale, six des quinze pays comptent moins de dix millions d'habitants : le Cap-Vert, la Guinée-Bissau, le Togo, la Sierra Leone, la Gambie et le Liberia. Par ailleurs, quatre seulement comptent plus de vingt millions d'habitants, soit le Nigeria, la Côte d'Ivoire, le Ghana et le Niger. Aucun des pays de la région ne peut accélérer seul le développement, en comparaison avec les pays de l'Asie ou d'Amérique latine. Il apparaît que l'émiettement des États a freiné le développement de chacun des pays isolément. Pris individuellement, tous les pays de la région sont riches en ressources naturelles : pétrole, gaz, uranium, or, diamant, minerais divers. Mais, leur mise en valeur exige l'expertise, les financements lourds, la construction des industries de transformation et les infrastructures de transport qui dépassent les moyens de chaque pays. La somme des efforts et des intelligences pour exploiter et produire, l'unification des marchés pour consommer des productions régionales, la force des banques régionales pour soutenir les investissements locaux, sont indispensables pour organiser et bâtir une nouvelle Afrique.

8. L'Afrique face à son avenir

L'Afrique demeure un continent à reconstruire. Néanmoins, il faudra consolider les fondations et définir les orientations pour chacune de ses cinq régions géographiques, et chacun de ses pays membres. Nous avons indiqué que l'espace pertinent reste la '*Communauté économique régionale*' (CER), pour réussir à construire des politiques gagnantes dans une mondialisation qui va de plus en plus écraser les petits pays sans ressources et peu peuplés, au profit des grandes firmes internationales. Celles-ci sont guidées par les profits financiers de plus en plus élevés, le gigantisme en vue de peser face à leurs concurrentes, et les services rendus aux grandes puissances politiques. Les grandes firmes mondiales de l'Union européenne œuvrent pour l'Europe et sa grandeur dans le monde. Les grandes firmes américaines se préoccupent aussi de leurs intérêts et de ceux des Etats-Unis ou du Canada. Elles ne sont pas déployées dans le monde pour jouer de la philanthropie en faveur des pays pauvres pour les sortir de la misère. Ce rôle est dévolu aux dirigeants des pays concernés.

Nous avons proposé des chantiers pour rebâtir une Afrique de notre temps, une Afrique nouvelle, une Afrique de la prospérité pour les Africains. A chacun de ces chantiers, il faudra des outils et des modes opératoires pour réussir. Aussi, pour construire une Afrique de paix et de sécurité sur tous les territoires, il faudra une véritable armée de protection et d'intervention. Aujourd'hui, les attaques entre les pays ont diminué d'intensité. Cependant, les milices armées sont parfois plus puissantes que les armées de certains États dans leurs configurations actuelles. Cela s'est particulièrement fait remarquer avec fracas au Mali, en République centrafricaine, comme cela s'est déjà déroulé en Sierra Leone. Les sectes islamiques Boko Haram et Al Qaeda terrorisent les armées nigériane, camerounaise, tchadienne, et se répandent également en Centrafrique, au Burkina Faso et au Mali. Des milices armées islamistes, ethniques ou tribales, financées par des puissances extérieures, agissent en Afrique centrale, dans la corne de l'Afrique en Somalie, au Soudan du Sud, et continuent de défier les États en Afrique de l'Ouest. L'Afrique ne pourra pas éternellement faire appel à l'ONU, à la France, aux États-Unis ou à toutes les puissances politiques et militaires du monde, pour venir à son secours. Ces puissances sont de plus en plus appelées à gérer également leurs propres priorités chez elles. Les dernières crises économiques et financières ont attisé les égoïsmes d'États, provoqué des résultats électoraux inattendus aux États-Unis avec l'élection de Donald Trump, en France où Marine Le Pen a défié les partis installés de la gauche et de la droite, en se qualifiant pour le second tour de l'élection présidentielle d'avril et mai 2017. Au Royaume-Uni, le terrorisme islamique et les flux des migrants d'Asie, rejoignant les flux habituels des Africains vers ce pays, ont provoqué un séisme par la sortie du Royaume-Uni de l'Union européenne : un événement incroyable et unique, depuis l'historique fondation de la Communauté économique européenne. En Europe de l'est, les armées sont déployées le long des frontières pour contenir les arrivées de migrants venant d'Asie. Les ressources humaines militaires des États ne sont pas inépuisables. A cette rareté s'ajoutent les contrôles des budgets publics, afin de réduire l'endettement et financer les priorités économiques. Le chômage se rappelle régulièrement aux dirigeants occidentaux, comme la priorité économique et sociale majeure. Dans ce contexte tendu de l'état du monde, les Africains doivent se doter des armées de notre temps, des armées de dimension régionale. L'on pourrait concevoir la gendarmerie et la police qui assurent la sécurité au sein de chaque pays, et mutualiser à terme les forces armées au sein de la Communauté économique régionale pour la protection des territoires, des frontières, ainsi que pour la sécurité des États et de leurs institutions (voir l'ECOMOG). C'est un instrument au service de l'avenir pour une nouvelle Afrique sûre et stable.

Dans le domaine des infrastructures, comme dans celui de la production et le transport de l'énergie électrique, les budgets alloués peuvent dépasser les capacités et les ressources réelles de certains pays. Néanmoins, il faudra bien construire et entretenir les routes et les chemins de fer, et distribuer l'électricité à 90% des ménages. L'assainissement public et la distribution de l'eau potable sur tous les territoires participent à l'amélioration des outils de santé publique, de lutte continue contre les épidémies et de progrès social. Les mutualisations deviennent nécessaires. Au sein des Communautés économiques régionales, les projets de cette envergure nécessitent des plans stratégiques régionaux. Les routes, les chemins de fer, les liaisons aériennes, les ports fluviaux intérieurs, ou les grands ports situés tout au long des côtes de l'Océan Atlantique et de l'Océan Indien, devraient faire partie de ces stratégies et des coordinations régionales. L'Union africaine ne dispose pas de budget pour ces installations. Ce sera sur des ressources des Etats, dont les répartitions sont décidées au sein même de la région, complétées par les financements des partenaires. Les liaisons de communication servent, certes au pays pour le désenclavement intérieur des territoires, mais aussi pour des échanges économiques et commerciaux au sein de la région, et entre les régions voisines. La Communauté régionale constitue des fonds dédiés à ces projets. Des actions purement nationales sont initiées et financée par des États. Des projets de grande envergure régionale sont mutualisés entre les pays.

Dans le domaine des transformations des matières premières en Afrique, c'est toute une économie industrielle à repenser et à reconstruire. Nous avons indiqué les enjeux liés au pétrole, dans une vision globale de comparaison avec les pays officiellement reconnus comme émergents dans le monde. Ce sont ces pays qui participent à l'organisation et aux régulations économiques et financières du monde, au sein du G20. Mais, autant sur les routes et les chemins de fer, nous avons indiqué des retards à rattraper pour assurer une meilleure circulation des personnes et des biens à travers le continent, autant nous préconisons des rattrapages sur les transformations des productions agricoles, et des ressources forestières, minières et énergétiques en Afrique. Le défaut des moyens de transport bloque souvent les échanges. Mais, les industries des domaines agricoles et forestiers intéressent surtout les Africains pour se nourrir et construire les logements. Il est indécent, et même étrange, d'entendre parler de famines qui ravagent les populations en Afrique, quel qu'en soit le mobile avancé. Les guerres civiles n'ont plus de fondement, ni de légitimité. Les Africains devraient être capables de nourrir les Africains, sans tendre les mains aux organisations internationales et aux agences de l'ONU pour survivre. De même, les huttes et les cases ont fait leur temps. Des nouveaux matériaux existent pour bâtir des habitations, comme ériger des immeubles des activités diverses. Le bois n'est pas réservé au seul luxe des pays riches, alors qu'il est exploité en Afrique. Les scieries africaines, les forêts denses de différents pays avec des essences rares et diverses que seule peut proposer l'Afrique, devraient servir également aux Africains. La construction d'une école, d'un logement individuel ou collectif, d'un immeuble de service, requiert une part de bois. Pourquoi les Africains devraient-ils importer hors du continent des produits déjà disponibles devant leur porte, ou à quelques kilomètres de la maison ou du bureau. Il en est de même pour des produits alimentaires, que l'on trouve en abondance dans plusieurs pays. Les États sont donc appelés à s'organiser pour produire, transformer, transporter et distribuer. Les infrastructures font partie des fondamentaux et du socle incontournable, pour effectuer le transport et la distribution.

Dans les ressources énergétiques, nous avons indiqué que de nombreux pays africains produisent du pétrole et du gaz. Mais, en ne retenant que les vingt pays qui disposent des raffineries de pétrole sur leurs territoires, les quantités produites restent encore au niveau très bas. Au sein des seize pays ne disposant qu'une installation de raffinerie, les quantités produites évoluent entre 14.500 barils par jour en Érythrée et 90.000 barils par jour au Kenya. Les pays historiques, tels que l'Angola (55.000 barils par jour), le Gabon et la République du Congo (21.000 barils par jour) restent au niveau symbolique de production. Les six autres pays dotés de plusieurs installations de raffineries sur leurs territoires produisent de 104.500 b/j au Soudan, à 380.000 b/j en Libye, 475.500 b/j en Algérie, 496.500 b/j en Afrique du Sud, 505.000 au Nigeria, jusqu'à 675.050 b/j en Égypte. Malgré ces quantités qui peuvent paraître extrêmement élevées pour les Africains, ce ne sont que de modestes productions, comparées aux concurrents des pays émergents. Les pays africains veulent se présenter au concours de sélection pour entrer dans le club des autres pays émergents du monde, et c'est une ambition légitime. Cependant, la plus importante quantité raffinée est en Égypte pour l'Afrique ; et elle ne représente que 8,8% de la production de la Chine. Le tableau synthétique suivant montre les situations relatives des cinq premiers raffineurs de pétrole en Afrique, par rapport aux autres pays du groupe des pays émergents.

Pays	Chine	Inde	Indonésie	Corée du sud	Turquie	Arabie saoudite
Égypte	8,8%	15,2%	64,2%	22,5%	88,6%	24,0%
Nigeria	6,6%	11,4%	48,1%	16,8%	66,3%	18,0%
Afrique du Sud	6,5%	11,2%	47,2%	16,5%	65,2%	17,7%
Algérie	6,2%	10,7%	45,3%	15,8%	62,4%	16,9%
Libye	4,9%	8,6%	36,2%	12,6%	49,9%	13,5%

Tableau indiquant les puissances relatives des grands pays possédant plusieurs raffineries de pétrole en Afrique, par rapport aux pays émergents.

Le tableau ci-dessus montre que le plus gros raffineur de pétrole en Afrique, l'Égypte, produit l'équivalent de 8,8% de la Chine, premier pays émergent pour la quantité de pétrole raffiné. L'Inde s'impose également derrière la Chine et devant l'Arabie saoudite dans les quantité de pétrole raffiné. Le premier producteur de pétrole en Afrique reste le Nigeria. Mais, ses raffineries ne totalisent que 6,5% de la production de la Chine, 11,4% de l'Inde et 16,5% de la Corée du Sud. Si la Chine et l'Inde peuvent arguer une forte population pour leur consommation intérieure, il n'en est pas de même pour la Turquie et la Corée du Sud, face à la population de l'Égypte ou celle du Nigeria. Il conviendra alors de conclure que les productions africaines ne couvrent même pas la demande intérieure. Ensuite, les pays africains qui misent tous les espoirs sur les exportations du brut, devraient réaliser que les autres producteurs répondent à la demande intérieure, exportent auprès des pays de leur environnement géographique, puis vers les grands consommateurs occidentaux. Les concurrents les plus connus face à l'Afrique, sont en Asie et en Amérique du sud.

Pays	Irak	Venezuela	Iran	Thaïlande	Argentine	Émirats Arabes Unis
Égypte	63,9%	52,7%	21,8%	63,4%	109,1%	103,1%
Nigeria	47,8%	39,5%	16,3%	47,4%	81,6%	77,1%
Afrique du Sud	47,0%	38,8%	16,0%	46,6%	80,3%	75,8%
Algérie	45,0%	37,1%	15,4%	44,6%	76,9%	72,6%
Libye	36,0%	29,7%	12,3%	35,7%	61,4%	58,0%

Tableau comparant les pays africains avec l'Argentine, un nouveau pays émergent de 43,85 millions d'habitants (2016), la Thaïlande avec ses 68,86 millions d'habitants (2016), et les autres grands exportateurs de pétrole en Asie (Iran, Irak, Emirats arabes unis) et en Amérique centrale, le Venezuela.

Il apparaît que seule l'Égypte, qui atteint 88,8% de la Turquie, et 64,2% de l'Indonésie, parvient à produire, dans ses dix raffineries, plus de pétrole que le nouveau pays émergent de l'Amérique latine, l'Argentine (avec huit raffineries) et les Emirats arabes unis (avec cinq raffineries). Alors que le Nigeria, premier producteur du pétrole en Afrique et totalisant 505.000 barils par jour dans ses quatre raffineries, ne pèse que 47,8% des productions issues des douze raffineries de l'Irak, ou encore 47,4% de la Thaïlande dans ses six raffineries. Mais, il ne pèse que 16,3% de l'Iran, et seulement 81,6% de l'Argentine. C'est donc dire que les pays d'Afrique rencontrent des difficultés de bâtir d'ambitieux projets et des stratégies industrielles. Devant les géants démographiques africains, le Nigeria et l'Égypte, les challengers : le Venezuela (31,57 millions d'habitants), l'Iran

(81,40 millions), l'Irak (38,85 millions), la Thaïlande (68,86 millions) ou encore les Émirats arabes unis (9,30 millions) font figure de nains. Mais, ils ont su bâtir un avantage concurrentiel sur des ressources disponibles et en abondance, ou sur le potentiel de la demande intérieure et des puissances internationales. Le Nigeria et l'Égypte ne produisent pas assez de pétrole dans leurs raffineries en vue de satisfaire la demande intérieure. Et si la production du brut de leur territoire ne suffisait pas, ils n'ont pas construit des raffineries suffisantes pour importer les productions de très nombreux pays voisins pour réduire les coûts de revient, et exporter à moindre prix les produits finis vers les autres pays africains. Non, seulement les pays ont manqué de vision à long terme, mais également les régions africaines manquent de coopération au développement.

S'agissant des ressources minières, nous avons indiqué des productions dans les principaux pays par type de minerais. Ainsi, les terres africaines hébergent les plus grands gisements miniers des pierres précieuses du monde. Cependant, malgré des besoins immenses en matériaux de constructions immobilières, routières, ferroviaires, et des industries électromécaniques, les pays ne sont pas parvenus à développer des complexes métallurgiques, des sites de fonderies, en dehors des cimenteries et des industries de plasturgie, pour l'essentiel, en dehors de l'Afrique du Sud, et de quelques pays de l'Afrique du Nord qui ont lancé leurs industries au début des années 2000. Ils préfèrent exporter les produits miniers ou pétroliers bruts, et ensuite se plaindre de la baisse des cours mondiaux des matières premières pour réunir des fonds suffisants, afin de boucler leurs budgets. Dépendant des 'aides' fictives des anciennes métropoles ou des prêts hypothécaires de la Banque mondiale ou du Fonds monétaire international, ou encore des prêts des fonds d'investissement gagés sur le pétrole et les minerais, de nombreux pays pétroliers, gaziers et miniers se sont piégés eux-mêmes. Une petite tempête, bien orchestrée par des *market makers* des *commodities*, suffit pour ébranler les économies déjà fragiles des pays africains. Cependant, tous nous jurent qu'ils seront émergents en 2020-2025. L'émergence est alors devenue un nouveau mot magique pour effrayer le diable, éloigner les mauvais esprits, et redonner une confiance, et même une nouvelle espérance aux peuples déboussolés. Mais cette idée ne demeure qu'une illusion. La puissance économique et financière qui confère la respectabilité et le droit de postuler au club des pays émergents est bâtie sur l'économie industrielle. Il n'y a d'économie solide que portée par l'industrie et ses dérivés. Le Royaume-Uni a reconquis sa place qu'elle avait fièrement conquise, depuis la révolution industrielle du 18e au 20e siècle, par le retour à l'industrie, cassée au début des années 1980 par les libéraux derrière Margaret Thatcher, Premier ministre. Mais, après la crise financière de 2008, importée des États-Unis qui tirent l'économie du Royaume, les Britanniques ont revu leurs stratégies économiques et remis toutes leurs forces dans la relève de l'industrie. Et en 2016, le Royaume-Uni a repris sa place de 5e puissance économique mondiale. Aussi, les cinq premières puissances économiques mondiales, sont d'abord les puissances industrielles : les États-Unis d'Amérique, la Chine, le Japon, l'Allemagne et le Royaume-Uni sont avant tout des puissances industrielles. En perdant la part de l'industrie, divisée par deux en trente ans, dans la formation de son produit intérieur brut, la France a reculé à la sixième place mondiale, et elle pourrait encore poursuivre ce recul derrière l'Inde et le Brésil au cours des prochaines années. Par ailleurs, le chômage de masse s'est considérablement développé avec le recul de l'industrie. C'est l'industrie qui absorbe la plus grande population de travailleurs, et qui fournit une activité durable, peu volatile, à l'économie. Ses piliers sont consolidés par l'innovation permanente, la recherche et développement technologique, les investissements comme des *inputs* pour soutenir la production. Ensuite, les produits issus des usines sont proposés à la consommation intérieure, et extérieure pour des exportations. Il n'y a donc pas d'économie conquérante, durable et solide, sans le support de l'industrie. Cela est valable également en Afrique. Pour ce faire, dès lors que les pays ont recensé leurs ressources naturelles, ils devraient immédiatement engager des projets et des réalisations de transformation. Cela est vrai pour toutes les productions : agricoles, forestières, minières et énergétiques. Les produits finis, semi-finis ou intermédiaires, selon les finalités envisagées dans les stratégies économiques, contribuent à l'élévation du niveau de la production intérieure du pays, et à l'amélioration des recettes pour accroître les budgets.

Mais, qui dit économie entend échanges et valorisation. Et qui s'intéresse à la valorisation évoque la monnaie. Avant de rêver de la monnaie africaine, alors que l'on n'a même pas de modèle économique de référence, l'on devrait construire des politiques économiques convergentes dans les communautés économiques régionales. La monnaie devient alors un instrument de politique économique pour accompagner des stratégies industrielles au sein de la communauté régionale. Nous avons un modèle de monnaie de l'Union européenne, l'euro, dont on peut se féliciter de son objectif technique atteint sur la régulation de l'inflation. Mais, les contraintes sur l'endettement public dont les États usent avec largesse, et sur les taux d'intérêts que seuls décident les gouverneurs de la Banque centrale européenne (*BCE/ECB*) peuvent être en distorsion. Aussi, les États n'ont aucun pouvoir de dévaluation de l'euro, en cas de grave crise économique et financière, comme celle que le monde a traversée de 2007 à 2010. Mais, l'euro a été constitué comme un panier de monnaies des États membres de l'Union européenne, hérité du système monétaire européen qui avait créé l'Unité de compte européenne (*ECU*). La pondération s'est donc basée sur les monnaies des États membres de l'Union européenne au moment du lancement.

Aussi, l'Afrique orientale pourrait se constituer un référentiel économique, et les économies des pays constitutifs y convergent. La monnaie commune devient alors un instrument de cette économie régionale. Cette monnaie peut se concevoir comme une résultante des composantes pondérées des monnaies de chaque État membre. Mais aussi, elle peut être internationalisée par des composantes des monnaies des pays émergents (Inde, Chine, Corée du Sud, Indonésie, Brésil, Russie, Afrique du Sud), ainsi que celles des partenaires économiques historiques des pays occidentaux. Si les pays africains veulent se comparer à ces pays qui ont réussi, mais dont les économies sont plus proches de celles des États de ce continent, il serait de bon sens de composer des monnaies régionales avec un dosage de celles des pays membres de la région, des pays émergents et des partenaires occidentaux. Un dosage de 50% des monnaies des membres de cette région, avec 30% issus des pays émergents avec lesquels les Africains entretiennent d'étroites relations économiques et commerciales, et de 20% des partenaires occidentaux (les États-Unis, l'Union européenne, le Japon et le Royaume-Uni). Chaque communauté africaine effectue des audits sur les échanges avec les principaux pays émergents les plus proches de son environnement économique. Dans le panier, les 50% seraient ainsi issus de la pondération des monnaies du Kenya, Ouganda, Tanzanie, Rwanda, Burundi et Éthiopie, par rapport aux produits intérieurs bruts. Ce mécanisme est aussi valable pour les pays de l'Afrique occidentale. Les pays de cette région peuvent aussi composer leur monnaie commune par des parts de chacune des monnaies des membres de la Communauté économique des États de l'Afrique de l'Ouest (*CEDEAO*). Il s'agit des monnaies : CFA, naira, cedi, dollar libérien, leone, dalasi, franc guinéen et l'escudo cap-verdien, pour composer 50% de la monnaie de cette communauté. De même que dans les autres régions africaines, le complément serait issu à 30% des monnaies des pays émergents de leur environnement économique. Ceux-ci ne sont pas forcément les mêmes pour chaque région. Chaque économie d'État s'est développée avec ses partenariats spécifiques, selon son histoire et ses relations privilégiées. Et enfin, les pays des grandes économies occidentales et partenaires historiques, sont intégrés à 20%. Il conviendrait cependant de reconsidérer la part de l'euro dans les 20%, puisqu'il est déjà présent dans le FCFA.

En Afrique centrale, la situation est encore plus simple. Trois monnaies ont cours dans cette région : le franc CFA, le dobra et le franc congolais. Il est envisageable que la même opération soit menée dans cette région. En Afrique australe, treize pays sont dotés de treize monnaies nationales : le rand sud-africain, la roupie mauricienne, le pula du Botswana, le dollar namibien, le kwanza angolais, le lilangeni du Swaziland, le kwacha zambien, le loti du Lesotho, le dollar du Zimbabwe, le franc comorien, le metical du Mozambique, l'Ariary du Madagascar et le kwacha du Malawi. Mais, l'on sait également que le rand sud-africain est la monnaie forte, et l'économie sud-africaine s'est également imposée dans la Southern african development community (*SADC*). C'est également l'Afrique du Sud qui représente le continent au sein du G20 des sept pays industrialisés occidentaux et du Japon, avec la participation de l'Union européenne, et des douze pays émergents reconnus. Cependant, la monnaie de la Communauté économique régionale (*CER*) puiserait dans la pondération des monnaies nationales, proportionnellement à leurs poids économiques respectifs. L'Afrique du Sud comptant également parmi les pays émergents, la part de ces pays serait réduite dans le panier global des monnaies. Il découle de toutes ces considérations économiques et monétaires que, pour relancer l'économie mondiale, il faut élever le niveau de richesse des tous les participants à la mondialisation. Le commerce international suppose la solvabilité des marchés. La pauvreté des pays et des peuples africains bloque le redressement de l'Europe, et profite aux économies des pays émergents, qui y puisent leurs matières premières pour alimenter leurs industries de transformation.

Les seules difficultés demeurent en Afrique du Nord, où le grand Maghreb arabe se heurte à des identités nationales et à la géopolitique régionale, notamment aux tensions entre l'Algérie et le Maroc sur le Sahara occidental. Le Maroc occupant 80% de ce territoire, alors que l'Algérie soutiendrait le Polisario sur les 20% restants. Ensuite, le cas de la décomposition de la Libye s'est invité dans la géopolitique régionale. Enfin, l'Égypte est tournée vers la paix et la sécurité au Proche-Orient et dans le bassin méditerranéen, avec l'aide des États-Unis. Cependant, les enjeux sécuritaires de cette région intéressent également les autres pays de l'Afrique du Nord. La création d'un espace monétaire commun peut aussi contribuer à la stabilisation de cette région, au même titre qu'une organisation de l'Union pour la Méditerranée (*UPM*), proposée par la France. Les confluences entre l'Europe, le Proche-Orient et l'Afrique subsaharienne, participent aux défis et aux complications dans les coopérations avec l'Afrique du Nord. Néanmoins, cette donne étant d'abord politique, la participation de l'Algérie et du Maroc à l'Union africaine, comme tous les autres pays de cette région, serait un premier pas vers la détente et l'organisation de cette région.

Enfin, pour faire tourner les industries de transformation et bâtir des stratégies économiques, il faut des ressources humaines qualifiées, bien formées et maîtrisant autant les connaissances dans les process internationaux et les savoir-faire indispensables, mais aussi bien impliquées dans le développement économique et social en Afrique. L'éducation ambitieuse, les programmes de recherche pointue, des professionnels et des experts de tous les corps de métiers, doivent être disponibles en Afrique. Les pays doivent s'engager à les former en Afrique et dans les autres pays maîtrisant les technologies. Ce fut le chemin emprunté par le Japon après la Seconde guerre mondiale, la Corée du Sud au début des années 1970, la Chine depuis le début des années 1980, et donc pourquoi pas l'Afrique à partir des années 2000. Tous ces pays sont ensuite devenus des grandes puissances, tels que le Japon et la Chine, ou des puissances émergentes comme la Corée du Sud et l'Inde, à travers le même processus.

Le Royaume-Uni, les États-Unis, le Canada, l'Allemagne et la France ont été les grands pourvoyeurs de savoirs et de savoir-faire aux experts, à des ingénieurs, des médecins, des chercheurs, des professeurs, des économistes, etc. pour ces nouveaux pays industrialisés, entre la fin de la Seconde guerre mondiale et le début des années 2000. Dans leurs priorités, tous ces pays ont focalisé leur attention sur la construction et le développement des économies industrielles. Les produits sortis de leurs usines concurrencent ou absorbent les parts de marchés des produits occidentaux. Les pays asiatiques ont tous suivi le même modèle : les études en Occident pour maîtriser les connaissances et les technologies, la mise en route des compétitions mondiales à travers les industries automobiles, électrotechniques, optiques, électroniques, pharmaceutiques, textiles et agroalimentaires. Si les matières premières nécessaires au fonctionnement de leurs industries manquent, ces pays savent que l'Afrique les fournit au moindre coût. Et ils sont ainsi devenus compétitifs à travers la formation des grappes industrielles, notamment pour mutualiser les coûts logistiques et les coûts commerciaux dans le commerce international. La Chine et le Japon ont poussé jusqu'à la création des banques sectorielles, nationales ou régionales, dédiées aux métiers et aux territoires géographiques des importations et des exportations. Les stratégies des grappes industrielles se déportent vers les pays de coopération dans le monde où ils agissent. Les pays africains ont donc des modèles qui ont fait leurs preuves en Asie et en Amérique latine. L'éducation solide et la formation professionnelle des jeunes à tous les métiers du développement sont la clé de la réussite. Les pays occidentaux sont passés par ce chemin, ils ont été imités par les nouveaux pays émergents industriels. Après la Seconde guerre mondiale, les grandes écoles et universités anglo-saxonnes et françaises faisaient rêver des Asiatiques et des Latino-américains. C'étaient les temples du savoir et du savoir-faire. Au début des années 2000, les rêves se sont élargis à de nouveaux pays industriels. Le Brésil, la Chine, la Corée du Sud, l'Inde, et dans une moindre mesure, l'Afrique du Sud, deviennent des destinations de choix pour apprendre le savoir-faire industriel. Les coopérations se sont développées entre les anciens temples des savoirs et les grandes universités de niveau international, qui se développement dans les plus grands pays émergents. L'anglais est progressivement devenu la langue principale d'enseignement dans le monde. Il sera bientôt en compétition frontale avec le mandarin, la principale langue de Chine. De tous les temps, la puissance économique d'un pays attire les autres pays vers sa langue et la culture emballée dans cette même langue. C'est ainsi que l'anglais s'est imposé dans le monde, dès lors qu'il devenait la langue commune de la puissance impériale britannique, sur tous les continents, et des États-Unis d'Amérique, la locomotive de l'économie mondiale. Cette langue est désormais le véhicule de communication et d'échange du plus grand nombre de pays dans le monde. C'est la langue la plus parlée en Afrique. Seule l'Afrique centrale ne comporte pas de pays anglophone. L'économie impose la langue.

Mais, en Afrique, quelle serait la langue des savoirs africains, et qui pourrait constituer le point focal du monde. La question n'est pas pertinente. Le Japon, la Corée du Sud, l'Inde et tant d'autres nouveaux pays émergents, acquièrent des savoirs et des savoir-faire dans la '*langue des sachants*'. Les Africains feront de même. C'est la langue de l'économie dominante qui s'impose ensuite. Il faut alors d'abord construire cette économie avec les outils actuels des sachants. La seule ambition qui vaille, c'est de sortir une grande partie des Africains de la misère, la pauvreté, les épidémies, la malnutrition, l'ignorance et l'obscurantisme, qui ont fait le lit du terrorisme sauvage, et des guerres civiles sans fondement et sans fin qui se poursuivent sur le continent. La première des ambitions du développement, c'est l'éducation de la jeunesse. Les autres chantiers n'auront pas la chance d'aboutir efficacement, si les pays négligent l'éducation. Des centres de recherche appliquée aux besoins fondamentaux de l'Afrique, des industries qui soutiennent le développement des économies en Afrique, une agriculture qui répond aux besoins alimentaires des peuples, des infrastructures de communication, des systèmes de santé pour lutter contre les mortalités de la misère, sont tous bâtis sur l'éducation. Et c'est encore au niveau de la région que ces stratégies doivent être pensées, mises en œuvre et évaluées.

Nous avons parcouru les différentes régions africaines pour comprendre les évolutions sociodémographiques et économiques après les quarante années de traversée du désert politique. Nos analyses comparatives se fondent sur les résultats de la période de 2000 à 2015. A la lumière des chantiers proposés pour bâtir la relève des pays africains, nous avons rassemblé les résultats de chacun des cinquante-quatre pays reconnus de l'Afrique. L'État autoproclamé du Sahara occidental, dont 80% de ce territoire sont occupés par le Maroc, et le reste par le Polisario, n'est pas analysé dans cet ouvrage. Crédité d'environ 580.000 habitants, il ne modifie pas sensiblement les données de l'Afrique, dont la population est estimée à 1 217,778 millions d'habitants sur une superficie de 30,459 millions de kilomètres carrés. La projection qui renvoie au doublement de la population africaine à l'horizon de 2030 ou même 2050 ne tiennent pas compte des dynamiques qui se dessinent. Depuis 1960, certains pays ont connu quelques progrès économiques, culturels et sociaux. L'indice de fécondité a baissé. Ainsi, en Afrique australe, cet indice atteint moins de trois enfants par femme à l'Île Maurice (1,3 enfant par femme), en Afrique du Sud (2,6 enfants par femme) ou au Botswana (2,7 enfants par femme). En Afrique du Nord, la Libye est en tête avec 2,0 enfants par femme, suivie du Maroc (2,2 enfants) et la Tunisie (2,3 enfants). Dans les autres régions, ce sont surtout des îles qui donnent l'exemple. Ainsi, aux îles du Cap-Vert, l'indice de fécondité est de 2,3 enfants par femme, alors qu'il est de 2,4 enfants par femme aux îles Seychelles. Néanmoins, une grande partie des pays africains est descendue sous la barre de 5 enfants par femme, et le mouvement se poursuit par réalisme. La vague de l'urbanisation, conjuguée avec l'éducation et la conscience du niveau de vie, pousse les familles à réduire le nombre d'enfants. A la campagne, les maisons étaient nombreuses et plus grandes. En ville, la réalité est différente, car le logement est cher et rare. Le revenu du petit salaire ne suffit pas à nourrir toute la famille, sans compter la famille étendue restée dans les villages. L'accès aux champs pour récolter la banane, la pomme de terre, la patate douce, cueillir le maïs ou tout autre produit directement issu des champs, est devenu un vieux rêve. Les réalités de la ville imposent un autre rythme de vie aux parents. Lorsque l'école de l'État perd de vigueur dans la transmission des savoirs pour les enfants, les parents se tournent vers l'école privée. La caisse de la famille doit également faire face à de nouvelles dépenses. Les enfants étaient une force pour soutenir la famille, une armée de réserve en cas d'attaque au patrimoine familial, une précieuse main d'œuvre pour affronter les champs ou les pâturages avec de nombreux troupeaux d'animaux. Mais, les villes impriment une nouvelle vision du monde, et des contraintes d'une autre nature. Héberger une famille de six enfants, avec des nièces et neveux, et éventuellement des amis du village qui viennent tenter leur vie en ville, cela devient rapidement une équation insoluble.

Les pays africains n'ont pas reçu en héritage colonial, les fonds et le concept de la sécurité sociale pour tous. Les habitants se débrouillent souvent avec leurs maigres ressources. Certains ont rapidement saisi l'intérêt de la couverture maladie pour tous et l'assurance vieillesse. Mais, pour d'autres, cela reste dans les cartons des projets. Devant ce réalisme, l'indice de fécondité suit les rythmes d'urbanisation et les mixités avec les ressortissants de la civilisation occidentale. Les Africains s'adaptent au monde, et réduisent les naissances. Aussi, la croissance moyenne serait de 1,5% en 2030, ou encore mieux en 2050. D'où, la population africaine serait de 1 522,505 millions d'habitants en 2030, ou probablement de 2 050,594 millions d'habitants en 2050. Le vrai grand souci rencontré en Afrique, c'est la mortalité infantile qui reste très élevée. Quant au taux d'analphabétisme encore fort dans certains pays restés longtemps figés dans les traditions et les croyances religieuses, il se résorbera progressivement avec le niveau de scolarisation qui monte, et l'extinction des anciennes générations. Un autre souci que partagent tous les pays africains, est lié à la montée en puissance de la part de la jeunesse dans les populations nationales. A l'exception des pays de l'Afrique du Nord, où l'espérance de vie moyenne dépasse 70 ans, les autres nombreux pays africains connaissent encore des mortalités précoces avant l'âge de 60 ans. Aussi, les pyramides des âges avantagent les jeunes générations, mais l'activité économique n'a pas prévu des emplois pour eux. Le développement de l'économie industrielle n'est pas seulement une condition d'accéder à un meilleur niveau de vie pour le pays, mais également un moyen de développer les secteurs économiques qui valorisent les intelligences des jeunes, la créativité technologique et des emplois en vue d'accéder au revenu autonome pour le plus grand nombre de jeunes Africains. Pour élever le niveau de vie des populations, il faut alors créer des activités économiques pourvoyeuses d'emplois. Et pour ne pas dépendre des budgets publics, et donc alourdir les dépenses des États déjà eux-mêmes dépendant des contributions extérieures, les régions devraient pousser davantage au développement industriel. C'est du vrai commerce international que proviendront les ressources des industries pour soutenir la consommation intérieure, les budgets, les investissements privés et le progrès social en Afrique.

L'Afrique nouvelle se réveille. Après les souffrances les plus horribles connues entre le XVe et le milieu du XIXe siècle, à travers la traite négrière transatlantique subie par les Noirs, ces peuples auront connu les pires conditions que des humains aient pu infliger aux autres humains. Ce n'étaient pas des choses, ni des biens meubles, ni des animaux sauvages, ni des animaux domestiques, mais des êtres humains. 'Stolen from Africa, and brought to America', comme la chanson de Bob Marley. Ensuite, est venu le temps de la colonisation. Le partage est décidé lors de la Conférence de Berlin, tenue du 15 novembre 1884 au 26 février 1885, dans la capitale de l'empire germanique à Berlin, sous la présidence du chancelier Otto Von Bismarck. Parti d'un bon sentiment de l'abolition totale de l'esclavage, celui des Arabo-musulmans sur les Noirs, après l'abolition de celui des Européens et de la traite vers les Amériques, c'est le roi Léopold II du petit royaume de Belgique, qui remet l'huile sur le feu, à propos du statut de son immense territoire du Congo. Les Britanniques, les Portugais et les Français profitent de cette conférence à caractère diplomatique, pour clarifier les frontières de leurs territoires. Les Allemands gardent jalousement leurs possessions minières en Namibie et dans le *Deutsch Ost Afrika*, regroupant les territoires du Tanganyika, du Rwanda et du Burundi. Ainsi, la période coloniale est officiellement lancée à Berlin. Dès 1960, vient enfin le temps des indépendances et d'errances pour certains pays, les quarante années de la traversée du désert politique et économique. Les conflits ethniques sont souvent attisés par les puissances extérieures. Les coups d'État se succèdent. L'apprentissage de la gouvernance, de la gestion des affaires publiques et de l'économie du pays, prend du retard.

Nous entrons dans le temps du réveil et de la relève dans de nombreux pays. Les nouvelles générations arrivent au pouvoir, des jeunes revendiquent les redistributions des richesses de leurs pays, les ressortissants des pays de la zone CFA entament de plus en plus ouvertement des revendications pour l'indépendance monétaire vis-à-vis de la France. Le monde actuel étant devenu politiquement et économiquement multipolaire, les Africains ont déjà multiplié des partenariats économiques et industriels avec les nouveaux pays émergents, qui étaient aussi pauvres qu'eux au début des années 1960. C'est ainsi que la Chine, l'Inde, le Brésil, la Turquie, ou l'Indonésie en Afrique orientale et australe, sont devenus de grands acteurs économiques. Les anciennes colonies britanniques élargissent leur ouverture hors du seul champ britannique et américain. Les anciennes colonies françaises ouvrent les bras à la Chine, à la Turquie, et même aux États-Unis et au Royaume-Uni. Les corruptions ont beaucoup fait le lit de la misère, de la pauvreté et du népotisme en Afrique. Les industries qui auraient dû sortir de terre depuis quarante années, ont été gelées. Mais, les nouvelles générations arrivent dans le champ politique et économique. Elles portent en elles, la rage intense de la réussite, car elles ont souvent vécu hors de l'Afrique, où elles ont compris comment on crée et on gère une industrie. Elles ont suivi des cours des sciences appliquées, d'économie, de médecine, des sciences politiques, des relations internationales. Mais, elles ont aussi compris les réalités des discriminations, de la préférence des candidats « européens » historiques, lors des compétitions à l'emploi ou aux promotions professionnelles. Les conditions de vie s'améliorent en Afrique, grâce en partie aux apports de ces nouvelles compétences issues des grandes universités et des grandes écoles occidentales. Et c'est très heureux. L'ambition de cet ouvrage est de susciter l'intérêt pour l'Afrique. Les hommes, les ressources et les idées doivent se remettre sur de bons rails pour éviter des dérapages. Les chantiers présentés ont pour mission principale de jeter de bonnes et solides fondations, en vue de réussir le lancement des différents modules des fusées du développement économique et social, au profit du plus grand nombre d'Africains en Afrique. Les indicateurs sociodémographiques et économiques visent à faire prendre conscience des réalités concrètes. Les pays doivent pouvoir se comparer entre eux, et leurs ressortissants doivent avoir accès aux informations comparées sur leurs pays d'origine. Aussi, les Africains et leus partenaires pourront dialoguer sur la base des données réelles, partager des ambitions et des projets pour améliorer la gestion de leurs pays respectifs. Nous avons proposé des objectifs cibles dans l'éducation, la mortalité, l'alphabétisation, l'indice de fécondité en fonction des rythmes de croissance économique à long terme et l'équilibre nécessaire entre l'économie et la démographie, l'importance des efforts en infrastructures dans les transports et les communications, le rôle des équipements et des professionnels de la santé, de l'hygiène collective et des formations professionnelles. Nous préconisons l'accélération des résultats sur la décennie 2015-2025. Tous les pays africains sont concernés. Ils doivent de se mobiliser sur les chantiers de leur refondation et relancer leurs économies.

Nous inscrivons les efforts dans l'optimisme de la réussite. Les Noirs africains ont traversé tant d'épreuves dans leur longue histoire. Mais, ils ont aussi connu l'apogée. De la civilisation du bassin du Nil, des pyramides des pharaons d'Égypte aux grands royaumes et des empires, certains royaumes ont été défaits par les conquêtes des Arabo-musulmans, d'autres par des guerres des concurrents, et enfin d'autres ont été secoués par la traite négrière. L'Afrique a connu la grandeur de l'Égypte antique et son impact sur la puissance de l'Empire romain, avant l'invasion arabo-musulmane du IXe siècle. L'Empire du Ghana occupait les territoires du sud de la Mauritanie et la quasi-totalité du Mali.

Celui du Kanem était fondé sur l'esclavage dans les terres actuelles du Tchad et de l'est du Niger. L'Empire du Mali a connu l'expansion sur tout le Sénégal, la Gambie, la Guinée et le Mali. Il a été étendu par l'Empire Songhaï qui rajouta le sud de la Mauritanie et le Niger. Le Royaume du Bénin couvrait la moitié sud de l'actuel Nigeria. C'était l'ère des temps glorieux de l'Afrique de l'Ouest. Dans la partie orientale, le Royaume d'Aksoum s'était beaucoup élargi sur toute l'Éthiopie actuelle pour former le grand Royaume d'Abyssinie. Les royaumes des Grands Lacs couvraient le Rwanda, le Burundi, l'Ouganda et toute la moitié occidentale de la Tanzanie. L'autre moitié avait été rattachée aux royaumes des gens de la côte de l'Océan indien, jusqu'à Zanzibar et l'archipel des Comores. C'était le territoire des Swahili. Ils ont forgé une langue issue des échanges entre les Chinois, les Indiens, les Arabes et les Noirs africains. C'est cette langue qui s'est imposée aujourd'hui en Tanzanie, au Kenya, en Ouganda et dans l'est de la R.D. du Congo. L'ouest de ce dernier pays, le nord de l'Angola, le sud du Gabon et de la République du Congo, formaient le Royaume du Kongo, pour la région de l'Afrique centrale.

Enfin, en Afrique australe, les immigrants indonésiens se sont installés dans l'île de Madagascar, en y apportant le bananier et le riz. Ces cultures se sont ensuite répandues dans toute l'Afrique orientale. Les Malgaches ont adopté ces cultures et la langue. Les Swahili y ont ajouté l'organisation de l'administration. Et le Royaume de Madagascar s'est ainsi formé, en intégrant les Comores. C'est aussi dans cette partie australe que s'est formé l'Empire Zulu. Il s'est étendu de la Zambie au Mozambique, jusque dans le nord de l'Afrique du Sud. Ce rapide rappel historique sur l'Afrique au sud du Sahara veut montrer que l'Afrique n'était nullement une terre vierge, ou désorganisée. La traite arabo-musulmane sur ses côtes orientales, à laquelle est venue s'ajouter la traite négrière transatlantique, principalement dans les royaumes et les empires de l'Afrique centrale et de l'Afrique occidentale, ont participé à la désorganisation des villages, des territoires, des populations, et à l'affaiblissement de ces royaumes et de ces empires. Aussi, les Noirs africains ont connu les dominations et les humiliations des puissances extérieures, depuis la traite arabo-musulmane, des conquêtes des royaumes par des esclavagistes moines-guerriers musulmans en Afrique occidentale et sur les côtes de l'Océan indien, jusqu'aux années 1960 des indépendances. Aussi, nous avons considéré que la période de 1960 à 2000 est un temps de la reconstruction des nations et territoires. Les Africains ont redécouvert l'autonomie d'administration, la capacité d'autodétermination et donc de gestion de leurs affaires, sous la direction et l'assistance des anciennes métropoles. Cette petite période de quarante années, au regard de cinq siècles passés, n'est donc qu'un temps de résurrection et d'apprentissage. Mais, ils ont singulièrement raté l'organisation des territoires. Le morcellement en cinquante-quatre États a été une hérésie pour construire l'avenir. C'est pour corriger rapidement le tir, que nous proposons le renforcement des cinq « Communautés économiques régionales » (*CER*).

L'Afrique n'est donc pas perdue ; c'est comme un enfant descendu enfin du dos de sa mère pour marcher tout seul, ou un prisonnier libéré après des années de torture, et auquel l'on demande de se prendre seul en charge. Les démarrages sont alors très difficiles. Il s'ajoute que les anciens colonisateurs n'ont pas réellement lâché la main. Ce fut longtemps une autonomie sous étroite surveillance de l'ancien maître, un réveil relativement autorisé sous conditions d'obéir aux directives, un apprentissage dans la lenteur pour ne pas perturber les intérêts économiques des anciennes métropoles. Peu de pays ont transgressé. Les équilibres ont été longtemps respectés jusqu'à l'apparition des nouveaux perturbateurs, au début des années 2000 : les pays émergents. La mondialisation a imprimé de nouvelles règles des échanges commerciaux et de la concurrence internationale. Les pays africains peuvent désormais diversifier les partenariats dans les financements directs ou indirects de leur développement. Les conditions imposées par les anciens partenaires peuvent même être contournées, en s'adressant directement aux pays émergents asiatiques. A elle seule, la Chine gère un trésor de guerre de plus de 3000 milliards de dollars de réserve de change. Elle pourrait financer de nombreux projets de développement en Afrique, contre l'accès exclusif aux matières premières stratégiques. Les pays émergents se substituent progressivement aux anciennes métropoles européennes dans la construction des infrastructures et des complexes industriels en Afrique. Avec ces nouveaux entrants, chaque région pourrait définir ses ambitions, construire ses stratégies de développement, organiser ses grands projets, mettre en place des programmes d'actions et d'évaluation de ses résultats par étapes. C'est donc désormais le temps de la relance de chacun des pays, et de la refondation politique et économique à travers des géographies des coopérations. Chaque région du continent connaît les points de faiblesse et de force de ses États membres, et des ressources potentielles pour réussir la relance. Il n'y a donc plus de temps à perdre pour bâtir des stratégies gagnantes, en vue du développement économique et social.

Les Africains devraient comprendre qu'ils ne sont pas seuls, ni seulement entre eux, dans la course vers le progrès. Comme nous l'avons déjà indiqué, de nombreux pays en Asie et en Amérique latine, qui étaient encore aussi pauvres que les pays africains au cours des années 1960-1990, sont devenus des compétiteurs avancés dans l'arbitrage des fonds d'investissement des pays riches, et des zones concurrentes de la sous-traitance des grandes compagnies industrielles opérant dans le monde. La relance de chacun des pays de l'Afrique, au sein de sa région, est une condition de progrès des Africains. Cet ouvrage a exposé les piliers et les socles sur lesquels les pays organiseront leurs chantiers, en vue de réussir leurs objectifs. Il a également dressé l'état des lieux sur les situations concrètes de chacun des pays, et établi des comparaisons africaines et internationales. C'est la course ouverte vers plus de progrès social dans chaque pays du monde. Ce n'est pas une alternative, c'est la condition même de survie dans la forte compétition mondiale.

Table des matières

Page

L'Afrique
aux éditions L'Harmattan

Dernières parutions

AFRICANOLOGIE
Ébauche d'une discipline scientifique
Shamuana Mabenga Jonas
Préface d'Elikia M'Bokolo - Postface de Pèlerin Kimwanga Nkeny
L'auteur, avec cet ouvrage, ambitionne la naissance d'une science, l'africanologie. L'ouvrage est étonnamment riche en enseignements sur l'Afrique, les Afriques et les Africains. À la fois objet de recherche et matière d'enseignement, l'africanologie contribuera à former les nouvelles générations africaines et, en dehors de l'Afrique, les vrais partenaires de ce vaste continent.
(Harmattan RDC, 39.00 euros, 422 p.)
ISBN : 978-2-343-12447-6, ISBN EBOOK : 978-2-14-004149-5

RELATIONS INTERNATIONALES CONTEMPORAINES
Mythes, manipulations et réalités
Djiena wembou Michel-Cyr, Fall Daouda
Démocratie, transparence du processus électoral, terrorisme, alternance au pouvoir dans le tiers monde, axe du mal, islamistes, droit international, accord de partenariat économique, changement climatique, prolifération nucléaire, justice internationale, droit ou devoir d'ingérence humanitaire, que signifient exactement ces mots aujourd'hui ? Comment établir la frontière entre la vérité et la manipulation dans l'analyse des phénomènes internationaux ? Ce livre tente d'apporter des réponses claires et précises afin de mettre les clés de compréhension du monde contemporain à la disposition de tous.
(Coll. Études africaines, 43.00 euros, 490 p.)
ISBN : 978-2-343-12188-8, ISBN EBOOK : 978-2-14-004091-7

INTRODUCTION AUX RELATIONS INTERNATIONALES
Bamba Mamadou
Mamadou Bamba propose ici d'expliquer la controverse doctrinale autour de la définition des relations inter-nationales. Courant réaliste, de l'interdépendance, ou courant marxiste, sont autant d'approches différentes qui font émerger la complexité à appréhender les dynamiques sur la scène internationale, et surtout tentent d'y apporter les réponses adéquates. Face à un monde en permanente évolution, le choix des matériaux et des outils utilisés par les experts sont cruciaux pour l'analyse de ces relations.
(21.50 euros, 198 p.)
ISBN : 978-2-343-12538-1, ISBN EBOOK : 978-2-14-004369-7

UNE MONNAIE UNIQUE POUR L'AFRIQUE DE L'OUEST
Pourquoi, comment et quand ?
Bakoup Ferdinand, Ndoye Daniel - Préface de mohamed Ben Omar Ndiaye
Les auteurs tentent d'éclairer le débat sur la monnaie unique en Afrique de l'Ouest en procédant à un réexamen de l'opportunité, du rythme et des modalités souhaitables de l'intégration monétaire ouest-africaine. L'ouvrage examine aussi l'économie politique d'un tel projet et formule des recommandations à l'attention des parties prenantes.
(Coll. Études africaines, 26.50 euros, 254 p.)
ISBN : 978-2-343-12456-8, ISBN EBOOK : 978-2-14-004210-2

LE SERVICE PUBLIC MARCHAND EN AFRIQUE ET DANS LE MONDE
Rigobert Akoulabo
Le service public marchand a été longtemps le pilier de l'économie de tout État, de l'Occident à l'Afrique. Du fait qu'il soit marchand, le service public est soumis aux règles de la concurrence, soumises elles-mêmes à certaines dérogations. Le système d'arbitrage opte pour une certaine harmonisation des systèmes juridiques en Europe et en Afrique.
(Harmattan Congo-Brazzaville, 14.50 euros, 130 p.)
ISBN : 978-2-343-10354-9, ISBN EBOOK : 978-2-14-004343-7

CHANGEMENTS DE L'OCCUPATION DES TERRES ET NÉCESSITÉ DE L'AMÉNAGEMENT DU TERRITOIRE À L'ÉCHELLE LOCALE EN AFRIQUE SUBSAHARIENNE
Cas de la commune de Djidja au Bénin
Arouna Ousséni
Les changements de l'occupation des terres en Afrique subsaharienne sont de plus en plus caractérisés par la déforestation et la dégradation des forêts. L'objectif de ce livre est d'évaluer les changements spatiotemporels de l'occupation des terres et leurs implications dans l'aménagement du territoire dans le contexte actuel des changements climatiques.
(23.50 euros, 230 p.)
ISBN : 978-2-343-11869-7, ISBN EBOOK : 978-2-14-004350-5

DU FOSTERAGE À L'ADOPTION PLÉNIÈRE
L'adoption des enfants de la pouponnière d'Adjamé (Abidjan, Côte d'Ivoire)
Kouadio Edwige
Dans les sociétés africaines traditionnelles, le fosterage (ou confiage) est une pratique sociale et culturelle qui consiste à confier temporairement ou durablement un enfant à un tiers digne de confiance. De fait, le fosterage permet de comprendre que la parentalité met surtout en évidence la notion de responsabilité, au sens anthropologique et pas seulement légal du terme. L'objectif de cette étude est de partir de la pratique traditionnelle du fosterage pour comprendre les pratiques de soutien à l'enfant que sont l'accueil dans les pouponnières et l'adoption plénière.
(Coll. Études africaines, série Sociologie, 24.00 euros, 236 p.)
ISBN : 978-2-343-12231-1, ISBN EBOOK : 978-2-14-004129-7

EXCISION, MARIAGES D'ENFANTS, DROITS SEXUELS ET REPRODUCTIFS
Socioanalyse d'une dialectique des normes
Camara Cheikh Moussa
Cet ouvrage jette un regard sociologique sur ces phénomènes à travers le prisme des rapports dialectiques, voire conflictuels entre les normes sociales et les normes légales qui les justifient, les confortent ou les remettent en cause. Cette socioanalyse apporte un éclairage sur la complexité de ces phénomènes de société d'une grande sensibilité dans un contexte socio-culturel africain, leurs relations avec la loi, les droits humains et l'idéal de liberté individuelle ainsi que sur les mutations sociales relatives aux effets des TICs sur les mœurs sexuelles.
(Harmattan Sénégal, 15.50 euros, 140 p.)
ISBN : 978-2-343-12587-9, ISBN EBOOK : 978-2-14-004164-8

PHILOSOPHIE ET SOCIOLOGIE DE L'ÉDUCATION ENSEIGNÉES DANS LES ÉCOLES NORMALES D'INSTITUTEURS
Kamaha Yolande Angèle - Préface de Pierre Fonkoua
Afin d'améliorer la qualité des contenus scientifiques, développer davantage de compétences professionnelles et contribuer au déploiement d'une formation de qualité dans les Écoles normales d'instituteurs de l'enseignement général (ENIEG) du Cameroun, ce livre apporte des éléments de réponse aux questions suivantes : quels contenus scientifiques faut-il sélectionner ? Comment mobiliser les ressources de l'approche par les compétences ? À quelles activités d'intégration faut-il soumettre les futurs instituteurs et institutrices et quels projets faut-il amener à entreprendre ?
(Harmattan Cameroun, 25.50 euros, 254 p.)
ISBN : 978-2-343-12634-0, ISBN EBOOK : 978-2-14-004348-2

LA RÉUSSITE SOCIALE : UNE MISSION PERSONNELLE
Leçons pour une renaissance africaine par les valeurs
Diabaté Touré Ténin - Préface de S.E. Lambert Amon-Tanoh
Cet ouvrage nous invite à prendre le pari de fuir tout ce qui peut modifier notre personnalité dans un sens défavorable. Mais il ne suffit pas de se débarrasser de mauvaises habitudes qui détruisent notre personne. Il faut chercher à remplir notre vie de tout ce qui sera de nature à l'élever, à en faire une école, afin d'aboutir à notre épanouissement personnel par des enseignements tirés de la vie, dont celle de grands sages africains.
(Harmattan Côte-d'Ivoire, 24.50 euros, 244 p.)
ISBN : 978-2-343-12742-2, ISBN EBOOK : 978-2-14-004385-7

L'IMMATÉRIEL ET LE DROIT OHADA DES SAISIES
Assontsa Robert - Avec la collaboration de Cédric Tinke
Préface d'Isidore Léopold Miendjiem
L'immatériel constitue aujourd'hui l'une des thématiques les plus intéressantes de l'univers juridique. Ce livre interroge l'opérabilité du droit de gage général vis-à-vis des valeurs immatérielles et l'aptitude du droit OHADA des saisies à appréhender ces biens dépourvus de toute consistance physique.
(Harmattan Cameroun, 22.50 euros, 220 p.)
ISBN : 978-2-343-12008-9, ISBN EBOOK : 978-2-14-004140-2

ÉCLAIRAGE SOCIOLOGIQUE SUR QUELQUES NOTIONS CANONIQUES DE LA SCIENCE POLITIQUE
Vangu Ngimbi Ivan
Face au caractère intimidant des faits politiques et en raison de sévères approximations dont ils font souvent l'objet, aussi bien de la part des étudiants, des acteurs politiques que des professionnels des médias, il était opportun que les concepts canoniques de la science politique soient explicités de manière limpide afin de les rendre plus intelligibles et accessibles à un large public. C'est l'exercice auquel s'est livré l'auteur tout au long de cet ouvrage.
(Coll. Études africaines, série Sociologie, 14.00 euros, 122 p.)
ISBN : 978-2-343-12594-7, ISBN EBOOK : 978-2-14-004192-1

POLÉMOLOGIE ET IRÉNOLOGIE
Une question philosophique des relations humaines et internationales
Mukendji Mbandakulu Martin Fortuné
Préface de Jean-Pierre Marien Lianza Zalonkele
Cet ouvrage s'attelle à montrer le rapport dialectique entre la guerre et la paix. La guerre semble être le lot des hommes. Les causes, les sources de la guerre sont relevées ici et les théories sur les guerres traditionnelles et modernes y sont développées. La guerre ne peut cesser que si les causes des conflits entre les nations, entre les hommes peuvent être extirpées. Cette étude corrige l'opinion selon laquelle les relations internationales et la philosophie ne peuvent faire bon ménage. La polémologie et l'irénologie sont donc inséparablement liées aux réflexions philosophiques.
(Coll. Études africaines, 19.50 euros, 188 p.)
ISBN : 978-2-343-12108-6, ISBN EBOOK : 978-2-14-004234-8

L'ÉDUCATION AUX MÉDIAS
Un point de vue africain
Barbey Francis - Préface de Laurence Corroy / Postface d'Alain Kiyindou
L'éducation aux médias en Afrique ne peut pas faire l'impasse sur les «réalités africaines» et la façon dont celles-ci s'expriment dans les communautés et la communication sociale, dans la mesure où c'est dans ces espaces que se trouvent les «lieux d'invention» de la modernité de l'Afrique d'aujourd'hui et de demain. L'éducation aux médias peut ainsi être pensée et mise en œuvre comme une initiation à la communication sociale, c'est-à-dire une communication qui a pour finalité le progrès de la communauté.
(Coll. Éducation et médias, 19.50 euros, 192 p.)
ISBN : 978-2-343-12270-0, ISBN EBOOK : 978-2-14-004125-9

MIGRATIONS, DÉCENTRALISATION ET COOPÉRATION DÉCENTRALISÉE
Enjeux et perspectives
Sous la direction de Mankou Brice Arsène - Préface de Frédéric Cuvillier
S'il est un mode de gouvernance qui participe à l'enracinement de la démocratie, c'est bien la décentralisation, car elle permet le rapprochement de la décision entre le sommet et la base, d'une part ; entre l'État et les collectivités locales, de l'autre. Aujourd'hui, force est de constater que la décentralisation initiée dans la majeure partie des États de l'Afrique centrale est en panne à cause des problèmes de clarification des compétences et de compréhension de cette notion.
(17.50 euros, 162 p.)
ISBN : 978-2-343-12428-5, ISBN EBOOK : 978-2-14-004226-3

L'AFRIQUE DANS LA GLOBALISATION : UNE BRADERIE SANS FIN
Diop Rawane
Cet ouvrage est une volonté de dire non à la mondialisation sauvage et débridée, non au pillage de l'Afrique, non à l'accaparement des richesses minières, non au libre-échangisme version accords déséquilibrés de partenariat économique (APE) entre l'Europe et l'Afrique, non au bradage foncier et à la spoliation des paysans au profit des nouveaux maîtres de l'agrobusiness. L'auteur y met à nu le drame social et écologique en Afrique, fustige l'arnaque économique des multinationales exonérées d'impôts, les lobbies financiers et industriels qui peuplent les palais.
(Harmattan Sénégal, 26.00 euros, 250 p.)
ISBN : 978-2-343-12268-7, ISBN EBOOK : 978-2-14-004011-5

COMMERCE, INVESTISSEMENT ET DÉVELOPPEMENT DURABLE EN AFRIQUE
Sous la direction de Silem Ahmed, Bastidon Cécile, Ghoufrane Azzedine, Gbaguidi Ochozias
Ce livre présente et explique les défis environnementaux spécifiques à l'Afrique, aborde les mesures adoptées et/ou envisagées dans certains pays africains en faveur d'une croissance verte et analyse l'efficacité de l'adoption d'une politique environnementale sur le développement économique et la protection de l'environnement.
(Coll. L'esprit économique, 21.00 euros, 206 p.)
ISBN : 978-2-343-12274-8, ISBN EBOOK : 978-2-14-004028-3

L'UNION AFRICAINE QUINZE ANS APRÈS (deux tomes)
Sous la direction de Mvelle Guy, Zang Laurent - Préface de Jacques Fame Ndongo
Ces contributions évaluent ce que l'Union africaine a pu faire depuis le lancement effectif de ses activités en 2002. Cet ouvrage en 2 tomes traite de la quasi-totalité des préoccupations majeures de l'Afrique d'aujourd'hui et de demain, en apportant rappel historique, analyse contextuelle et prospective. Ont ainsi fait l'objet d'une revisitation et d'une relecture critique, la problématique de l'unité africaine, les institutions et programmes de l'Union, la situation des droits de la démocratie, des droits de l'homme, du maintien de la paix et de la sécurité, les relations extérieures, les notions d'auto-indépendance.
(Tome 1, Coll. Études africaines, 35.00 euros, 346 p.)
ISBN : 978-2-343-12103-1, ISBN EBOOK : 978-2-14-003935-5
(Tome 2, Coll. Études africaines, 33.00 euros, 316 p.)
ISBN : 978-2-343-12102-4, ISBN EBOOK : 978-2-14-003936-2

GOUVERNANCE EN AFRIQUE
La théorie générale de la gouvernance économique
Djelhi-Yahot Sandavoy Adamoh
Cet ouvrage ouvre de nouvelles pistes, en matière de gouvernance, en proposant une formulation appelée «la théorie générale de la gouvernance économique». De la constatation exacte que la monnaie joue un rôle fondamental dans l'économie, il explique les effets dévastateurs de la politique monétaire répressive en Afrique, avant de passer en revue et récuser les différentes politiques. L'auteur propose de combiner la politique monétaire optimale basée sur la règle de Taylor avec une politique fiscale optimale et une exécution optimale des dépenses publiques.
(Coll. Études africaines, 20.50 euros, 204 p.)
ISBN : 978-2-343-10730-1, ISBN EBOOK : 978-2-14-003840-2

L'HARMATTAN ITALIA
Via Degli Artisti 15; 10124 Torino
harmattan.italia@gmail.com

L'HARMATTAN HONGRIE
Könyvesbolt ; Kossuth L. u. 14-16
1053 Budapest

L'HARMATTAN KINSHASA
185, avenue Nyangwe
Commune de Lingwala
Kinshasa, R.D. Congo
(00243) 998697603 ou (00243) 999229662

L'HARMATTAN CONGO
67, av. E. P. Lumumba
Bât. – Congo Pharmacie (Bib. Nat.)
BP2874 Brazzaville
harmattan.congo@yahoo.fr

L'HARMATTAN GUINÉE
Almamya Rue KA 028, en face
du restaurant Le Cèdre
OKB agency BP 3470 Conakry
(00224) 657 20 85 08 / 664 28 91 96
harmattanguinee@yahoo.fr

L'HARMATTAN MALI
Rue 73, Porte 536, Niamakoro,
Cité Unicef, Bamako
Tél. 00 (223) 20205724 / +(223) 76378082
poudiougopaul@yahoo.fr
pp.harmattan@gmail.com

L'HARMATTAN CAMEROUN
TSINGA/FECAFOOT
BP 11486 Yaoundé
699198028/675441949
harmattancam@yahoo.com

L'HARMATTAN CÔTE D'IVOIRE
Résidence Karl / cité des arts
Abidjan-Cocody 03 BP 1588 Abidjan 03
(00225) 05 77 87 31
etien_nda@yahoo.fr

L'HARMATTAN BURKINA
Penou Achille Some
Ouagadougou
(+226) 70 26 88 27

L'HARMATTAN SÉNÉGAL
10 VDN en face Mermoz, après le pont de Fann
BP 45034 Dakar Fann
33 825 98 58 / 33 860 9858
senharmattan@gmail.com / senlibraire@gmail.com
www.harmattansenegal.com

www.ingramcontent.com/pod-product-compliance
Lightning Source LLC
LaVergne TN
LVHW011155061026
849535LV00003B/733